中国心理学会心理学教学工作委员会推荐教材
高等院校·应用心理学专业教材

# 社会心理学

佐 斌 主编

高等教育出版社·北京

HIGHER EDUCATION PRESS　BEIJING

内容提要

本书是我国心理学者多年社会心理学教学经验和研究成果的凝聚，是专门为心理学、应用心理学、社会学、管理学等专业的学生编写的教材。全书围绕个人成长、人际互动、群体行为和社会发展四大领域分章全面系统地介绍了社会心理学的领域、自我与社会化、社会行为动力、社会认知、社会态度、社会性偏向、人际关系、人际交往、人际影响、群体结构与动力、社会群体心理、大众心理与行为、社会发展心理、文化心理与行为、社会心理学的应用等主题。突出核心概念与基本理论，强调历史继承与理性创新，前沿性与经典性并重，理论阐述与案例分析结合，是本书的主要特色。

本书既适合心理学、应用心理学、社会学、管理学等专业学生作为教材使用，也适合所有希望理解人的社会心理与行为规律的读者阅读。

## 图书在版编目（CIP）数据

社会心理学 / 佐斌主编. —北京：高等教育出版社，2009.11（2017.8 重印）
ISBN 978 - 7 - 04 - 028252 - 8

Ⅰ. 社… Ⅱ. 佐… Ⅲ. 社会心理学 Ⅳ. C912.6

中国版本图书馆 CIP 数据核字（2009）第 183245 号

| | | | |
|---|---|---|---|
| 出版发行 | 高等教育出版社 | 咨询电话 | 400 - 810 - 0598 |
| 社　　址 | 北京市西城区德外大街 4 号 | 网　　址 | http://www.hep.edu.cn |
| 邮政编码 | 100120 | | http://www.hep.com.cn |
| 印　　刷 | 北京鑫海金澳胶印有限公司 | 网上订购 | http://www.landraco.com |
| 开　　本 | 787×960　1/16 | | http://www.landraco.com.cn |
| 印　　张 | 30 | 版　　次 | 2009 年 10 月第 1 版 |
| 字　　数 | 550 000 | 印　　次 | 2017 年 8 月第 4 次印刷 |
| 购书热线 | 010 - 58581118 | 定　　价 | 37.70 元 |

物料号　28252 - A0

# 高等院校应用心理学专业教材
# 编写委员会

# 总 序 一

　　心理学既是一门学问，也是一种职业。搞学问的心理学家偏重于基础知识，探究某种心理与行为的性质、机制、机能和规律，进而揭示人们内心世界的奥秘。他们属于学术心理学人才，他们的研究成果有助于我们理解、解释、预测和控制心理与行为。职业心理学家属于应用心理学人才，他们把心理学的知识和方法应用于某一相关领域，从而提高了个体、组织和社会的效能。当然，这种把心理学划分为学术心理学与应用心理学也是相对的，而不是绝对的。

　　随着我国经济的发展和社会文明的进步，心理学的应用范围日益扩大，愈来愈显得重要。从个体层面来看，人生周期从胎儿期、婴儿期、幼儿期、儿童期到青春期、青年期、成年早期、成年中期、成年后期等各阶段，都有学习、教育、发展和心理保健等问题需要应用心理学人才去服务，以使人们能充分发挥潜能，过上健康、幸福的生活。从团体层面来看，家庭氛围、社区生活环境、校风班风、企业组织、军队士气等也需要应用心理学人才去服务、去建设。从社会层面来看，社会变迁如生活环境、社会结构、生活方式、价值观念等的变迁、问题化解和调适也离不开应用心理学人才的服务。当前关系我国经济社会可持续发展的重大问题，如人口健康、现代农业、环境资源、社会和谐等，都与心理学密切相关，急需高素质的应用心理学人才去服务。因此，培养高素质的应用心理学人才是当今时代的迫切需要。做好这项工作，对于推动我国心理科学的发展，满足社会主义现代化建设对心理科学人才的需求，有着十分重要的意义。

　　那么，高素质应用心理学人才应当具备哪些特征呢？最近我在网上向86位我国心理学工作者（其中有不少是心理系或心理学院的负责人）作调查，得到53位学者的回应。归纳起来，他们认为高素质应用心理学人才至少应具备下列六方面的特征：

（1）良好的道德品质和职业道德；

（2）扎实的心理学理论与研究方法基础，良好的科学修养；

（3）发现问题、解决问题的能力；

（4）良好的表达能力和人际沟通能力；

（5）同理心，乐于助人的特征；

（6）乐观、自立、自信、自尊、自强的人格特征。

为了培养高素质的应用心理学人才，不少教师还提出了课程设置方案。下面是两份具有代表性的课程设置方案。

第一份课程设置方案分为下列三个模块：

（1）心理学基础理论模块：普通心理学、生理心理学、发展心理学、认知心理学、人格心理学、认知神经科学、社会心理学、心理学史、心理学新进展、人体解剖与神经生理学。

（2）心理学研究方法模块：高等数学、实验心理学、心理统计学、心理测量学、心理研究方法概论。

（3）心理学应用方向模块：

① 心理健康教育方向：教育心理学、咨询心理学、心理治疗、健康心理学、学校心理学、变态心理学、创伤心理学、精神分析、犯罪心理学等。

② 人力资源管理心理学方向：管理心理学、工程心理学、决策心理学、经济心理学、组织行为学、组织开发与培训、人际沟通与交往、人才测评与选拔、薪酬设计与绩效管理、企业文化建设、市场调查与分析、职业生涯规划、人力资源管理等。

第二份课程设置方案也分为三大块，但内容稍有不同：

（1）学科基础课模块：人体解剖与神经生理学、高等数学、概率统计、线性代数、计算机语言（C++）、普通心理学、心理学史、实验心理学、心理测量学、心理统计学、多因素实验设计、变态心理学、社会心理学、发展心理学、人格心理学、认知心理学、教育心理学、情绪心理学。

（2）应用心理学方向模块：

① 发展与教育心理学方向：学习心理学、成人发展、学校心理学、学生心理问题及其矫正、智力发展心理学、儿童认知与情绪研究、道德发展心理学。

② 健康与咨询心理学方向：健康心理学、心理咨询、团体辅导、生涯发展、家庭心理学、积极心理学。

③ 社会与管理心理学：管理心理学、人力资源管理、职业心理学、人际关系心理学、广告与消费心理学、经济心理学、社会调查方法。

（3）实习和社会实践。

　　从上面的两份课程设置方案可以看出，有三条原则是大家比较认同的：

　　第一，要加强基础课和心理学科学研究方法课的教学。加强基础课和心理学科学研究方法课的教学，是我国应用心理学专业健康发展的根基。应用心理学涉及的内容广泛且十分复杂，它与心理学其他分支学科的共同点就是用科学的方法来了解人与动物的心理与行为。要把心理学的研究成果付诸实践加以应用，也只有通过科学的方法才能达成。只有学生具备了坚实的基础知识并且会使用心理学的科学研究方法，他们走上社会从事应用心理学工作才能按正确的方向去做，才能识别伪心理学和科学心理学而不至于迷失方向。如果不是这样，那么应用心理学专业也就失去其存在的意义了。因为那些算命的、看手相的、看星座的人所玩弄的把戏，早就被吹嘘为"应用心理学的研究成果"了。

　　加强基础课和心理学科学研究方法课的教学，有助于培养学生的创新意识和创新能力。例如，在认知心理学的教学中，我们会讲到赫伯特·西蒙（Herbert A. Simon）与艾伦·纽厄尔（Allen Newell）等人所提出的"物理符号系统"假设，还可能会讲到西蒙与爱德华·费根鲍姆（Edward A. Feigenbaum）等人利用启发式所设计的 EPAM 程序，以及 LT 程序和 GPS 程序，从而使计算机模拟人的思维活动成为可能。这不仅体现了西蒙可贵的敬业精神，而且充分表现了其善于进行创造性思维和科学思维的非凡才能。其实，当代心理学中的一个个重大进步，都是通过精巧地设计科研方案，严格地进行科学实验，周密地进行科学分析和科学推论而完成的。这样的实例，对于培养学生的科学思维能力和创新能力、培养学生的科学世界观和方法论，具有十分重要的作用。

　　在好的专业理论课教材中，心理学家为推进学科发展和社会进步苦苦求索的生动事例屡见不鲜，具有很好的示范作用，有助于培养学生的敬业精神。应当提倡教师在专业理论课的教学中用一些时间介绍这样的生动事例，以激发学生的敬业精神，帮助他们养成良好的职业道德。同时，心理学研究方法课的教学，对于培养学生的科学世界观和方法论、培养学生的创新思维和创新能力，都有重要的作用。因此，我建议在教科书中概要地叙述若干重大科学发现的思路，以便于更多的教师能在培养学生创造性思维能力方面充分发挥作用。

　　第二，要集中开设一个或两个应用心理学专业方向的课程。根据社会的需求（学生就业的可能性）和本校师资的条件，目前国内高校的应用心理学专业大多设置一个或两个方向，主要是学校心理健康教育方向和人力资源管理心理学方向，每个方向都涉及许多课程。学校心理健康教育是研究如何通过教育的途径，使受教育者养成良好的习惯、形成正确的价值判断、学习为人处世之道和适应环境的技能，从而达成身心健康，成为幸福进取者的一个应用心理学分支学科。从纵向来看，受教育者在各个发展阶段都会遇到心理困扰问题，怎样做好学生的心理辅导，促进其心理成长，预防和纾解其心理困扰，会涉及许多课程；从横向来看，校内的党政、教学、师生关系、同伴关系与气氛，以及校外的家庭教育及社会教育怎样互相配合促进学生的心理健康，也涉及许多课程。人力资源管理心理学方向也涉及许多相关学科及该学科的基础知识、基本理论和基本技能的教学。然而我国高校应用心理学专业本科学制是四年，学生要学习思想政治课、大学外语、体育等必修课程，既要学好专业基础课和方法课又要学好一个专业方向的课程，其难度是可想而知的。因此在设计课程时应力求少而精，在保证夯实基础、强化科学研究方法的前提下，精心设计、集中开好几门方向课程是十分必要的。

据说目前全国高校已开设有近200个应用心理学专业（这个数据也许可信，因为在有些高校，校本部办有一个应用心理学专业，其二级学院也办有一个应用心理学专业）。除了个别高校之外，绝大多数高校的应用心理学专业设置的方向均为心理健康教育和/或人力资源管理心理学，这种趋向既不利于学生就业，也不利于我国应用心理学事业的发展。办学水平较高的学校应积极创造条件创建国家急需的应用心理学专业的新方向。只有办出特色、办出水平、办出实效，应用心理学专业才有新的发展空间，才会受到大众的欢迎。很明显，应用心理学方向的优秀教材，对于培养高素质应用心理学人才无疑是具有重要意义的。

第三，要有实践课的教学。应用心理学的问题来自生活实际，实践课教学对于应用心理学专业的学生来说，是必不可少的。实践课教学不仅能培养学生理论联系实际的敏感性，而且能培养学生乐于助人的品质；不仅能提高发现问题、解决问题的能力，而且能培养团队精神；不仅能巩固、深化或修正所学知识，而且能发展知识。在这里，我想讲伯尔赫斯·斯金纳（Burrhus F. Skinner）的一个故事。众所周知，在现实世界中，强化并不总是一致的或连续的，甚至只是间歇强化时，学习也会发生，行为也会不断出现。针对这种情况，斯金纳花了很多时间来研究强化程序，之后又将他自己总结出的强化原理应用于人类实践的许多领域，如教育、心理治疗、社会控制，甚至动物训练。在第二次世界大战期间，为了帮助盟军，他用强化原理训练鸽子控制导弹；在和平时期，他将强化原理应用于教学和心理治疗之中，发明了程序教学和行为矫正治疗。到了晚年，有人问斯金纳，是什么使他的理论这样富有活力，他的回答是"应用"。到生活实际中去，以心理学知识和研究方法来满足人们的需求，既是培养心理学应用型人才之必需，又能促进我国心理学事业的发展。

基于我国社会对应用心理学人才的需求不断增长，而高等院校应用心理学专业教材建设却相对滞后，高等教育出版社决定开发一套面向全国高等院校的应用心理学专业教材，称之为"高等院校应用心理学专业教材"。这套教材将力求体现下列特色：

现下列特色：

（1）基础性。系统而精炼地阐述各学科的基本知识、基本理论和基本技能，概念准确，原理清楚，技能培养切实可行，并尽可能反映各相关领域的新进展。

（2）教学适用性。充分满足本科院校应用心理学专业的实际教学需求，除教材主体内容外，还提供教学中所需的案例导入、知识拓展专栏、原理应用或案例讨论、复习与思考题和推荐阅读资料等内容，体例新颖，形式活泼。

（3）实践性。以应用心理学各分支学科与社会生活实践的密切联系作为切入点，在培养学生应用心理学原理解决生活实际问题的能力上下工夫。

（4）配套教学资源的丰富性。教材建设与高校精品课程建设相结合，按照文本教材、辅教/辅学光盘、网络课程思路构建立体化新型教材。

由高等教育出版社出面邀请了我国一批中青年心理学家担任这套教材的主编。他们年富力强，学识渊博，教学经验丰富，堪当重任。我相信，这套教材的出版，必将受到高等院校应用心理学专业师生的欢迎，将为我国应用心理学事业的发展和应用型人才的培养作出新的贡献。

是为序。

黄希庭

2009 年秋 谨识于西南大学有容斋

# 总 序 二

　　2008 年 10 月，高等教育出版社的单玲编辑找到我，希望组织一套心理学的教材。我当时很有抵触，觉得心理学的教材够多了，特别是写好的教材是很费神的一件事情，不如直接用外文教材或者翻译教材。但高等教育出版社的编辑们作了很多调研，多次和我们沟通，说起我国高校心理学的发展很不平衡，为了更多心理学专业的学生，应该编写一套简明、侧重应用的教材。他们还通过和基层的老师们座谈、调查，列出了教材编写的建议人选。我被他们的诚意和工作所打动，在和黄希庭教授沟通之后，在当年 11 月召开的中国心理学会心理学教学工作委员会年会上，我们开始和一些可能的作者进行沟通磋商。当年 12 月 20 日在北京召开了这套教材的主编研讨会。大家从四面八方赶来，虽然那天北京特别冷，但大家的热情和效率却为我们这套教材的编写开了个好头。

　　截至 2009 年 4 月，我国心理学和应用心理学的专业点已经发展到 244 个。这套教材主编队伍中的老师基本上在每年一次的教学工作委员会年会上都会碰头，讨论心理学包括应用心理学公共课、基础课以及专业课的教学及其教材建设，但真正一起做这么大规模的、实践大家设想的工作还是第一次。不过，由于这些老师常年工作在教学第一线，对所属学科的现状、发展以及教学需求都很有经验，很快就从编写队伍组建、大纲设计以及材料汇总等方面开始了卓有成效的工作。目前仅仅半年多的时间，已经有老师完成了教材的编写。这套教材从 2009 年 9 月开始陆续出版，争取 2010 年秋季全部出齐。

　　和所有的教材一样，我们对这套教材的要求是体系完整、知识点全面、表述准确清晰。同时，这套教材从总体设计到分别撰写，我们还希望从以下几个方面作一些尝试，也就是力争在现有的众多教材中作出一点特色。

　　首先，教材的定位和编写人员的选择都立足基层，强调对心理学基本原理和知识的应用。虽然心理学没有与一定的职业岗位对应，但希望所有教材的编写内容及其阐述能和实际生活紧密结合，有一定的可操作性和实践指导意义。

其次，希望借鉴国内外已有优秀教材的经验，要求我们的教材写作规范、简明扼要、深入浅出。一方面需要体现心理学专业的科学性和学科特点，另一方面需要考虑授课教师和学生的接受性及实际可用性。

最后，为了体现这套教材的整体性，我们对教材的体例给出了统一的要求和安排，还对不同学科需要侧重的内容和术语的衔接进行了协调，避免了不同教材之间自说自话和内容重复等问题。在整个教学计划实施过程中，学生如果一直使用这套教材会很好地体会这些特点并从中受益。

这套教材包括《普通心理学》（陕西师范大学游旭群主编）、《实验心理学》（东北师范大学张明、北京大学张亚旭主编）、《心理统计学》（江西师范大学胡竹菁主编）、《心理测量学》（江西师范大学戴海琦主编）、《心理学研究方法》（首都师范大学方平主编）、《生理心理学》（南京师范大学刘昌主编）、《发展心理学》（北京大学苏彦捷主编）、《认知心理学》（福建师范大学连榕主编）、《人格心理学》（首都师范大学王争艳、中国政法大学杨波主编）、《社会心理学》（华中师范大学佐斌主编）、《心理学史》（湖南师范大学彭运石主编）、《教育心理学》（华中师范大学刘华山主编）、《学习心理学》（北京师范大学刘儒德主编）、《健康心理学》（南开大学乐国安主编）、《心理咨询与治疗》（南京大学桑志芹主编）、《学校心理健康教育新论》（安徽师范大学姚本先主编）、《管理心理学》（深圳大学王晓钧主编）、《人力资源开发与管理》（云南师范大学冯江平主编）。

由于我在完成这篇总序的时候，只看到了《管理心理学》和《社会心理学》两本书稿，不敢说每一本教材都会完全体现上述特点，一切都有待读者审查和检验。非常希望老师和同学们在使用这些教材的过程中，及时向我们反馈意见和建议，我们一定会及时修正并在随后的教材编写中注意进一步完善和改进。

来自全国各个院校的老中青三代心理学工作者一起完成这项工程，没有高等教育出版社领导的支持和编辑们的协调，没有大家的努力和配合，是不可能这样顺利的。在此，感谢辛勤负责的主编们，感谢兢兢业业的编者们，感谢不达目的誓不罢休的编辑们。我们的角色不同，但目标是一样的，就是创造精品，为我们挚爱的心理学科的顺利健康发展作出自己的贡献。

苏彦捷
2009 年 8 月 31 日

# 目　录

# 前　言

2008 年的秋天，中国社会心理学会学术大会在南开大学举行。因为恰逢社会心理学诞生100周年，在会议学术演讲和交流过程之中，来自海内外的心理学家们不约而同地围绕社会心理学的发展历史、成就与问题、新进展和未来趋势等展开了热烈的讨论。我自然也是参会的认真讨论者之一。

当时我思考的两个问题是：社会心理学到底是一个什么样的学科或者社会心理学到底研究什么？社会心理学家是怎么样或要怎么样为社会作出独特的贡献？应该说，这两个问题显然是简单的，但是要我这位社会心理学工作者给出一个确定的、满意的答案，也感到非常为难。会议期间，在中国社会心理学会理事长、中国心理学会副理事长乐国安先生等同行的鼓励和支持下，我接受了北京大学苏彦捷教授要我主编一本《社会心理学》教材的邀请，因为，编写社会心理学教材，正好可以和国内社会心理学同行们一起系统研究和共同思考这两个基本问题。这本《社会心理学》，就是我和国内社会心理学同行们集体思考的结果。如果想知道我们对社会心理学的理解，就请大家在阅读和使用这本书中寻找答案吧。

也许你细心阅读会发现这本社会心理学教材和其他社会心理学著作的一些不同。例如，我们首次提出了以"社会中人"理论为导向的社会心理学的领域观，我们系统构建了社会行为动力和社会性偏向，我们将社会发展心理的主题纳入到社会心理学视野，我们介绍了大量中国心理学者的科学研究成果。

也许你通过比较认为这本教材和其他社会心理学教材没有太大差异。例如，我们涉及的基本知识主题是相同的，我们对绝大多数概念、理论和方法的介绍也是一致的，我们对社会心理学的态度都是严肃认真的，我们对社会心理学学习者的要求是一样的。

也许你赞成我们的观点，也许你对某个问题持不同意见。这没有太大的关系，因为我的主张是：每个人都是社会中人；每个人都有自己对于社会心理的理解；社会心理学家作为一个社会中人，致力于对现实社会中的人的心理与行为的理解。这就是"社会中人"理论的核心。

人是社会心理学视域中的研究者和被研究者。如果人们只是将我归类为心理学教授，我觉得是不够准确的。虽然我是一名社会心理学的研究者，但是我清楚地知道，我首先是一个人，而这是最为重要的。我是一个生活着的人，是生活在现实社会中的一个很平凡很普通的人。

社会心理学是人的领域，社会心理学充满了人性。人性并不是抽象的关于人的本质、人的善恶等方面的推理性的回答，而是人那些之所以为人的、刻骨铭心的情感体验和赤裸裸的行为表现。人性就是一个个鲜活真实的人的特点。同其他社会心理学者一样，我是社会中人，是一个有自己的兴趣、喜好、悲欢、梦想和价值观的社会分子。而站在我面前、身后和身旁的那些人，那些社会心理学的"被研究者"，同我一样，也是社会中人，每一个都有血有肉，有爱有恨。

因为社会心理学研究的是"社会中人"，社会心理学者首先是而且本质上是"社会中人"，因此我认为：社会心理学研究的课题，应该是对社会、对人有价值、有意义的问题；社会心理学的研究方法，应该是健康的、道德的、对人没有伤害的方法；社会心理学家自己，应该是一个正常的人，是一个有思想、有价值观、有个性、有责任的社会中人；社会心理学家看待所研究的对象，应该是生活在社会现实之中的有需要、有感情、有困惑、有思想、有追求的人。总之，社会心理学的研究领域中要有"人"，要体现人文关怀，要关注社会现实，要参与现实生活，要建设美好人生。

"社会中人"的视野还意味着社会心理学是一个实践的领域，社会心理学家对于自己接触、传播、确信和创造的知识、理论或方法，自身要首先在社会生活中应用。社会心理学的目的，归根到底是应用，是造福于人类，是增进人们的幸福，是提高人们的生活质量，是促进社会的文明和进步。而应用，应该从社会心理学家自身作起，从提高自己的身心健康和创造自己的幸福生活作起。

当然，重视社会心理学的实践并不是说社会心理学家不要建设社会心理学理论。勒温曾说，"好的理论最实用"。从某种意义上说，社会心理学的研究以及应用，必然涉及一定的理论基础；而一朵朵美丽的理论之花，也必然会结出一串串让人性更加丰硕完美的应用之果。

社会心理学是心理学科的重要分支，是心理学专业、应用心理学专业必修的主干课程。但社会心理学不是一个人的视野，也不是一个人的学科，更不是一个人的事业。这本《社会心理学》是我们全体编写人员在学习和借鉴他人已有研究成果的基础上集体形成的对社会心理学的认识、理解与实践。全书由我确定思路并拟定大纲，大家分头撰写初稿后我再统稿。各章初稿作者为：第一章(华中师范大学佐斌)、第二章(华南师范大学戴健林、黄牧乾)、第三章(华中师范大学王伟)、第四章(华中师范大学佐斌、刘峰)、第五章(陕西师范大学游旭群、鲍旭辉)、第六章(华中师范大学佐斌、叶娜)、第七章(湖北经济学院赵菊、华中师范大学佐斌)、第八章(辽宁师范大学刘文)、第九章(山西大学胡三嫚)、第十章(北京大学谢晓非、邹智敏)、第十一章(华中师范大学李晔)、第十二章(长江大学胡修银)、第十三章(湖北第二师范学院孙利、华中师范大学张陆)、第十四章(武汉大学钟年、程爱丽)、第十五章(天津师范大学马华维)。本书是"教育部新世纪优秀人才支持计划"(NCET-06-0675)的研究成果之一，参加编写的人员都是我国有影响的中青年社会心理学者，大家共同希望给读者奉献一部有特色、有创新的好教材。但是本书肯定存在缺点和问题，希望本书的使用者和社会心理学同行给我们提出宝贵的意见和建议，帮助我们不断改进。

在主编本书的过程中，我国心理学家林崇德、黄希庭、车文博、乐国安、莫雷、王登峰、沈模卫、叶浩生、李其维、刘华山、苏彦捷、金盛华、许燕、张庆林、方文等给予了我们关怀和指导，杨丽华、许红建、王赟、温芳芳、兰玉娟、杨晓、黎情、原雪雯、张珊珊、孙山、魏谨、马冬莹、严洁晶、周乾、鄢呈玥等研究生协助主编和作者做了许多资料收集和收稿联络事务，高等教育出版社编辑单玲、魏延娜女士等为本书顺利出版付出了辛勤劳动，在此一并表示衷心感谢。

佐　斌

2009 年 6 月于武昌桂子山

# 第 一 章 社会心理学的领域

学习本章内容，将有助于你对以下问题的理解与思考：

➤ 社会心理学是一门怎样的学科？

➤ 社会心理学有怎样的特点？

➤ 社会心理学有哪些重要的基础理论？

➤ 社会心理学是怎样逐步发展起来的？

➤ 社会心理学是怎样进行研究的？

　　七名被试依次坐在桌前,看着面前的图片,图片中有四条线段,他们的任务很简单,从三条线段中选出一条与标准线段的长度相同。每个人都很快发现了答案,因为这个任务非常简单。大家依次说出了自己的答案,前五位说得干脆极了。到了第六位,他仔细瞅着前面的图片,犹豫不决,最后他说了一个与前面五位不同的答案,第七位被试的答案与前五位相同。第二幅图片,同样的任务,前五位又是迅速而坚定地说出了答案,第六位被试更加犹豫,考虑再三之后他说出了与前五位相同的答案。

　　这是一个经典的心理学实验——从众实验。研究者希望考察人们追随群体行为的动力有多大。其实,在这一实验中,只有第六位被试是真正的被试,其他六位都是研究者的助手所扮演的。在实验中前五位“被试”都一致回答了错误的答案,因此第六位被试会犹豫不决,他在怀疑是自己的眼睛还是别人的眼睛出了问题。这个实验的结果是,约有75%的被试至少有一次因与团体保持一致而选择了错误答案,综合所有实验结果,被试因与团体一致而做了错误回答的次数占三分之一。

　　通过这个实验,我们可以得知,他人对自己的影响是巨大的。就算是一个极为简单的知觉辨认任务,我们也会跟随着他人走向错误的一面。社会心理学的重要研究主题便是探讨他人对个人心理和行为的影响。

　　社会心理学(social psychology)到底是怎样的一门学科?这是学习和研究社会心理学要面临的第一个也是最基本的问题。可是,即使是社会心理学家对这个问题也难以给出一个明确的答案。社会心理学家威廉·萨哈金(William S. Sahakian)曾说:“你想研究社会心理学,却不甚了解什么是社会心理学,是吗?你似乎不必为此而忐忑不安,因为许多社会心理学的行家里手们也常常怀有同感。”[①] 每一名社会心理学者都可能有着自己的理解,在我们看来,社会心理学是一个领域,是一个有着丰富内容的理解人的领域。在这一领域中,包含了人类社会行为的奥秘,隐藏着作为社会成员的我们,在社会生活背景中所行所为所思所想的规律和特征。本章我们将与大家一起领略社会心理学这一领域,告诉大家社会心理学的领域有哪些特点、哪些内容,社会心理学一路走来的发展历程,以及社会心理学的研究方法。

## □□□ 第一节　社会心理学的特征

　　每个人都不是孤立地生活在这个世界上,就算是鲁宾逊也需要依赖于从他人

---

① 威廉·萨哈金. 社会心理学的历史与体系[M]. 周晓虹,等,译. 贵阳:贵州人民出版社,1991.

身上学来的技能以应对在岛上的孤独生活。从出生到死亡，我们无时无刻不在受到他人的影响，我们需要从别人眼中和群体中来认识自己，需要从别人身上寻找归属和爱，我们的行为会受到他人的影响，我们的行为也会影响他人。社会心理学就是诞生在人们对这些现象的探寻中的。

## 一、社会心理学的界定

### （一）学者们的看法

什么是社会心理学？很多学者都有自己的看法和理解。美国著名的人格心理学和社会心理学家 G 奥尔波特（G. W. Allport）将社会心理学定义为"试图理解人们的思想、情感和行为怎样为别人实际的、想象的和隐含的存在所影响"的一门科学。[①] 此概念中不仅仅提及了他人实际的存在对个体的影响，还考虑到个体想象中和隐含的他人对自身的影响。这一社会心理学概念对美国社会心理学有着广泛的影响。例如，E. 阿伦森（E. Aronson）认为社会心理学是"用科学的方法研究人们的思维、感觉和行为是以怎样的方式受到真实的或想象中的他人影响的"[②]。

我国心理学者也对社会心理学这一概念提出了各自的见解。吴江霖从马克思主义的观点出发，认为社会心理学是"研究个体或若干有组织的个体在特定社会条件下心理活动（内潜的和外现的）的变化发展的科学"[③]。时蓉华认为社会心理学"是从社会与个体相互作用的观点出发，研究特定社会生活条件下个体心理活动发生、发展及其变化的规律的学科"。[④] 以上两个概念都是以发展的眼光来理解社会环境对个体心理的影响。金盛华等人认为社会心理学是"研究社会相互作用背景中人的社会行为及其心理根据的科学"。[⑤] 此概念中，不仅仅涉及了内部的心理活动，也提及了外在的行为表现。

从以上的陈述可以发现，许多社会心理学工作者将社会心理学视为一门学科，或者一门科学，它研究社会情境中的人的心理与行为规律。

### （二）社会心理学的领域观

申荷永等学者曾提出"社会心理学是致力于理解人在社会情境中的心理和

---

① 金盛华，张杰. 当代社会心理学导论［M］. 北京：北京师范大学出版社，1995：11.

② Aronson, E., Wilson, T. D., Akert, R. M. 社会心理学（第五版）［M］. 侯玉波，等，译. 北京：中国轻工业出版社，2005：3.

③ 吴江霖，戴建林，冯文侣，等. 社会心理学［M］. 广州：广东高等教育出版社，2000：4.

④ 时蓉华. 现代社会心理学［M］. 上海：华东师范大学出版社，1989：8.

⑤ 金盛华，张杰. 当代社会心理学［M］. 北京：北京师范大学出版社，1995：10.

行为及其本质和起因的一个科学领域"。① 在我们看来，社会心理学不仅是一门科学(science)，它应该是理解人性的一个**领域**(field)。**社会心理学**是人们以社会生活情境中人的心理与行为为对象的认识、理解和实践领域。

社会心理学要认识和理解人的社会心理与行为。认识人的社会心理与行为是一个过程：首先，认识本身要遵循一定的准则，利用一定的方法，获得可靠的数据和资料，从而得出一定的结论。其次，社会心理学中的认识不是一成不变的，它会随着时代情境的变化而发生改变，50年前的认识放之于当今可能已经不再合适，因此，认识是需要随着时间的推移而不断发展的。理解与认识是不同的，理解是对人们的社会心理与行为之动机进行符合逻辑的推理或是直觉化的感悟。理解是明确个体社会行为背后的原因所在。对于同样的行为结果，每个人的理解是不同的，因此就需要允许差异的存在，允许有人用科学的逻辑的方式推理，也允许有人用直觉的方式感悟。社会心理学应该是一个充满差异性的、丰富多彩的、充满着人与人之间相互理解的、对话的、相互作用的领域。

社会心理学是基础性的还是应用性的？对此，我国学者之间也存在不同的看法。我国的大多数学者认为社会心理学是一门基础性的学科。例如，林秉贤(1985)认为社会心理学是一门基础的社会科学。然而，也有学者认为它是一门应用性的学科，例如，周晓虹(1997)认为，社会心理学是一门理论性极强的应用学科。我们认为，社会心理学是一个实践的领域，我们所认识的现象、所理解的规律或理论，都应该将其运用到实践领域中，只有这样，我们才能更好地验证和修正我们的认识和理解。正如上文中提到的，社会心理学的种种发现都是会变化的，只有紧跟时代的脚步，紧扣现实生活，才能更好地认识和理解人的社会心理和行为，才能更好地满足实践需要。

## 二、社会心理学领域的特点

社会心理学这一研究领域，具有怎样的特点呢？

第一，社会心理学具有科学性。社会心理学，尤其是主流的社会心理学具有一定的科学性，这主要体现在社会心理学的研究方面，社会心理学的研究不仅要有价值性的研究问题，还要有一系列科学的研究方法用以获得客观的研究结果，还要通过严密的逻辑推理得出具有一定普适意义的结论，或者上升到具有指导实践作用的理论。因此，社会心理学是具有科学性的领域。

第二，社会心理学具有人文性。社会心理学是关于人的，是研究社会情境中人性的，而人性是主观的，也就是说社会心理学的研究对象是主观的。人性意味

---

① 申荷永，佐斌，孙庆民. 社会心理学：原理与应用[M]. 广州：暨南大学出版社，1999：13.

着一个真实的人，社会心理学者自己也是一个人，是一个有思想、有价值观、有个性、有责任感的社会中人。社会心理学者研究的课题应该是对人的发展很重要的课题，它的研究方法也应该是对人没有伤害的。因此，社会心理学领域中要体现出人文价值，要关注人性，关注社会，更多地参与社会生活。

第三，社会心理学具有社会文化性。这是一个重要的特点。社会心理学中的人，是在历史和文化脉络中的，而不是孤立的，社会心理学中的人更具有关系性。社会是一个复杂的网络系统，我们需要在社会网络中来认识人和理解人。当前，越来越多的研究者意识到，社会文化因素在社会心理学研究中具有重要意义，它对我们的社会行为起着重要的作用，文化背景是我们真正理解人的社会行为所必不能缺少的环节。

第四，社会心理学具有包容性。包容，意味着不排斥。社会心理学研究的主题是开放的，研究的方法是开放的，无论科学的社会心理学还是人文的社会心理学，都是社会心理学的领域；不管是社会学取向的社会心理学，还是心理学取向的社会心理学，都属于社会心理学的领域。包容性，说明社会心理学领域是综合的、多元的，是与其他领域相交叉的。

第五，社会心理学领域具有应用性。正如上文所说，社会心理学是一个实践的领域，这就需要社会心理学者应该或者说必须要将自己所接触的和确信的理论、观点、知识和方法进行应用。社会心理学研究的最终目的还是应用，是促进社会的和谐进步、促进个体的幸福发展。正如，态度研究长久以来一直是美国社会心理学的最重要领域，就是因为美国社会发展中所出现的种族问题，态度研究便是用来解决这一问题的。当然，强调应用性的同时，决不能忽视社会心理学的理论研究。

## 三、社会心理学的研究取向

社会心理学从其诞生之初，便存在着两种研究取向，即社会学取向和心理学取向。1908 年，两本社会心理学专著的出版标志着社会心理学的诞生，一本是美国社会学家罗斯（E. Ross）撰写的《社会心理学》，另一本是由英国心理学家麦独孤（W. McDougall）撰写的《社会心理学导论》，从此之后社会心理学就一直在社会学与心理学中间徘徊，同时，社会心理学也能够从两位母亲身上吸取更多的营养，从而能够成长得格外健壮。我国的社会心理学学术组织也体现了这一特点。中国社会心理学学术组织有两个，一个是中国社会心理学会，另一个是中国心理学会社会心理学分会。

一般认为，心理学家所研究的社会心理学是心理学取向的社会心理学，而社会学家所研究的社会心理学是社会学取向的社会心理学；换句话说，用心理学的思维和方法所研究的是心理学的社会心理学，而用社会学的思维和方法所研究的是社会学的社会心理学。心理学的社会心理学，更加关注个体层面，研究在社会情境中个体的心理与行为发生什么变化，以及怎样发生变化，个体内部的认知加工过程、动机等个体因素对社会情境和社会行为间的关系有着怎样的调节或中介作用；社会学的社会心理学则更加关注社会地位、社会事件、社会角色等社会层面的因素，研究人们的较为宏观的社会互动，进而达到理解社会行为的目的。

社会心理学是一个具有开放性、包容性的领域，无论是心理学取向的还是社会学取向的社会心理学都是社会心理学领域中的一部分。

## 四、社会心理学的研究内容

在社会心理学领域中，哪些是我们的研究内容呢？我们认为大致可以分为四个层面的内容。

社会心理学领域第一个层面的研究内容是"个人成长"的心理和行为，是最微观的一个层面。主要涉及个体的社会化、自我概念、毕生发展和人生规划、社会认知、社会动机、社会情感、社会态度、个体的信仰和价值观、社会学习、社会认同、异常与偏差的社会心理与行为等。例如，社会心理学对社会学习的研究，主要关注个体通过何种方式习得某种社会行为，或者说社会环境怎样对个体的社会行为产生影响；社会心理学对社会动机的研究，主要关注个体存在哪些社会性动机，这些社会性动机会驱使个体从事怎样的活动，以满足其社会性需要。

社会心理学领域第二个层面的研究内容是人与人之间的交往，即人际关系。主要包括人际关系的概念、成分、分类、发展阶段、人际吸引和友谊、人际交往、竞争与合作、侵犯与助人、爱情和婚姻、言语交流和非言语交流等。例如，社会心理学对人际吸引的研究发现熟悉性、相似性、互补性等因素会影响人际吸引；对爱情的研究则发现了爱情的心理结构，如斯滕伯格所提出的激情、承诺和浪漫的爱情三维度理论。

社会心理学领域第三个层面的研究内容是三人以及三人以上人群的群体行为。主要涉及社会群体心理成分、群体心理氛围、群体规范和压力、群体冲突与战争、民族与阶级心理、社区心理、职业群体心理、舆论与谣言、群众运动等。例如，职业群体心理研究中，社会心理学者探讨了教师群体的某些共同的心理特点，以及不同职业群体的幸福感、公平感等集体心理特征。

社会心理学领域第四个层面的研究内容最宏观，是社会发展的内容，主要包括社会变革（革命）心理、现代化心理、国际化与全球化、社会生活质量、人口与流动、环境社会心理、贫困社会心理、腐败心理、科技发展的社会心理、其他社会心理问题等。例如，有研究者研究了三峡移民对当地群众的社会心理的影响（佐斌，1997），西部大开发对西部民众的心理影响（赵玉芳，张庆林，等，2006），这都是宏观的社会变革中的社会心理研究。

当然，这四个方面并不是截然独立的，而是相互关联的。一个人、两个人、一群人和整个社会都是紧密联系的，是相互交织在一起的，我们只是在不同的水平、不同的层面上来确定我们所关注的重点。正因为如此，我们说社会心理学是一个领域。

## □□□ 第二节 社会心理学的理论

社会心理学是一个领域，既包括对社会心理和行为的认识和理解，也包括将这些认识和理解应用于实践。社会心理学是实践的领域，但它也需要理论的指导。人们对社会心理和行为的认识和理解，经过整合和升华，便能够形成具有一定普适性的社会心理学理论。了解这些理论，可以指导我们更好地从事社会心理学研究，同时也可以使我们更好地参与到社会实践中。

社会心理学的理论有很多，它们都对社会心理学的研究和应用起着重要的作用。例如精神分析理论、群体动力理论、社会学习理论、社会认知理论、社会交换理论、符号互动理论、社会角色理论、社会表征理论、社会认同理论、进化社会心理理论等。每种理论都从不同的视角，解释不同层面的社会心理和行为。本节中，我们将着重介绍精神分析理论、社会学习理论、社会认同理论、社会交换理论、符号互动理论和进化社会心理学理论。

### 一、精神分析理论

奥地利学者弗洛伊德(S. Freud)所创立的精神分析学派对人类文化思想的影响是巨大的，他所提出的潜意识理论、人格结构理论和本能论等对心理学以及社会心理学都有着重要的指导意义。

弗洛伊德格外强调潜意识对人类心理世界的意义。可以说，潜意识是弗洛伊德精神分析理论的核心，是精神分析"最基本和最重要的支柱"[①]。弗洛伊德认为，无意识的心理活动比意识中的精神活动更重要。弗洛伊德将人类的意识状态分为三种，即意识、前意识和潜意识，其中前意识和潜意识又都是无意识的种类。意识是那些可以被我们所觉察的部分；前意识是无意识中那些经过努力而能够进入意识领域的部分；而潜意识则是无意识中无论如何都不能进入意识领域的

---

① 车文博. 弗洛伊德主义论评[M]. 长春：吉林教育出版社，1992：124 – 125.

部分。前意识在一定程度上担任着"稽查者"的作用，监控着潜意识中的内容，以使不合适的潜意识内容无法进入意识之中。

对于人格结构，弗洛伊德提出了本我(id)、自我(ego)和超我(superego)概念。本我是人格中最原始、最模糊不清的部分，它处于潜意识的深层，充满了原始的冲动和欲望。本我所追求的是快乐和满足，因此"快乐原则"是本我所遵循的。自我是在本我的基础上发展起来的，它贯穿潜意识、前意识和意识层面。一方面，自我要满足本我的需要，另一方面，自我要遵守外部环境的要求，自我还要满足超我的要求。因此自我调节着人格结构之间的关系，以及人格与环境之间的关系，自我的活动遵循着"现实原则"。超我是从自我中分化发展出来的，与自我相同，它也贯穿三个意识领域。超我是自我理想和良心的代表，监控着自我对本我冲动的抑制，是社会道德的内化，它的活动遵循"至善原则"。在人格结构中，本我、自我和超我三部分相互作用，如果三者之间是平衡的，则个体的人格发展是正常的，但是如果三者之间的平衡关系遭到了破坏，自我无法调节本我、超我和环境的关系时，个体往往会产生焦虑，从而导致心理问题的产生。

弗洛伊德是一位本能论者。早期他认为人的本能有两种，即自我本能和性本能，自我本能驱使个体保护自己避免伤害。性本能是弗洛伊德精神分析理论中的一个重要概念，它也被称为力比多(libido)；性本能是与人类繁衍相联系的本能，在弗洛伊德看来它是驱动人行为乃至创造的一种潜在因素。一战时期，弗洛伊德目睹了人类的屠杀和破坏，而这些又是他早期的本能论所无法解释的，因此弗洛伊德修改了他的本能论，将自我本能和性本能合并为"生的本能"，又提出了一种与之相反的具有破坏力的"死的本能"。

弗洛伊德开创了精神分析的流派，在他之后很多学者不断地修正和发展着这一流派，出现了更多的精神分析理论，提出了更多的重要概念，这些概念为社会心理学的发展提供了理论支持。例如，荣格(C. Jung)将潜意识区分为个体潜意识和集体潜意识，将集体潜意识视为人类祖先所积累的经验遗传；沙利文(H. Sullivan)强调人际关系在精神医学中的核心地位；弗洛姆提出了社会性格和社会潜意识，认为社会中绝大多数成员所共有的基本性格特征是一种社会性格，而社会中绝大多数成员所共有的被压抑领域则是社会潜意识。总之，精神分析理论为社会心理学的建立和发展提供了有力的理论支持。

## 二、社会学习理论

上世纪中叶，行为主义在美国心理学界处于主导地位长达50多年之后，已经表现出严重的缺陷和不足。与此同时，一场认知革命悄然爆发，被传统的行为主义所否定的概念，如意识、动机等再一次回到了心理学的研究领域。在这种时代背景下，一部分行为主义者开始探寻介于行为主义和认知主义之间的一种折中形式，新行为主义诞生了。

班杜拉(A. Bandura)是当代著名心理学家，是新行为主义的代表人物之一，他所提出的社会学习理论对心理学产生了巨大的影响。行为主义认为，人们的学习需要通过亲身经历的强化或惩罚，但是在班杜拉看来，这只是社会学习的一种形式。班杜拉认为社会学习可以有两种形式，即直接学习和观察学习。直接学习便是传统的行为主义所提出的，反应—强化学习模式。**观察学习**则是指个体可以不用通过亲自接受强化或惩罚，只需要观察榜样人物的行为，以及该行为的后果是强化还是惩罚，便可以学会该行为。班杜拉认为，人们的社会学习主要通过后一种方式，即观察学习的形式，因为人们可以不必通过一次次的"试误"而快速有效地掌握大量的行为模式。班杜拉对观察学习进行了大量的研究，建立了以观察学习为核心的社会学习理论。

□□□ **专栏 1–1**

### 攻击性观察学习实验

班杜拉通过儿童的攻击行为习得实验来研究观察学习的作用。在该实验中，被试儿童被随机分为 A、B 两组，两组儿童将分别观看一段录像片：A 组的儿童将在录像片中看到，一个孩子在打一个玩具娃娃，之后一个成年人进入画面，给了这个孩子一些糖果作为奖励；B 组的儿童则在录像片中看到，一个孩子在敲打一个玩具娃娃，之后一个成年人进来，对这个儿童进行了严厉的惩罚。看完录像片后，两组儿童都被单独送到一间放着玩具娃娃的实验室中，观察儿童们在实验室中的反应，结果发现 A 组的儿童都会学着录像中的孩子那样打玩具娃娃，而 B 组的儿童却很少有人去打玩具娃娃。在接下来的实验中，实验人员鼓励被试儿童像录像片中的孩子那样打玩具娃娃，结果两组儿童都可以表现出击打行为。该实验表明，通过观察两组儿童都学会了击打玩具娃娃的行为，但是观看奖励组的儿童由于榜样的强化从而使得自己也会表现出攻击行为，而观看惩罚组的儿童则学会了控制自己表现出攻击行为。班杜拉的一系列实验表明了观察学习在人们社会学习中的作用。

需要说明的是，观察学习的效果并不局限于所观察的行为，人们还可以将其抽象化，从而适用于更广泛的行为。例如，一名学生观察到同学上课说话被老师惩罚，那么这名学生学习到的可能并不仅仅局限于上课不随便说话，他可能还学会了不破坏学校卫生，不欺负低年级同学，因为这些行为都是违反规范的行为。

班杜拉受到认知心理学的影响，在对观察学习的分析中，将观察学习分为四个相互关联的过程，即注意、保持、动作复现和动机。注意是观察学习的第一步，它决定观察者在大量的信息中选择哪些信息进行加工，观察什么，记住什么。很多因素会影响到个体的注意，比如观察者与榜样的关系，如果榜样对观察者是重要的，那么他的行为更容易被观察者所注意；观察者的认知结构、认知定势、认知能力等都会影响到观察者选择哪些信息而放弃另外的信息。保持是观察者将观察到的行为进行编码，以表象或是言语符号的形式储存在记忆中，从而给个体提供行为指导。动作复现是指个体将心理符号转化为外显的实际行为的过程。这一过程不仅仅会受到保持的影响，而且行为者自身的行为能力也起到了重要的作用，这可能需要行为者进行一系列的练习之后才能做出与榜样人物一致的行为。最后一个过程是动机，个体可能习得了一定的行为，但是可能会由于缺乏动机而不表现出行为。习得的行为需要在足够的动机驱使下才会表现出来。班杜拉区分了导致动机的三种强化，第一，直接强化，即个体自身所受到的强化；第二，间接强化，也成为替代性强化，是个体通过观察榜样的行为结果所受到的强化，比如说看到榜样人物表现出攻击行为而受到强化，则个体便会有较高的动机表现出习得的攻击行为；第三，自我强化，是指人们对自己的行为的可能结果进行评价和调节，如果该行为符合自身价值系统，则个体便可能会表现出该行为，如果该行为不符合自我价值系统，则往往不会表现该行为。这四个过程是紧密联系的，如果个体没有表现出示范行为，可能是由于个体没有注意到该行为，或者是因为个体没有记住、没有能力或没有动机表现出该行为。

对于个体、行为和环境的关系，班杜拉认为三者之间是相互作用、相互依赖的，构成了一种三角的互动模式。如图 1-1 所示。

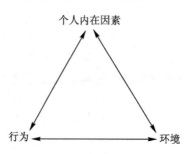

图 1-1　个人、行为和环境的交互作用

### 三、社会认同理论

**社会认同理论**（social identity theory）是由英国心理学家泰菲尔（H. Tajfel）和特纳（J. Turner）等人提出并逐步发展起来的，是欧洲社会心理学本土化的重要成就之一。我国学者方文和李康乐认为该理论是社会心理学过去 100 年中最具有影响力的理论之一。

社会认同理论认为，自我的建构是通过群体分类来实现的。个体从所属的不同群体中获得各种群体身份，从而利用这些身份来建构自我概念，这些群体身份以社会认同的形式表征于群体成员的头脑中，从而指导他们的行为方式。在不同的情境中，会凸显和激活不同的社会认同，例如一个大学男生站在一群大学女生之中时，男性这一社会认同会被激活，从而他会表现出更多的男性行为，而当他与一群老年人在一起时，年轻人这个社会认同会被激活，从而表现出更多的年轻人行为。

社会认同理论认为，社会认同是通过**社会分类**（social categorization）、**社会比较**（social comparison）和**积极区分原则**（positive distinctiveness）而建立起来的。首先是社会分类，人们通过该过程将自己纳入到某一特定群体中，然后将该群体的特征内化为自我概念的一部分。社会认同理论后所发展出的自我分类理论，对该过程进行了更为详细的阐述。自我分类理论认为，人们会自动地进行分类，自动地区分内群体和外群体。当个体将自己或他人归为某群体的一员时，便会通过**去个性化**（depersonalization）这一过程，将自己或他人向群体**原型**（prototype）靠拢；将自己向原型靠拢使得个体表现出更多的群体行为，产生群体凝聚力、合作和利他行为等，将他人向原型靠拢则会导致人们夸大群体成员之间的相似性，而忽略其差异，从而产生刻板印象或偏见等。在进行社会分类之后，个人便会将内外群体进行社会比较，通过社会比较来满足**积极区分原则**。社会认同理论认为，认同或是说群际偏差的动机在于通过群体获得积极的自尊；当个体通过群际比较能够进行积极区分时，即内群体比外群体优秀时，群体成员会获得更加积极的自尊。

社会认同理论使用自尊假设来解释社会认同或群际偏差的动机。**自尊假设**认为：（1）个体有维护和提高自尊的需要，他们试图维持积极的自我概念；（2）群体身份都与积极或消极的价值相联系，根据群体评价，社会认同可以是积极的或消极的，这些群体是个体社会认同的来源；（3）内群体的评价，取决于同其他群体的比较。基于以上假设，泰菲尔等人又引申出相关的理论原则：（1）个体努力获取或维持积极的社会认同；（2）在很大程度上，积极的社会认同要通过内群体和相关外群体之间的积极比较而获得；（3）当社会认同不能令人满意时，个体可能会试图离开现属群体，加入更好的群体，或者努力改变现属群体的状况。

如果当前的群体认同不能满足个体的自尊需要，那么个体会采取一定的策略来对此进行应对。低地位群体成员为保持自尊可能使用的策略有三种，即**个体流动**(individual mobility)、**社会创造**(social creativity)和**社会竞争**(social competition)。个体流动是指个体会努力脱离现属群体而流动到较高地位的群体中；社会创造则是指个体可以通过重新界定或改变比较维度来寻求积极的群体认同；社会竞争是指群体成员通过与外群体进行直接的竞争来改变现状，获得积极认同。群体关系特征会影响低地位群体成员采取何种策略来实现积极区分，主要的影响因素有群体地位的**稳定性**(stability)、群体地位的**合理性**(legitimacy)以及群体边界的**可渗透性**(permeability)。

研究者们往往通过小群体范式来对社会认同理论进行研究。在该模式的实验中，研究分为两个阶段，第一阶段是分组，将被试按照某一无关标准进行分类；第二阶段是分配，让被试给内群体成员和外群体成员进行资源的分配，内外群体成员均为匿名，仅有群体身份是可知的，而且分配结果与被试自身的利益没有关系。该实验将被试的资源分配结果(内外群体成员的分配差异)作为群体认同或群际偏差的指标，通过操作各种自变量考察它们对群体认同的作用。

社会认同理论强调了社会认同对群体行为的解释作用，是群际行为研究领域中最有影响力的理论，是战后欧洲社会心理学家对世界社会心理学最有意义的理论贡献。

## 四、社会交换理论

20世纪60年代，霍曼斯(G. Hommans)在吸收了经济学和行为主义的一些基本理论后，创立了**社会交换理论**。霍曼斯吸收和修改了经济学中的"经济人"原理和心理学中的强化原理，阐述了他的理论目的："把社会行为视为一种至少在两人之间发生的，或多或少要获得报酬或付出成本的、有形或无形的交换活动。"[①] 需注意的是，霍曼斯在社会交换理论中扩大了报酬和成本的含义，其不仅仅指金钱，还包含赞许、感情、依从，以及其他紧缺物资。霍曼斯还认为所有的人类行为都是交换行为，而不仅仅是在市场中的交换行为。

霍曼斯在其著作《社会行为：它的基本形式》中阐述了社会交换理论的六个基本命题：

(1) **成功命题**　如果个体的某种特定行为经常得到奖励，那么个体就会越多地表现出该行为。

---

① 宋林飞. 西方社会学理论[M]. 南京：南京大学出版社，1999：177.

（2）**刺激命题** 如果过去某一特定刺激或某组特定刺激的出现，往往能够伴随着对个体行为的奖励，那么当前的刺激与以往的特定刺激越相似，个体便越可能表现出相同或类似的行为。

（3）**价值命题** 个体的某种行为所产生的结果对个体来说越有价值，个体便越可能表现出该行为。

（4）**剥夺—满足命题** 如果个体近期总是会得到某一特定的报酬，那么该报酬的追加对该个体而言越来越没有价值。

（5）**攻击—赞同命题** 该命题有两个方面：①当个体行为没有得到其预想的报酬，或得到其没有预想到的惩罚时，他将感到气愤，并可能表现攻击行为，该攻击行为的结果对他是一种报酬；②当个体行为得到了预期的报酬，特别是得到的比预期的报酬多时，或没有得到其预期的惩罚时，个体将感到高兴，并越可能表现出赞同行为，该赞同行为的结果对他来说更有价值。

（6）**理性命题** 个体在决定采取何种行为时，会选择他当时认为更有可能会实现结果，并且所得结果价值较大的那一行为。

霍曼斯认为，这六个基本命题是相互关联的整体。单一的命题只能对人类的行为做出部分的解释，而整个命题系统则可以全面地解释社会结构。霍曼斯所提出的这六个命题是具有公理性质的，也就是说在他的社会交换理论中，这六个命题是无需证明的。

## 五、符号互动理论

**符号互动理论**的初步思想来源于 G. 米德（G. Mead）的社会行为主义，后经布卢默（H. G. Blumer）综合了米德等人的思想，提出了"符号互动理论"这一概念，并建立了符号互动理论的基本框架。在符号互动理论的假设中，人是具有能动性的，强调了人的主观认识性和主观选择性。布卢默的符号互动理论的基本观点如下（宋林飞，1997）：

（1）社会互动以符号为中介

符号互动论者都认为，人不仅生活在物理世界中，而且生活在符号世界中。人类具有创造符号、使用符号和理解符号的能力。符号所包含的意思是大家所共识的。人类依赖符号运用能力来适应环境。他认为，"人类的互动是由符号的使用、解释、探知另外一个人的行动的意义作为媒介的。这个媒介相当于在人类行为中的刺激与反应之间插入一个解释过程"。[①] 由此可见，布卢默在行为主义的刺激—反应过程中加入了一个中介因素，那就是符号。

---

① 宋林飞. 西方社会学理论［M］. 南京：南京大学出版社，1997：275.

（2）人类通过理解和定义来进行交往互动

定义是对待客体的方式，而理解则是确定客体的意义。人可以通过符号将一系列刺激传递给他人，而他人对刺激的理解可能与自己并不相同。

（3）符号互动过程是能动的和可变的

与米德的思想相通，布卢默也认为"我"是不断地进行反思，与自己进行对话的过程。米德将"我"区分为"主观我"和"客观我"，"我"不仅仅是行为者，而且还是被观察者，"我"要不断地觉察自己的行为并且设计自己的行为。个体对情境进行定义，该定义给个体提供一个参考框架，个体预期行动方案的结果，一个行动完成之后，个体会对情境重新定义，不断调整。布卢默认为个体不是由社会和心理力量所被动驱使的，他们积极主动地创造着。

（4）符号互动创造、维持和变革社会

社会组织的存在，是由于理解和定义在不同个体间的共同性。社会是由处在不断互动中的人们所组成的。人们的共同行动是可重复的、稳定的，那么它就构成了社会文化。

## 六、进化社会心理学理论

近年来，进化心理学成为心理学中富有活力和争议的一个研究流派。它以达尔文的进化论思想为指导，认为人类的心理和行为与生理结构一样，也是物种在漫长的进化过程中适应外部环境的产物。进化心理学的主要代表人物有德克萨斯大学奥斯汀分校的心理学家巴斯（D. Buss），以及加州大学圣巴巴拉分校人类学家托比（J. Tooby）和克斯曼（L. Cosmides）夫妇。

进化心理学用进化论的视角来解释人类的心理加工机制，可以说它是进化生物学与认知心理学相结合的产物。进化心理学所关注的重点是心理机制，探讨在漫长的进化过程中心理机制的形成和发展。心理机制是一种信息加工程序或模式，这种程序或模式是在人类漫长的进化过程中，不断适应外部环境的结果，它通过基因遗传下来，因此，在进化心理学家看来，要了解当前的心理模式必须从人类进化的过程中来寻找答案。心理机制具有模块性，即心理机制是具有领域性的，人类为了应对不同的外部环境压力，从而进化出大量的具体的心理机制，每种心理机制应对不同的环境问题。人类的社会行为是环境和心理机制共同作用的结果，心理机制从外界环境中接受信息、经过心理模块的加工处理后，产生外显的社会行为。

进化心理学的思想为社会心理学的种种现象（例如，对于攻击行为、助人行为、择偶、婚姻关系、社会地位、种族问题等）提供了新的解释。以择偶为例，择偶是关系到人类繁衍的行为，因此格外受到进化心理学家的关注。在进化心理学家看来，人类为了应对繁衍这一问题形成了择偶心理机制，它影响着人类的择偶行为。进化心理学家认为男人要满足种族的需要，最好的办法是尽可能多地繁殖，因此男性更倾向于选择生育能力强的女性，这些女性往往具有年轻、身材好、有活力等特点；而女性则要让自己和孩子有安全的生活保障，因此女性往往选择成熟、有社会地位、责任感强的男性。进化心理学的这些观点在跨文化研究中得到了一定程度的验证。①

## □□□ 第三节　社会心理学的历史与发展

在很多社会心理学者看来，社会心理学的确立是在 1908 年，在那一年美国社会学家罗斯和英国心理学家麦独孤各自都撰写了一本以"社会心理学"命名的著作。在此之间，许多学者为社会心理学的诞生建立了基础，德国的民族心理学、法国的群众心理学和英国的本能心理学，被誉为社会心理学的三大直接来源（周晓虹，1997）；在此之后，许多学者为社会心理学的发展和进步也作出了贡献，F. 奥尔波特的实验社会心理学、勒温的场理论、源自于米德的符号互动理论等，为社会心理学的发展起到了巨大的推动作用。

### 一、社会心理学的诞生

周晓虹（1997）曾指出，现代社会心理学直接来源于德国的民族心理学、法国的群众心理学和英国的本能心理学。

#### （一）德国的民族心理学

科学心理学之父冯特（W. Wundt）认为心理学有两条分支——生理心理学和民族心理学。冯特深受德国哲学家拉扎勒斯（M. Lazarus）和斯坦塔尔（H. Steinthal）的影响，在致力于实验心理学研究之后，冯特开始关注民族心理学，并且利用 20 年的时间，撰写了十卷本的《民族心理学》。在这部著作中，冯特对文化的许多要素进行了分析，诸如语言、宗教、艺术、图腾制度、道德和法律、劳动与生产、战争和武器等。冯特将心理学与社会学、人类学、历史研究等结合了起来。

#### （二）法国的群众心理学

法国群众心理学的代表人物主要有塔德（G. Tarde）、迪尔凯姆（E. Durkheim）和黎朋（G. LoBon）。塔德和迪尔凯姆的观点不同。塔德从个体的角度来阐释群体

---

① 乐国安，陈浩，张彦彦. 进化心理学择偶心理机制假设的跨文化验证——以天津、Boston 两地征婚启事的内容分析为例[J]. 心理学报，2005，37（4）：561 – 568.

行为，在著作《模仿率》中他提出了模仿理论，并以此来解释所有的社会行为，他认为一切社会行为不是发明就是模仿，先行者发明事物和行为，其他群众则模仿事物和行为。而迪尔凯姆的观点与其不同，他认为社会层面的事物是无法还原为个体层面的，群体的思维和行为方式与组成他的个体思维和行为方式是不同的，要研究群体层面的心理与行为，而不能以个体层面来还原之。黎朋则继承了二者的观点，是两者的折中。一方面他使用暗示来解释人的社会行为，另一方面他也认为群体意识是不同于个体意识的一种独立存在的形式。黎朋的观点得到了美国社会学家罗斯的进一步发展。罗斯于1908年出版的《社会心理学》一书，被称为社会学取向的社会心理学诞生的标志性事件。

### （三）英国的本能心理学

本能心理学的代表人物是麦独孤。他深受达尔文进化论的影响，试图用人类生而有之的本能来解释所有行为的背后动力。同样于1908年，麦独孤出版了《社会心理学导论》，象征着心理学取向的社会心理学的出现。在该书中他列举了12种人类本能，即求食、拒绝、求新、逃避、斗争、性与生殖、母爱、合群、支配、服从、创造和建设，并且认为正是由这些本能所驱使，人们才会表现出所有的社会生活和社会现象。

## 二、实验社会心理学的兴起

第一次世界大战以后，美国心理学家 F. 奥尔波特(Floyd Allport)和德国心理学家默德(Moade)开创了实验社会心理学方向。运用实验方法研究社会心理问题可以追溯到特里普利特(N. Triolett)关于社会竞争的实验研究，该研究是社会心理学领域中的第一次实验，探讨了他人在场时个体的作业绩效会受到怎样的影响。自 F. 奥尔波特和默德之后，实验社会心理学开始成为美国社会心理学的主流，其影响长达数十年。F. 奥尔波特系统总结了一系列研究成果，于1924年出版了《社会心理学》一书，在该书中他指出用实验的方法可以用来探讨人类的社会行为，因此，F. 奥尔波特被人们誉为"实验社会心理学之父"，他所研究的问题包括从众、非语言沟通以及社会促进等。

## 三、社会心理学的发展

F. 奥尔波特的著作《社会心理学》问世以后，社会心理学进入一个快速发展时期。两件事情对社会心理学的发展影响巨大。首先是美国的经济大萧条。这次经济萧条使得很多心理学家失业，这种经历让他们更加关注社会因素对人们生活的影响。1936年，一个专门研究社会问题的组织"社会问题心理学研究协会"(Society for the Psychological Study of Social Issues,简称SPSSI)成立，该协会主要研究政治、社会运动等社会问题。

另一事件是第二次世界大战的爆发。有学者指出，如果问哪位人物对这个学科的影响最大，那一定是阿道夫·希特勒。这种影响首先直接体现在纳粹德国对犹太人的迫害，致使很多知识分子（如勒温等人）移居美国，促进了美国社会心理学的发展。其次，二战爆发，为了适应战争的需要，大量社会心理学家被政府招募，从事广泛的应用研究，如劝说、士兵士气、国民士气、国民对战争的态度、有效的军事管理和军事选拔等。

二战后，人们对社会心理学的研究开始关注更广阔的层面，例如越来越多地重视认知因素在行为中的作用，以及更加关注文化因素的影响。阿德诺（Adorno）和 Frankel-Brunswik 二战时期为了逃避纳粹的迫害而迁往美国，在加州大学他们对权威人格进行了研究。十几年后，米尔格拉姆（S. Milgram）对人们服从权威的研究，以及费斯廷格（L. Festinger）对认知失调的研究都反映了人们对社会因素的关注。

□□□ **专栏1-2**

### 利昂·费斯廷格

利昂·费斯廷格（Leon Festinger, 1919—1989），美国社会心理学家，是继勒温之后将完形心理学原理应用于社会心理学研究的学者。出生于美国纽约市布鲁克林区，因癌症逝于美国纽约市。1939 年获纽约市立大学心理学学士学位。后前往爱荷华大学，在 K. 勒温的指导下从事研究工作，1942 年获爱荷华大学心理学哲学博士学位。1943—1945 年在罗彻斯特大学任教，1945 年任罗彻斯特大学飞机驾驶员甄选训练中心统计专员。1945 年进入麻省理工学院，参与勒温在该校设立的团体动力研究中心的研究工作。勒温去世后，他于 1948 年担任了密歇根大学团体动力学研究中心的计划主任。1951 年任明尼苏达大学心理学教授，1955 年到斯坦福大学任心理学教授，同年成为美国国家科学院院士。1968 年起转任美国社会研究新学院心理学教授，直至逝世。

他主要研究人的期望、抱负和决策，并用实验方法研究偏见、社会影响等社会心理学问题。早年随勒温进行关于欲求水准的研究，提出社会比较理论，促进了团体动力学的发展。从 1968 年起离开社会心理学领域而专注于对知觉问题的生理心理学研究，然而他的影响主要还是在于社会心理学中。他在心理学上的贡献，主要来自于他在社会心理学上两方面的研究成果，尤其因为其认知失调理论而闻名：

**社会比较论（social comparison theory）** 此理论由他于 1954 年在《论社会比较》论文中提出，指出团体中的个体具有将自己与他人进行比较，以从中确定自我价值的心理倾向，受到社会情境之影响，个体时而与条件胜于自己者相比较，有时将与条件劣于自己者相比较，旨在追寻自我价值。

**认知失调论（cognitive dissonance theory）** 此理论由他于 1957 年在《认知失调论》一书中提出，其基本要义为，当个体面对新情境，必须表示自身的态度时，个体在心理上将出现新认知（新的理解）与旧认知（旧的信念）相互冲突的状况，为了消除此种因为不一致而带来紧张的不适感，个体在心理上倾向于采用两种方式进行自我调适，其一为对于新认知予以否认；另一为寻求更多新认知的信息，提升新认知的可信度，借以彻底取代旧认知，从而获得心理平衡。该理论在性质上为解释个体内在动机的主要理论，故而被广泛用以解释个体态度改变的重要依据，认知失调论是动力心理学的一种新的观点。

费斯廷格以认知失调理论及其研究为社会心理学及心理学的一般理论和方法增添了新的见解，从而赢得了声誉，1959 年荣获美国心理学会的杰出科学贡献奖。

## 四、社会心理学危机与应对

20 世纪 60 年代末期，社会心理学经历了沉痛的打击。当时美国社会发生了各种问题，如黑人运动、妇女运动、青年运动等较大的社会运动，偏见、歧视、侵犯等社会行为或社会问题困扰着当时的人们。面对此形势，人们迫切需要社会心理学家来解决，但是走出实验室的社会心理学家却发现自己一时手足无措，这使得人们对这一学科大失所望。

这次危机使得社会心理学家们开始反思：（1）心理学家们开始对实验社会心理学进行反省，主要是针对实验法的外部效度问题。罗森塔尔（Rosenthal）的研究表明实验者效应的存在，这对心理学实验结果的有效性提出了怀疑。学者们开始认为社会心理学不必须是建立在实验的基础上的，实验法在一定程度上限制了社会心理学研究的主题，对很多无法在实验室进行检验的问题有所忽视，而这些问题往往是具有社会实际价值的问题，例如群体暴力行为等，这在一定程度上导致了 20 世纪 70 年代社会心理学危机的出现。因此，社会心理学应该采用多元化的研究方法，研究多元化的主题。（2）社会心理学所研究的问题需要涉及社会生活的方方面面。社会心理学需要关注社会现实，关注如环境、性别问题、偏见问题、司法、犯罪、营销、广告等与人们生活息息相关的问题。（3）社会心理学本土化的开展。二战后，美国社会心理学占有了霸主的地位，但是由于该次危机，其他国家的社会心理学家开始意识到美国社会心理学的问题，从而开始结合本土文化特点建构本土社会心理学。欧洲社会心理学家提出了建立欧洲社会心理学的主张。经过多年的不懈努力，现在欧洲的社会心理学在研究视角、研究方法以及理论创新方面都有了自己的特点。欧洲社会心理学者所提出的不同于美国社会心理学者的社会心理学理论，如社会认同理论、社会表征理论等，在世界社会心理学领域中产生了巨大的影响。以 2001 年出版的欧洲《社会心理学手册》为标志，欧洲社会心理学已成功地解构美国社会心理学的霸权地位，并和美国社会心理学一起成为当今世界社会心理学的主流。（4）后现代主义社会心理学的出现。后现代主义思潮的兴起，以及现代社会心理学自身所存在的种种问题，促进了后现代社会心理学的出现。后现代时期的学者不再认为有一个确定的研究领域，因为特定的研究领域必须由一些客观的论述来界定，但是在后现代主义学者看来"客观"是不存在的；他们不再寻找具有普遍意义的原则或法则，否定"普遍真理"的存在，认为任何叙述都是在一定历史和文化背景中的；他们不再强调方法的重要性；他们认为心理学的进步只是一个"故事"，后现代主义的学者怀疑"真理"和"方法"，那么科学所取得的进步自然也就不可信了，甚至认为科学进步这个概念，实际上只是被它的文字和叙述特点所勾勒出的产物。[①]

## 五、中国社会心理学的发展

1924 年，实验心理学之父 F. 奥尔波特出版其里程碑式著作《社会心理学》，同年我国心理学家陆志韦也出版了《社会心理学新论》一书，可见社会心理学在我国的起步并不落后。由于历史原因，新中国成立后大陆地区的社会心理学发展一度出现了停滞，但是港台地区的社会心理学仍然得到了发展。1979 年，社会心理学在大陆开始重建，并迎来了快速发展时期。改革开放以来，中国社会心理学的发展大致经历了三个阶段。[②]

1979 年到 1984 年为第一阶段，在该阶段中社会心理学者主要以学术引进和学科恢复为主要目标，以及探讨社会心理学的学科性质、研究方法等基础理论问

---

① 佐斌. 西方心理思潮的当代特征——后现代主义心理学述评[J]. 华中师范大学学报（哲学社会科学版），1994（5）：93 – 97.

② 黄希庭. 中国高校哲学社会科学发展报告（心理学）[M]. 桂林：广西师范大学出版社，2008：222.

题。在此期间，中国社会心理学研究会成立（1982 年），该会的成立是中国大陆社会心理学正式确立的标志。

第二个阶段从 1985 年至 1999 年，该阶段的主要特点是本土化研究异常活跃。20 世纪 70 年代，我国台湾和香港地区的学者首先提出了社会心理学研究本土化或中国化的问题，他们在这方面的研究也日益丰富。随着大陆社会心理学研究的不断发展，在 20 世纪 90 年代，本土化运动也得到了大陆学者的呼应，并且取得了富有影响的一系列研究。如国家社科基金"七五"重点项目"中国人民族性格和中国社会改革"的确立和完成，该研究通过分析民谚揭示了中国人社会认知的一些特点；还有研究者对中国人的脸面心理进行了分析，得出了独到的见解。[①]

1999 年之后，中国社会心理学进入了第三个发展阶段，该阶段中社会心理学的本土化研究继续保持了发展势头，基于西方社会心理学的主题研究逐渐成为研究的主流。在本土化方面，中国社会心理学会主办了系列"中国人的社会心理与行为学术讨论会"，《心理学报》、《社会心理研究》杂志发表了关于中国人的人格、自我、情感、人际关系、社会认知等方面的研究成果，《中国社会心理学评论》分别探讨了文化与自我、中国人的脸面心理、文化和组织行为，以及性格和文化等专题的理论和实证研究。港台心理学者在心理学中国化和本土化方面也取得了丰硕成果。我国在实验社会心理学领域已经初步建立起了学科体系，对刻板印象、态度、社会判断和决策等课题进行了理论和实验研究，尤其是近些年内隐社会认知的出现和发展，使得社会认知领域成为社会心理学研究的重要主题之一。

## □□□ 第四节　社会心理学的研究方法

"工欲善其事，必先利其器"，社会心理学要取得丰富的可靠的结果，必须要依赖于系统的研究方法。社会心理学研究结果与生活常识的差异，往往也是体现在这一点上。如何选取研究课题，如何选取研究方法，是本节所要探讨的内容。社会心理学作为包容的和开放的领域，既有科学性的一面，又有人文性的一面，在研究方法上既有客观性较强的量化研究，又有主观性较强的质化分析。

### 一、课题的选择和研究设计

社会心理学的研究是从课题的选择和整体研究的设计开始的。选择一个好的

---

① 佐斌. 中国人的脸与面子——本土社会心理学探索 [M]. 武汉：华中师范大学出版社，1997.

课题，设计一套好的研究计划，对于社会心理学的研究来说是至关重要的。拥有好的开始，往往就意味着成功了一半。

**（一）研究课题的选择**

研究课题的来源大致有两个，一是通过日常生活的经验。很多研究都是从日常的观察开始的。生活中我们发现，观看暴力行为的小孩往往会表现出较多的攻击行为，没有亲历亲为会产生学习吗？班杜拉便以此为课题，经过系统的研究，创立了社会学习理论。课题的第二个来源是通过对已有研究结果的分析。在阅读文献时，我们可能会发现不同理论对同一行为的解释不同，甚至截然相反，哪种解释是恰当的呢？在哪种情况下某种解释会成立？这便有了一个新的研究课题。此外，某些程序相似的研究所得结果却不相一致，是什么原因导致了结果上的差异，这也是一个新的研究课题了。从文献中寻找矛盾之处，可以为我们提供有价值的课题。

怎样才算是个好的课题？一般来说，好的课题，往往具有价值性、创新性和可行性等特点。首先，所研究的课题必须具有一定价值，一个课题或者具有推动社会实践的应用价值，或者具有推动学科发展的理论价值，或者两者皆有。研究课题必须要与社会发展和人的需要相联系，这才能具有价值。其次，好的课题要具有创新性。它不仅可以验证和佐证他人的研究成果，更应该具有发展性，探讨了前人所没有涉及的问题。最后，好的课题要有可行性。可行性包含两方面的含义，一是指逻辑上的可推理性，只有在逻辑上具有可行性才能保证实际研究工作的顺利进行；二是技术上的可行性，好的课题研究必须要有研究方法和资源的支持，要有充足的时间、丰富的文献资源、适当的技术实现手段和合理的研究人员的配备，只有选择力所能及的课题，才能保证课题的顺利完成。

**（二）研究设计**

研究设计大体可以分为以下几步。第一，确立研究目的。根据研究目的不同，研究大致可以分为三类，即描述性研究、相关研究和因果研究，在研究设计中首先要明确研究目的，只有这样才能对变量和研究方法做出恰当的选取。第二，研究方法的选择，根据研究目的选择恰当的研究方法，确定是进行量化研究还是质化研究，是采用问卷法还是访谈法等。第三，确定变量。在确定了研究课题的同时，研究变量也同时产生了，在研究设计中还要对变量进行更清晰的具有可操作性的界定，如果是量化的相关和实验研究，还需要确定可能会干涉研究结果的无关变量，并设计方案来控制这些变量的作用。第四，制定研究程序，包括确定研究步骤和过程，编写指导语，控制无关变量等。第五，确定资料分析方法，要初步考虑对于所收集数据和材料采用怎样的分析方法，如果不考虑周全可能会造成材料收集之后无法分析的困境，从而导致研究的失败。

## 二、相关研究与因果研究

社会心理学量化研究中，往往会涉及探讨两个或多个变量之间的关系，有时候是探讨其相关关系，有时候则是探讨它们之间的因果关系。

### （一）相关研究

相关研究是社会心理学量化研究中的一种基本形式，它主要是探讨两个或多个变量之间的关系状况，相关研究没有方向性，即相关研究无法得出因果关系，严格来讲纵向研究也应该属于相关研究的范畴。

1. 相关关系的类型

按照两个变量之间的变化方向，可以将相关区分为**正相关**和**负相关**。正相关是指两组变量的变化方向是一致的，一个变大，另外一个也变大；而负相关则反映了两组变量的变化方向是相反的，一个变大，另一个变小。

此外，根据变量间变化趋势，可以将相关区分为线性相关和曲线相关。线性相关是指两变量数据模型呈线性变化关系，在数学模型中，一般用一次方程表达。曲线相关中，两变量的数据模型是非线性的，换句话说两个变量的变化趋势是不相同的。

2. 相关研究的应用

相关研究，由于其研究设计较为简单，得到的资料丰富，并且可以脱离实验室考察一些难以控制的变量间关系，因此该研究设计在社会心理学尤其是我国社会心理学研究中占有很大的比重，适用范围也较广。在使用该研究设计时应该注意以下几个问题。

首先，相关研究所得结果不能揭示因果关系。相关研究的结果只能表明所探讨的两个变量之间存在一定的共变关系，但是不能阐明是哪一个因素影响了另外一个因素。尽管有些研究通过理论上的逻辑推理，认为是 A 影响 B，但这也只是逻辑推理的结果，并不是得到了实证资料的验证。其次，在相关研究中，不要被相关系数所迷惑。相关系数只是一个指标，只能说明两个变量之间的变化规律，但是二者之间是否有直接联系，则需要理论上的支持，不能盲目地迷信相关系数。

### （二）实验研究

由于相关研究只能探讨变量之间的关系，无法获得因果，因此很多社会心理学家希望通过自然科学的实验法来探明多个因素之间的作用机制，以认识、理解和预测人们的社会心理和行为。

1. 实验中的变量

心理学实验中的变量可以分为三类，即**自变量**（independent variables）、**因变**

量(dependent variables)和**控制变量**(controlled variables)。自变量是由研究者主动操作和改变的变量，是实验者所关注的影响变量；因变量则是结果变量，实验的目的便是考察自变量对因变量的作用是怎样的。除了实验所关注的自变量和因变量外，还有很多因素会影响自变量和因变量之间的关系，这些变量不是研究者的考察范围，因此需要对这些变量的影响进行控制，这些变量称为控制变量或额外变量(extraneous variables)。社会心理学研究中最常用的控制额外变量的方法是被试分配的随机化和区组匹配。

2. 实验室实验与现场实验

根据实验情境和对额外变量的控制程度不同，实验研究可以分为实验室实验(laboratory experiment)和现场研究(field experiment)。前者是在实验室中通过创造和模拟情境来完成，后者则是在实际生活情境中进行。现场实验较实验室实验增加了研究的外部效度，但是现场实验对额外变量的控制没有实验室实验那么严格。

实验室实验和现场实验在现代社会心理学研究中具有重要地位。在实验室中，研究者可以通过对情境的设置和环境的布置，尽可能地控制无关变量，从而更好地考察自变量和因变量之间的关系。虽然如此，实验室中的情境毕竟不是真实的生活，所以研究的外部效度，即研究结果具有多少现实意义，研究结果的可推广度成为社会心理学家们关注的问题。在很多情况下，随机分配的被试并不具备真实情境中的意义，例如学生班级、工作小组等现实群体是很难在实验室中复制的。在这种情况下，研究者们越来越重视外部效度较高的现场实验。现场实验在提高外部效度的同时，在一定程度上牺牲了对额外变量的控制程度，在很多社会心理研究中现场实验开始扮演重要的角色。

实验室实验和现场实验各有其优点和不足。实验室实验是借助专门的实验仪器和设备，在严格控制的条件下进行的，这有利于发现自变量和因变量之间的因果关系，并且可以进行反复的验证；但是缺点是主试严格控制实验条件，使实验情境带有极大的人为性质，研究的外部效度可能不高。而现场实验是在正常的生活情境中进行的，它的研究结果的推广性更高；但是由于对额外变量的控制不够严格，因而难以得到精密的实验结果。研究者需要根据自己的研究目的和研究内容选择合适的实验类型。

3. 实验中注意的问题

在实验研究中，需要对额外变量进行控制，实验效应会对研究结果产生一定的影响，需要格外注意。有时候实验中因变量的变化并不是真正由于自变量的改变，而是由于实验者有意识或无意识所流露出来的期望或影响所导致的，这种效应称为实验者效应。这种效应会通过主试的一些细微表现起作用，例如微笑、点头、注视等，有时候这种表现是无意识流露出来的。因此，克服这种效应的最好的方法是利用**双盲实验**（double-blind experiment），在这种实验设计中主试和被试都不知道谁在接受怎样的实验处理。

此外，在以生物作为研究对象的学科领域中，人们越来越关注研究的伦理道德问题。社会心理学以人为被试，实验中涉及变量的控制和操作，有的可能还会对被试造成一定程度的伤害，因此社会心理学的实验研究有其伦理要求，这也是研究者需要注意的问题。一些实验因此受到了人们的质疑和批评。

### 三、获得研究材料和数据的具体方法

社会心理学研究中，获得研究数据和材料的具体方法主要有观察法、访谈法、问卷法、测量法和实验法等（莫雷、王瑞明、陈彩琦等，2006）。

#### （一）观察法

观察法是研究者直接通过感官或利用一定的科学仪器，根据一定的目的，在一段时间内有计划地对行为进行考察并收集资料的研究方法。观察法可以根据观察者是否参与所研究的活动，分为"参与观察"和"非参与观察"。一般来说，参与观察的效果较非参与观察要好一些。在参与观察中，观察者可以隐蔽于被观察的群体中，使观察对象的活动不受研究的影响，从而能够避免"观察者效应"。此外，参与观察中，观察者参与其中，既有对活动的直接而深刻体验，又可以与被观察者建立融洽的关系，从而获得有价值的信息和资料。但是，在从事参与观察的时候，也容易被观察对象和活动所感染而失去客观的研究立场，这是研究者需要注意的地方。

#### （二）访谈法

访谈法是研究者通过与研究对象进行口头交谈的方式来收集有关心理和行为特征资料的研究方法，是调查法的一种。其最大的特点在于访谈者与被访者之间的互动与影响（董奇，2004），访谈者通过提问的方式发起谈话，而被访者则通过对问题的回答反作用于访谈者，因此在访谈法的运用中，访谈者要时刻注意对访谈主动权的掌握，使访谈过程按照研究的需要进行。根据对访谈内容和过程的标准化程度，访谈法可以分为"结构访谈"、"非结构访谈"和"半结构访谈"。结构访谈按照统一的设计要求以及事先编排好的问题进行。结构访谈对于访谈对象、提问的问题及其编排、被访谈者的回答方式都有统一的标准，甚至对于访谈的时间和地点等也都有要求。而非结构访谈则只有一个大概的访谈提纲，对于访谈的具体问题、被访者的回答等没有硬性的规定，只要访谈在既定的方向中进行就可以。半结构访谈则是介于结构访谈与非结构访谈之间的一种访谈设计类型，包括两种形式：一是访谈问题是有结构的，而被访者的回答方式是自由的；二是

访谈问题是无结构的，但被访者的回答方式是按照规定的。

### （三）问卷法

问卷法也是在调查研究中经常运用的方法。问卷法是以问卷的形式向被试提问问题，通过被试的填答来获取资料和数据的研究方法。问卷法的标准化程度较高，包括问卷题目的编写及编排、问卷的填答方式、问卷的发放以及问卷资料的处理等都是按照一定的标准设计和进行的。这保证了问卷法的目的性和客观性，也易于做量化的分析和比较。此外，利用问卷法可以在短时间内收集大量的信息和资料，这是问卷法的一大优点。

根据问卷中问题的结构化程度，问卷可以分为结构问卷和无结构问卷。在结构问卷中，每一个问题都列出了几种提供选择的可能答案，被试可以根据自己的实际状况选择最恰当的选项。在无结构问卷中，问题是统一的，但是对于回答的方式没有做具体的限制，被试可以按照自己的想法自由填答。

在调查研究中，不管运用访谈法还是问卷法都应该注意调查对象的选取。尤其是在大范围的调查中，只有选取具有整体代表性的对象，调查的结果才能反映真实的情况。获得代表性样本的最常用方法是随机抽样（random sample），在这种抽样方法中，每个人被选中的可能性是相同的。

### （四）测量法

测量法基于标准程序进行，它通过较为客观和系统的项目反应来获得研究对象的数量化信息。测量法可以根据研究对象的不同分为心理测量和社会测量（董奇，2004）。心理测量使用一定的操作程序，通过观察部分有代表性的行为，来对人的心理特征做出数量化的分析和推论。心理测量是心理学量化研究中最常用的收集数据的方法之一，其最主要的研究工具是心理测验。心理测验的编制需要测验理论的指导，主要的理论有经典测量理论以及后来发展出的项目反应理论（余嘉元，1992）和概化理论（杨志明、张雷，2003）。当前心理测验的编制仍多基于经典测量理论，经典测量理论以真分数假设为基础，经过不断的实践、改进而日益完善，成为一种具有多种项目分析及评价标准的测量理论。

社会测量是对一个群体（特别是小群体）中的社会结构、人际互动模式以及人际关系进行量化的方法，它对于社会心理学中人际交往和群体心理的研究具有重要的价值。社会测量法的基本原理是：群体中存在着以积极或消极人际情感为基础的非正式组织，它们之间存在着相互作用，因此团体成员按照一定的标准所做出的肯定或否定选择，可以反映出团体及其成员的人际关系状况。社会测量法有不同的测量形式，如同伴提名、猜人测验以及社会距离量表等。

### （五）实验法

此处所说的实验法并不是前文所讲的实验研究与设计，实验法是运用实验仪器对人们的心理或行为指标进行测量的方法。社会心理学中常见的实验法有反应时指标和近年发展起来的认知神经科学的方法。

**反应时**(reaction time)是指刺激施加与做出反应之间的时间间隔，根据刺激和反应的数目可以分为简单反应时(simple reaction time)和选择反应时(choice reaction time)两种(杨治良,1998)。简单反应时测量中，被试的任务非常简单，只是在已知刺激出现后尽快作出规定的单一反应。选择反应时则是"根据不同的刺激物，在各种可能性中选择一种符合要求的反应"①。在反应时实验中通常有两个基本的指标，即速度(speed)和正确率(accuracy)。一般来讲，反应速度越快，那么正确率就可能越低；反之，如果正确率要保持高水平，那么反应速度就会变慢。因此在反应时实验中要权衡速度和正确率的关系。当然，在反应时实验中可以采用速度和正确率两个指标，也可以只采用一个指标。

反应时研究有几种比较成熟的模式，如 Stroop 任务、语义启动、情绪启动等，此外 Greenwald 又开发了一种的新的反应时研究模式——内隐联想测验(Implicit Association Test,IAT)——用来测量内隐社会认知(内隐自尊、内隐刻板印象、内隐态度)，这种方法近年来在心理学的各个领域得到了广泛的运用。

脑是心理和行为产生的根源，认知神经科学试图将神经系统与认知活动相联系，找出人类认知活动的功能定位(localization of function)。随着科技的进步和发展，不断出现了更加先进和精确的仪器来帮助人类探索自己的大脑。例如，事件相关电位技术、磁共振成像技术、正电子发射层扫描技术和功能性磁共振成像技术等都开始应用于社会心理学研究当中。

## 四、质化研究

在社会科学中一直存在着"量化研究"(quantitative research)与"质化研究"(qualitative research)两种研究模式的争论。前面介绍的量化研究方法在现代社会心理学研究中占有重要地位，而质化研究方法在社会心理学研究中也越来越受到重视。

### (一)质化研究的定义

英文 qualitative research，在我国香港和台湾地区被译为"质的研究"、"质化研究"、"质性研究"，我国大陆地区一开始则将其译为"定性研究"，后来由于这一译法与我国传统的"定性研究"② 的内容相混淆，因此改为"质的研究"

---

① 杨治良.实验心理学[M].杭州：浙江教育出版社，1998：107.
② 在我国学界，定性研究通常是指所有的非定量研究，包括研究者对问题的思考和看法等思辨研究，这些研究往往是个人的主观思想，而没有系统地对资料进行收集和分析。

或"质化研究"。质化研究是以现象学的解释主义为哲学基础，而量化研究则遵循逻辑实证主义。

秦金亮(2003)认为，可以从以下几点来把握质化研究的重点："(1)质的研究是一种人文社和科学的主观研究范式，它承认'研究者所涉入世界的主观性'，研究者需从被研究者的视角来审视问题；(2)质的研究收集资料的方式主要是参与观察、深度访谈、文献档案、音像资料的获得；(3)质的研究的基本方式是用文字来加以详细描述，而不以数字来加以测量，文字的描述主要在于理解而不太关注验证；(4)质的研究资料的分析是一种自下而上的归纳方式，而不是概率论基础上的演绎推论；(5)质的研究承认主观人化世界中研究者的价值涉入，研究者不是对这种主观价值存而不论，而是必须重视这种主观价值对研究进程与结果的影响；(6)对质的研究的方法学考察需从操作技术层面和哲学前提层面，进行全方位的考察。"①

**（二）质化研究的研究设计**

在量化研究中研究者需要对研究变量进行操作或控制，但是质化研究由于其遵守自然主义原则，不需要对研究情境进行干预，因此质化研究具有自然、灵活等特点。质化研究设计也被称为工作设计或发展设计。

量化研究需要选择研究问题，质化研究也是如此。质化研究的课题与量化研究有所不同，质化研究更加适合于对那些不成熟的概念(缺乏理论基础的概念，或未曾研究的概念)、不清晰的理论、探索性的问题以及独特事件进行研究，质化研究更加擅长于用于揭示"是什么"。

量化研究中，研究者往往预先建立研究假设，通过获得研究数据并进行分析来对假设进行检验。但是在质化研究中，研究假设不是从演绎推理中得来，而是在收集和分析材料的时候归纳形成的。在整个研究的任何阶段，研究假设都可能形成，也可能被修改或推翻，从而重新建立假设。因此，在质化研究中研究假设的数量是不受限制的。质化研究在确定研究被试的时候，也有别于量化研究。量化研究的目的是得出普遍性的规律，因此取样往往采用随机抽取的方式，以获得具有整体代表性的样本；而质化研究则是为了探索事物深层次的现象，因此样本所包含的信息量是重要的，因此质化研究采用目的性抽样。目的性抽样认为被试个体具有不同的信息量，质化研究需要选择那些包含丰富信息的被试，这样才有利于研究的深入开展。目的性抽样主要有全面抽样、最大差异抽样、同质抽样、序列抽样、极端个案抽样、判断抽样以及滚雪球抽样等(秦金亮,2003)。

与量化研究相同，质化研究的研究设计也需要考虑选择何种收集资料的方

---

① 郭本禹．当代心理学的新进展[M]．济南：山东教育出版社，2003：201．

法，如何进入研究现场，如何对获得的资料进行整理和分析，以及用怎样的形式来表达研究的结果。与量化研究有所差别的是，质化研究在研究设计中所考虑的问题，可以随着研究的发展和深入而进行调整和修订。

### （三）资料的收集与整理分析

质化研究的资料主要是通过观察、访谈和实物分析而收集的。观察法和访谈法在前文中已经有所介绍，量化研究中也可以使用这两种方法进行数据的获取。一般来说，量化研究中为了研究的标准化，往往采用的是结构或半结构式的观察和访谈；但是在质化研究中，为了研究的深入和细致，研究者往往采用无结构观察和访谈。实物分析是对可以收集到的所有文献、视听材料（如图片、音像等）以及实物（如历史文物、流行产品等）等的分析。这三种方法是从不同的角度获取不同形式的信息，研究者可以利用不同的方法来对研究进行相互检验。例如，研究者可以利用实物分析和访谈法得来的数据对观察法所得的结果进行检验，也可以利用访谈法来获得观察或实物分析所得到的现象的解释。

量化研究的收集和分析资料，遵循着一种线性、无重复的研究顺序，即资料收集、资料整理、资料分析。然而在质化研究中，每次收集到的资料都需要进行即时的整理、编码和分析，所得到的结果便可以作为下一次资料收集的线索，因此质化研究中收集、整理、分析三个阶段是不断循环往复的。

### ☐ 本章小结

1. 社会心理学是人们以社会生活情境中人的心理与行为为对象的认识、理解和实践的领域。

2. 社会心理学领域具有科学性、人文性、社会文化性、包容性和应用性的特点。

3. 当今社会心理学研究中存在着两种取向，即社会学取向和心理学取向。

4. 社会心理学领域的研究内容，大致可以分为四个层面，即个人成长层面、人际关系层面、群体行为层面和社会发展层面。

5. 弗洛伊德创建了精神分析理论，系统地提出了潜意识理论，认为人格结构可以分为本我、自我和超我，并且从本能的角度来解释行为动力。

6. 社会学习理论由班杜拉提出，他认为个体可以通过观察他人的行为及行为结果来获得经验，即观察学习。他认为观察学习包含注意、保持、动作复现和动机四个过程。

7. 社会认同理论认为，自我的建构是通过群体分类来实现的，个体通过群际间的积极比较来获得自尊的提升。

8. 社会交换理论吸收了经济学和行为主义的理论，将社会行为看做是发生在人与人之间的需要付出成本和希望获得报酬的交换活动。

9. 符号互动理论将符号作为人类社会活动的中介，人类具有创造符号、使用符号、理解符号的能力，人类通过这种能力来进行互动。

10. 进化社会心理学将生物学的进化论与当前心理现象的系统阐述相结合，将自然选择和心理机制作为研究的核心概念，认为心理机制是人类进化过程的产物，是通过基因遗传而获得的心理加工模式，心理机制与环境共同决定了人类的社会行为。

11. 1908 年，英国心理学家麦独孤发表了《社会心理学导论》，这标志着心理学取向的社会心理学的诞生；同年，美国社会学家罗斯发表了《社会心理学》一书，这标志着社会学取向的社会心理学的诞生。

12. 1924 年，F. 奥尔波特出版了《社会心理学》，书中他指出可以用实验的方法来研究人类的社会行为，因此他被誉为"实验社会心理学之父"。

13. 社会心理学的量化研究通常包括三种：描述性研究、相关研究和实验研究。

14. 相关研究是探讨两个或多个变量之间共变趋势和大小的研究方式。根据两变量的方向不同可以分为正相关和负相关；根据两变量变化趋势不同，可以分为线性相关和非线性相关。

15. 实验研究是唯一一种可以得出因果关系的研究方式，该方法在社会心理学研究中占有重要的地位。实验中的变量包括自变量、因变量和控制变量。

16. 社会心理学研究中，获得研究数据和材料的具体方法主要有观察法、访谈法、问卷法、测量法和实验法。

## □ 复习与思考

1. 社会心理学是怎样的一门学科？它具有怎样的特点？它主要研究哪些内容？

2. 怎样看待社会心理学中的社会学取向和心理学取向？

3. 思考一下，心理学的发展与其所处的时代背景有怎样的关系？在我国，社会心理学的哪些内容领域最可能得到长足的发展？

4. 有人认为利用纵向研究可以探讨事物之间的因果关系，你怎么看待这个问题？

5. 怎样看待社会心理学中质化研究与量化研究以及二者之间的关系？

□ **推荐阅读资料**

1. 周晓虹. 现代社会心理学[M]. 上海：上海人民出版社，1997.

2. 吴江霖，戴建林，冯文侣，等. 社会心理学[M]. 广州：广州高等教育出版社，2000.

3. 佐斌. 漫谈社会心理学的领域观[C]∥佐斌. 社会心理学的发展与创新. 武汉：华中师范大学出版社，2003.

4. 乐国安，汪新建. 社会心理学理论新编[M]. 天津：天津人民出版社，2009.

5. 方文. 社会心理学百年进程[J]. 社会科学战线，1997(2)：240-249.

6. 方文. 学科制度和社会认同[M]. 北京：中国人民大学出版社，2008.

7. 莫雷，王瑞明，陈彩琦，温红博. 心理学研究方法的系统分析与体系重构[J]. 心理科学，2006，29(5)：1026-1030.

8. 舒华. 心理与教育研究中的多因素实验设计[M]. 北京：北京师范大学出版社，1994.

# 第二章 自我与社会化

学习本章内容，将有助于你对以下问题的理解与思考：

➤ 什么是自我？它的心理成分包括哪些要素？

➤ 如何进行自我认识？

➤ 自我是如何形成与发展的？

➤ 什么是社会化？它包括哪些内容？

➤ 影响社会化的主要因素是什么？

1799年9月，三名法国运动员在法国境内的阿维龙发现一名十一二岁的男孩，当时他全身赤裸，布满伤痕，不能讲话，看起来就像是一直过着野兽般的生活。看到三名运动员时，这名野孩企图爬树逃走。随后，他被送到法国医生爱塔得那里，爱塔得医生努力想把这个长期脱离人类社会的儿童训练成正常人。经过五年的努力后，他终于放弃了，因为这个野孩子的心理发展始终无法达到正常同龄儿童的水平。

人是社会性动物，其与动物的本质区别在于他的社会性。一个人若是仅有人类的生理结构，那他还不是真正意义上的人。只有当他通过学习社会知识、技能和规范，逐渐形成人类的心理结构和行为动力系统，获得明确的自我概念，适应人类生活的社会性，使自己的行为具有明确的自我引导和自我控制，通过社会化才能成为真正意义上的人。

为什么完全具有人类基因的孩子因为脱离了正常的人类社会生活而成为"野孩子"了呢？仅具有人类遗传基因就能成为人吗？那么人又是如何从自然人转化为社会人的呢？本章将通过对自我与社会化问题的系统分析，帮助你找到这些问题的答案。

## □□□ 第一节　自我

个体作为社会的一名成员，从事社会各项实践活动，是以自我为中介而实现的。自我是人的心理区别于动物心理的一大特征，自我的形成是个体社会化的结果，同时自我的形成和发展又进一步推动个体的社会化。心理学家对自我的概念、结构、发展因素和发生等一系列问题进行了探讨。

### 一、自我的定义

**自我**本身是十分复杂的，心理学家们从不同的角度对自我进行了界定。

W. 詹姆士（W. James）认为自我由物质自我、社会自我、精神自我和纯自我四个部分组成。沙利文（H. S. Sullivan）指出儿童在家庭成员的影响下，发展出自我系统的三种成分：好我、坏我和非我。库利（Cooley）与米德（Mead）分别提出了"镜像自我"与"一般化他人"的相关概念，都认为自我并非天生的，而是社会的产物，需要社会经验及反馈信息。罗杰斯（C. Rogers）把自我区分为真实自我和理想自我。自我在西方心理学中是个极其重要而又含糊不清的概念。各个不同的学派从自己的理论角度来诠释"自我"，有不少描述关于自我事物的不同词汇，如 self（自身）、ego（自我）、prorium（统我）等。我国心理学家黄希庭教授对自我进行了较为全面的描述：（1）从主—客关系维度可将自我作为主体自我（self-as-perceiver）和客体自我（self-as-object of perception）来进行分析。主体自我是主动的我，如自我指导（self-direction）、自我监控（self-monitoring）、自我批评（self-criticism）、自我实现（self-actualization）、自我图式（self-schema）和自我决定（self-determination）等；客体自我是被认知的我、被体验的我，如自我知觉（self-perception）、自我概念（self-concept）等。（2）从与人的关系维度可将自我作为个体自我（individual self）、关系自我（relational self）和集体自我（collective self）来进行分析。个体自我是一个人对自己属性的认知和评价；关系自我是个体对人际关系中自己的角色、地位等属性的认知和评价；集体自我是个体对自己在集体中具有的属性如合作、社会认同等的认知和评价。（3）从与时间关系维度可将自我作为过去自我（past self）、现在自我（present self）和将来自我（future self）来进行分析，即个体在不同时期对自己的认知和评价。（4）从发展的维度可将自我作为身体自我（body self）、物质自我（material self）、心理自我（mental self）和社会自我（social self）来进行分析。个体最先获得的自我是身体自我（即个体对自己身体的认知），尔后发展起来的是对"我的"各种东西的认知和我的各种心理属性及我的各种社会属性的认知。（5）从个人活动领域维度可将自我作为家庭自我（family self）、工作自我（working self）、学校自我（school self）、学业自我（academic self）、数理自我（logicomathematical self）等来进行分析。（6）从评价维度可将自我作为好我（good self）和坏我（bad self）来进行分析。好我是个体把自己评价为好的，因而形成如自尊、自信、自大等；坏我是个体把自己评价为坏的，因而形成如自卑、自责、自贬等。（7）从个体意识关注方向的维度可将自我作为私我意识（private self-consciousness）和公我意识（public self-consciousness）来进行分析。前者是指个体关注自己的感受、自己的评价标准，后者是指个体关注别人如何看待自己以及他人的评价标准。（8）从中国传统文化特别重视的自我维度可突出地分析自立（self-supporting）、自信（self-confident）、自尊（self-esteem）和自强（self-stronging），等等。

总之，自我是一个复杂的系统。对自我的分析是有条件的，将每个维度置于整体中才能理解丰富多彩的个体。也只有对自我作全面的系统分析才能深入地认识自我，认识这个被称之为多样性的自我家族（family of self）。①

---

① 黄希庭，夏凌翔. 人格中的自我问题［J］. 陕西师范大学学报（哲学社会科学版），2004（2）：108 - 111.

## 二、自我的心理成分

一般认为，自我包含三种心理成分：自我认识、自我体验和自我调控。

自我认识（self-congnition）是自我的认知成分，是主观的我对客观的我的感觉、观察、分析和评价等。尽管人的自我评价是发展变化的，但自我评价毕竟是个体在一定时刻的自我感觉、自我观察和自我分析的结果，集中体现着自我认识的一般状况和发展水平，它是自我的核心部分，也是自我体验和自我调控的基础。

自我体验（self-sensation）是自我的情绪成分，是主观的我对客观的我所持有的一种情绪体验，反映了主体我的需要与客体我的现实之间的关系。客体我如果满足了主体我的需要，就会产生积极肯定的自我体验，反之就会产生消极否定的自我体验。自我体验包括自信、自尊、自豪、自满、自卑、自怜等，其中自尊是自我体验中最主要的方面。

自我调控（self-regulation）是自我的意志成分，指个体对自己行为与心理活动的作用过程，也就是主观的我对客观的我的制约作用。它包括自立、自主、自律、自我暗示、自我监督、自我控制和自我教育等层次。其中，自我控制和自我教育是自我调控中最主要的方面。

自我的三种成分紧密相连，共同作用于个体的知、情、意、行。例如，个体对自己紧张人际关系的认知使自己产生焦虑烦躁的情绪体验，继而努力克服困难和障碍，加强人际交往沟通技能的学习，表现受人欢迎和尊重的行为。

## □□□ 第二节　自我认识

全面的自我认识是形成正确自我意识的基础。如果一个人能够全面、准确地认识自我，客观地评价自我，那么他就能确立合适的理想自我，并为实现理想自我而不懈努力。一般来说，个体很难恰如其分地评价、认识自己以及自己与外部世界的关系，容易过高或过低，但是，仍然是有规律的，它总是按以下方式进行。

## 一、自我观察

当个体站在镜子前面感到自己被别人注视的时候，当听到录音带里自己的声音的时候，他便会自觉不自觉地注意自己。当集中注意力于自己时，个体的行为和内部特征，便成为自我观察的对象；此外，个体还把观察的对象直接指向自己的心理活动，这称为自我观察又称**内省**（introspection）。自我观察对个体不仅是可能的，而且是必要的。

首先，个体把正在进行的心理活动作为注意的对象来认识自我。如，做某件事情时动机是什么，是否在说谎等。其次，个体能根据所观察到的外部行为及其结果认识自我。贝姆（Beam，1972）提出的自我知觉理论认为，我们经常不能直接了解自己的态度、情绪和其他内部状态，而需要参照我们对自己外显行为的观察，对自己的外显行为进行归因，才能推知自己的内部状态。根据贝姆的观点，我们并不比另一个旁观者更多地了解我们自己的感受或内部状态，因此我们需要以我们的行为来推断我们自己的内部特征、能力和态度，以达到对自己内心状态的认知。①

此外，个体亦通过与自己作纵向比较，即将现实自我与过去自我、理想自我进行比较，来认识自我和评价自我。将现在的我与过去的我作比较，使个体了解自己是进步、退步还是停滞不前。当看到自己进步尤其是显著进步时，会增强自信和自尊，改善自我形象。反之，则会减弱自信和自尊，对自己产生不满意的情绪体验，降低对自我的评价。将现在的我与理想我比较，自我期望越高，在当前同样的成就水平下，自我满意度越低；反之，自我期望越低，则越容易自我满足。而个体对于自我评价的好坏，直接决定着他的自尊水平。W. 詹姆士（W. James）提出过一个公式：自尊＝成就/追求，这个公式表明：当个体目前的成就是已知时，他的自尊水平与其追求水平成反比。

但是，个体在对自身的心理活动和行为表现加以主观的分析和自我认识时带有很大的主观选择性，也会发生归因错误。比如佐斌等人综述了个体自我增强的相关研究，即个体有提高自我价值感的动机，它促使人们强烈地要求获得对于自己的积极反馈或评价，它是人类的普遍动机。而自我增强是具有文化特点的，与个人主义文化下的西方社会相比，在高关系取向的东方社会，东方人在对自我特质的评价方面与西方人相比自我增强程度较低，但是当对自己人际关系方面的内容做评价时，东西方个体的自我增强偏向差异就不再那么显著。②

自我观察作为自我认识的方式之一不可避免地存在偏差，要想更全面地认识自我还需要结合其他方式。

---

① 戴健林，吴江霖，冯文侣，等. 社会心理学[M]. 广州：广东高等教育出版社，2007：95.

② 佐斌，张阳阳. 自我增强偏向的文化差异[J]. 心理科学，2006(1)：239–242.

□□□ **专栏 2 - 1**

### 认识自己的 20 问法

如果你告诉别人 20 件关于自己的事，使别人清楚地了解你，你会告诉他们什么？你的个性？社会背景？生理特征？爱好？你拥有的东西？你亲近的人？试将你的答案填在下面的横线上，每横线上填入一项：

1. _____
2. _____
3. _____
4. _____
5. _____
……
16. _____
17. _____
18. _____
19. _____
20. _____

上面的 20 项内容你填写了什么？你填写的就是你头脑中的自己，是你对自己的认识和描述。这就是认识自我的 20 问法，用以测量一个人对自己的认识。

资料来源：金盛华. 社会心理学[M]. 北京：高等教育出版社，2005：148.

## 二、内化

内化（internalization）是主体的环境特性或主体与环境的相互关系特性转化为主体意识特性的过程。[①] 自我认识是建立在自我评价的基础上的，而自我评价以别人对自己的评价和社会规范为参照点，因此也遵循内化过程的一般规律。库利（Cooley，1922）提出，自我是在我们与他人交往时产生的，是从别人对他的反应中来认识和了解自己的。米德（Mead，1934）也表达了类似的观点，认为自我意识随他人评价的改变而改变。

———————————————

① 卢家楣，等. 心理学[M]. 上海：上海人民出版社，2001：474.

个体最初对自己的评价以父母对其的评价为转移，后又以父母和教师的评价为转移，即使到了成年，社会评价依然深刻地影响着个体的自我认识和自我感受。例如，有人经常超额完成任务，把工作做得格外出色，常常受到社会上其他人的赞扬，尤其受到他所尊敬的老师、父母、领导的表扬，从而容易获得自信心。相反，如果有人对自己所担负的任务总是完不成，常常遇到困难而失败，因此受到人们的批评，这样就会使他缺乏信心，看不到自己的力量。

在内化的过程中，参照群体也起到了重要的作用。佩提格鲁（Pettigrew，1967）提出的参照群体理论认为，每个人都存在一定的群体认同，并用这些群体的标准和规范来定义自己和评价自己。研究表明，个体常常根据参照群体价值取向定义自己，形成自我观念；将参照群体的价值倾向理解为一种期望，约束自己的思想、行为，融入自己的意识之中。参照群体往往是个体实际所属的群体，也可能是个体所向往的群体。

与此同时，社会对某一个体若持有强烈的、一致的、持久的看法并采取相应的对这一个体的处置，会对个体的自我概念产生较大的影响。贝克（H. B. Becker，1963）等人提出的标签理论认为，当公众给某人贴上某种标签时，个体会依据这种标签来判断自我。法灵顿（D. Farrington，1979）等人通过研究来自伦敦打工阶层住宅区的有过同等程度的反社会行为的400名青少年发现，其中一组在14～18岁期间曾遭到逮捕，而另外一组则不然；在18岁时，发现前一组比后一组青少年犯的罪错更多。法灵顿认为这一研究结果是对标签理论的支持。如果司法机关在关押期间未能做好有效的改造工作，又未能防范罪犯躯体成员之间的种种消极影响，那么司法机关对他们身份的正式认定和相应处置，可能会使被惩罚者的自我概念发生向同一方向的变化，他的行为也更趋向于"违法者"这一概念。

国内研究也表明了个体的自我与其所处的文化有关系。朱滢、张力等人通过自我记忆效应研究发现，中国人与自我有关的记忆并不优于与母亲有关的记忆，而是处于同一水平，这说明东方人的自我概念包含母亲成分，但是西方人的自我不包含母亲成分。ERP实验结果也显示了母亲参照和自我参照的记忆加工激活了同一脑区，也就是说在神经水平上，母亲也是中国人集体主义自我的一个组成部分。[1][2]

---

[1] 朱滢，张力. 自我记忆效应的实验研究[J]. 中国科学（C辑），2001(6)：537－543.

[2] 张力，周天罡，张剑，等. 寻找中国人的自我：一项fMRI研究[J]. 中国科学（C辑），生命科学，2005(5)：472－478.

## 三、社会比较

**社会比较**(social comparison)是指通过将自己与他人比较以获取有关自我的重要信息的过程。美国社会心理学家 L. 费斯廷格(L. Festinger,1954)提出的"社会比较理论"认为，个体对于自身的价值是通过与他人的能力和条件的比较而实现的，是一个社会比较过程。当个体为了准确地对自己进行认知评价或失去判断的客观标准时，往往同社会上与自己地位、职业和年龄等相类似的人进行对比。

吉根(Gergan,1970)等人的一个实验结果证实了这一点。他们请去商行应聘的人独立地填写几项个人品质以作自我评价，然后接待室里出现一位"求职者"(由主试的合作者装扮)。第一次是一位自信、文雅、衣着讲究、手提公文包的人，第二次是一位衣衫褴褛、形象猥琐的人。接着找借口请原应聘者重新填写自我评价表。结果显示，遇到形象佳的"求职者"的应聘者的自我评价降低了，而遇到形象差的"求职者"的应聘者则自我评价提高了。这种结果显然是当事人同他人进行比较而造成的，尽管当事人可能意识不到。

此外，个体为了适应社会生活必须清楚地了解自己及其周围的环境状况，如果对自己的周边环境不了解，就会产生不安或焦虑，甚至产生紧张的情绪体验，不知道应该怎样表现自己，尤其是当个体处于一个新的环境，急于了解自己的能力与观点在群体中的地位和作用时，就对"社会比较"更为迫切。这也就是我们日常讲的"知己知彼"。

柯林斯(Collies,1990)在此基础上认为，上行比较即在相应品质方面，将自己与比自己更强的人相比较，可以帮助个体确定优秀的标准，更有助于个体的自我评价。哈克米勒(Hakmiller,1966)提出了下行比较的观点，认为将自己某特点或能力与比自己差的人进行比较，可以使个体对自己当前的状态感觉良好。如，在接受研究者采访时，大多数的癌症患者会自然而然地将自己与那些比自己病得更严重的病人相比，这可能是一种增加他们对自己治病疗程乐观感受的方法。

自我观察、内化以及社会比较都对认识自我起着各自的作用，但是个体在自我认识的过程中还会依据自己对生活意义的理解，把各种信息整合起来，协调起来。以上三种方式获得的自我认识信息是相互联系的，但它们之间又存在着不同之处。每一次具体的内化、自我观察和自我比较以及社会比较的结果有可能存在分歧甚至矛盾，它们最终需要个体的协调和整合，从而形成一个相对协调的整体。而这种整合是根据各种信息对个体不同的意义而进行的。个体总是倾向于寻找对自己最为有利的方式去协调整合，按对他认为最有利的方式去形成自我认识。个体可能在不否认别人长处的同时力求不损害他的自我认识，以选择他的自我实现方向。

# □□□ 第三节 自我的发展

## 一、自我发展面面观

自我是个体在生理和心理一定程度的成熟基础上，与社会环境长期的相互作用的过程中形成和发展起来的。自我发展是一个过程，包含了各种要素的准备和成熟，如气质、认知、能力、情绪等；自我发展也体现在自我的各个侧面的发展，如生理自我、社会自我、心理自我等。应该承认的是，尽管一生中自我会有或多或少的变化，但是都不会偏离我们本身的样子太远。

### （一）身体自我的发展

身体自我是个体对自己的相貌、性格、身体能力等的看法，是整体自我概念中一个基础而重要的部分。[①] 身体自我的研究开始于西方，集中表现在对不同身体自我侧重点的测量之上，如对包含相貌、体质等的整体身体自我的测量，也有具体某个方面如轮廓、体重等身体自我的测量，还有对身体自我满意感、身体健康自信心等评价性的测量。虽然测量工具层出不穷，但是身体自我包含了多维度多方面的内容，需要具体情况具体分析。

对青少年身体自我的研究表明，正常儿童和青少年对自己的外貌在总体上是满意的，但尤其关心体重、身高和体格。[②] 青少年身体自我满意度随年龄的增长呈现波动性，青春期早期和中期呈明显的下降趋势，青春期后期又缓慢上升；身体自我在相貌、身材、性特征和负面特征方面都存在显著的性别差异，男生比女生对身体更满意；城市学生比农村学生对自己的身体更满意。[③] 另外，身体自我影响自我价值感和社会属性，如：中学生的身体自我满意度与自我价值感有显著正相关；而年龄较大的儿童在选择朋友的时候，除了考虑学习成绩之外，更注重相貌和运动技能。贝克（F. Bakker,1988）发现，在体质和相貌这两个身体自我概念的维度上，从事舞蹈的女学生得分比普通女生低。[④] 研究者认为这与学校对舞

---

① 黄希庭，曾向. 青少年身体自我研究述评[J]. 西北师范大学学报(社会科学版)，2000，37(6)：42 - 46.

② 周国韬，贺岭峰. 11 ~ 15 岁学生的自我概念发展[J]. 心理发展与教育，1996(3)：37 - 42.

③ 陈红，黄希庭. 青少年身体自我的发展特点和性别差异研究[J]. 心理科学，2005，28(2)：432 - 435.

④ Bakker, F. C. Personality differences between young dancers and non-dancers[J]. Personality and Individual Differences，1988(9)：121 - 131.

者的身体标准要求有关，同时也说明了个体的身体自我概念与社会因素紧密相连。

临床研究也发现，在对有障碍儿童的矫正中，抑郁和低自我意向是普遍存在的，比起同龄正常儿童，他们更缺少亲密的人际关系，更少有机会参与社会。但总的来说，对身体缺陷儿童的研究还很不够，缺乏心理、行为表现及影响因素研究，以及有益于身体缺陷儿童身体自我健康发展的特殊教育方案。

### （二）学业自我发展

学业自我是指个体在学业情境中所形成的有关自己学业发展的比较稳定的认知、体验和评价，包括对自己在不同学业领域中的学业能力、学业成就、学业情感以及学业行为等的认知、体验和评价。[1] 学者们普遍认为，学生在特定领域中的能力知觉是学业自我概念的关键成分。

关于学业自我发展的年龄差异，马希（Marsh, 1997）的研究发现，青少年自我概念的发展成 U 字形曲线，从初中开始下降，高中阶段达到最低点，随后开始回升。[2] 学业自我概念与成绩之间的相关研究，至少有三点得到较普遍的认同：（1）一般自我概念与学业成绩之间只存在较小的相关；（2）学业自我概念与成绩的相关大于非学业自我概念与成绩之间的相关；（3）学科自我概念与相应的学科成绩之间存在着较高的相关。而学业自我与自我价值感、成就目标、学业应对策略之间也存在着紧密联系。一般具有较高自我价值感的人，其在学业领域的积极自我评价较高，而在学业领域里有更多积极自我评价，则往往更自信，更有控制感和成就感，其自我价值感往往也较高。另外，影响学业自我发展的因素有性别、家庭经济地位、个人智力和能力水平等因素，同时还存在着一些重要的人格变量的影响。

## 二、自我的毕生发展

### （一）自我意识的形成

自我意识的形成涉及个体何时开始能把自己与别人和客体事物区分开，何时开始感觉自己独立的存在，关于自我的信息和知识随时间有着怎样的改变。

研究表明，新生儿没有自我意识，不能区分自我与环境。美国心理学家 B. 安姆斯特丹（B. Amsterdam, 1972）发表的著名鼻头红点实验表明：6～12 个月的婴儿认为镜中鼻头有红点的自己是另外一个人；13～24 个月的孩子看到镜子

① 郭成. 青少年学业自我研究[D]. 重庆：西南大学博士论文，2006.

② Marsh, H. W. , Yeung, A. S. Causal effects of academic self-concept on academic achievement: Structural equation models of longitudinal data. Journal of Educational Psychology, 1997, 89(1): 41 – 54.

里的样子有退缩行为，可能已经有自觉的存在；而20～24个月之后的孩子能够指着自己鼻子上的红点，认出自己，说明此时的儿童存在自我意识。当然自我意识的发生与形成还有其他指标，如：儿童是否知道自己是自己所做动作的主体，是否能够使用自己的名字，是否能够在交流中用"我"或者"我的"来代表自己。自我意识的形成为儿童进入社会化提供了基础，从此儿童开始了区分自己与他人，在社会互动过程中不断调整自我，适应环境的历程。

**（二）儿童和青少年自我的发展**

儿童在与环境相互作用的过程中，学习认识外部世界，分析他人心理，进而逐步认识自己。心理学家 E. 埃里克森（E. Erikson）在论述儿童自我意识发展时指出，2～3岁儿童为避免怀疑自己的能力和羞愧感而努力变得更加独立自主；4～5岁儿童发展了主动性，学会用各种新技能操纵一些重要的客体（如玩具），并在此过程中产生了强烈的自尊感。学前儿童从自己的活动中认识自己，这是他们健康成长的标志，以活动为基础的自我概念反映了一种主动性，这对他们将来应付学校里的困难课程来说非常重要。

小学生在学校中通过学习文化知识，与不同个体交往，以及遵守学校的规则等活动，发展了认知、评价和自我控制的能力，其自我意识逐渐提高到一个新的水平。韩进之等（1986）研究发现，我国小学生自我发展的总趋势呈现由低到高的曲线形。一年级到三年级的发展速度较快，三年级到五年级处于相对平稳阶段，到了五、六年级又出现了第二个上升期。小学四年级前后，儿童抽象思维逐渐占主导地位，这就促进了儿童的自我意识更加深刻。他们的自我评价、自我监控，独立性都有了新的发展。[①]

从儿童中期到青少年期，儿童的思维中具体的东西越来越少，而抽象的东西越来越多。心理学者发现，在回答"我是谁"的问题时，年幼儿童（9～10岁）比前少年期儿童（11～12岁）使用较多的具体语言，抽象语言则较少。一般说来，年幼儿童所涉及的分类标准有姓名、年龄、性别、住址，以及他们的身体属性和所喜爱的活动。少年在描述自己时则较多地涉及他们的品质、信念、动机和自己的亲密朋友。[②]

青少年时期，即十三四岁到20岁左右，是个体形成自我认同的关键期，也即埃里克森所说的发展自我同一性的阶段，主要任务是明晰自己是谁、要去往何方以及如何到达目的地。我们需要他人接纳，开始明确自己的目标，常常面对现实自我和理想自我的冲突……在此过程中，我们总会有迷失了自我的体验，希望

---

① 韩进之，等. 我国学前儿童自我意识发展初探[J]. 心理学报，1986(03)：128－131.
② 陈会昌. 从"我是谁"到"隐蔽的自我"——儿童社会性发展漫谈[J]. 父母必读，1996(1).

他人来告诉我们自己应该成为什么样的人。埃里克森认为，青少年做到以下几点就可以解决自我同一性建立阶段的大多数问题：（1）具有一定的职业倾向；（2）形成信仰或一般性的世界观；（3）确定性取向和做出与年龄一致的性别角色行为。事实证明，大多数青少年能成功地度过这个阶段，形成了积极的个人同一感，在成功地形成良好同伴关系的同时，亲密关系及与家庭的联系也更为稳定。

### （三） 成年及老年自我的发展

成人初期在心理学上一般指 18～25 岁，个体自我的发展主要体现在爱情、工作以及世界观等人生方向的改变上。在这个阶段，个体的自由性还比较大，有很多选择和可能性，因此其自我的可塑性比成年后期及老年期更大。但是成年初期所面对的事情比青少年要复杂与丰富，个体也就是在各种选择决策与复杂的生活事件中逐渐形成稳定的自我。

中年期一般指 30～40 岁阶段，其自我的发展主要体现在价值观的检验和再建立，也有更大的可能达到自我实现。个体到了中年，其主要任务是创造事业稳定、成功与家庭的和谐，这个时期许多人都有丰富的产出，承担更多的社会责任，因此也更能实现自我发展的较高目标，甚至是自我实现。另外，个体也开始调节现实与理想的差距，能较好地接受并承认现实中的自己，因此自我在这个时期是相对稳定的时候。

老年期开始于 60 岁左右。自我发展的主要任务是：回顾做过的事情，接受现在的自己，最终完成自我整合，还有一个很重要的任务就是理解和接受死亡。老年阶段自我发展较好的个体一般都能充实而丰富地生活，觉得自己的一生是充满意义的，平静而满足地面对自然的疾病与死亡。

## □□□ 第四节 社会化的实质与内容

### 一、社会化（socialization）的概念

社会化是许多学科共同研究的课题。不同的学科根据自身的性质和任务，从不同的角度研究人的社会化。社会学家的社会化偏重人与社会的互动和社会对人的规范作用；教育学的社会化偏重社会系统教育过程对人的社会化影响；人类学家则偏重于文化继承，把社会化看做文化的延续和传递的过程。

什么是社会化？西方著名的社会心理学家弗洛姆（E. Fromm, 1949）在《精神分析个性学及其在理解文化中的应用》一书中把"社会化"定义为："社会化诱导社会的成员去做那些要使社会正常延续就必须做的事"，是"使社会和文化得以延续的手段"。苏联社会心理学家安德列耶娃（F. M. AhupeeBa, 1980）认为，社

会化是一个两方面的过程，一方面是个体通过加入社会环境、社会关系系统的途径掌握社会经验的过程，另一方面是个体对社会关系系统的积极再现的过程。由此可以看出，社会化的任务一是使个体知道社会或群体对他有哪些期待，规定了哪些行为规范；二是使个体逐步具备实现这些期待的条件，自觉地以社会群体的行为规范来指导和约束自己的行为。

综上所述，我们可以把社会化定义为：**社会化**（socialization）是个体通过学习掌握社会经验与规范，形成符合社会要求的角色与心理行为模式，成为合格社会成员的过程。社会化的实质是人的需要和教育的辩证统一，是个体自我选择和社会化的矛盾统一，是个体和社会相互作用的双向过程。

有些概念也常常和社会化一起被提及，如**去个性化**（deindividualization），又叫个性消失，最早是法国社会学家 G. 勒邦（G. LeBon，1960）提出的，是个人在群体中感到个体性的丧失，降低了对行为的觉察和控制，从而产生个人单独活动时不会出现的行为，即以非典型的、反规则的方式行动。① 比如在临时性大群体中，球迷们闹事，每个人都很少考虑自己行为的适当性，很少考虑自己应承担的责任。"一个和尚挑水吃，两个和尚抬水吃，三个和尚没水吃"就是去个性化的典型例子。从界定上看，去个性化和社会化从过程上看都是受到了社会经验、规范的约束或影响，使个体保持和社会中的大众一致。但从结果上看，由于去个性化概念的提出符合群众运动的时代特征，其导致的结果往往是有违社会规范的大众行为，因此从某种意义上来说，去个性化是与个体社会化背道而驰的。

## 二、社会化的类型

### （一）继续社会化与再社会化

**继续社会化**是相对于初级社会化而言的，是指一个人的早年时期为各种成人生活角色所作的基本准备已经完成，个体的自我已经发展起来，但是为了适应社会文化环境而继续学习社会知识、价值观念和行为规范，承担新的责任、义务和扮演更多角色的过程。

继续社会化说明了个体的社会化在时间上是一生的历程，在内容上是接受和创新的过程。个体在继续社会化的过程中，不仅要不断接受社会知识和规范，实践社会要求，同时也要更新自己的社会行为和社会角色，即按照社会条件更新自我。学者们认为，创新性的社会化可能是更为重要的部分，它体现了个体社会化的现实意义和个体的灵活性。

---

① 古斯塔夫·黎朋. 群众[G]//周晓虹. 现代社会心理学名著菁华. 北京：社会科学文献出版社，2007：17–21.

**再社会化**是一种特殊的社会化形式，一般是个体经历了急剧变化的生活事件，改变了原有的价值标准和行为规范，建立新的价值观、行为和角色的过程。再社会化可能是主动的，即根据环境条件的变化自动接受新的生活方式和参与新的社会生活。如教育改革或某项政策实施之后人们相应的观念与行为更新。在社会化也可能是强制性的，可以是法律规范，也可以是政策规定等实施的强迫教化，如劳教改造等。再社会化不同于继续社会化，后者在早期社会化的基础上进一步发展提高，常在不知不觉间进行。

**（二）反社会化与反向社会化**

**反社会化**是指个人接受并表现与主流文化相对立的亚文化的过程，也可称"反文化"。从意义上看，反社会化包括积极的和消极的两种，无理性型的反社会化是个体接受与社会公认的准则规范相对立的准则、规范，并且做出危害他人及社会的行为，其结果是阻碍社会发展进步的。而有理性型的反社会化常常在改革先驱们身上体现，当主流价值观已经不适应或者无助于社会的发展进步，却不为大多数人所觉知或改变时，反社会化个体可以起到先锋作用，改变不合理的社会现状。

**反向社会化**与反社会化虽然只有一字之差，但其内涵却完全不同。反向社会化又称逆向社会化，是指传统的施教者反过来向受教育者求教，学习新的知识、价值观念和行为规范的社会化过程。比如在信息社会，长辈向晚辈学习信息知识，更新价值观念，学习新的技术技能，从而促进自身更好的社会化发展，同时，反向社会化也有助于消除代沟。

## 三、社会化的内容

社会化是一个连续不断的、终身的过程，贯穿人的一生，它涉及个人生活的所有方面。根据社会化的内容，可以将社会化分为政治社会化、道德社会化、民族社会化、法律社会化、职业社会化和性别角色社会化等。这里，我们仅就其中具有代表性的若干类别进行阐述。

**（一）政治社会化**

政治社会化是个人逐渐接受被现在的政治制度所肯定和实行的政治信念和规范，形成特定的政治态度和政治行为的过程。政治社会化的内容应该包括以下几个方面：

1. 政治制度。个体对不同的社会制度所持的态度，是政治社会化的重要内容。如：是赞成社会主义制度还是资本主义制度。

2. 政治生活。任何国家都有一定的政治生活，在现代社会，各个国家的政治生活各有不同，主要可以归为两大类：资本主义社会的民主生活和社会主义社会的民主生活。

3. 政策。每个国家都有它所制定的特定的政策，个体对他的国家的某种政策是赞成还是反对，程度如何？比如对中国现在实行的计划生育政策，是赞成还是反对，赞成到什么程度，反对到什么程度。

4. 政治观念。主要研究个体的政治观念的形成和发展，即什么时候开始形成，从幼儿到成人其政治观念如何发展。

政治社会化是一般社会化的核心。但是，关于政治社会化问题在各国社会心理学领域仅有少量的研究。美国的 R. 赫斯（R. Hess, 1969）作了一项关于儿童政治观念发展的研究。他提出很多政治问题让各个年级的儿童回答，发现很多年龄比较小的儿童把美国政府与美国总统混为一谈，3 年级以上的儿童才能区别担任政府职务的个人和政府机构。这说明个体政治化是发展的，并且与一定的知识文化水平有关。我国学者研究也发现，政治化水平随年级上升由低级向高级发展，受集体价值准则的直接调节但不受性别的影响。①

政治社会化的过程是双向的，个体在政治社会化的同时，会经过自己的主观能动作用，整合社会的各种政治观点，分析各种政治关系，形成自己独立的政治态度和政治行为并反作用于社会政治。这种既接受社会的政治改造同时又改造社会政治的互动的政治角色的形成过程，是政治社会化的实质所在。②

### （二）道德社会化

道德是调整人们之间以及个人与社会之间相互关系的行为准则和行为规范的总和。道德社会化是指个体获得社会所要求的道德规范，并按这些道德规范去行动的过程。

关于道德社会化的发展，比较有名的理论是皮亚杰（J. Piaget）和科尔伯格（L. Kohlberg）。皮亚杰认为儿童道德发展是与认知发展紧密相关的，随着儿童认知能力经历了感知运动阶段、前运算阶段、具体运算阶段和形式运算阶段的发展成熟，其道德水平也基本经历了两个阶段的提高。第一个阶段是服从权威，根据事件后果来判断是非的阶段，此时的判断还不成熟，基本以成人的判断为参照。第二阶段是根据行为者的意愿来判断是非，逐渐摆脱成人参照，形成自己的道德判断标准。

科尔伯格在此基础之上细分了儿童道德发展阶段，使之更为具体。他采用比较文化和纵向研究法，设计了九种两难问题，要求各个年龄的儿童被试对这些两难困境作出道德判断。经过大量的研究，科尔伯格发现儿童的道德社会化分为三个水平六个阶段。

---

① 王胡瑞. 学生集体成员政治社会化研究［D］. 广州：广州师范学院硕士论文，1988.
② 袁振国，朱永新. 试谈个体政治社会化的意义及过程［J］. 社会学研究，1988（1）.

前习俗水平并没有道德观念，凡事只会看重个人利益和只为满足自己而行事，包括了两个阶段。阶段一是避免惩罚的服从取向，个体只单纯地为避免被惩罚而服从于规范，不会考虑其他事情。阶段二是相对功利取向，为得到因赞赏而取得的利益而遵守规范。

习俗水平的道德观念是以他人的标准作判断，以此作为发展自我道德观念的方向，因为这个层次的儿童希望得到别人的认同，道德发展也经历了两个阶段。阶段三是寻求认可取向，儿童为了取悦成人，做出好孩子行为，同时也认为大众期望的行为便是好的行为，因此会有较强的从众表现。阶段四是遵守法规取向，个体认为法律至高无上，从而服从大众所定下的各种规律作为道德规范。

后习俗水平的道德观念已超越他人及社会规范，是出自于自我要求，道德经历了最后两个阶段的发展。阶段五是社会法制取向，个体相信法律是为了维护社会和大众的共同最大利益而制定的，因此必须遵守，但是现有法律仍然不完善，所以也有可能为了大众利益而违法。阶段六是普遍伦理取向，个体摆脱了有限法律的限制，凭心实践自己的道德观念。处于这个阶段的人，会认为他所做的是为了全世界人类的福利着想。①

科尔伯格的理论，已成为美国学校进行道德教育的依据，但近来却受到了许多批评：有人指责科尔伯格重视认知的发展，但忽视了情感发展在道德社会化中的作用；还有人提出，使用他的方法能够得出完全不同的结果。

□□□ 专栏 2 - 2

### 海因兹偷药的故事

科尔伯格最著名的两难故事测验是海因兹两难困境（Heinz's dilemma）：在欧洲，有一位妇女患了重病——一种特殊的癌症，濒临死亡。医生认为有一种药也许能挽救她的生命。这种药由当地一位药剂师发明，造价昂贵，而药剂师又索价十倍于这种药的造价出售。小剂量出售却索价 2 000 元。病妇的丈夫海因兹向所有认识的人借钱，也只能筹到 1 000 元。他告诉药剂师他的妻子快要死了，央求药剂师以较便宜的价钱卖给他或先赊账，以后再还，却遭到了拒绝。海因兹别无他法，不顾一切地到药剂师的药店偷了药给妻子服用。

科尔伯格要求被试回答这样的问题：海因兹应该这样吗？为什么？

① Kohlberg, L. Stage and sequence：The cognitive-developmental approach to socialization [M] // Goslin, D. Handbook of socialization theory and research. Chicago：Rand McNally, 1969.

### （三）性别角色社会化

性别角色社会化是指个体形成社会对不同性别的期望、规范和与之相符的行为的过程。男女两性的差异不仅表现在生理特征上，也突出表现在他们的社会属性上。因此，不同的社会、民族、文化、风俗对男女性各有不同的期望和规范。

人在生理上分为男女两种性别。两性间存在着生理上的差异，但心理上是否也存在着两性差异？长期以来由于男性和女性在社会、家庭、学校等环境中的生活条件不同，使得男性和女性发展并表现出不同的心理特点。但这种不同的心理特点并不是两性生理差异的直接体现，而主要是男性和女性在不同的社会生活条件下社会化的结果。

在心理学领域，关于性别角色的社会化的研究，主要有以奥地利精神分析学家弗洛伊德为代表的遗传特质学说和美国人类学家玛格丽特·米德为代表的社会习得学说。弗洛伊德认为，人类在"力比多"的作用下产生的"俄狄浦斯情结"促使性别的分化，男孩形成"恋母情结"，产生对母亲的欲望，对父亲抱有敌意，形成一种复杂的精神状态；男孩同时又开始对父亲认同，他们学习父亲的男性角色行为，逐渐获得性别自我认识，继承父亲的男性角色规范。同样，女孩则形成"恋父情结"，并以母亲角色自居，内化了母亲的女性行为特征，获得女性角色的自我认识。而玛格丽特·米德在 20 世纪 30 年代对新几内亚的三个部落进行观察，发现了完全不同的性别角色表现。比如有的部落男性具有女性温和热情、反侵犯、反竞争的特征，而有的部落女性具有男性强势、残暴且富有攻击性的特质，另外，也有部落男女性的角色截然相反，女性扮演传统观点中认为的男性角色，而男性则受女性的统治。米德认为，性别角色社会化是因文化而异的，男女人格特征与生理特征没有必然联系，性别角色特征是由于他们学习了社会传统所继承下来的文化模式的结果。

除此之外，班杜拉的社会学习理论和科尔伯格的认知发展理论进一步触及了性别角色社会化的社会心理机制，一部分是由于我们用不同的方式对待男女小孩，一部分是因为儿童本身对他们自己的性别有了一定的看法。[①] 事实上，社会文化和认知发展本身也是密切联系、不可分割的，人的认知发展不会脱离社会文化作用的自发过程，它受先天遗传和后天社会化的共同影响。

另有一些研究表明，人们对于不同性别的认知和期待是不同的。秦启文和余华（2001）对我国大学生、国家公务员及企业员工的**性别角色刻板印象**进行的调查结果表明：人们认为男人最重要的人格特征是有创造力、有幽默感、自立、乐

---

① 黛安·帕普利，等．儿童世界（下册）[M]．华东师范大学外国教育研究所，译．北京：人民教育出版社，1986：18.

观、精干，最不应具有的人格特征是斤斤计较、目光短浅、欺软怕硬、优柔寡断、自卑；女人最重要的人格特征是自立、善良、贤淑、温柔、文雅，最不应有的人格特征是见钱眼开、依赖性强、斤斤计较、自卑、挥霍。在男性看来，女性的贤淑、温柔、善良、纯真、文雅最为重要，而见钱眼开、斤斤计较、挥霍、霸道、爱发号施令的人格特征最不应有；在女性看来，男性的有创造力、有幽默感、自立、乐观、表里如一最为重要，而斤斤计较、目光短浅、优柔寡断、爱发号施令、欺软怕硬的人格特征最不应有。① 另外，性别角色在不同时代也有着不同的意义。佐斌和刘晅（2006）对当代大学生的内隐性别刻板印象的研究发现，对于男性的内隐刻板印象以及男性自己持有的内隐性别刻板印象符合传统的认知习惯；而对于女性的内隐刻板印象以及女性自己持有的内隐性别刻板印象则与传统的认知习惯有所不同。②

## □□□ 第五节　社会化的影响因素

从柏拉图和亚里士多德时代起，有关人性及人类行为是由本能（遗传）决定还是由环境（教养）决定的争论，就一直纠缠着历代社会哲学家，并且构成了一百多年来社会心理学家争论的焦点之一。尽管这场争论至今尚无定论，但是人们已经意识到：具有一定生物遗传特征又生活于具有社会文化条件的个体受到的是生物遗传因素与社会文化因素的双重影响。

### 一、生物遗传因素

#### （一）生物遗传

在人的社会化过程中，生物的遗传起着不可替代的作用。遗传是指父母的生理、心理特征经过受精作用传递给子女的一种生理变化的过程。在生理方面，遗传决定个体的身高、体型、肤色、血型等；在心理方面，遗传的决定作用虽不如生理那样明显，但一般认为个人的智力、知觉、动作等行为特征均与遗传有密切的关系。遗传还决定了人的性别，以及是单胎还是多胎。

关于遗传对个体成长的影响，人们在智力方面进行了较多的研究。一些学者收集了前人 52 项重要研究成果，经分析归纳出不同血缘关系者的智力相关情况（如表 2-1 所示）。从表中可以看出，遗传关系越接近，则智力水平越相似；虽然遗传关系相接近，若成长环境不同，则其智力相似性也会有所降低。这充分说

① 秦启文，余华．性别角色刻板印象的调查[J]．心理科学，2001(5)：593-594.
② 佐斌，刘晅．基于 IAT 和 SEB 的内隐性别刻板印象研究[J]．心理发展与教育，2006(4)：57-63.

明遗传在人的社会化过程中的重要作用。

表 2 - 1　不同血缘关系者智力的相关情况

| 关系与类别 | 相 关 系 数 |
| --- | --- |
| 无血缘关系又生活在不同环境者 | 0.00 |
| 无血缘关系但自幼在同一环境长大者 | 0.20 |
| 养父母与养子女 | 0.30 |
| 亲生父母和亲生子女(生活在一起) | 0.50 |
| 同胞兄弟姐妹出生后在不同环境长大者 | 0.35 |
| 同胞兄弟姐妹出生后在同一环境长大者 | 0.50 |
| 异卵双生子不同性别而在同一环境长大者 | 0.50 |
| 异卵双生子同性别而在同一环境长大者 | 0.60 |
| 同卵双生子出生后在不同环境长大者 | 0.75 |
| 同卵双生子出生后在相同环境长大者 | 0.88 |

霍恩(Horn)等人的研究发现随着年龄的增加，基因的影响对智能发展越来越重要。比如基因差异可以解释婴儿在发展测验分数中 15% 的变异，而对儿童来说，基因对 IQ 的贡献超过 50%。普劳明(Plomin,1987)在一篇综述文章里对有关这一方面的研究做了总结，他指出不论基因性影响的大小如何发生变化，它对人的心理与行为的影响都随着年龄的增加而加大。

从特质上讲，基因对身体和智力特征的影响要大于它对社会与人格特质的影响。这样讲并不是否认基因对后者的作用，实际上基因对人格特质的影响已为许多研究者证实。爱维斯(Eaves,1983)通过研究个体儿童与成人期人格的关系后发现，不论是人格特质中的内—外向、神经质，还是个体差异，如社会赞许倾向、害羞等，在各个年龄阶段，很大程度上由遗传因素决定。

毋庸置疑，遗传因素是人社会化的潜在基础和自然前提。也就是说，正是因为遗传的作用，使得有利于人类从事社会活动的特殊的遗传基因得以代代相传，从而为个体的社会化提供了生物学基础，为生物人向社会人转变提供了可能性。但是，从来没有人认为仅仅只有遗传的作用，人就可以实现社会化。比如，1920年发现的印度"狼孩"卡玛拉在孤儿院接受了近十年的社会教化才学会用手拿东西吃，用杯子喝水，到死时其智力发展仅相当于幼儿。由此可见，遗传作用只有结合正常的社会环境才能确保人的社会化的实现。

### (二) 婴儿的生物、情感需求

婴儿最初的社会性接触来自于其生物需求。婴儿借此与母亲发生频繁的互动，生理需求的满足过程中也体验着情感需求的满足。婴儿虽然没有语言，但是许多研究已经表明了婴儿可以通过母亲的言语、行为，甚至是心跳做出反应，进行简单的互动，而母亲对反应的敏感性也影响着婴儿最初社会化的历程。亲子互动使儿童与母亲建立起依恋关系，而这种关系已经被许多现代研究所证明对个体将来的自我发展、社会性交往和亲密关系等方面产生广泛的影响。

## 二、社会文化环境因素

除了生物学因素之外，影响人的社会化的另一类更为重要的因素是人生存于其间的整个社会文化环境，其中包括文化、家庭、学校、同辈群体、职业背景和大众传媒等。

### (一) 文化

社会心理学所讲的文化是一个广义的概念，是指人们在长期生活过程中形成起来的生活方式和思想观念的综合，其中包括政治、经济、宗教、法律、教育、艺术、风俗习惯、生活态度及行为准则，等等，以及相应的物质表现形式。文化既具有普遍性又具有独特性，正是文化的独特之处对人的社会化进而对不同民族成员的共同人格和社会行为起着决定性的作用。另外，文化也具有象征性和共享性，是后天形成与习得的。文化对人的作用主要表现在：通过文化传承使后人了解前人的生活经验；文化向个人传递了本群体或民族的行为价值准则；文化也使个人能够顺利地与他人及群体建立社会联系。① 这一切都决定了文化是一个重要的社会化影响因素。

美国人类文化学家本尼迪克特在比较日本军人与西方部分国家军人的荣辱观时，发现两者之间存在着显著差异。在面临特殊困境时，相比于苟活于世而终身蒙羞的状态，日本军人倾向于自我毁灭；与此相反的是，西方部分国家的军人在绝境中往往会理智求生存而选择投降，同时通知家人自己依然在世，而社会则认为军人以及其家人依然是荣耀的。除此之外，许多社会学家和文化人类学家都研究过不同文化及相应的育儿方式对儿童社会化的影响。在这些研究中比较著名的有怀廷(J. Whiting)和蔡尔德(J. Child)的有关原始民族跨文化的研究。这些研究表明，不同文化在儿童社会化及行为的塑造上有所不同，基本可以分为两类(她称为 A 型文化和 B 型文化)。在这两种文化之间，儿童的行为存在明显的差异。比如美苏两种文化的儿童在社会化方面存在着极大的差异：前者注重"个人主

① 周晓虹. 现代社会心理学[M]. 上海：上海人民出版社，1997.

义"价值观，孩子很少受到父母的约束和照顾；后者注重"集体主义"价值观，父母关心孩子，甚至国家也直接参与孩子的培养。不同的社会化方式，造成美苏两种文化中儿童行为的差别：苏联在培养儿童遵守纪律、关心集体方面要比美国成功得多。这些研究也进一步说明，文化对人的社会化的塑造作用是任何其他社会因素无法比拟的。

**（二）家庭**

家庭是个体社会化的第一场所，是一个极为重要的社会化因素。个体来到这个世界上，首先产生联系的社会单位就是家庭。婴儿与父母在养育上的互动，幼儿学习基本行动和语言，接受来自家人的情感信息，学习与人交往的方式技巧，满足安全需要，建立依恋关系，等等。个体经历了这些过程，才具备了社会化的基本条件。当然，家庭中影响个体社会化的因素很多，其中父母的教养方式对儿童的社会化有着重要的影响。有学者就父母的四种教养方式对儿童行为等的影响做了深入的研究。

1. 宠爱型。父母对子女过分溺爱，唯恐子女受到任何挫折。据研究发现，幼时受父母溺爱者，长大后在人格上多表现为依赖性强，遇事退缩，缺乏同情，情绪不稳定，自制能力和自信心差，易受别人意见左右。

2. 放任型。父母的态度与宠爱型相反，对子女的行为完全放任，很少约束管教。采取这种方式不能使子女形成是非观念，子女缺乏教养，以后较难适应集体生活。

3. 专制型。父母对子女管教非常严格。他们望子成龙，有长期的教育计划，但对子女的能力、兴趣缺乏充分了解，常用命令、职责等手段强迫孩子服从。这类家庭出身的儿童在性格上多表现为诚实、礼貌、细心、负责任，但在其他方面却表现为羞怯、自卑、敏感、对人屈从。

4. 民主型。父母能充分理解孩子的要求和兴趣，尊重其意见，适度满足其要求，并引导孩子独立做出选择和决定。在这类家庭中成长的孩子多表现为自信、自立，能主动解决自己的困难，情绪稳定，理解他人。

长期研究发现最有效的父母教养方式既不是严厉死板的独裁主义，也不是宽容温和的民主主义，而是二者兼而有之的权威主义。① 权威主义的父母既给予孩子一定的权利，又让孩子承担一定的义务，在二者之间取得平衡。随着孩子的逐渐成长，孩子的义务感即自我责任感会越来越大，父母就可以逐渐放权，给予孩子独立和自由。

另外，破裂家庭对儿童社会化也有很大的影响。破裂家庭的构成有两种情

---

① 徐纲弘. 认识你自己——人格的发展与结构[M]. 内蒙古：内蒙古人民出版社，2000.

况：一是父母（或其中一人）死亡，一是父母罹患。无论是哪种情况，对子女都有不良影响。据研究发现，父亲或母亲去世时间的早晚对子女的人格发展有不同程度的影响。婴幼儿时丧母比丧父对以后人格发展的影响大，但在儿童期丧父比丧母的影响要大。从一项少年犯罪的统计调查结果来看，少年罪犯出现率最高的是从出生至4岁间丧母或丧父的人，其犯罪率高出一般人2倍以上，与10～14岁丧父或丧母者比较则高出近4倍。

### （三）学校

在现代社会中，学校是个体走向社会的第一桥梁。学校是有计划、有组织、有目的地向社会成员（不仅是儿童）系统传授道德价值观念、社会规范、知识、技能的专门机构。当儿童步入学龄期后，学校的影响逐渐上升到首要地位，成为最重要的社会化因素。

学校通过教材、教育方式、考试与考核、教师人格、各种学生组织等对学生的社会化发生影响，其中教师的作用，尤其是教师威信和教师期待的作用尤为重要。

#### 1. 教师威信

一位具有威信的教师会对学生的社会化产生重要的影响。学生乐于信任有威信的教师，积极主动地学习，也易于接受老师的赞扬和批评。学生把有威信的教师作为自己心中的典范，自觉不自觉地加以效仿。因此，有威信的教师能通过自身的言行和思想活动，把社会伦理原则、道德标准人格化、具体化，使学生在富有形象性、感染性和现实性的具体事例中受到教育，从而实现其自身的社会化。

#### 2. 教师期望的作用

教师在理解每个学生的基础上，根据学生的学习行为、个性特征及交往表现对其未来发展的潜力推测被称为教师期待。教师期待在学生社会化过程中也会产生重要的影响。美国心理学家罗森塔尔研究了教师对学生学习成绩期待的作用。实验对象是小学一至五年级学生。他在每个年级中随机抽取了20%的学生作为教师期待的对象，向教师谎称这些学生智商较高，教师对全体学生教育了八个月，发现被教师期待的学生的学习成绩都优于未被教师期待的学生。罗森塔尔把教师期待的效果称之为皮格玛利翁效应。国内学者金盛华（1986）的研究也进一步证实，教师对学生的期望与作为学生状况的实际教育结果之间，存在着明显的良性循环和恶性循环机制。相反，如果教师对某些学生形成了消极的态度和低期望，那么他们消极地对待学生会使这些学生在教师有意无意的忽视、否定、拒绝中形成消极的自我评价和自我概念，并据此形成低自我期望，使学习动机和学习兴趣的水平下降，从而最终导致消极的教育后果。而这种状况反过来会进一步使教师的低期望得到验证，并产生更低的期望，进而使这些学生的学习成绩和行为表现每况愈下，甚至对其一生的成长和发展产生不良的影响。

**（四）同辈群体**

同辈群体是指由年龄相近，兴趣、爱好、价值观和行为方式等方面相同或相近的人组成的一种关系亲密的非正式群体，比如邻家玩伴、同班同学，等等。在童年时期，随着年龄的增长，同辈群体的社会化影响也日益增加，这种影响在青少年时期达到顶点，并可能远远超过父母和教师的影响。时蓉华（1986）调查研究发现，70%以上的年轻人遇到困难而心里烦恼时，不是先与父母商量而是先与同伴商量，或不与任何人商量。另有研究表明，初中生倾诉心里话的首选对象是同性的同龄伙伴，母亲反而排在其后。① 美国学龄青年与同辈群体交往的时间是他们与父母交往时间的两倍以上。而现代社会同辈群体的影响甚至大到改变了传统的文化传递方式的地步。②

同辈群体对人的社会化影响在青少年时期最大是因为，在这个时期，同辈群体一方面为青少年提供一种平等地位，使他们摆脱了在家中依附大人的从属感；另一方面同辈群体由于有自己的规则、价值观和行为表达方式，从而形成了有别于成年人的独特的亚文化，与青少年的心理发展特征相适应，并且提供了安全、尊重与理解的氛围，使青少年的心理需求得到满足。

伴随着生理的成熟、成人感的出现和性意识的萌发，进入青春期的个体处于各种冲突中，处于心理上的"断乳"和动荡时期，而同辈群体为他们提供了一个新的活动天地和适合他们心理适应及发展的小环境。同辈群体的特征与青春期身心发展的特点相切合，决定了其在个体社会化中的特殊影响。

值得注意的是，同辈群体形成的亚文化或群体氛围可能是反成人的，与成年人对立的文化。例如各种少年帮派、非理性追星族、偷盗集团，等等。因此，同辈群体的形成也需要成人给予合理关注与适当引导，使之朝向健康积极的方向。

**（五）大众传媒**

报纸、杂志、广播、电视、书籍等信息沟通的各种通讯和交往手段构成了当代大众传媒的内容。在现代社会结构中，它已经是人们生活结构的一个有机组成部分，并在某种程度上改变了人们的生活方式，对个体的社会化产生了深刻、广泛的影响。

1. 电视

近20年来，电视对于个体社会化的影响日益增大。据学者统计，美国人从

---

① 中国青年政治学院社会工作与管理系93级．当代都市少年对家庭的观感及期望［C］//北京"家庭与下一代"国际研讨会论文．1994.

② 米德．文化与承诺［M］．石家庄：河北人民出版社，1988：51.

3～16 岁期间坐在电视机前的时间超过了在学校的时间。美国学生在高中毕业前，看电视的时间总计可达 2.4 万个小时，而上课的时间只有 1.2 万个小时。我国学者(陈力,2005)的研究指出，在她所调查的 402 名 3 至 6 年级小学生中，平均看电视一小时以上的小学生达 86.5%，其中两个小时以上的占 27.4%，三个小时以上的达到总数的 1/5。电视无论是从普及率还是从影响上看，都已成为当今影响最大的媒体。

电视使现代孩子比过去孩子的信息更新水平快得多，获得更多更新的知识技能，显得更聪明和早熟。但同时，电视也给孩子们营造了一个并非真实的世界，或者宣扬一些非主流极端的价值观念，使他们在没有能力辨认的时候盲目模仿。许多实验和准实验研究发现刚刚看过暴力电视节目的儿童在解决社会冲突时表现出更高的暴力倾向(Liebert & Sprafkin,1988;Murray & Kippax,1979)。在一项非常著名的长期研究中，艾让和赫斯曼(Rowell Huesmann,1972,1984)收集了被试在 8 岁、19 岁以及 30 岁时的一系列资料，结果发现儿童期对暴力片的偏好与他们成人后的暴力行为有着非常紧密的关系，如图 2-1 所示。此外，电视的连续快速的播放也使得个体不能对各种问题加以有效思考，从而影响了个体尤其是儿童学习潜力的发展。因此，电视是一种强而有力的社会化推动力量，同时也具有自身的危害性。

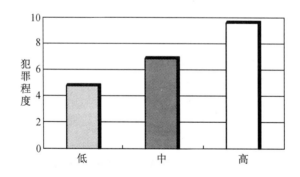

图 2-1    接受暴力片的数量与侵犯行为的关系

2. 互联网络

在当今高度信息化的时代，互联网以其广泛性、开放性、自由化与个性化的特点，为个体的社会化提供了新的途径，对个体的社会化产生了很大的影响。从积极方面来看，互联网拓宽了个体获得各种信息的渠道，使得网络学习已成为当今个体知识技能提高的新选择。同时，网络所形成的虚拟社区为个体提供了扮演多种社会角色的实践空间，有助于其对不同社会角色的领悟与理解。

但是，网络也给青少年带来了不良影响。首先，网上信息泛滥可能造成青少年信仰的缺失或价值观的多元化，影响青少年正确的人生观、价值观的形成；互联网上信息接受和传播的隐蔽性，有可能引起青少年道德意识弱化、社会责任感下降；网络交流的隐藏性、无约束性，极容易使青少年做出一些违反常规的事情，甚至走上犯罪的道路。其次，网络对青少年社会适应能力也会产生消极影响。网络是一个虚拟的世界，人们网上交际主要依靠于抽象的数字、符号，青少年终日沉迷于这种人机对话的模式，会使社会适应行为和能力受到影响，更有甚者，有些青少年还可能患上"网络社交障碍症"；在网络环境下，青少年交往的对象、身份都不确定，这就减弱了青少年的社会角色的获得能力；网络交往的虚拟性、自由性，很容易导致人们行为的普遍失范，不利于青少年的社会化，甚至导致青少年社会化的失败。

总之，大众传播媒介带来了大量的矛盾。它既对个体产生了一些消极影响，同时也为个体的社会化作出了积极的贡献。

## □ 本章小结

1. 自我的形成是个体社会化的结果，同时自我的形成和发展又进一步推动个体的社会化。

2. 自我是一个复杂的系统。只有对自我作全面的系统分析才能深入地认识自我。

3. 自我包含三种心理成分：自我认识、自我体验和自我调控。

4. 自我认识(self-congnition)是自我的认知成分，是主观的我对客观的我的感觉、观察、分析和评价等。

5. 自我体验(self-sensation)是自我的情绪成分，是主观的我对客观的我所持有的一种情绪体验，反映了主体我的需要与客体我的现实之间的关系。

6. 自我调控(self-regulation)是自我的意志成分，指个体对自己行为与心理活动的作用过程，也就是主观的我对客观的我的制约作用。

7. 全面的自我认识是形成正确自我意识的基础。自我认识的方式主要有自我观察、内化以及社会比较。这三种方式都对认识自我起着各自的作用，但是个体在自我认识的过程中还会依据自己对生活意义的理解，把各种信息整合起来，协调起来。以上三种方式获得的自我认识信息是相互联系的，但它们之间又存在着不同之处。

8. 自我是个体在生理和心理一定程度的成熟基础上，与社会环境长期的相互作用的过程中形成和发展起来的。

9. 身体自我是个体对自己的相貌、性格、身体能力等的看法，是整体自我概念中一个基础而重要的部分。

10. 学业自我是指个体在学业情境中所形成的有关自己学业发展的比较稳定的认知、体验和评价，包括对自己在不同学业领域中的学业能力、学业成就、学业情感以及学业行为等的认知、体验和评价。

11. 社会化（socialization）是个体通过学习掌握社会经验与规范，形成符合社会要求的角色与心理行为模式，成为合格社会成员的过程。社会化的实质是人的需要和教育的辩证统一，是个体自我选择和社会化的矛盾统一，是个体和社会相互作用的双向过程。

12. 继续社会化是相对于初级社会化而言的，是指一个人的早年时期为各种成人生活角色所作的基本准备已经完成，个体的自我已经发展起来，但是为了适应社会文化环境而继续学习社会知识、价值观念和行为规范，承担新的责任、义务和扮演更多角色的过程。

13. 再社会化是一种特殊的社会化形式，一般是个体经历了急剧变化的生活事件，改变了原有的价值标准和行为规范，建立新的价值观、行为和角色的过程。

14. 反社会化是指个人接受并表现与主流文化相对立的亚文化的过程。

15. 反向社会化又称逆向社会化，是指传统的施教者反过来向受教育者求教，学习新的知识、价值观念和行为规范的社会化过程。

16. 根据社会化的内容，可以将社会化分为政治社会化、道德社会化、民族社会化、法律社会化、职业社会化和性别角色社会化等。

17. 影响个体社会化的因素有生物遗传因素和社会文化因素。

## □ 复习与思考

1. 什么是自我？如何全面认识自我？

2. 你认为自我认识有多准确？试分析在哪些情况下人们会对自己做出错误的推断。

3. 组织同学互评与自评，看看他评与自评有哪些是相同的，有哪些是不同的？

4. 试分析自我的形成与发展。

5. 什么是社会化？它的实质是什么？

6. 试述社会化的影响因素。

7. 简述社会化的内容。

8. 举例说明现代社会中的反向社会化现象，并谈谈你对这种现象的看法。

## □ 推荐阅读资料

1. 卢文格. 自我发展[M]. 李维, 译. 沈阳: 辽宁人民出版社, 1999.

2. 周晓虹. 现代社会心理学名著菁华[M]. 北京: 社会科学文献出版社, 2007.

3. 乐国安. 中国社会心理学研究新进展[M]. 天津: 天津人民出版社, 2004.

4. W. 怀特. 街角社会[M]. 北京: 商务印书馆, 1994.

# 第 三 章　社会行为动力

**学习本章，将有助于你对以下问题的理解和思考：**

➢ 社会行为动力系统由哪些因素构成？

➢ 动机与社会行为有什么样的关系？

➢ 需要是什么？马斯洛的需要层次论有何现实意义？

➢ 社会情感有哪些类型？社会情感如何影响人们的社会行为？

➢ 人的信仰与价值观如何影响其社会行为？

47 岁的杨桂武夫妇这些年来一直在大连以拾荒为生，2008 年 10 月底，她在回家的路上，发现路边的一个纸箱里有哭声，过去一看，竟是一个男婴。孩子胳膊上的一条丝带上写着："2008 年 10 月 24 日，平平。"杨桂武把平平抱回了家。虽然她收入微薄，但仍然买回 200 多元一罐的奶粉喂养孩子。时间一长，夫妻俩发现，平平经常感冒甚至感染肺炎。为了给孩子治病，他们不仅花光了自己的积蓄，还借了一些钱。2009 年 6 月，平平再次生病住院，并被确诊患有先天性心脏病，如果不做手术最多活三年，可手术费得七八万元。杨桂武一家人陷入了绝望，每天看着孩子，急得欲哭无泪。

平平的身世、杨桂武夫妻俩的善举，打动了身边的人，大家纷纷送来了玩具、衣服和奶粉。大连当地媒体报道此事后，热心的市民开始自发地捐款。大连市红十字会得知这一情况，出资 1 万元，并与沈阳军区总医院沟通，医院表示愿承担其余费用。2009 年 6 月 21 日，平平接受了手术治疗。医护人员经过 4 个多小时的努力，成功完成手术，不会留下后遗症。

——摘自新华网 2009 年 7 月 7 日

是什么原因促使这对原本生活拮据的夫妇抱回路边的弃婴？在他们为之债台高筑之后，媒体的报道、周围人的捐钱捐物、医院的无偿手术……这些举动为什么会发生？这些人为什么会这样做？什么原因支配人去这样或那样行事？

这就是本章要学习的主题：社会行为的动力因素及其作用机制。

## □□□ 第一节 社会行为的动力系统

### 一、社会行为及其动力系统

#### （一）社会行为的概念

人类的社会行为是指人与其社会生活相关联的行为。社会行为是人对社会因素引起的并对社会产生影响的反应系统。包括个人的习得行为、亲社会行为及反社会行为、人际合作与竞争等等。求学、求知、求胜、避败等是与成就有关的社会行为；而交友、恋爱、求婚、成家等是与交往有关的社会行为。**社会行为**是个体或群体在个体因素和社会因素的交互影响下为满足自身或所属群体的需要所做出的行动。

#### （二）社会行为的动力系统构成

任何社会行为的发生都有其内部动力，直接推动个体活动以达到一定目的的内部动力称为动机。动机的产生一方面以需要为基础，以刺激情境——诱因为条件；人类活动就是在内在需要和刺激情境的一推一拉之下持续进行的。另一方面动机的产生还受到个体社会生活经验和社会生活条件的调节，人在社会化中形成的社会情感、信仰和价值观直接制约着行为动机。因而社会行为的动力系统由本能、需要、诱因、动机、社会情感、价值观、信仰等要素构成。社会行为的动力系统如图3-1所示。

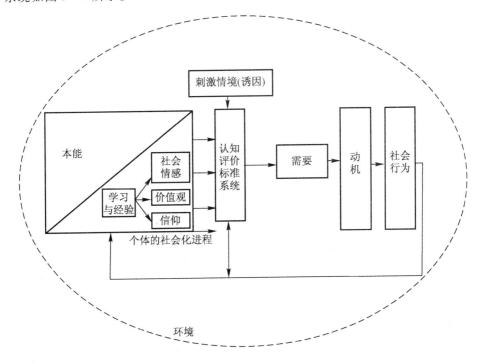

图3-1　社会行为动力系统

## 二、社会行为的动力因素分析

### （一）本能

本能（instinct）是个体与生俱来的、不学而能的由遗传因素导致的行为或行为倾向。人的社会行为，是本能使然还是后天的学习或经验使然？这一直是心理学家争论的问题之一。近年来认知神经科学的发展，使人们相信某些特定的社会行为是有其生物基础的。尤其在人的社会化程度较低的时候，或者对那些较为简单的社会行为而言，本能的作用更为突出。随着个体社会化程度的提高，学习和经验日益丰富，在对社会行为的影响程度上，本能的作用逐渐减少，后天的学习和经验所起的作用逐渐增加。本能在社会行为动力系统中的作用在后面有详细的阐述。

### （二）社会情感、价值观、信仰

在个体社会化过程中，人们通过学习获取经验，内化社会或群体的规范，形成自己的社会情感、价值观和信仰等，这些共同构成人们衡量事物或情境的一个标准，它是一个认知评价系统。如果刺激情境符合这一标准，人们就喜欢它，对它持积极的态度，进而趋近它。当眼前事物或情境不符合自身的价值观或评价标准时，人们就对它持否定态度，进而有回避它的倾向。有关社会情感、价值观、信仰及其调节作用分别在本章第五、六节进一步探讨。

### （三）需要

需要（needs）是人的行为的根本动力。需要转化为内驱力（drive）的作用机制源自机体均衡作用。当个体生理上某种均衡被打破时，就会产生恢复平衡的趋向，正是这些均衡作用使人体保持体温、血糖水平、体液含量、酸碱比例等处于一种相对平衡状态。生理需要通常表现为个体生理上的一种匮乏状态，它进而导致个体产生一种内驱力。内驱力是进化的结果，无需学习，个体通过遗传可以自动获得。

需要、内驱力和均衡作用，在现代心理学中，这三个概念已被延伸到了心理层面，分别用来描述人类心理上的平衡、心理上的匮乏状态和心理上的内在动力。内驱力促使个体采取行动、寻找满足这种匮乏状态的事物，从而恢复平衡。内驱力一旦指向具体的目标物就意味着动机产生。

社会行为产生的根本原因是人的需要。个人的需要是多方面、多层次的，由此而决定的社会行为也是多方面、多层次的。有关人的需要及其理论，我们还将在本章第三节作进一步探讨。

### （四）动机

**动机**（motive）是引导、激发和维持个体活动的一种内在心理过程或内部动力。[①] 动机是活动的直接动力。动机是在需要的基础上产生的，是需要的动态化和具体表现。

动机是推动社会行为的直接原因，行为的结果反过来可以使动机增强、减弱或消失。动机引发的行为结果反馈至个体的认知评价系统，当结果符合个体的价值观、符合个体的期望或需要、给个体带来积极的情绪情感体验时，需要和动机会得到增强，行为会增加；反之，当这种行为导致个体产生消极情绪体验或行为不符合个体的价值观时，需要和动机会减弱甚至消失，行为会随之消失或改变。行为结果的反馈本身又属于学习的过程。

1. 动机对社会行为的支配作用

---

① 彭聃龄. 普通心理学（修订版）[M]. 北京：北京师范大学出版社，2004：314-315.

　　社会行为是在动机的直接激发下进行的。动机的支配作用，表现为对社会行为的发动、加强、维持或停止。动机总是指向人类的一些基本目标或需求。例如，一个人需要钱，目的是买一辆小轿车。为什么要买车呢？原来是同事都有了自己的轿车，不买就没有面子。在这里，买车并不是动机，维护自尊才是动机。所以，动机关涉的是行为的目的，而不是手段。动机为个体行为提供力量，例如这个人维护尊严的动机为他的买车行为提供了支持，为他排除障碍、千方百计实现目标提供了内驱力，比如说服家人同意买车，开源节流筹钱。动机使个体明确其行为的意义，例如动机使这位买车人明确买车的积极意义，买车可以让他在同事中有面子，尊严得以维护。

　　研究表明，人类的基本动机是相同的，但是，用来满足这些动机的方式却因人而异、因文化而异。人类的动机复杂多样，个体的动机与行为之间的关系不是一一对应的，而是错综复杂的。同样的行为可能有不同的动机；同样的动机可能促使不同的行为。例如，有些大学生既可能为了多结交新同学和朋友而加入了学生组建的话剧社，也可能是为了提高自己的演出技能而加入。

　　2. 动机强度和行为效率

　　耶克斯和多德森（Yerks & Dodson,1908）研究表明，动机不足或动机过分强烈，都会使作业成绩下降；最佳的动机强度与工作难度有关。在简单的工作情境下，较高的动机强度会导致较佳的成绩；在难度适中的工作情境下，中等强度的动机会导致最佳的成绩；而在难度较大的工作情境下，较低的动机强度会导致较佳的成绩（见图3-2）。这一有关动机强度、工作难度、作业成绩三者之间关系的研究结果，被称为耶克斯—多德森定律（Yerks-Dodson law）。这一定律同样能解释社会行为。

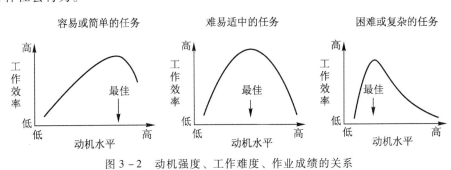

图3-2　动机强度、工作难度、作业成绩的关系

　　3. 内部动机与外部动机

　　内部动机是指人们对活动本身感兴趣，活动本身能使人们获得满足，无需外力作用的推动。例如，有人创造一个新工具，虽然外人未表扬他，但他感到自我

满足，还想继续干下去。

美国哈佛大学心理学教授布鲁纳（Jerome Bruner）指出，内部动机由三种内驱力引起：一是好奇的内驱力，好奇心也就是一种求知欲；二是胜任的内驱力即好胜心，好胜心也就是一种求成欲；三是互惠的内驱力，人们需要和睦共处、协作活动。研究发现，对活动的探索、好奇等内驱力是人类与生俱来的，而且，不仅仅局限于人类，动物也有。比如，动物学家哈洛（Harlow,1950）以红毛猴为实验对象，让猴子解机械谜，结果，猴子不仅能解开搭扣，还能打开后再把它装好。猴子每次成功地解谜后都给它带来了满足感，并不需要其他报酬，而这正是受猴子所具有的好奇心驱使。人们对工作本身的兴趣与探索就是受好奇心驱使的求知欲。

外部动机不是因个体对活动本身的兴趣而产生行为的动力，而是由活动以外的刺激诱发出来的推动个体去行为的动力。例如，有人为了争取成为先进工作者而努力工作，或者为了避免挨批评而完成工作指标，这是为受他人表扬或为免受他人批评而做好工作，并不是对工作本身发生兴趣。

内部动机和外部动机必须结合起来才能对个人行为发生更大的推动作用。一方面，通过表扬与批评，促使人们去追求符合社会要求的目标，从而实现社会对其行为的调节和控制。另一方面，要引导人们对其所从事的某项工作发生内在的兴趣，从而使他们更加自觉地做好工作。需要指出的是，内部动机与外部动机不是简单相加的关系，在有些情况下，对一个由内部动机引起的行为给以奖励，反而会削弱内部动机。社会心理学家狄西（Deci）用实验研究证实了这一点。实验是让被试做一种非常有趣的解谜游戏，对其中一半被试给以外部奖励（钱），另一半被试则无任何报酬。不久以后，要全部被试作自由选择，是继续做解谜游戏，还是做其他事情，实验者观察被试在这项由内部动机引起的活动上所花费时间的长短。狄西发现，给了钱的被试在解谜游戏中所花的时间比不给钱的被试少，这就表明，由于加强了外部动机（付钱），他们的内部动机被削弱了。狄西指出，如果一个人本身对某项活动很感兴趣，随即又受到外部奖励时，就很可能把本来由内部动机引起的活动看做由外部动机引起的活动。狄西通过研究发现，主要有奖励、自我控制和自我决定、外在动机的施加者三种因素可以削弱或增强内部动机。也有研究表明，教师的性格特点与学生的内部动机有很高的相关，表现为教师越是控制学生，学生的内部动机则越被削弱。

**（五）诱因**

凡是能引起个体动机的外部刺激，称为**诱因**（incentive）。诱因又分正负两种：凡是能引起个体趋近或接受并因之获得满足的刺激，称为**正诱因**，如各种奖励（美味的食物、金钱、崇高的荣誉等）；凡是能引起个体躲避或逃离，并因逃避而感到满足的刺激，称为**负诱因**，如各种惩罚（肉体的痛苦、自由的剥夺、人际的疏离等）。

诱因是促使社会行为产生的外部因素，但要通过内部因素（如认知评价、需要、动机）起作用。诱因首先要能够引发个体的需要，然后才能产生某种行为的动机。

# □□□ 第二节　本能

本能的概念在第一节中已经提到。这里我们主要学习关于本能的理论及本能论的发展趋势。

## 一、本能的理论

### （一）麦独孤的本能论

麦独孤于 1908 年出版了《社会心理学导论》一书，在书中麦独孤构建了一套以遗传本能和相应的情绪以及后天形成的感情为基础的人类社会行为的学说。他认为心理学应该以本能、情绪和意志作为主要研究对象。人一生下来就有很多本能，本能不仅是天生的能力，而且是天生的行为推动力，是策动和维持人类行为的决定因素，人类的动机就是这些本能。

麦独孤列出了多达 121 种的人类本能：逃避本能、自炫本能、拒绝本能、生殖本能、结群本能、斗争本能、自卑本能、获得本能等。他认为，每种本能都由三种成分构成：认知成分、情感成分和意动成分。认知成分是对能满足本能的某个对象的认知；情感成分是该对象在有机体身上唤起的情感或情绪体验；意动成分是朝向或远离该对象的努力。

### （二）洛伦兹的习性论

奥地利动物行为学家洛伦兹（K. Z. Lorenz）的习性论也属于本能论范畴。他在 1963 年发表《论侵犯》（On Aggression）一书。1973 年，他与另外两位学者因在"有机体与个体发生以及社会行为类型"方面的研究而分享诺贝尔生理学或医学奖。洛伦兹认为，任何一种动物都有该物种的特有的行为，即其习性。他发现，在幼年的关键时期，幼鹅会跟随在它们所看到的任何移动的大物体后面，如同跟随母鹅一样（见图 3 - 3），且以后都是如此，具有不可逆转的特点。他解释说，鹅生来就有一种特性，会在某一特定时期，把母体的特征印入到代替物中，使它具有母体特征，这叫做印刻现象（the phenomenon of imprinting）。后来学者则认为印刻现象是先天遗传和后天学习双重作用的结果。

### （三）弗洛伊德的性欲力学说

精神分析学家弗洛伊德的性欲力学说也是广为人知的一种本能论。他认为人

图 3 - 3　印刻现象

的行为是由各种本能的欲望所驱使，在这些本能中，他特别强调性本能，将其称为"性欲力"或"性能量"（libido，译作"力比多"）。这些性欲力在人体内逐渐积累，必须通过某种形式发泄出来，因而成为人的一切行为的原动力。晚年的弗洛伊德对其理论作了些修改，认为人有两种本能：生本能和死本能。生本能表现为学习、创造、发展和建设等行为，而死本能表现为破坏和侵犯行为。

## 二、对本能论的批评

本能论受到了很多学者的批评。一般说来，由本能决定的行为，要同时满足三个条件：（1）当机体在某一方面达到成熟水平后，第一次表现这种需要时，他就会出现这种行为，即无需通过学习、生来就会。（2）同一种类的所有个体都具有这种行为，几乎没有个体差异。如果这种行为有性别差异，那么这一种类的同性别个体都具有这种行为。（3）这种行为以确定的模式表现出来。根据这三个条件不难理解，人类在出生初期确实有一些本能行为，如吮吸反射等。但是很快这些行为就受到社会因素的影响而变型或几乎消失。例如母爱是一种本能，但是母爱的方式、强度等因受到文化背景、经济条件和政治因素的影响而不同。我国学者郭任远于 1930 年运用巧妙的"猫鼠同笼"实验，验证了低级动物的"本能"也会因后天的生活条件而改变。生活于复杂社会生活中的人的本能更是如此。本能对人类社会行为的作用受到后天学习和经验的影响，这一影响随个体社会化程度的提高而日趋复杂多样。

近年来，随着分子遗传学的研究进展，重视本能对行为的影响又成为一种新趋势。但是所关注的重点已不再是传统意义上的本能，而是基因所固有的潜能对物种特有行为的影响，以及这些潜在的行为在什么样的环境条件下可以转化为现实的行为。

## □□□ 第三节　人的需要及其理论

### 一、需要的实质及分类

#### （一）需要的实质

**需要**是人对其生存与发展条件的内在的要求。如食物，是维持人生存的条件；一定的人际关系，也是维持正常的身心存在的条件；学习，同样是身心发展的条件。人为了生存和发展，离不开各种条件的保障，这些条件只有通过行动才能具备并服务于人的生存和发展。

人的需要不同于动物的需要。人的需要具有自觉性，这表现在其内容和获得满足的手段上，人的需要受到意识的调节和控制。人的需要是人的天然的、必然的内在规定性。人的需要是人的权利、价值、尊严之所在。需要是人从事活动的积极性的源泉。

#### （二）需要的分类

1. 根据需要的性质，可将其分为生理性需要和社会性需要。生理性需要是指个体对生存所必需的客观条件的依赖。有物质性的，比如饮食等；有机能性的，如运动、睡眠等。人的生理性需要也表现出一定的社会性，正如马克思所说："饥饿总是饥饿，但是使用刀叉吃熟肉来解除的饥饿不同于用手、指甲和牙齿啃食生肉来解除的饥饿。"社会性需要则是指人对群体生活与文化精神生活的内在要求。比如人际交往，追求真、善、美等。

2. 根据需要的满足对象不同，可以将需要分为物质性需要和精神性需要。物质性需要是人的最基本、最重要的需要，是其他一切需要的基础。马克思、恩格斯就曾指出："我们首先应当确定一切人类生存的第一个前提也就是一切历史的第一个前提，这个前提就是：人们为了能够'创造历史'，必须能够生活。但是为了生活，首先就需要衣、食、住、行以及其他东西。因此第一个历史活动就是生产满足这些需要的资料，即生产物质生活本身。"精神性需要则是指个体对智力、道德、审美等方面发展条件的需求，是属于对观念对象的需要，包括个体自由地发挥自己的智力资源，进行各种各样的创造性活动的才能，也包括对文化成果的享用，比如对艺术美的享受。

上面是比较常见的两种分类。除此以外，还有根据需要的迫切程度，分为近的直接需要和远的间接需要；根据需要的范围，分为社会成员的个人需要和社会成员的共同需要；根据时间的久暂，分为暂时性需要和延续性需要；根据个体对条件的依赖性，则将需要分为匮乏需要和超越需要，这种分类主要是根据马斯洛对需要层次的划分而来的。

## 二、马斯洛的需要层次理论

需要理论中最有代表性、影响较为深远的是马斯洛（A. H. Maslow, 1908—1970）的需要层次理论。马斯洛（1954）提出的基本需要层次论，揭示了人的活动的动力基础结构。

1. 生理需要

生理需要指人对食物、睡眠、性的需要等，生理需要是人类生活的基础，是"人的需要中最基本、最强烈、最明显的一种"①，它在人的所有需要中是最重要也是最有力量的。当生理需要长期得到满足时，就不再成为驱动行为的决定因素，其他更高层的需要会凸显出来。在现实生活中，生理需要通常被转化为对更多的金钱的需要和期待，这可以使人在工作之外更好地满足自己的生理需要，同时还要注意到，获取更多报酬的雄心也可能反映了亲和需要以及得到尊重或更大权力的需要。

2. 安全需要

安全需要包括生理上的安全和心理上的安全需要，生理上的安全需要主要指个体避免受外物的伤害和侵袭，避免人身意外的需要；心理上的安全需要主要指个体工作有保障、收入稳定、情感安适、免于焦虑等的倾向。如当甲型 H1N1 肆虐美国时，人们会推迟甚至取消原计划的纽约之旅。在现代社会中，人们生理上的安全需要可以说得到了很好的满足，而心理上安全的需要还没有得到很好的满足。沙莲香认为，心理安全需要的程度与人的个性有关，一个有些神经症的人对秩序和稳定有迫切的需要，会力求避免变化或新奇的事物。一个成熟、思想开放的人同样也需要稳定，但他可能并不喜欢毫无变化的生活，而是乐于接受适时的挑战。②

3. 归属与爱的需要

归属与爱的需要指一个人要求与他人建立感情上的联系，并维持、发展这种良好的关系的需要，包括参加社团、追求爱情等。这种关系有程度的强弱之分。

4. 尊重需要

尊重的需要包括自尊和受到别人的尊重两个方面。自尊指对获得信心、能力、成就、独立和自由等的愿望；得到他人的尊重主要表现在获得威望、承认、接纳和关心等。尊重需要的满足，会使个体知觉到自己的力量和价值，使自己在

---

① 戈布尔. 第三思潮：马斯洛心理学[M]. 上海：上海译文出版社，1987：40.

② 沙莲香. 社会心理学[M]. 北京：中国人民大学出版社，2002.

生活和学习中更自信、更有力量和创造性。反之，尊重需要得不到满足的人则会感到自卑、缺乏解决问题的能力。在某种程度上，得到他人的尊重与权力动机有关，权力动机强的人会因自己处于一个有影响、有控制力的地位而得到满足。

5. 自我实现的需要

自我实现的需要指人类具有的成长、发展、实现人的全部潜力的需要。"一个人能够成为什么，他就必须成为什么，他必须忠实于他自己的本性。这一需要，我们就可以称为自我实现的需要。"每个人自我实现的方式是不一样的。如大学里的教授可以通过做科研达到自我实现，工厂流水线上的工人可以通过熟练的操作达到自我实现。

马斯洛认为，在通常情况下，以上五种需要按顺序依次排列，形成需要的层次结构（见图3-4）。生理需要是最低层次的需要，自我实现的需要是最高层次的需要。需要的层次性是以力量的强弱和出现的先后为根据的。越是低层次的需要，力量越强，越力求优先得到满足。如果所有的需要都没有得到满足，那么生理需要最有可能主宰整个有机体。只有较低层次的需要得到基本满足之后，较高层次的需要才会出现。当较低层次的需要占优势时，必须得到基本满足之后，较高层次的需要才能占优势。所以，占优势的需要也是依次出现的（见图3-5）。占优势的需要支配人的行为。层次较高的需要成为优势需要后，较低的需要对行为的影响就减弱了。

图3-4 需求层次论图示

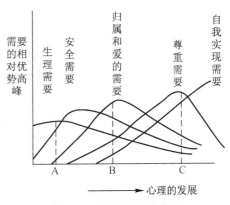

图3-5 优势需要的发展

自我实现（self-actualization）作为最高层次的需要，马斯洛将它视为人性的本质。他认为任何生命生来就具有实现其潜能的倾向，人更是如此。自我实现就是个体使自己身心各方面的潜能获得充分发展的过程和结果。但在现实生活中，真正达到这一人生最高境界的人是少数的。然而，自我实现并非普通人所不可企及的，运动员、工匠乃至家庭主妇都有可能获得自我实现的体验。

马斯洛也注意到，有些人能克制低级需要以追求高级需要，就是说，在有些人身上存在着层次颠倒的现象。如有的人表现出高度的自尊，对归属和爱似乎无所谓。有的人能够为了坚持真理而忍受饥饿、迫害、孤立，甚至牺牲生命。

马斯洛还把人的基本需要分为匮乏性需要（deficiency needs）和成长性需要（growth needs）。前者可用有机体的不平衡状态所导致的紧张这种理论来解释，这类需要包括生理、安全、归属和爱、尊重这几种，它们由缺乏引起，如果得到满足，紧张就减弱。但成长性需要，如求知、审美和自我实现的需要，就不适合于这种理论模式。这些需要的满足不是为了紧张的缓解，而是为了不断地获得新的满足，使自己的潜能得到更多的发挥。匮乏性需要基本得到满足以后，它的激励作用就会降低，其优势地位将不再保持下去，但是成长性需要在得到满足后会产生更大的不平衡状态，产生更强的动力。

马斯洛的需要层次理论受到了一些批评。第一，个体的高层次需要和低层次需要不能同时驱动行为的观点受到质疑。在实际工作中，人们可能会同时满足自己对金钱的需要和自我实现的需要，其行为并不受需要优势的影响。针对此，美国学者阿德弗（C. Alderfer）对需要层次理论进行了改进。他将需要层次简化为生存、关系、成长三个层次（ERG 理论）。他认为，需要的重要性与他们未被满足的程度有关：当低层次的需要得到较好的满足时，高层次需要就变得更加重要，而高层次的需要得到的满足较少时，低层次需要就越重要，它对行为的驱动就越有力。[①] 如当人们在工作中其尊重需要得不到满足时，可能会更加强调对金钱的追求。第二，关于这一需要层次理论是否具有普遍意义，有学者指出，对权力、尊重和自我实现的高层次需要不是与生俱来的，而是社会交往的产物，因此并不是在所有文化中都会表现出这些需要。值得注意的是，马斯洛的需要层次理论是以美国社会为基础的，美国是典型的个体主义文化，自我实现的需要比爱与归属的需要的层次要高，但是对于集体主义文化下的人们而言，爱与归属的需要可能要居于自我实现需要的层次之上。这有待于进一步的实证研究加以验证。

## 三、马克思的需要理论

需要理论是马克思主义理论的重要组成部分。马克思和恩格斯从社会存在决定社会意识这一观点出发，形成了关于人的需要的基本观点：（1）人的需要即人的本性。马克思认为，需要是人与生俱来的内在规定性，是人的生命活动的表现。（2）人的需要分为三个层次，即生存需要、享受需要和发展需要。生存需要是人的最基本的需要；享受需要是生存需要得到基本满足以后逐步发展起来的，

---

① 郭永玉. 人格心理学：人性及其差异的研究[M]. 北京：中国社会科学出版社，2005.

它是人追求舒适生活、优化生存条件的需要；发展需要是人为了完善自我、实现自身价值的需要，它是人类最高层次的需要，人自由而全面的发展是人们追求的理想和社会进步所趋向的目标。(3)人的需要具有社会历史性。马克思认为人的需要是在社会中产生、发展和实现的，离开了现实的生活，任何需要都将不复存在。

### 四、中国的需要观

我国关于需要的最早探讨是以欲望论的形式出现的。古人很早提出了本能和共同欲望的观点，如"食，色，性也"、"饥而欲食，寒而欲暖，劳而欲息，好利而恶害者，是人之所生而有也，是无待而然者也，是禹桀之所同也"。中国古代也提出了"需要的满足有先后、基本生理需要满足了才会有更高层次的需要"这样的观点，如"仓廪实而知礼节，衣食足而知荣辱"。

此外，我国古代还区分了欲望的类型，也出现了"禁欲"与"顺欲"的斗争。佛教将欲望分为五欲：妙色、声、香、味、触。《管子·牧民》则将欲望分为四种：佚乐、富贵、存安、生育。道教的老子主张"无欲"，儒家的孔子则主张"寡欲"，而魏牟则主张"纵欲"。①

我国学者王启康把人类的需要划分为存在性需要和机能性需要。存在性需要就是关乎个体的生存的基本的需要，机能性需要指个体为更好地适应社会、更好地发展以及为拥有更多的资源而产生的需要，这种需要具有一定的社会功能。

章松井、佐斌(2009)对我国中小学教师需要的研究表明，当代中小学教师的需要有五个维度：生存需要、关系需要、表达与理解需要、发展需要和享受需要。研究结果还表明当前我国中小学教师需要处于中等偏上的水平，其中关系需要最低，依次是享受需要、发展需要和表达与理解需要，生存需要最高；男教师的发展需要、生存需要、表达与理解需要水平高于女教师，女教师的享受需要水平高于男教师。

## □□□　第四节　社会动机

### 一、社会动机的界说

#### （一）社会动机的概念

动机从性质上而言，包括生理动机与社会动机。生理动机以有机体自身的生

---

① 黄鸣奋. 需要理论及其应用[M]. 北京：中华书局，2004：3.

理需要为基础，如饥、渴、疼痛、母性、睡眠、排泄等。生理动机会驱使有机体采取相应行动以维持体内物质和能量的平衡。但人是生活在社会中的，即使是生理需要的满足也要受到社会环境的影响，因此很少有纯粹的生理动机。由于个体用以满足其需要的对象和手段一般都是社会生活的产物，因而，在某种意义上讲，人类的一切动机都具有社会性。有学者认为"动机是社会化了的内驱力"①。

有些学者主张把"社会动机"定义为"人的动机的社会方面"；有些学者主张，人的动机以它的本质而言是社会的，故社会动机也可称为动机。这是对社会动机的广义理解。

**社会动机**（social motives）又叫习得性动机和心理性动机，是个体在社会生活中通过人际交互作用的过程形成的。社会动机最初由先天的生物性需要发展而来，以后似乎独立于生物性需要而存在。例如，婴儿需要食物维持生存，但自己不能获得，只有依靠父母来满足这些需要，这时的社会性需要（交往）和生理性需要（进食）是难分彼此的；在抚育婴儿的过程中，父母会爱抚并逗弄婴儿，使他感到舒适和愉快。于是，在婴儿的心目中，父母的出现与满足、舒适和愉快等积极的感觉是相伴出现的，久而久之，父母本身就变成了孩子的目标物体。孩子希望父母继续对他好，照顾他；因此他们会做一些讨好父母，引起他们赞许和喜欢的事情，产生一种愿意和父母在一起并保持亲密的动机，这样的社会动机（交往动机）就似乎与生理动机不太相干了。

可见，社会动机是以社会性需要为基础的动机。社会动机具有持久性，其内容十分丰富。人类的社会行为比本能行为要多得多，也复杂得多。每一种社会行为的背后除了可能有的本能因素作用外，都受到社会动机的支配。

**（二）社会动机的类型**

麦奎尔（McGuire）将人类的社会动机分为认知性社会动机和情感性社会动机。认知性动机为社会行为提供向导，而情感性社会动机为社会行为提供能量驱动。根据动机所指向的对象不同，可以将社会动机分为成就动机、亲和动机、权力动机和社会赞许动机。

## 二、成就动机

**成就动机**是个体为了取得较好的成就、达到既定目标而积极努力的动机。默雷（Murray, 1938）是最早有系统地提出成就动机概念的学者。而第一个系统全面地研究成就动机的是麦克里兰（McClelland）。默雷把人类的需要分成 20 种，其中首要的就是成就需要。他编制了主题统觉测验（TAT），通过分析被试根据图片

---

① 吴江霖. 社会心理学[M]. 广州：广东高等教育出版社，2000：143 - 177.

所讲的故事来判断其动机。默雷认为，成就动机就是个体想要克服困难、施展能力，尽可能快而且尽可能好地完成某些困难的工作的一种欲望或倾向。麦克兰德则认为，成就动机是个体在做事时与自己所持有的良好或优秀标准相竞争的冲动或欲望。回顾众多的关于成就动机的研究发现，高成就动机者一般具有如下特征：勇于接受中等难度的任务，并全力以赴地去完成；对追求的目标很明确，并抱有成功的期望；情绪处于兴奋状态，追求新异，敢于创新；选择工作同伴以其能力是否有利于完成任务为条件，而不以个人好恶为依据。

　　成就动机的影响因素可以从宏观和微观两个方面来考察，宏观层面上有社会文化因素；微观层面上有个人的家庭环境、成长经历、受教育程度、个性特征等。麦克兰德在探讨基督教新教伦理对西方人成就动机的影响时发现，持有新教伦理价值观的父母在教育子女时，非常注重训练他们的独立能力和克服困难的能力。这种教养方式使子女形成了很好的成就动机。他还分析了中国人的成就动机，认为中国传统社会是以农业为主的社会，是一种静态的、权威式的社会。在这种社会里，对儿童的教养方式强调顺从训练、依赖训练和合作训练，因此，中国儿童的成就动机普遍较低。但是，现代化进程使中国人的成就动机有了普遍的提升。不少学者对麦克兰德的观点持否定态度。

　　一般认为，成就动机包括两个方面：追求成功的倾向（tendency to seek success）和避免失败的倾向（tendency to avoid failure）。真正最先将成就动机这样区分的是麦克里兰最优秀的学生阿特金森，阿特金森（Atkinson,1958;1964）认为，当个体面临具体任务时，这两种动机同时起作用，但两种动机的强度在不同的情况下有所不同。当任务成功的可能性为中等即0.5，追求成功的动机大于避免失败的动机时，个体完成某项具体任务的动机最为强烈；当任务成功的可能性为中等即0.5，追求成功的动机小于避免失败的动机时，个体完成某项具体任务的动机最低。

□□□　**专栏 3 −1**

追求成功和避免失败

　　阿特金森认为，个体追求成功的倾向和避免失败的倾向分别可以用如下函数表示：

$$Ts = Ms \times Ps \times Is$$

$$Taf = Maf \times Pf \times If$$

　　其中，$Ts$ 是个体对某项任务的追求成功的动机倾向，$Ms$ 为个体追求成功的动机强度，$Ps$ 为成功的主观概率，$Is$ 为成功带来的满意感。

Taf 是个体对某项任务避免失败的动机倾向，Maf 为个体避免失败的动机强度，Pf 为失败的主观概率，If 为失败带来的不满意感。

阿特金森认为，Ms 和 Maf 是个体心理特质中比较稳定的东西，一般不易变化。而 Is = 1 − Ps，表明任务难度越大，完成任务的可能性越小时，但是完成任务的满意度越高、完成任务越有价值。Pf 和 If 的关系 If = −(1 − Pf)，即当一个任务更容易失败时，这种失败给个体带来的影响越小，即不满意感越小，负号代表的是不满意感。反之，一个很简单的任务的失败则会给个体带来很大的影响。同时易知，Ps + Pf = 1。

当面对一个任务时，追求成功的动机和避免失败的动机同时发生作用，在一个具体的情境中，总有一种动机占据上风，个体完成某项具体任务的动机倾向可以按照如下函数进行合成：

Ta = Ts + Taf

根据前面的方程，可以将这一函数扩展并化简为：

Ta = (Ms − Maf) × Ps × (1 − Ps)

不难看出，当任务成功的可能性为中等即 0.5，Ms 大于 Maf 时，个体完成某项具体任务的动机最为强烈；当任务成功的可能性为中等即 0.5，Ms 小于 Maf 时，个体完成某项具体任务的动机最低。或者从另一个角度理解，当追求成功的倾向大于避免失败的倾向时，个体最倾向于接受成功的可能性为 0.5 的任务，当追求成功的倾向小于避免失败的倾向时，个体最倾向于拒绝成功的可能性为 0.5 的任务。

关于成就动机的测量，最早由默雷编制了主题统觉测验(TAT)，这一测验工具编制的出发点是个体的动机和思想之间或多或少地会有些直接联系，人们在想象性资料中，会表现出他们的占支配地位的动机。但是 TAT 最大的缺点是评分的主观性太强。

麦克里兰给出八条评分规则，使评分信度系数达到了 0.90，尽管后来引来了不少学者的争议，但他的 TAT 一直是测量成就动机的主要工具。此外，心理学家还编制了一些问卷式量表测量成就动机或其某些方面，目前得到一致认可的是 TAT 更适合测量成就动机中的"追求成功"方面，"梅德勒—沙拉松测验焦虑问卷"（Mandler-Sarason Questionaire of Test Anxiety）更适合测量"避免失败"方面。

余安邦和杨国枢根据中国社会文化的特点，形成了一个本土化的成就动机概念模式，这一模式将成就动机区分为社会取向成就动机和个我取向成就动机，这两种成就动机在"成就目标"、"成就行为"、"结果评价"、"最终成果"和"整体特征"五个方面各有其独特的内涵。① "社会取向成就动机是指一种个人想超越某种外在决定的目标或优秀标准的动态心理倾向，而该目标或优秀标准的选择主要取决于社会(例如父母、老师、家庭、团体或其他重要他人)。个我取向成就动机则是指一种个人想要超越某种内在决定的目标或优秀标准的动态心理倾向，该目标或优秀标准的选择主要取决于个人自己。"他们在一系列实证研究基础上进一步指出，西方国家的家庭教养强调独立性训练，因而西方人具有较强的"个我取向的成就动机"，而东方社会中的家庭强调依赖性训练，因而具有较强的"社会取向的成就动机"。

沙莲香总结了这两种取向的成就动机的特征，社会取向成就动机的特点是：(1)强调个人的成就目标和评价标准主要由他人或所属的团体来决定。(2)选择通过什么样的行为来达到目标，也是由重要他人或团体来决定的。(3)成就行为的效果往往也是由他人或团体来评价，评价标准也是由他人或团体来制定的。(4)个体对成就的价值观念的内化程度较弱，相反，成就的社会工具性比较强，即追求的是一种手段，是为了让他人或社会团体满意。个我取向成就动机的特点是：(1)个体的成就目标和评价标准主要由个人自己决定，个人追求的是"实现自己的梦想"、"发挥自己的潜能"。(2)个体自己决定选择行为达到目标，而不是由他人或社会团体规范决定。(3)成就行为的效果也是由个体自己评价的，评价标准也是由自己制定的。(4)总体上讲，个人对成就的价值观念的内化程度比较高，成就的功能自主性比较弱，即其目的在于追求成就自身，而非他人或社会的满意。

## 三、亲和动机

**亲和动机**(affiliation motive)又称结群动机，指个体要与他人在一起、要加入某个团体的倾向。这种动机是在交往需要的基础上发展起来的，具体表现为个体喜欢与人交往、愿意归属于某个团体，希望得到别人的关心、支持与赞赏。当亲和动机的驱使使得个体满足了自己的结群需要时，个体会感到安全和自信。相反，则会感到孤独和焦虑。

马琪奇等人(Mckeachie et al. ,1996)对结群动机影响人的心理进行过研究。他们对两个班的学生进行研究，在第一个班中，教师与学生共同创造比较温暖融洽的氛围，而第二个班中，教师和学生、学生和学生之间接触很少，缺乏相互之

---

① 余安邦，杨国枢. 成就动机本土化的省思[G]//杨中芳，高尚仁. 中国人、中国心——人格与社会篇. 台北：远流出版社，1991：202—290，223.

间的鼓励和支持，是一种比较冷淡的氛围。结果发现，第一个班的学生的作业成绩要显著优于第二个班，同时还发现，结群动机高的学生在友好、温和的教师的任教科目上可以得到更好的成绩，而结群动机低的学生则不会有这种进步。

对于亲和动机的解释，心理学界主要有三种观点。

一是麦独孤提出的本能论的观点，认为亲和动机是人的一种本能行为，结群是自然选择的结果。在远古时代，独立的个体相对于结群而言，势单力薄，不足以抵御天敌或自然灾害，而结群使人类祖先可以共享资源、互相支援，从而提高了生存能力，增大了自身基因复制下来的几率，这些结群倾向的后代也逐渐倾向于亲和，那些缺少结群动机的个体则很快被淘汰掉。但是这一理论即使在生物界也有不支持的证据，如，尽管结群有利于捕食，但老虎仍独来独往；有时食草动物无须捕猎，但仍结群行动。

二是社会学习论的解释，认为结群是后天学习的结果，是在个体的社会化过程中，通过模仿、强化形成的。理由是在大多数社会文化中，亲和或结群行为会受到奖赏和鼓励，而"不合群"行为会受到排斥或惩罚。

关于亲和动机的产生，第三种解释就是沙赫特（S. Schachter）提出的"焦虑—亲和"（anxiety-affiliation）假说，认为由焦虑导致的恐惧是促使人们结群的原因，经历过不安和焦虑的人亲和倾向更强。他曾做了一个实验来验证焦虑和结群之间可能存在的关系。实验的表面目的是测量电击的效应。实验有两种条件：高焦虑条件和低焦虑条件。高焦虑条件下，指着庞大的电气装置告知被试他们将受到痛苦的电击；在低焦虑条件下，告知被试电击将是轻微的。然后告知被试，由于实验设备尚未准备妥当，需要等一会儿，在等待期间，被试既可以单独呆在一个房间里，也可以呆在另一个已有其他人的房间里。结果发现，高焦虑条件下，62%的被试选择了与别人一起等待；而在低焦虑条件下，只有33%的被试选择与他人一起等待。这说明焦虑导致的恐惧可能会促进亲和行为。值得注意的是，焦虑和恐惧并非人们寻求结群的唯一原因，促使人们结群的原因还有很多，如找到自我评价的比较对象。

## 四、权力动机

**权力动机**指个体要在某些方面取得一定的支配地位的需要。在人际交往中，权力动机表现为驱使一个人总是力图说服他人、支配他人，许诺、威胁、引用权威人物的话给他人分派任务，容易与人对抗等。心理学界有关权力概念的观点可以总结为以下几点：第一，权力是一种互动关系，是某个人或某些人具有对其他人产生他或他们所希望的影响的能力。在不同的情境、不同的关系中，人们拥有不同的权力。第二，权力一般与资源的控制和利用有关。权力资源是权力主体可以用来影响权力客体行为的基本手段，包括奖赏、惩罚、信息、专业知识等。权力资源的分配往往是由一定的社会关系结构决定的。例如，在工作上，上级比下级有更多的权力；在知识上，专业人士比非专业人士有更多的发言权。第三，权力往往体现为一种价值控制，即一方通过控制他人认为有价值的事物，而控制他人的思想和行为。当对方不再认为那些事物有价值时，由此带来的权力就消失了。第四，权力的表现形式往往是命令与服从的关系，无论这种服从是自愿的还是被迫的。①

　　根据权力的来源，可以区分七种不同的权力类型，如表3-1所示。②③

表3-1　七种不同的权力类型

| 权　力　来　源 | 权　力　类　型 |
| --- | --- |
| 运用处罚的权力 | 强迫性权力 |
| 地位和正式的等级 | 合法性权力 |
| 给予有价值的资源，如报酬等的权力 | 奖励性权力 |
| 良好的知识和经验 | 专家性权力 |
| 个人的关系；领导魅力 | 关系性权力 |
| 接触内部信息 | 信息性权力 |
| 认识重要人物 | 联系性权力 |

　　第一种是强迫性权力，是由优势力量或优势地位带来的惩罚的权力。例如，当问及一位监考老师"如果发现某个同学用手机作弊，你会怎么办？"这一问题，他的回答是："我先给他警告，说明作弊的严重后果。我也可以直接没收他的试卷，此门课做零分计算。"这就是强制性权力的表现。第二种是合法性权力，是由法律或组织的规章制度所规定的，通过地位和正式的等级体现出来的权力。是这七种权力中最高级的一种。例如，军队里的军官有权力管理士兵，学校里校长有权力管理学生和老师。第三种是奖励性权力，对服从自己的个体给予奖励。例如公司的经理对下属说："如果你在今晚十点之前把这个文件做出来，我会给你500元的奖金。"第四种是因具有专门的知识和经验而形成的专业性权力，当问及一位护士长"如果其他护士违反洗手的规定，你会怎么办？"时，她回答："我会直截了当地告诉她们，我在流行病学方面受过专业训练，有专门的研究。她们应该认识到我有这方面的知识和经验，当我要求她们时，我一定有充分的理由。"第五种是关系性权力，因与他人有良好的私人关系、具有领导魅力

---

① 朱永新. 论中国人的恋权情结[J]. 本土心理学研究，1993(10)：242-266.

② 沙莲香. 社会心理学[M]. 北京：中国人民大学出版社，2002.

③ Guirdham, M. Interpersonal skills at work[M]. New York：Prentice Hall, 1995.

而形成。第六种是信息性权力，是因为能够接触一般人不能获取的内部信息而产生的。例如，教师向学生传授各种各样的知识和方法等，学生接受了这些知识，教师的信息性权力动机就得到了满足。第七种是联系性权力，由于认识有权力的重要人物而产生。例如一些政府人员的家属会利用自己的身份来收取贿赂或指示、胁迫他人进行非法活动。

## 五、社会赞许动机

人类有一些行为在于取悦别人，如果做了一件事得到别人的夸奖，就会感到满足，这类行为动机叫做社会赞许动机。这一动机引起的行为首先和较多地见于儿童。如婴儿在做出某些逗人喜爱的动作后，母亲便微笑、点头、抚摸婴儿，久而久之，婴儿便懂得了行为与赞许间的关系，并随着年龄的增长而得到巩固和发展。学校的学生也希望得到老师的赞许，而主动去进行某种力所能及的活动。成人也会寻求社会赞许，并在得到社会赞许后更加奋发向上。因此，正确地培养和运用社会赞许动机，在教育上具有重要意义。但是，在问卷调查中，被试的社会赞许动机对结果的真实性常造成负面影响，这在问卷编制过程中应当引起注意。

 专栏 3 - 2

### 社会赞许量表（MCSD）

Marlowe—Crowne 编制了社会赞许量表（MCSD），每个项目是一句描述个人的态度与特质的话，大致可以分为两类：（1）社会赞许的但不常见的行为（如，承认错误）；（2）社会不赞许的但常见的行为（如，说三道四）。量表共有 33 个项目，18 个正向计分项目，15 个反向计分项目，让受测者做"是"或"否"的回答。然后根据评分表对照计算出自己的得分。得分的范围是从 0 到 33，得分越高表示赞许动机越强。

项目举例：

1. 在投票选举前，我全面审查所有候选人的资料。
2. 别人有困难时，我会毫不犹豫地尽力帮助他们。
3. 有时，没有别人的鼓励，我难以继续进行我的工作。
4. 我从没有强烈地厌恶过任何人。
5. 有时，我对自己在此生中会不会获得成功感到疑虑。
6. 有时，我会因未能如愿而满腹怨气。

## □□□　第五节　社会情感

### 一、情绪、情感与社会情感

#### （一）情绪与情感

当代心理学将**情绪**（emotion）界定为一种以生理唤起水平、表情和主观感受的变化为特征的心理现象。[①]　**情感**（emotional feeling）作为一种主观体验，常常被认为是情绪的核心成分，或称为情绪性感受。

情绪和情感的区别主要表现在三个方面：从需要角度看，情绪是和有机体的生理需要相联系的体验形式；情感是同人的高级的社会性需要相联系的体验形式。从发生角度看，情绪发生较早；无论从种系或个体发展来看，情感体验都发生得较晚。从稳定程度看，情绪永远带有情境的性质；而情感既具有情境性又具有稳定性和长期性。

#### （二）情感与社会情感

人有自然属性，但更重要的是社会属性。建构主义认为，人的感受是社会化以及参与社会活动的结果。因此个人的情感是社会情感。广义的社会情感包括个人情感。社会情感作用于人的认知评价系统进而影响着人的动机与社会行为。社会情感是社会行为的重要调节因素。

不过一般谈到社会情感主要指社会成员的共同情感，它是在人际互动中个体情感相互影响的结果。表现为人际情感、群体情感、民族情感、宗教情感等。

人际情感是人际交往中与交往对象所产生的共同情感。其产生的基础是理解。在理解的基础上会发生共情，共情可进一步发展形成爱恨情仇等强烈的人际情感。积极的人际情感，有利于个体人格的完善。

群体情感在人际情感的基础上产生，是特定群体成员对刺激事件的共同体验和感受。群体成员通过互相感染会扩大情感的影响范围。在非正式群体中，群体情感对群体成员有约束作用。

民族情感是在群体情感基础上产生的范围更大的群体情感，是以民族文化传统为核心建立起来的民族之情。民族情感是民族精神的要素之一。深厚的民族情感对于全民族成员团结一致，共同奋斗具有巨大的推动作用。

宗教情感是对非现实力量的崇拜。宗教情感来源于自我与非我界限的消失。狂热的宗教情感可能会导致现实生活意义的缺失，造成人情冷漠、人际疏离等问

---

[①]　郭永玉，王伟. 心理学导引[M]. 武汉：华中师范大学出版社，2007：152.

题的产生。

### （三） 社会情感的特点

社会情感是社会群体内部存在的、能够相互传染并具有一定社会功能的、群体成员共有的心理体验和社会知觉。与个体情感相比较而言，社会情感具有群体性、共同性、社会影响力等特点。①

首先，社会情感具有群体性特点。社会情感（狭义）不是单个个体的感情好恶，它形成于特定群体，小到家庭、集团，大到民族、国家，由群体成员共同的情感所构成。社会情感也不等于群体成员个人情感的简单相加，而是群体成员相互联系、相互影响，共同塑造的结果。

其次，社会情感具有共同性特点。社会情感的群体性特征衍生共同性特点。社会情感有特定群体所有成员共同形成，成员的归属感和认同感会导致成员之间心理活动的一致性，表现为对特定刺激事件具有相同的认知，从而产生相同的情绪情感反应。

再次，社会情感具有社会影响力。与个人情感不同，社会情感的产生和发展都是以群体为载体。群体成员共同构造形成的情感网络会对各成员具有约束力和影响力。社会情感影响深层持久。积极的社会情感有利于社会的团结和稳定。反之，消极的社会感情会造成社会动荡，不利于社会风气的形成。

## 二、社会情感理论

关于个人情感理论在普通心理学多有介绍，这里不加赘述。

社会心理学家在研究人类情感时，形成了不同的社会情感理论。他们关注情感的形成和塑造、情感与自我的关系、情感依恋的形成等方面的问题。

### （一） 拟剧和文化理论

拟剧和文化理论认为人们的行为是针对特定情境的舞台化表演行为，周围的人则是观众。这种表演以文化信念和规范为脚本，它规范了在特定情境中，人们应该如何体验和表达情感。该理论认为人们是戏剧表演中的表演者和策划者，为取得他人的信服，人们会根据文化脚本、社会规划等规则进行表演，向观众展现自己。该理论认为人们经常处于情感体验和情感表达不一致的状态之中。因此，人们必须有能力应对情感的文化要求与实际情感体验不协调带来的慢性压力。

### （二） 符号互动理论

符号互动理论把自我和身份作为解释情感的核心动力机制，认为自我是一个

---

① 沙莲香. 社会心理学(第二版)[M]. 北京：中国人民大学出版社，2006：172.

控制系统，将采取多种策略协调自我、他人反映、文化引导之间的关系。当人们采用合理策略取得这三者的协调一致时，就会体验到积极的情感。反之，则出现消极的情感体验并试图摆脱这种不协调，恢复平衡。

精神分析取向的符号互动理论采用了符号互动论的基本观点，但重点关注在自我、他人反映、文化引导三者之间出现不协调时自我的反应。认为当自我感知到不协调的存在时，将会使用防御策略和激活防御机制歪曲他们体验到的情感和表达，以逃避消极情感体验带来的痛苦。此时人们不仅改变自身的情感体验，同时也改变对他人的反应。

### （三）社会情感交换理论

在社会情感交换理论中，互动被看做一种过程。行为者给予资源是为了获得他们认为更有价值的资源。交换理论认为情感产生于互动网络中的资源流动过程，把所有人都看做最大利益的追求者，当人们的获得比自己的付出多时，产生积极的情感体验。反之，当获得没有达到期望值时，体验消极情感。

### （四）社会结构理论

社会结构理论认为个体在社会中所处的位置会影响社会情感的进程。个体所处社会地位决定了其占有的社会资源和享受社会特权等级的相对数量，这种相当数量会决定人们如何行动以及对他人行动的期望水平。当他人行为与自我期望相一致时，个体体验到积极的社会情感，当不一致时，消极情感被唤醒。①

## 三、社会情感研究展望

社会心理学家在社会情感研究方面做了大量工作，但注重的是人们对社会和文化情境的反应，没有从宏观角度把握民众社会情感和社会结构之间的连接。因此，对于社会学家来说，采取宏观的研究方法，如：历史分析法、观察分析法、民族志法等对研究社会情感将会大有助益。

目前对于情绪情感的研究，都是针对唤醒度较低的情感反应。对于唤醒度高，社会影响广的社会情感，实验室研究较为困难。但高强度、高影响社会情感是影响人们生活的重要因素。社会心理学家应抓住社会重大事件的契机进行社会情感研究。

社会情感是主观反应，在测量研究方面存在困难。目前采取的多为纸笔测验和情境模拟测验。但这两种方法都存在一定的局限性。纸笔测验的问卷并不能完全反应被试的真实情感，除了存在社会称许性之类的问题外，被试对自己感情的

---

① 乔纳森·特纳，简·斯戴兹. 情感社会学［M］. 孙俊才，文军，译. 上海：上海人民出版社，2007.

表达也不能尽如人愿。情景模拟测验脱离了实际情境，情绪情感的唤起会受到影响。模拟状态与真实情境中的社会情感不能等同。认识神经科学的兴起为社会情感的研究开辟了新的途径，社会情感反应涉及的生物学基础现在已经可以得到一些印证。社会情感研究前景广阔。

## □□□ 第六节　价值观与信仰

价值观与信仰属于综合的心理现象，是影响社会行为的高级调节因素。它们既涉及认知成分，也蕴含情感成分。信仰与价值观的研究是社会心理学的重要领域。探索价值观与信仰的形成机制和功能机理，对理解、预测、控制个体和群体的社会行为有重要意义。

### 一、价值观

价值观是哲学、伦理学、教育学、社会学、心理学等多种人文学科研究的主题。但各学科关注侧面不同，心理学关注价值观的心理结构、过程、功能及测量等方面。从社会心理学的角度看，价值观是个体的选择倾向，是态度深层结构的构成；同时，价值观也是群体的共享符号系统，是群体认同的重要依据。价值观会随社会变迁发生重大变化，是重要的社会心理标志。

#### （一）价值观的定义

社会心理学关于价值观的研究可以追溯到 20 世纪二三十年代。但直到 50 年代，研究者们对价值观的基本定义才达成共识。1951 年 Kluckhohn 将价值观表述为："价值观是一种外显的或内隐的，有关什么是'值得的'的看法，它是个人或群体的特征，影响人们对行为方式、手段和目的的选择。"70 年代，Rokeach 将价值观研究推向了新的发展阶段，他认为价值观是："一个持久的信念，认为一种具体的行为方式或存在的终极状态，对个人或社会而言，比与之相反的行为方式或存在的终极状态更可取。"

从对价值观的定义可以看出，价值观具有导向功能，它不仅具有评价作用，而且具有规范和禁止的作用，还可以在一定程度上促使个体选择认为对的行为，具有动机功能。价值观既是个体也是群体的心理特征。

#### （二）价值观的内容分类

国内外研究者基于不同的理论架构对价值观进行分类。奥尔波特（Allport）根据 E. Spranger《人的类型》一书将价值观分为经济的、理论的、审美的、社会性的、政治的和宗教的六大类。经济型的人务实；理论型的人具有智慧追求真理；审美型的人追求和谐，以美为标准评价事物；社会型的人尊重他人的价值，注重人文精神；政治型的人追求权力；宗教型的人相信上帝或寻求天人合一。

Rokeach 在 1973 年将价值观分为终极性价值观（terminal values）和工具性价值观（instrumental values），每一类由 18 项价值信念组成，见表 3 - 2。工具性价值反映个体在道德上和能力上可取性的考虑和判断。终极性价值是个体关于人生追求的目标的可取性信念。终极价值观与工具性价值观彼此相联系，终极价值观是个体毕生的追求，而工具性价值观是个体为了完成终极价值观而选择的行为模式。

**表 3 - 2　Rokeach 价值观分类**

| 终极价值观 | 工具性价值观 | 终极价值观 | 工具性价值观 |
|---|---|---|---|
| 舒适自在的生活 | 有抱负的 | 成人的爱 | 富于想象的 |
| 有成就感 | 心胸开阔的 | 国家安全 | 独立的 |
| 和平的世界 | 有能力 | 快感 | 知识的 |
| 美丽的世界 | 欢愉的 | 得救 | 有逻辑 |
| 平等 | 干净的 | 自我尊重 | 有爱心 |
| 家庭安全 | 有勇气的 | 社会认可 | 服从的 |
| 自由 | 宽容的 | 真正的友谊 | 礼貌的 |
| 幸福 | 愿助人 | 智慧 | 有自制能力的 |
| 内心的和谐 | 诚实的 | | |

黄希庭等人（1994）把价值观分为政治的、道德的、审美的、宗教的、职业的、人际的、婚恋的、自我的、人生的和幸福的十种类型，但其中如婚恋的与人际的等可合并，与奥尔波特的分类大同小异。

杨中芳将中国文化价值体系划分为 3 个大的层次：世界观、社会观和个人观。她的分类受到了 Rokeach 的影响，但同时注意到了中西方文化的差别：个体主义和集体主义，因此，她的分类强调了个体和社会的关系。

黄光国延续了 Rokeach 的分类框架，但是把工具性价值观进一步分为道德价值观和能力价值观，把终极性价值观，分为个人性价值（personal value）和社会性价值（social value）。他的分类不仅注重了价值观的层级特性，划分了终极性和工具性，而且在工具性和终极性两个层面都抓住了社会与个体、情感与工具、道德与契约等分类所表达的两大价值分野，从而更有可能探索不同文化下人们的观念和行为选择。

综合国内外学者的分类研究，可以在对价值观进行"终极性"（目标）与"工具性"（手段、方式）维度划分的同时，再进行个体性与社会性维度的划分。二个维度组成四个象限如图 3 - 6 所示。大部分价值观的研究都可以在这个坐标系中找到位置。①

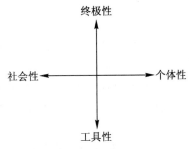

图 3 - 6　价值观分类的维度

我国学者金盛华对中国人的价值观进行了系统的研究，认为中国人价值观研究的进一步走向将是建立概念共识、强调方法的多元化和历时性追踪研究，并重视探讨价值观和行为的关系及价值观教育问题。②

**（三）价值观的测量**

价值观的心理结构复杂，对价值观进行测量是非常艰巨的工作。心理学家根据自己的理论架构，试图编制信效度良好的价值观测量问卷。现在比较通用的价值观测量问卷有：《价值观研究》(The Study of Values)、《价值观调查》(The Value Survey)、《目标和方式价值观调查量表》(The Goal and Model Values Inventory)、《价值观念量表》(Conception of Desirable)等 15 种，我国学者金盛华等（2003）基于理论分析和开放式调查的结果编制了大学生价值观量表和中学生价值观问卷，具有良好的信效度。

虽然这些价值观量表都有较好的信效度指标，但价值观有好坏对错之分，在问卷测量时，社会称许性起很大的干扰作用。特别是中国人，对价值观的选择涉及社会认同等问题，对价值观的测量可能只是测得了个体对社会规范的依从和认同，与主流社会价值观相分离的独立价值观则很难测量。因此，适当采用投射测验、系统的行为观察、社会语言分析、作品分析等方法测量价值观可以补充问卷测量的不足。

人们的价值观是一个动态的系统，它在个体的学习和经验的基础上形成并不断变化。不同的时代，不同的事件都会形成不同的价值观。佐斌（2002）对三峡库区移民的研究发现，移民大多将"国家民族强盛，不受外人侵入"、"整个世界更加太平"等终极价值观列为最重要的前几项，同时也发现"帮助危难中人"

————————

①　杨宜音. 社会心理领域的价值观研究述要[J]. 中国社会科学, 1998(2)：82 - 93.

②　金盛华, 辛志勇. 中国人价值观研究的现状及发展趋势[J]. 北京师范大学学报（社会科学版），2003, 3(177)：56 - 64.

等价值观在其价值体系中缺乏应有地位。这反映了三峡移民的价值观的现状以及受移民政策、改革开放等因素影响的程度。总之，价值观具有双重属性，既相对稳定又具有一定的可塑性，在时代动荡或经济变迁等大环境中，塑造民众正确的价值观有重大意义。

## 二、信仰

信仰研究一直是哲学、宗教学等领域的主题，20 世纪 80 年代以来，社会心理学家开始涉及信仰研究。

### （一）信仰的含义与特征

信仰一词起源于佛教，最初特指宗教信仰。心理学视角的信仰研究主要指信仰所涉及的知、情、意等心理特征。对信仰下精确的定义很难，不同心理学家关注信仰的不同侧面。黑格尔认为信仰是特殊形式的认知。宋兴川认为信仰的本质是认知，他认为信仰是人的精神需要，涉及人与自然、人与社会以及人与自身关系的人生根本价值原则。《简明大英百科》对信仰的界定是："在没有充分的理由保证一个命题为真的情况下，就对它予以接受或同意的一种心理状态。"中国儒家传统文化的许多范畴都包含信仰的含义："信"体现了信仰的执著精神，"忠"体现了信仰的献身精神，"敬"体现了信仰的行为外观，"诚"体现了信仰的精神境界。①

总之，**信仰**是一种整体性的精神倾向，是人最高需要的体现，往往表现为人们对认定的体现其最高生存和生活价值的某种对象的由衷信赖与追求，是人们能动地认识世界的工具。信仰的核心特质是认知，但也涉及情绪、意志等心理过程，是知、情、意三者的统一。

关于信仰的特征，国内外学者争议较多：马斯洛认为高级的宗教信仰在情绪上是一种"高峰体验"。苏联学者德·莫·乌格里诺维奇认为宗教信仰的重要心理特征之一是人的感情投入。McGinn 和 Pool 认为信仰具有个人建构的特性。贺麟认为信仰具有感情性、独断性和主观性三个特性。荆学民认为信仰具有四个特性：主观性、专一性、理想性和虚幻性。其中，信仰的主观性、理想性和虚幻性属于信仰的确定性、非确定性。

总结中外学者的研究，我们可以看出信仰具有：确定性、相对稳定性、非可证性、情感投入性和个体差异性等特征。

### （二）信仰的分类

根据信仰的内容，信仰的价值和意义，信仰的确信程度，信仰的个体发展程

---

① 刘建军. 传统文化中的信仰概念[J]. 中国人民大学学报，1998(5)：56.

度可以对信仰进行不同的分类。

根据信仰的内容结构，康德把信仰分为：实用信仰、道德信仰和教义信仰；实用信仰指在生活中形成，可随时更改的浅层次信仰；宗教信仰把实用信仰诉诸上帝和神，把信仰的执行和裁判权交给了上帝；道德信仰是信仰体系的核心。贺麟在《信仰与生活》中把信仰分为宗教或道德的信仰、传统的信仰和实用的信仰等三类，与康德的分类大同小异。

根据信仰的终极价值和意义，金盛华和宋兴川把信仰分为超自然信仰、社会信仰和实用信仰。超自然信仰基本上涵盖了宗教信仰，只是两者侧重不同，康德强调道德信仰的核心作用，而宋兴川等以人的社会性作为参照系，强调信仰的社会作用。①

根据信仰的确信程度赵志毅、蔡卫东把信仰划分为可信、确信和坚信三个层次，理性、非理性、相信、怀疑四个维度。可信属于信仰的认知成分，确信则包含更多的情感成分，坚信指意志的参与。结合知、情、意三个方面考察信仰，更好地揭示了信仰的心理学内涵。②

根据信仰的个体发展程度，普拉特把信仰分为：幼稚的轻信、理智的信仰和情感信仰三类，幼稚信仰是儿童所特有的，存在即被感知；理智的信仰则要经过理性的思索，情感信仰来源于迫切的情感需求。

**（三）信仰的功能**

1. 信仰的指引功能

英国心理学家佛来明曾说过："一旦失去了精神上的追求，人类就变得无知，社会也将会变得漆黑一团。"信仰使人相信在某种神圣的帷幕之后存在一个有意义的地方，引导人进入一个崇高而又神秘的精神生活空间，弥补人类及其社会本身的缺陷和不足，为人勇敢地生活下去提供勇气。科学、理性的信仰给人们的思想和行动提供正确的方向引导。

2. 信仰的激励功能

德国共产主义者魏特林说："如果你们对你们的正义事业怀有信仰和信心，那么你就获得了一半的胜利；因为你的信仰能使你们搬动大山。"坚定的信仰，为人们前进提供方向，增加行动的信心和勇气。坚定的马克思主义信仰者，甘愿为建设共产主义社会奉献一切。在革命年代，先辈们正是因为有共产主义必胜的信念支撑，才可以熬过敌人的酷刑，用鲜血和生命换来新中国的成立。具体到个人，有正确坚定的信仰，才能克服困难，取得辉煌成就。如果一个人没有理想和

---

① 宋兴川，金盛华. 大学生精神信仰与心理健康的关系[J]. 中国心理卫生杂志，2004(18)：556.

② 赵志毅，蔡卫东. 论信仰的结构、本质及其对德育的意义[J]. 南京师范大学学报，2000(1).

信仰，就会缺乏生活和创造的动力，甚至会颓废和沉沦下去，变成社会的累赘。

3. 信仰有利于心理健康

目前，很多心理学家开始关注宗教信仰的临床心理治疗功能，包括对抑郁、自杀等问题的治疗。心理学家研究发现，发自内心、深层次的宗教信仰可以消除抑郁。Ellison 研究发现具有强烈宗教信仰的个体有较高的自尊和更强的个人幸福感，并能削弱苦难生活经历带来的消极后果。Swensen 等人研究发现具有强烈宗教信仰的个体倾向于较低的人际交往敏感性，表现出更强的自我控制力并能保持较高的自尊。

信仰为个体提供精神世界的支撑，指引人们前进的方向，激励人们不懈奋斗。信仰还可以提供稳定的世界观、价值观，协调个体的认知，促进其心理健康。

当前中国处于社会转型的历史时期，经济体制的变革、政治体制的交替和对外开放力度的加大，都促使社会文化发生急剧变化。这种变化对国民心理产生强烈的冲击，转型期信仰缺失、价值观变迁等问题已经引起心理学家的广泛关注。

梁启超说过："信仰在一个人为一个人的元气，在一个社会为一个社会的元气。"对个人而言，信仰的缺失导致精神支撑的坍塌，严重的可能会导致各种人格障碍的产生。对于社会，信仰的缺失将引起社会的动荡，影响社会的安定和团结。因此，在社会转型期，必须正视人的能动性和价值观的主体性，提升科学理性，重建价值体系，树立正确的、坚定不移的信仰，改善个体心理状况，稳固社会团结。①

## □ 本章小结

1. 社会行为是指个体或群体在个体因素和社会因素的交互影响下为满足自身或所属群体的某种需要所做出的行动。

2. 社会行为的动力系统包括本能、需要、诱因、动机、社会情感、价值观、信仰等因素。

3. 动机是推动社会行为的直接原因，行为的结果反过来可以使动机增强、减弱或消失。

4. 需要是人对其生存与发展条件的内在的要求。马斯洛的需要层次理论，揭示了人的活动的动力基础结构。

---

① 吴晓义，缴润凯. 转型时期的信仰缺失及其对个体心理健康的影响[J]. 东北师范大学学报，2006(1)：133－138.

5. 社会动机是个体在社会生活中通过人际交互作用的过程形成的。成就动机、亲和动机、权力动机、社会赞许动机是较为普遍的几种社会动机。

6. 广义的社会情感包括个体情感，对社会行为有着重要调节作用。社会情感主要指社会成员的共同情感，表现为人际情感、群体情感、民族情感、宗教情感等，具有群体性、共同性、社会影响力等特点。

7. 价值观的定义很多，Rokeach 在 1973 年将价值观分为终极性价值观和工具性价值观，在对价值观进行终极性与工具性维度划分的同时，再进行个体性与社会性维度的划分。二个维度组成四个象限，大部分价值观的研究都可以在此坐标系中找到位置。

8. 信仰是一种整体性的精神倾向，是人最高需要的体现，往往表现为人们对认定的体现其最高生存和生活价值的某种对象的由衷信赖与追求，是人们能动地认识世界的工具。

## □ 复习与思考

1. 社会行为动力系统的构成因素是什么？

2. 怎样理解人的需要及其满足在社会行为中的根本动力作用？

3. 如何理解动机对社会行为的直接支配作用，如何激发动机提高社会行为效率？

4. 社会动机是什么？社会动机的各种理论有何基本主张？

5. 社会情感及其动力作用是什么？社会情感的理论有何启迪？

6. 什么是价值观与信仰？如何理解价值观与信仰的动力功能及最高调节作用？

## □ 推荐阅读资料

1. 菲利普·津巴多，迈科尔·利佩. 态度改变与社会影响[M]. 邓羽，肖莉，等，译. 北京：人民邮电出版社，2007.

2. 麦独孤. 社会心理学导论[M]. 俞国良，雷雳，张登印，译. 杭州：浙江教育出版社，1997.

3. 沙莲香. 社会心理学（第二版）[M]. 北京：中国人民大学出版社，2006：172.

4. 乔纳森·特纳，简·斯戴兹. 情感社会学[M]. 孙俊才，文军，译. 上海：上海人民出版社，2007.

5. 宋兴川. 大学生精神信仰的特点及相关因素的研究[D]. 北京：北京师范大学博士论文，2003.

6. 刘建军. 传统文化中的信仰概念[J]. 中国人民大学学报，1998(5)：56.

7. 杨宜音. 社会心理领域的价值观研究述要[J]. 中国社会科学，1998(2)：82 – 93.

8. 吴晓义，缴润凯. 转型时期的信仰缺失及其对个体心理健康的影响[J]. 东北师范大学学报，2006(1)：133 – 138.

9. 郭永玉. 人格心理学：人性及其差异的研究[M]. 北京：中国社会科学出版社，2005.

10. 王启康，罗继才. 需要的分类与发展问题的新探索[J]. 教育研究与实验，2006(2)：54 – 60.

# 第 四 章  社会认知

**学习本章内容，将有助于你对以下问题的理解与思考：**

➢ 社会认知的定义和特征？社会认知的基本范围？影响社会认知的因素？

➢ 印象形成的基本模式是什么？

➢ 印象形成中有哪些偏差？怎么样避免人际交往中的偏差？

➢ 人们为什么要进行印象管理？

➢ 不同的归因理论的主要观点是什么？

➢ 自我归因中的偏见对我们有何启发意义？

➢ 中国人脸和面子的心理结构的具体内容是什么？

➢ 生活中，中国人如何维护脸和面子？

1973 年，美国斯坦福大学的研究者罗森汉恩（D. Rosenhan）做了一个著名的实验，招募了 8 名被试假装成精神分裂症患者。8 个假患者由 1 名研究生、3 名心理学家、1 名儿科医生、1 名精神病学家、1 名画家、1 名家庭主妇组成。他们被送进 12 所精神病院。到了医院后，所有假患者向医生报告个人背景、生活经验和心理状况，除了报告自己的假名和假装有幻听的问题外，所有被试的言语和行为完全正常，并且提供给医院的其他信息都是真实的，在就诊时，所有被试表现正常，即并无幻听。结果，除一人外，医生诊断这些假患者都是精神分裂症患者。他的研究发表后，震动了精神病学专业领域。这个研究说明了两个关键因素：第一，即使很专业、很有经验的人对他人的认知也会发生错误；第二，一个人一旦被贴上某种靶子的标签，这个标签将掩盖这个人所有的其他特征，其所有行为和人格特征都会被归因于标签效应。

前述的故事反映了本章的主题，即社会认知的内容。社会认知（social cognition）主要是指对他人表情的认知，对他人性格的认知，对人与人关系的认知，对人的行为原因的认知，包括对他人的心理状态、行为动机、意向等做出推测与判断的过程（包括某种程度上的信息加工、推理、分类和归纳），从社会信息加工的意识和无意识的角度出发，又可以将社会认知划分为外显和内隐社会认知两个方面，二者分别处于社会认知的两个极端。具体而言，社会认知有三个基本过程：（1）社会知觉。强调知觉受社会因素的影响，即知觉不仅决定于客体本身，也决定于主体的目的态度、价值观和过去的经验；（2）印象形成。是人们通过对认知对象的接触和知觉，在头脑中形成并保留在记忆中的认知对象的形象，印象形成是在社会认知基础上形成的，其本质是对人的面貌和心理特点的概况反映，因此，它比社会知觉更接近人的内在属性；（3）归因。社会认知经过社会知觉和印象形成阶段，便进入了综合分析和推理阶段，也就是归因阶段。脸与面子是一个中国本土的社会心理学概念，在日常生活中被人们频繁地使用，它能有效地描述中国人在处理人际关系时的心理过程，把握中国人人际关系的脉络，反映中国人社会认知的基本特点。

## □□□ 第一节　社会认知的实质

### 一、社会认知的定义

社会认知涉及个人怎样对来自他人、自己以及周围环境的社会信息进行加工的复杂过程，包括社会信息的辨别、归类、采择、判断和推理等心理成分。① 即涉及人对社会性客体之间的关系等的认知，以及对这种认知与人的社会行为之间的关系的理解和推断。② 从社会信息加工的意识和无意识性的角度出发，可以将社会认知划分为外显和内隐社会认知两个方面。以前，我们主要是对外显社会认知的研究。内隐社会认知（implict social cognition）是指在社会认知过程中虽然个体不能回忆某一过去经验，但这一经验潜在地对个体的行为和判断产生影响，当然，外显社会认知与内隐社会认知并不是截然分开和对立的，二者分别处于社会认知的两个端点。可以说，我们所观察到的外显社会认知在某种程度上受到了内隐社会认知的影响。③

## 二、社会认知的特征

社会认知具有以下鲜明的特征：

### （一）社会性

社会认知涉及对人及人际关系等社会对象的认识活动，包含了一定的社会历史意义。

### （二）沉积性

社会认知是在以往的生活经历中形成的，而且会对以后的行为产生影响，是长期积累的结果。

### （三）完形特性

人们在社会认知的过程中，面临的信息往往是纷繁复杂的，在对它们进行加工的过程中，达到最满意的合理性是困难的。认知资源的有限性，使得人在社会认知的过程中常常使用完形原则，而不是采用精细的统计学的分析，以尽量节省时间和加工资源，所以人们倾向于把有关认知客体的各方面特征材料加以规则化，在个体认知结构的基础上，形成完整的印象，这使得认知带有浓厚的主观色彩。④

## 三、社会认知的表征方式：范畴化和图式

人们在社会认知的过程中，由于认知资源的限制，面临的信息往往是不确定的、不完全的、复杂的，个体在处理这些信息时并非全部加以处理，为了成功地

---

① 王沛，林崇德. 社会认知研究的基本趋向[J]. 心理科学，2003，26(3)：536 - 537.

② 邱扶东，李凌. 社会认知经典研究述评[J]. 宁波大学学报(人文科学版)，2004，17(3)：137 - 140.

③ 李波. 社会认知研究进展——整合研究趋向探析[J]. 集美大学学报，2004，5(2)：65 - 67.

④ 钟毅平. 社会行为研究：现代社会认知理论及实践[M]. 长沙：湖南教育出版社，1999.

在复杂的社会情景下了解他人，知觉者就需要用一些方法来简化、结构化人的知觉过程，人在社会认知的过程中常常偏爱策略性捷径，在社会认知过程中客体范畴化与社会图式是最重要的，社会图式中处处渗透着范畴化的思想。①

### （一）范畴化（categorize）

认知他人的时候，人们并不是把某个人当成独立的个体，而总是自动地将之归到某一类社会群体当中，这个过程就是分类，它是自发的、迅速的。在分类的时候，人们采用的最简单的分类标准是性别、种族、年龄，也就是说，当我们看到一个陌生人的时候，我们首先会把其归入男性或女性，然后才对其做进一步的分类。通过简单的范畴化，我们对他人或事物的认识就大大地被简化，可以使人节省不少的认知资源。②

### （二）图式（schema）

图式是指一套有组织、有结构的认知现象，指个人在感知及理解客观现实的基础上，在头脑中形成的一种心理结构。它由个人过去的知识经验组成。它包括对所认知物体的知识，以及有关该物体各种认知之间的关系及一些特殊的事例。比如人们对"80 后"的图式就是：他们享乐、独立、喜欢新潮的东西，等等。可以把图式分为：

1. 个人图式（person schema）

个人图式指我们对某一特殊个体的认知结构，研究被抽象了的人格品质或个人类型。比如我们对李逵就有一个个人图式，这个图式的内容包括：疾恶如仇、鲁莽等。该图式包括有关他人行为特征和人格类型的信息。

2. 自我图式（self schema）

自我图式指人们对自己所形成的认知结构，用来区分和描述自己。比如你可能认为自己老实，古道热肠，以及开朗，这些都是你自我图式的内容。自我图式是随着自我不断发展而产生的，文化、环境、家庭教养都会影响自我图式的形成。

受中国传统文化的影响，中国人的自我图式多为依赖型。儿时，父母和周围的人都用特定的方式教育我们，我们在他们的期待中成长。例如，中国人的家庭教养方式对依赖的训练，尤其对家庭依赖的训练更是通过溺爱婴幼儿、训练牙牙学语的小孩、管教青春期的中小学生、鼓励大学生重视学业成绩，以及在整个发展过程中抵制引起对个人发展造成不利的行为方式来完成的。结果导致子女独立性差、社会适应能力低。

---

① 泰勒. 社会心理学［M］. 谢晓非，译. 北京：北京大学出版社，2004.
② 肖虹，郑全全. 社会图式的范畴化［J］. 心理科学进展，2002，10（1）：91 – 96.

3. 角色图式(role schema)

**角色图式**指人们所具有的关于社会上的一类人或一群人的预期个性和行为的信息。比较常见的研究是"国民或种族刻板印象研究",在认知他人、形成有关他人印象的过程中,由于各种因素的影响,很容易发生认知偏差。如果这种偏差发生在对一类人或一群人的认知中,就会产生不正确的社会刻板印象,对群体就会产生一种偏见和歧视。

4. 剧本(script)

**剧本**是描绘日常活动中事件的有序组织的认知蓝本。比如我们到电影院看电影的事件就符合一个剧本,什么时候买票,什么时候入场、退场,就是一个剧本。

## 四、内隐社会认知研究

内隐社会认知是对外显社会认知的拓展和延伸,内隐社会认知也是对现有社会认知成果进行反思、整合的结果。社会认知领域的实证研究为内隐社会认知提供了现实性基础,深化了外显社会认知的研究,丰富了社会认知的研究。传统的认知理论主要是建立在个体对物理世界意识层面认知研究的基础之上,而内隐社会认知则是从无意识的层面研究社会认知。①

内隐社会认知是一个内涵丰富的理论范畴,包括了不同的研究内容,如个体对"他人"及"自我"内隐认知的研究;内隐自尊、内隐社会态度的研究;人际交往中的内隐性别刻板效应的研究;跨文化交流中的内隐种族刻板效应的研究。一般而言,内隐社会认知是指基于过去经验和已有认知结果积淀下的一种无意识结构的驱使,在社会认知过程中,虽然个体不能在意识层面回忆某一过去经验(如用自我报告法或内省法),但这一经验又潜在地影响个体对社会信息的加工(如知觉、态度、判断和决策等),这一心理现象称之为**内隐社会认知**。此概念关注的焦点在于:个体的无意识成分参与了其有意识的社会认知加工过程。内隐社会认知研究开始采用间接测量的技术和方法,使原来行为主义、精神分析学派等无法实证研究的内部心理过程和传统的认知心理学忽视无意识加工活动得到可直接的实验室观察,由此而形成了一个新的研究领域——内隐社会认知。②

内隐社会认知研究肇始于内隐记忆研究,是社会认知领域新兴起的研究热点,是在无意识情况下发生的一种自动化的过程。正是由于其无意识、自动化的

---

① 朱新秤. 社会认知心理学研究的新进展[J]. 心理学动态,2000(2):74-79.
② 刘玉新,张建卫. 内隐社会认知探析[J]. 北京师范大学学报(人文社会科学版),2000(2):88-93.

特征，很难通过传统的、自陈式的方法进行直接测量，而只有通过间接的方法才能对其进行测量。

直接测量法在传统社会认知领域中一直占主导地位。直接测量法只能测查出意识水平上的社会认知，对无意识操作的内隐社会认知则无能为力。从操作的角度来讲，直接测量法和间接测量法的主要差异在于测验指导语不同：直接测量中研究者直接告诉被试实验的研究目的，而在间接测量中研究者告诉被试 A 是要被测量的，依据被试对 A 的反应推测 B，通过对 A 的直接测量实现对所研究内容 B 的间接测量。所以间接测量法是测查内隐社会认知的必需工具。目前，间接测量法在社会认知领域中使用得越来越多，主要有以下两种。

（一）反应时范式

反应时法是认知心理学中最常用的方法之一，其基本程序是给被试事先规定好一定的刺激，要求被试在刺激呈现之后既快又准确地做出反应，同时记录从刺激呈现到被试做出反应之间的时间，其间的时间延迟即为反应时。一般说来，反应时的长短标志着机体内部加工过程的复杂性。在快速反应条件下，被试对刺激的反应形式是很难有意识控制的，在这种条件下所获得的社会认知结果通常认为是内隐的。并且，反应时法已在内隐社会认知研究中占有重要地位。

1. 内隐联想测验

内隐联想测验（Implicit Association Test，简称 IAT）是格林沃德（Greenwald）等人于 1998 年提出的一种新的内隐社会认知的研究方法。它是在反应时范式的基础上发展起来的目前最为稳定、应用最多的一种间接测量方法，尤其广泛用于内隐刻板印象、内隐自尊的测量中。[1] 它采用的是一种计算机化的辨别分类任务，以反应时为指标，通过对概念词和属性词之间的自动化联系的评估进而来对个体的内隐社会认知进行间接测量。[2]

2. 启动效应（priming effect）

启动效应应用的基本过程为首先向被试呈现启动刺激，然后呈现目标刺激，并要求被试对目标刺激做出某种判断。启动效应是心理学中内隐记忆的重要表现，即前面接触的相同或类似的信息，促进某个具体信息的加工。Higgins 等人首先把启动效应应用于印象形成的研究中，让被试首先阅读积极或消极特质词，

① Greenwald, A. G., McGhee, D. E, Schwartz, J. L. K. Measuring individual differences in implicit cognition: The implicit association test[J]. Journal of Personality and Social Psychology, 1998, 74(6): 1464 – 1480.

② 杨治良，邹庆宇. 内隐地域刻板印象的 IAT 和 SEB 比较研究[J]. 心理科学, 2007, 30(6): 1314 – 1320.

如冒险、自信或鲁莽、自负，这一阶段称为启动刺激阶段；随之，被试阅读描述某个人物特质内容模糊的短文，即目标刺激阶段。最后，要求被试用自己的语言评价短文中的人物，阅读积极品质词的被试，其评价也是积极的，如果阅读的是消极品质词，则其评价也是消极的。

**（二）非反应时范式**

非反应时范式是指那些不以反应时为因变量的其他内隐社会认知的测量方法，主要有刻板解释偏差测量、投射测验等。相对于反应时范式，这些测量方法不是主流，在内隐社会认知研究当中，运用的次数相对少一些。

1. 刻板解释偏差（Stereotypic Explanatory Bias，简称 SEB）测量

刻板解释偏差测量是近年来内隐刻板印象研究领域出现的一种新的基于归因范式的内隐社会认知的测量方法。归因心理学研究当中，发现一种重要的现象，就是解释偏差，也就是人们在面对与自己期望不一致的情境下会做出更多的解释行为，以试图使不一致得到合理解释。而在刻板印象当中，解释偏差就会经常出现，来归因那些与刻板印象不一致的情况。一致与不一致情况下的解释偏差如果存在，就可以反过来推断存在着内隐的刻板印象。①

在这种不一致情况发生时，这种归因上的解释偏差是人们难以意识到的，所以很难掩饰，可以作为探寻有无内隐刻板印象的有效工具。在程序上，它类似于一个问卷，有 25 个题目，每个题目都只有半句的原因，留后半句让被试填写。其中有 16 个是 SEB 测题，其他 9 个是无关题目，16 个 SEB 测题当中，有一半是与靶子的刻板印象一致的测题，另一半是不一致的。如果存在刻板印象的话，被试自由填写理由，填写的内容最少由两位主试编码，如果存在刻板印象的话，测量的结果可以预测不一致的测题的理由数目会显著多于一致的测题数目。②

2. 投射测验

投射测验本是无意识心理研究的传统方法，主要有主题统觉测验（TAT）、罗夏墨迹测验等，其原理是被试面对一个不明确的刺激，以及自由反应的情境下，会把自身外显和内隐的想法、态度、愿望和情绪等主观特征表现出来。因为越自由、越无限制的情境下，人越能够表达那些在平时被意识抑制的想法、情绪、态度等，包括那些潜意识的或内隐的东西。

以上简要介绍了四种主要的间接测量法，当然还有其他的一些方法，如加工分离程序、Stroop 任务、Simon 任务等。由于内隐社会认知是一个内涵丰富的理

---

① 俞海运，梁宁建. 刻板解释偏差测量[J]. 心理科学，2005，28(1)：42－44.
② 佐斌，刘晅. 基于 IAT 和 SEB 的内隐性别刻板印象研究[J]. 心理发展与教育，2006(4)：57－63.

论范畴，包括不同的研究内容，所以相应的间接测量法也就很难整齐划一。①

## □□□ 第二节　印象形成与印象管理

### 一、印象形成

#### （一）印象形成的概念

印象形成是社会心理学的重要研究领域。**印象形成**（impression formation）是人们第一次遇见陌生人或在与之交往的初始阶段，根据很有限的信息资料所产生的是否喜欢他的感觉和对其人格的认知。在现实生活中，人们形成他人的印象总是源于一定的信息，心理学家通常将这些信息分为两类：刻板印象和个体信息。**刻板印象**的发生原理是，我们在社会知觉的过程中，常运用相关的联结或幻想，将一简单的图式或特质推论到所属的群体，是一种简单化的归因机制，此即称为刻板印象，简而言之，指按照性别、种族、年龄或职业等进行社会分类，形成的关于某类人的固定印象，普遍认为它与某些特质和行为相联系，例如人们一般把空姐印象与美丽、高薪这些特质联结。个体信息指关于个人行为、人格特质、家庭背景等方面的信息。②

**印象**就是我们最初在遇到某一个人的时候，根据自己的主观理解而形成的对别人的评价。印象是我们理解别人和采取下一步行动的背景，它直接影响我们和别人之间进一步的交往和相互关系。如果初次见面，对某人的印象不错，我们可能会积极主动地与这个人进行更深入的交往；如果印象不好，则很有可能就此打住，和这个人保持一定的距离。

其实，印象是在很短的时间内形成的，在这么短的时间内，我们不可能注意到各方面的信息，而只能注意到其中一部分的信息，而正是这一部分信息决定了印象的好坏。那么，在初次相遇的时候，人们一般会注意哪些信息呢？

心理学家研究发现，在印象形成的过程中，人们一般会注意这三个方面的信息：

（1）外表线索，即人们的自然特征，包括性别、种族、外貌，等等。在遇到陌生人的时候，我们一般首先按照人们的自然特质将人们归类。比如，人们会认为黑人比较有运动天赋、乐观；男性则比较坚强、强壮有力。而外貌对印象形

---

① 综述：内隐社会认知的测量方法（三）. http：//blog. sina. com. cn/s/blog _ 3e70b3ea0100bgfn. html. 2008－11－06.

② 李霞. 印象形成的研究述评［J］. 南开大学法政学院学术论丛（下），2002（2）：50－54.

成的影响也很大，比如身高、体重、长相、衣着、发型等。如，高个子的人爱打篮球、胖子好吃。

（2）人们的社会特征，包括职业、家庭收入、家庭关系、教育背景和权势，等等。日常生活经验告诉我们，生活在同一地区，或者从事同一行业的人具有某些共同点，因而，在与别人接触时，一旦知道对方的职业身份，我们就会借助认知结构中已经形成的有关这个职业的特点评价他，从而形成对他的印象。例如，如果我们知道某人是护士，我们就可能认为她比较心细、体贴人、讲卫生。

（3）人们的性格特征。第一次遇到不熟悉的人，一般而言，人们还是喜欢根据别人当时的表现来推测其性格特征。比如，我们通常会根据这个人的言谈举止、做事的风格来判断这个人会不会做人、有没有礼貌、是外向还是内向、木讷还是灵活。[①]

**（二）印象形成一般规则**

1. 评价的中心性

奥斯古德（C. E. Osgood）等人运用语义分析法，以纸笔形式进行，要求被试在若干个七等级的语义量表上对某一人物、事物或概念（如汽车、邻居）进行评价，以了解该事物或概念在各被评维度上的意义和强度。等级序列的两个端点通常是意义相反的形容词，如诚实与不诚实、强与弱、重要与不重要。同时，他提出了印象评价中的语义空间（semantic space）的三个主要维度：评价（evaluation），泛指对某种事物的价值予以评定的历程，如好的—坏的、高雅的—低俗的；潜能（potency），指将来有机会学习或接受训练时可能达到的程度，如强的—弱的、坚硬的—柔软的；行动（activity），个体对于各种活动的参与性，如积极的—消极的、活泼的—呆板的。也就是说，人们基本上是从评价、力量、行动三种维度来描述对一个人的印象。同时，他们还指出，在印象形成中评价维度是最主要的，它能够影响有关力量和活动特性的描述。一旦人们判断出一个人是好还是坏，对此人的印象也就基本上确定了。

2. 核心特性的作用

印象形成以评价为主的现象告诉我们，构成印象的各种信息资料，在实际的印象形成过程中所占的比重是不一样的，有些信息资料的比重大于其他资料，会对整个印象的形成有较多的影响，因而这个具有重大影响力的特性便被称为核心特性。社会心理学家们通过大量实验证明，中心特性在大多数情况下对印象的形成有着重要的影响。

---

① 全国 13 所高等院校《社会心理学》编写组. 社会心理学［M］. 天津：南开大学出版社，2004.

□□□ 专栏 4 - 1

### "热情"与"冷酷"

　　美国心理学家阿希(S. E. Asch,1946)曾进行了关于冷酷(cold)、热情(warm)的印象形成的实验，他使用六个正向特质，加上另一特质：热情或冷酷，请被试者针对拥有前述七项特质的某一特定个体进行描述。被试除被要求使用自己的语言描绘该特定个体外，须对 18 对形容词进行评定。结果显示：冷酷或热情的实验情境在 18 对形容词中有 10 对在统计上达到显著水平。在热情的情境下，目标人物(相较于冷酷的人)被评定具有较强的正向情感，包括：慷慨的、聪明的、仁慈的、快乐的、幽默的、好性情的、有想象力的、受欢迎的、利他的、好社交的等 10 项描述。此结果表明：冷酷或热情是印象形成结果的关键或中心或主要的因素。即个体对于热情的人较冷酷的人有较多正向的评定与好的印象。

　　这次实验证实"热情"与"冷酷"是人类最具中心性的品质，而热情作为最具中心品质好的一面，因具有中心位置也具有光环作用，所以是最大的人性资源。热情的源泉来自于对生活、工作的热爱与信心，它可以通过各种方式表现出来，只要我们用积极乐观和宽容的态度对待生活和工作，热爱并赞美我们身边的每个人和每件事，我们周围的人就会体验到我们的热情，他们也同样会对你热情、赞美你。即"爱人者，人恒爱之；敬人者，人恒敬之"。

　　(三)印象形成的特点

　　1. 一致性。在对他人形成印象的过程中，人们总把琐碎、零散的信息汇聚起来，形成一个一致的、互不矛盾的印象。

　　2. 评估性。在人际印象形成过程中，人们常根据有限的信息对他人做出判断，并在这个过程中或之后，进一步对这个对象做出一定的评估，是喜欢的还是不喜欢的。

　　3. 中心特质作用。在印象形成中某些特质起着中心作用，另一些特质则起边缘作用，前者为中心特质。

　　4. 隐含的人格理论。每个人都会依照自己有关人格的假定，把他人的各种特质组织起来，成为一种总体形象，这是因为每个人在成长过程中，都发展了自己的人格理论——一套关乎个人各种特征是怎样互相联系的假设，这些假设称为隐含的个性理论。①

### （四）印象形成的过程

对于印象形成的过程，安德森（N. H. Anderson）等人从 20 世纪 60 年代就开始了系统研究，并提出了几个信息加工处理模型。

**1. 加法模式**

心理学家费希本（M. Fishbein）认为，一个人肯定评价上的特征越多，强度就越大，给人的总的印象也越好，越容易被人接纳。相反，一个人的消极评价上的特征越多，强度越大，那么他留给人的总的印象就越差，难于被人接受。比如有甲乙两个人，二者的特征如下：

甲：诚实 +3 分　热情 +2 分　乐观 +2 分　懒惰 −1 分：总分 +6 分

乙：细心 +3 分　自信 +1 分：总分 +4 分

按照加法模式，甲的印象分值高于乙，因此甲留给他人的印象高于乙。加法模式的形成已被许多心理学家的实验所验证。

**2. 平均模式**

心理学家安德森发现，有些人在印象形成时并不是简单地将人们各个特征的评分值进行累加，而是通过将各个特征的分值加以平均，然后依据平均值来形成对一个人的印象。在前一个例子中，按照平均模式甲的印象分值为 6 ÷ 4 = 1.5，而乙的印象分值应为 4 ÷ 2 = 2，因而乙的印象要优于甲。

**3. 加权平均模式**

安德森在分析前两个模式的基础上发现，在影响我们的印象方面，一些特性往往比其他特性更为重要。由此，他于 1968 年提出了加权平均模式。按照这种模式，在印象形成的过程中，不仅应考虑积极特征和消极特征这一维度，而且应考虑每一特征的权数来表示该特征的重要性，用权数与特征的明显度相乘最后进行平均计算结果，这样我们获得的信息就更加合理了。加权平均模式认为，一个人的印象形成并非简单地按累加或平均模式进行的，而是由这个人的特质加权的平均值决定的。用公式表示：（a 特质 A + b 特质 B + …… + n 特质 N）/N = 一个人的印象。

在印象形成中人们通常给予两种信息更大的权重：（1）消极否定信息。这里所讲的消极否定信息就是烂瓜子效应。认知者不会同等地看待对方所具有的好的特性和不好的特性。为了形成一致的印象，认知者会将看到的相互冲突的特性加以平均或抵消，但是，与好的特性相比，更注重不好的特性。在一个人的印象形成中，积极肯定的特质与消极否定的特质所起的作用是不同的，有些极端的消极

---

① 弗里德曼，西尔斯，卡尔史密斯. 社会心理学［M］. 高地，译. 哈尔滨：黑龙江人民出版社，1984.

否定特质起着更大的影响作用，这正如日常所说的，"一百个好，有时还抵不上一个恼"。中国人在评价他人的行为的时候，往往以他人做错了什么来评价他人，而不是以他人的正确的行为加以评价。如，当你知道了一个人道德沦丧，不论你对这个人的其他特质有多少认识，你对他的评价都不会高。我们也常有这样的体会，当有人告诉你你所崇拜的某位专家有学术剽窃问题时，不管他以前多么优秀，你对他的印象就会立马改变。可见，烂瓜子效应是十分明显的。（2）先行信息。人们在形成印象时，并不是同等地看待对方所有的特性。那些首先被发现的特性，会影响人们对后来掌握的其他信息的处理方式。

**（五）印象形成中的认知偏差**

人们在社会交往中对信息搜集、选择之后，就将信息放在一起，对被知觉者进行判断和推测，以便形成关于人和事的完整印象。印象形成过程中的信息整合方式很独特，以下介绍印象形成中认知信息整合过程中的几种效应。[①]

1. 首因效应

**首因效应**指的是人们在对他人总体印象的形成过程中，最初获得的信息比后来获得的信息影响更大的现象。心理学家认为，第一印象主要是依靠性别、年龄、体态、姿势、谈吐、面部表情、衣着打扮等，判断一个人的内在素养和个性特征。但是，第一印象得之于短时间的接触，又无以往的知识经验参照，主观性、片面性较强，所以"金玉其外，败絮其中"，这样的例子也不胜枚举。

□□□ 专栏 4 - 2

如何为自己赢得工作

有这样一个非常有趣的故事：一个中文系的毕业生正急于寻找工作。一天，他到某报社对总编说："你们需要一个编辑吗？""不需要！""那么记者呢？""不需要！""那么排字工人、校对呢？""不，我们现在什么空缺也没有了。""那么，你们一定需要这个东西。"说着他从公文包中拿出一块精致的小牌子，上面写着"人满，暂不招聘"。总编看了看牌子，微笑着点了点头，说："如果你愿意，可以到我们广告部工作。"这个大学生通过自己制作的牌子表达了自己的机智和乐观，给总编留下了美好的"第一印象"，引起其极大的兴趣，从而为自己赢得了一份满意的工作。

---

① 郑全全，俞国良. 人际关系心理学［M］. 北京：人民教育出版社，1999.

这就是"第一印象"的美妙作用，所以一定要注意给别人留下美好的印象。要做到这一点，首先，要注重仪表风度，一般情况下人们都愿意同衣着干净整齐、落落大方的人接触和交往，因为哪个单位都不会聘用穿着拖鞋的应聘者。其次，要注意言谈举止，言辞幽默、侃侃而谈、落落大方、举止优雅，定会给人留下难以忘怀的印象。

### 2. 近因效应

**近因效应**指在总体印象形成的过程中，新近获得的信息比原来获得的信息影响更大的现象。研究发现，近因效应一般不如首因效应明显和普遍。在印象形成的过程中，当不断有足够引人注意的新信息，或者原来的印象已经淡忘时，新近获得的信息的作用就会较大，就会发生近因效应，例如，某人一直以来以好人著称，但是刚犯了一个大错误，于是就有人说，他从来就不是好人，这就是近因效应。

个性特点也影响近因效应或首因效应的发生。一般心理上开放、灵活的人容易受近因效应的影响；而心理上保持高度一致，具有稳定倾向的人，容易受首因效应的影响。

### 3. 晕轮效应

**晕轮效应**指人们对他人的认知判断首先主要是根据个人的好恶得出的，然后再从这个判断推论出认知对象的其他品质的现象。如果认知对象被标明是"好"的，他就会被"好"的光圈笼罩着，并被赋予一切好的品质；如果认知对象被标明是"坏"的，他就会被"坏"的光圈笼罩着，他所有的品质都会被认为是坏的。

### 4. 刻板效应

**刻板效应**，又称定型效应，是指人们用刻印在自己头脑中的关于某人、某一类人的固定印象，以此固定印象作为判断和评价人依据的心理现象。有些人总是习惯于把人进行机械的归类，把某个具体的人看做是某类人的典型代表，把对某类人的评价视为对某个人的评价，因而影响正确的判断。刻板印象常常是一种偏见，人们不仅对接触过的人会产生刻板印象，还会根据一些不是十分真实的间接资料对未接触过的人产生刻板印象，例如，英国人是保守的，美国人是乐观的；西北人是豪爽的，浙江人善于经商，等等。

□ □ □ **专栏 4 – 3**

#### "罪犯"与"学者"

　　苏联社会心理学家包达列夫，做过这样的实验，将一个人的照片分别给两组被试看，照片的特征是眼睛深凹，下巴外翘。向两组被试分别介绍情况，给甲组介绍情况时说"此人是个罪犯"；给乙组介绍情

况时说"此人是位著名学者"，然后，请两组被试分别对此人的照片
特征进行评价。

评价的结果，甲组被试认为：此人眼睛深凹表明他凶狠、狡猾，
下巴外翘反映其顽固不化的性格；乙组被试认为：此人眼睛深凹，
表明他具有深邃的思想，下巴外翘反映他具有探索真理的顽强精神。
为什么两组被试对同一照片的面部特征所做出的评价竟有如此大的差
异？原因很简单，是人们对社会各类的人有着一定的刻板认知。把他
当罪犯来看时，自然就把其眼睛、下巴的特征归类为凶狠、狡猾和顽
固不化，而把他当学者来看时，便把相同的特征归为思想的深邃性和
意志的坚忍性。刻板效应实际就是一种心理定势。

5. 投射效应

所谓**投射效应**是指在认知及对他人形成印象时，把自己的感情、意志、特性
投射到他人身上并强加于人的一种认知障碍，认为他人也具备与自己相似的特
性。即在人际认知过程中，人们常常假设他人与自己具有相同的特性、爱好或倾
向等，常常认为别人理所当然地知道自己心中的想法。

一般来说，投射效应的表现形式主要有两种：

（1）感情投射。在人际交往中，认知者形成对别人的印象时总是假设他人
与自己有相同的倾向，即把自己的一些心理特征如个性、好恶、欲望、观念、情
绪等归属到别人身上，认为别人也具有与自己相同的心理特征，按照自己的思维
方式加以理解。比如，某些人喜欢喝酒，所以每次吃饭时总要喝酒、劝酒，如果
别人不喝，他就会认为别人看不起他。

（2）认知缺乏客观性。比如，有的人对自己喜欢的人或事越来越喜欢，越
看优点越多；对自己不喜欢的人或事越看越讨厌，越看缺点越多。因而表现出过
分地赞扬和吹捧自己喜欢的人或事，过分地指责甚至中伤自己所厌恶的人或事。

6. 证实偏差

证实偏差是指当人们确立了某一个观念或期望时，在对信息加工时，人们有
一种寻找支持这个观念证据的倾向，即人们既有观念或期望会影响他的社会知觉
和行为，他们总是有选择地去解释并记忆某些能够证实自己既存信念或图式的信
息，此为认知证实偏差。例如，当我们认为某个人健谈时，以后对该人所表现出
的与健谈有关的品质（如热情、好交际等）注意得更多，并容易回忆起来。而该人
所表现的与健谈无关的品质（如自私、多愁善感等）则不怎么注意。

7. 自我中心偏差

自我中心偏差是人类认知的一种默认选择，人们常常夸大自己在某种事物中

的作用的倾向，称为**自我中心偏差**。足球队中两个著名球星各自都认为自己在球队中的作用更大，两个学习好的同学都认为自己应该被优先保博，这些都是自我中心偏差。

## 二、印象管理

### (一) 印象管理的定义

个体是处在一定的社会环境中的，但并不是被动地对社会环境做出反应，而是试图通过对环境的操纵来建立有利于自己的形象。然而我们个人的力量毕竟是有限的，操纵环境或他人总是很困难的，但是我们可以通过操纵自己来间接操纵他人，通过调整自己的言论和行为，以影响认知者对自己的知觉，所以"**印象管理**"（impression management）是指行动者透过语言与非语言信息的表达，试图操纵、控制知觉者对其形成良好印象的过程。[①] 琼斯和皮特曼（E. E. Jones &T. S. Pittman.）将印象管理的行为分成五部分：

（1）逢迎：表现出使自己可爱的行为。

（2）模范：表现出使自己看起来具有奉献的行为。

（3）威胁：表现出使自己看起来具有威胁性的行为。

（4）自我提升：表现出使自己看起来很有能力的行为。

（5）恳求：表现出使自己看起来需要他人的协助的行为。

印象管理在日常生活中有重要的作用，良好的印象整饰是人际关系的润滑剂。如，你去应聘，你一定会穿上搭配适当的服装，并在细节上稍加修饰，以表示对对方的尊重和重视。

### (二) 印象管理的理论

1. 符号相互作用论

库利（C. H. Cooley）和米德（G. H. Mead）的符号相互作用论认为，人从出生到成人，通过人与人之间的相互交往，由语言、姿态等抽象符号沟通之后，能意识到自己的外观和别人对他的评价，学会了"采用他人的角色"来观察问题，看待自己，不断地调整自己的相位，塑造良好印象。

2. 自我表现论

戈夫曼（E. Goffman）认为，在人际交往中，个体不仅彼此向对方表现自我，还努力进行特殊的印象处理，通过控制自己表现出来的姿态，以求在一定的社会场景中给人们留下某种印象，并确保从他人那里获得使彼此都感到愉快和维护自我的评价。戈夫曼认为人际交往的一条基本规则是互相承诺，互相谅解，这意味

---

① 孟野. 印象管理的研究综述［J］. 辽宁行政学院学报，2008，10（4）：57 - 61.

着，每个参与者将通过印象管理，努力使其他参与者保住面子。戈夫曼的自我表现论，把社会交往看成是类似于舞台表演，每个人都按照一定的"脚本"来行动。一个"脚本"是一组经过仔细选择的，能够表现自我的语言和非语言的活动。一个人在其他人面前出现时，总试图获得社会赞同，以及想要控制社会交往的结果，产生了印象管理。

3. 情景认同论

亚历山大（C. N. Alexander）的情景认同论认为，对于每一个社会背景、每一个人际交往的场合，都存在着一种社会行为形式。这种行为形式传递着对这个场合来说是恰当的认同，这种行为形式叫情景认同。在人际交往中，人们都努力创造着自己最为恰当的最为满意的情景认同。

这三种理论的共同点是其他人常常形成对我们的印象，并用这些印象来指导我们的交往，所以理解他们对我们的知觉和努力创造一个我们认为恰当的印象，对我们来说是有益的，因而印象管理是人际知觉的必然。

（三）印象管理的作用

印象管理使得一个人在不同的场合，对不同的人应该做出不同的自我表现。印象管理在人际交往中起着重要的作用：一是印象管理是社会交往的一个基本事实。二是印象管理有助于维护我们的真面目，使他人了解我们的真实意图、心理特点和个性。

印象管理能使我们在现代社会里更快地更富有弹性地适应不同的角色要求，使我们针对形形色色的环境做出适当的自我表现和社会行为。我们也确实看到一些人，利用印象管理，总是在恰当的时间、恰当的地点，做一个恰当的人。

（四）印象管理的过程

包括两个阶段，一是形成印象管理的动机，二是进行印象建构。

赖瑞和科瓦尔斯基（M. R. Leary&R. M. Kowalski）对印象管理定义进行了深入的剖析，认为这些观点都包含了大量的印象管理影响因素。为了对这些定义进行简化以得到有理论意义的因素，他们对此作了进一步的提炼。最终他们得出，这些不同的定义都包含了两个不同的成分：（1）个体试图控制他人对自己的印象的愿望或动机，称之为印象动机；（2）个体决定给他人产生什么样的印象，并如何产生这种印象，称之为印象建构。[①]

1. 印象管理的动机

个体印象管理的动机水平将取决于以下三方面的因素：

（1）与个人目标的相关程度。与个人的目标关系越密切的印象，个体进行

---

① 刘娟娟. 印象管理及其相关研究述评[J]. 心理科学进展，2006，14（2）：309-314.

印象管理的动机就越强烈。一个学生为了在班干部评选中当选，他就会在同学和老师面前极力地留下一个好的印象。

（2）目标的价值。越是有价值的目标，个体进行印象管理的动机就越强烈。例如，为了在工作中获得提升，必须在领导面前尽量留下一个好的印象，因此，个体会非常在意上级对自己的印象，所以努力地表现自己，不放弃任何表现的机会。

（3）一个人期望留给他人的印象与他认为自己已经留给他人的印象之间的差异。这种差异越大，个体的印象管理的动机就越强。例如，学生为了得到老师栽培，当认为老师已经产生对自己能力的不良印象时，个体为了改变这种印象，对自我印象进行管理的愿望就会更强烈。

印象动机的目标主要包括三方面：获得所希望的社会或物质结果、保护或提高自尊、形成一个所希望的公众身份。

2. 印象建构

印象建构又包含两个过程：（1）选择要传达的印象类型；（2）决定如何去做。

要传达的印象类型不仅包括个人的人格特征，也包括态度、兴趣、价值观或物理特征等。研究发现，印象建构则受个体的自我概念、目标的价值、角色限制、受赞许的和不受赞许的身份形象、个体目前的或潜在的社会形象等因素的影响。

当人们选择了要传达的印象类型后，接下来要做的就是，决定如何去传达这一印象。例如，是以直接的方式来表达自己有能力，还是通过间接的方式来传达自己有能力，哪种方式更好？

不同的人进行印象建构的能力是不一样的，有些人可能比别人更善于建构自我形象。

**（五）印象管理的作用**

1. 印象管理是社会交往的一个基本事实。任何人都在有意识或无意识地进行着印象管理。

2. 印象管理有助于维护我们的真面目，使他人了解我们的真实意图、心理特点和个性。

# □□□ 第三节　社会认知中的归因理论

我们在知觉人的行为时，总是试图进行推断和解释。所谓**归因**（attribution），就是指观察者为了预测和评价人们的行为并对环境和行为加以控制而对他人或自己的行为过程所进行的因果解释和推论。作为社会认知的重要组成部分，长期以来一直是社会心理学研究的一个热点，到目前为止已经涌现出大量的研究并形成了各种针对归因的理论化解释。

## 一、归因的理论

### （一）海德（F. Heider）的素朴心理学

海德是归因理论的创始人。他指出人的行为的原因可分为内部原因和外部原因。内部原因是指存在于行动者本身的因素，如需要、情绪、兴趣、态度、信念、努力程度，等等；外部原因是指行动者周围环境中的因素，如他人的期望、奖励、惩罚、指示、命令、天气的好坏、工作的难易程度，等等。

海德认为人们归因时，通常使用不变性原则，就是寻找某一特定结果与特定原因间的不变联系。如果某特定原因在许多条件下总是与某种结果相关联，如果特定原因不存在，相应的结果也不出现，这就可把特定结果归结于那个特定原因。不变性原则的思想方法是科学的，用这种方法可找到某种行为或其结果的关键原因。另一个是排除原则，它是指如果内外因某一方面的原因足以解释事件，我们就可以排除另一方面的归因。

海德的"归因理论"是关于人的某种行为与其动机、目的和价值取向等属性之间逻辑结合的理论。

### （二）凯利（H. Kelly）的三度归因理论

凯利的理论又被叫做多线索分析理论、共变归因理论，是在海德的共变原则的基础上提出的。他认为，人们多是在不确定条件下进行归因，人们从多种事件中积累信息，并利用"共变原则"来解决不确定性问题。

对海德的归因理论进行又一次扩充和发展，凯利将归因现象区分为两类：一类是能够在多次观察同类行为或事件的情况下的归因，称为多线索归因；另一类是依据一次观察就作出归因的情况，称为单线索归因。凯利认为，人们对行为的归因总是涉及三个方面的因素：其一是客观刺激物；其二是行动者；其三是所处关系或情境。其中，行动者的因素属于内部归因，客观刺激物和所处的关系或情境属于外部归因。

对上述三个因素中任何一个因素的归因都取决于下列三种行为信息：

1. **区别性**（distinctiveness）：指行动者是否对同类其他刺激作出相同的反应，他是在众多场合下都表现出这种行为还是仅在某一特定情境下表现这一行为。例如，一名今天迟到的学生是否经常表现得自由散漫、违反规章纪律。如果行为的区分性低，则观察者可能会对行为作内部归因；如果行为的区分性高，则活动原因可能会被归于外部。

2. **一贯性**（consistency）：指行动者是否在任何情境和任何时候对同一刺激物

作相同的反应，即行动者的行为是否稳定而持久。例如，如果一名员工并不总是上班迟到，她 7 个月从未迟到过，则表明这次的迟到是一个特例，行为的一贯性较低；而如果她每周都迟到两三次，则说明行为的一贯性高。行为的一贯性越高，观察者越倾向于对其作内部归因。

3. **一致性**(consensus)：指其他人对同一刺激物是否也做出与行动者相同的反应。如果每个人面对相似的情境都有相同的反应，我们说该行为表现出一致性。比如，所有走相同路线上班的员工都迟到了，则迟到行为的一致性就高。从归因的观点看，如果一致性高，我们对迟到行为进行外部归因。如果走相同路线的其他同学都准时到达了，则应认为该同学迟到行为的原因来自于内部（如图 4 - 1 所示）。

凯利认为这三个方面的信息构成一个协变的立体框架，根据上述三方面的信息与协变，可以将人的行为归因于行动者、客观刺激物或情境。

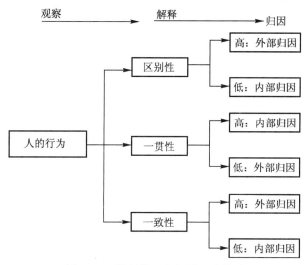

图 4 - 1　凯利的三度归因理论模型

### （三）　维纳(B. Weiner)的归因理论

维纳在海德的归因理论和阿特金森(J. W. Atkinson)的成就动机理论的基础上在 1972 年提出了自己的归因理论。他同意海德提出的维度，即把原因分为内在的和外在的两种。但他还提出了另一种维度，把原因区分为暂时的和稳定的两个方面（如表 4 - 1）。[1]

---

[1]　Taylor, S. E., Peplau, L. A., Sears, D. O. 社会心理学[M]. 谢晓非，谢冬梅，张怡玲，等，译. 北京：北京大学出版社，2004.

表 4 - 1    维纳的归因模型

|  | 内 在 的 | 外 在 的 |
| --- | --- | --- |
| 稳定的 | 能力 | 任务难度 |
| 暂时的 | 努力 | 运气 |

维纳认为，人们对行为成败原因的分析可归纳为以下六个原因：

（1）能力，根据自己评估个人对该项工作是否胜任；

（2）努力，个人反省检讨在工作过程中曾否尽力而为；

（3）工作难度，凭个人经验判定该项工作的困难程度；

（4）运气，个人自认为此次各种成败是否与运气有关；

（5）身心状况，工作过程中个人当时身体及心情状况是否影响工作成效；

（6）其他，个人自觉此次成败因素中，除上述五项外，尚有何其他事关人与事的影响因素（如别人帮助或评分不公等）。

以上六项因素作为一般人对成败归因的解释或类别，维纳按各因素的性质，将之纳入以下三个向度之内：

（1）因素来源：指当事人自认影响其成败因素的来源，是个人条件（内控），抑或来自外在环境（外控）。在此向度上，能力、努力及身心状况三项属于内控，其他各项则属于外控。

（2）稳定性：指当事人自认影响其成败的因素，在性质上是否稳定，是否在类似情境下具有一致性。在此向度上，六因素中能力与工作难度两项是不致随情境改变的，是比较稳定的，其他各项则均为不稳定者。

（3）能控制性：指当事人自认影响其成败的因素，在性质上是否能否由个人意愿所决定。在此向度上，六因素中只有努力一项是可以凭个人意愿控制的，其他各项均非个人所能为力。

维纳等人认为，我们对成功和失败的解释会对以后的行为产生重大的影响。如果把考试失败归因为缺乏能力，那么以后的考试还会期望失败；如果把考试失败归因为运气不佳，那么以后的考试就不大可能期望失败。这两种不同的归因会对生活产生重大的影响（如图 4 - 2 所示）。其他研究表明，不同的归因会影响到责任的推断。例如，同样是失败的行为，由缺乏努力所造成的失败，行为者对其失败负有责任，而由于先天倾向或能力低所造成的失败则没有责任，所以，合理的归因反馈影响人们的行为反应策略的选择。通过对人际责任推断与行为应对策略的归因分析研究发现，能力高—努力低情景与高责任、高责备以及低安慰相联系；相反，内在的不可控的稳定的原因与最低责任—最低责备以及最高程度的安慰相联系，即能力低—努力高情景与低责任、低责备以及高安慰相联系。①

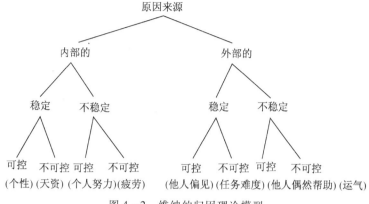

图 4 - 2　维纳的归因理论模型

## 二、归因偏差

归因的结果对人的后续行为有很大的影响。正确的归因有助于提高人的行为的积极性并产生对自己及他人的有利的、合理的行为，错误的归因则会造成行为动机的削弱，导致异常行为的产生。实际生活中，人们对自己及他人的错误归因是经常发生的。

所谓归因偏差是由于主观上的原因而造成的归因偏向和差别，是不当归因的主要形成原因。为防止因错误归因而给自己和他人造成不利影响，了解导致归因偏差的因素与形成归因偏差的原因是非常必要的。② 下面介绍几种主要的归因偏差。

### （一）基本归因偏差

**基本归因错误**（the fundamental attribution error），是以往归因研究所发现并予以定性为"基本"、"错误"的一种最著名、最有趣的归因倾向。确切地说，在人们对他人的行为进行归因时，人们往往将行为归因于内部稳定的性格因素，而忽视引起行为的外部客观因素，此时，人们往往忽视某种行为产生的环境因素，如社会规范或社会角色的作用，而将行为看成是行动者自由选择的结果，是其稳定的人格品质的一种系统反映。在这个意义上，基本归因错误确实是一种有偏差或错误的归因倾向。

①　张爱卿，刘华山. 人际责任推断与行为应对策略的归因分析［J］. 心理学报，2003，35（2）：231 - 236.

②　王沛. 实验社会心理学［M］. 兰州：甘肃教育出版社，2002.

### （二）行动者—观察者归因效应

基本归因偏差是我们解释他人行为的时候的偏差，而不能解释自己的行为。**行动者—观察者的归因效应**，是指当我们观察他人行为的时候，我们倾向于将他们的行为归因于他们的内在特质；而当我们解释自己行为的时候，我们倾向于使用情境因素。

球队比赛失败后，当事人往往会归因于某个偶然的状况，比如某次失误、裁判漏判错判等。但是，旁人却更可能从球队本身的实力出发，讨论球队本身的人员搭配、球员比赛的注意力、教练的布阵等因素。

造成这种偏差的原因主要是双方的角度和出发点不同。当事人更多的是从具体情况出发，强调实际行为的特殊情境，如出现了偶然因素或者比赛安排的时间不好等。旁观者则往往站在另一个角度，从常规的逻辑出发。

不过，无论是基本归因错误还是"行动者—观察者效应"，其基本的适用范围都是中性的归因事件，在归因事件为积极的或消极的时，上述归因错误或偏见的性质往往正好相反：当行为是成功的、获取了良好的结果时，如果是他人的行为会被归因于外（环境或外在条件使然），如果是自己的行为会被归因于内（能力或其他人格品质使然）；而当行为本身不好、失败时，如果是他人的行为会被归因于内（能力或其他人格品质使然），如果是自己的行为会被归因于外（环境或外在条件使然）。简言之，在归因过程中存在着明显的"自我服务的偏向"。

另外，社会心理学家很快就发现，行动者和观察者的归因效应存在许多例外，例如，当我们对某人的行为结果表示同情的时候，我们倾向于用情境因素来解释行为结果的产生原因。我们更可能将其中的积极结果归因为内在特质，消极结果归因为情境因素，而不管这些行为是自己还是别人所为。由此可见，行动者和观察者的归因效应的成立需要一定的条件和适用范围。

### （三）自利性归因偏差

所谓**自利性归因偏差**指人们倾向于把自己的成就归因于内部因素，如性格、能力、努力等，而倾向于把自己的失败归因于外部因素，如环境、他人、运气、任务难度等。比如，学员喜欢将某次考试成绩好归因于自己的努力，而将某次考试失利归因于老师判卷太严，考题太偏。

产生这种归因偏差的原因是情感上的需要。自利性归因偏差一是有助于保护或提高我们的自尊，二是有助于提高我们的公众形象。因为成功能体现并维护自身的价值，可以维护自己的自尊心，也可以给别人留下良好的印象。

### （四）忽视一致性信息

区别性信息、一致性信息和一贯性信息，是凯利的三度归因理论指出的归因时需要的三种类型的信息。凯利强调一致性信息作为进行归因推断的重要信息依据，而且特别强调一致性信息对于作出归因判断的重要性。但是在现实生活中一致性信息经常被忽视。

例如，在对博士的科研能力评估过程中，如果某位博士未能达成科研目标，导师很可能首先考虑的是这个博士本身的问题，怀疑其科研能力，或者研究积极性不高等。然而，这一结果很可能是由多种原因引起的，导师应该考虑的是：其他同等水平的博士是否能达成这一科研目标？如果大多数博士都不能按时完成这一科研任务，就说明科研目标的制订存在问题，而不应该一味指责未达成目标的博士；如果大多数博士都能按时完成这一工作任务，此时再进行个人归因也为时不晚。

综合上面几种归因偏差可以发现：一些归因偏差是由于我们总是试图从大量信息中迅速找到一条能得到良好解释的方式引起的。倾向于关注显著的刺激物以及将行为归于内因就是加快、简化归因过程的方式；另一些归因偏差来自于我们对自身需要和动机的满足。我们不但需要对世界形成一致的理解，还需要在这一过程中体验到良好的感觉，如，自利性归因偏差能增强我们的自尊，使我们感觉到我们对生活有良好的控制力。总之，我们的归因偏差来源于对认知和动机的共同需要。

### 三、影响归因的因素

#### （一）视角的不同

由于人们在归因上的社会视角不同，因而对行为原因的解释也有明显的不同。比如，研究者发现，观察者与行动者的关系的两个因素——利益相关和人身涉及会影响归因。当行动者的行为影响了观察者本身，行为就与观察者有了利害关系，利害关系会影响观察者对该行为的归因判断，当行动者的行为有利于或有害于观察者时，比不产生任何利害结果时，观察者更倾向于做个人归因的判断。

#### （二）自我保护价值

对成败归因时，个体倾向于把自己的成功归因于内在原因；失败时个体很少用个体特质来解释，而倾向于外归因。成功时的内归因有利于自我价值的肯定，失败时的外归因可以减少自己对失败的责任，则是一种自我防卫策略。

在竞争条件下，个体倾向于对他人的成功进行外归因，从而减小他人的成功对自己带来的心理压力；如果他人失败了，则倾向于内归因。对他人成败归因，个体有明显的使自己处于有利位置的意图和保护自我价值倾向，这种倾向叫动机性归因偏差。

不过失眠患者往往有相反的归因倾向，即他们认为失眠是内部的原因，比如自己神经衰弱、焦虑、紧张，等等。所以对失眠患者，可以通过改变他们的归因模式来使失眠程度得到缓解。

### （三）文化差异

生活在不同文化中的人，在将文化内化的过程中逐渐习得了不同的归因方式。确切地说，归因实际上会受到文化的影响。发展心理学家米勒（Miller）最早对归因进行了跨文化比较研究。她比较的对象是印度人和美国人。她让一些来自中产阶级的中年人分别描述他们的一个熟人做过的错事和对别人有益的事，然后让他们解释为什么人们会这么做。结果显示，美国的受试者倾向于从行为者的人格特质和其他性格倾向来解释，印度人则倾向于从情境因素来解释。实际上，美国人给出的特质归因是印度人的两倍，而印度人在行为解释中给出的情境因素则是美国人的两倍。①

## □□□ 第四节　脸与面子：中国人的印象整饰

### 一、脸和面子的定义

论述日常的社会互动和印象整饰，不能不提及中国人的"脸"与"面子"，因为顾及"脸面"常被人认为是中国人独有的社会心理特征，中国人虽然很早就在生活中体会和应用"面子"与"脸"的日常概念，但对于什么是"面子"，什么是"脸"，不同的人却有不同的说法。最早对中国人的"脸面"观进行研究的，当推美国传教士 A. H. 史密斯。在 1894 年出版的《中国人的性格》一书中，史密斯将脸面归结为中国人的第一性格特征，而这一性格的形成与中国人极强的表演天赋有关。他在为此种说法作的解释中说道："乍一看，要把整个人类共同具有的脸面说成是中国人的一种特征，是不合情理的。但'脸面'这一词汇在中国并非指人头上的面庞，它在用法上是一个多义的复合名词，比我们描述的或可能理解的意思还要多。"②

佐斌（1997）认为，面子和脸是中国人正常的心理体验及行为表现，是中国社会中的一种普遍的社会现象。**面子**是个人拥有或达到社会成就及遵守日常行为习惯的结果的函数，它反映一个人的能力实践和习惯方式；**脸**是个人履行文化道德规范以及保护自身做人尊严结果的函数，它反映一个人的道德实践和基本自尊。③

因此从概念看，面子和脸虽有共同点，但两者却有较大差异，因而研究者应将二者严格区别开来。事实上这一定义也揭示了"面子"与"脸"的异同。当

---

① 李陈，陈午晴. 基本归因错误的文化局限性[J]. 心理科学进展，2006，14（6）：938–943.

② 吴铁钧. "面子"的定义及其功能的研究综述[J]. 心理科学，2004，27（4）：927–930.

③ 佐斌. 中国人的脸和面子——本土社会心理学探索[M]. 武汉：华中师范大学出版社，1997.

中国人使用"脸"，或言"面子"一词时，在不同的场合是有侧重点的，或倾向于"脸"，或倾向于"面子"，或者包含了"脸"和"面子"两者的内容，所以面子不等于脸。

## 二、脸和面子的心理差异

如果具体一些，我们可以将"脸"和"面子"的差别简述如下：（1）面子和脸是一物之二面，面子是可见的外面，脸是难以显见的里面和里子；（2）一个人只有一张脸，但却可以有多个面子；（3）脸重在守护，而面子则重在争取，因此，脸对于中国人来说，是一个守护的问题。守不住，没了脸，就不是"人"了。而面子有大有小，面子大活得潇洒，但面子小甚至没有面子却不影响做人。所以面子重在争取；（4）中国人认定的"面子事"和"脸事"不同。"丢脸"的事主要为违法乱纪和不道德的事，如偷窃被抓；而"丢面子"的事则主要是一些不雅事件以及反映个人能耐不大的事，如当众出丑或考试不及格等；（5）脸的事件具有延时性，而面子的事件具有情境性。一个人一旦丢脸，会长时间抬不起头来；但一个人丢了面子，虽则当时令人难堪，但时过境迁，人们很快就会忘记。

## 三、脸和面子的心理结构

从上面的定义以及脸和面子的心理差异分析可知，面子和脸所反映的内容是不一致的。但是，面子和脸虽有差异，却是相互关联的两个概念，它们之间有特定的心理关系。为了揭示面子和脸的相互关系，佐斌提出面子和脸的结构模式（见图4-3），面子和脸是一个同心圆结构模式，面子与脸都与中国人的羞耻感相关，面子与脸的产生皆因人有羞耻心。图4-3（a）所表现的是个人由羞耻心发散的脸和面子及其行为。中国人之所以要脸、爱脸、护脸，只因为中国人有很强的自尊心或虚荣心，自尊心与虚荣心皆是人的羞耻感的表现。

脸比面子更为深层，脸的外面才是面子，面子是显露于外的，如果没有外显性，就不成其为面子。脸的内容可以体现在面子中，透过面子及行为反映出来，也可以不进入面子领域，保持普通正常的脸。面子的大小特征必须通过人的行为才能让人觉察，也只有发生了面子行为，自己才能体会和认知自己的面子。从一定意义上讲，人与人之间的面子的互换认知，是通过行为来进行的。所以，包围着行为的环境，就是由他人组成的社会环境，也既是说，环境可是观众。

图4-3（b）是一个层次图，与图4-3（a）不同，它表现外人对一个人的面子和脸的逐层探知。通常，我们首先看到的是一个人的种种行为表现，而对这些行为进行归因，可认识一个人的面子观念的状况，而透过面子，进而推知一个人的脸的状况。脸与面子的界限是比较严密的。脸与羞耻心的关系是对应的，很难分

开。脸可以说是一张结实的网状外衣，将羞耻心紧紧包裹。故羞耻心是内核，居于核心地位。脸属于保护层，轻易不会露脸，更不会轻易丢脸。面子是显露层，

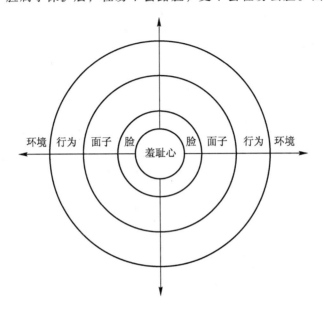

图 4 - 3(a)  脸面心理结构图

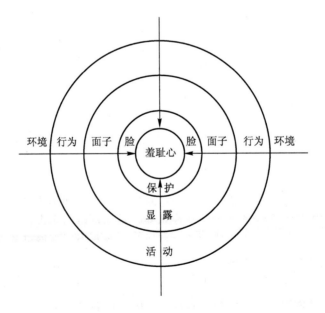

图 4 - 3(b)  脸面心理结构图

面子的得失大小均是在显露中完成的。而行为属活动层，有一定的功夫与技巧，是一种动态的社会互动技术。通过这种结构模式，脸与面子的内涵，相互的区别及其联系则可谓一目了然。①

## 四、脸和面子的社会功能

中国人的"脸面观"与印象整饰理论一样具有正负两面性，就其积极功能而言，"脸面"不仅可以作为人们日常互动过程中的一种印象整饰的手段，而且也能够满足中国传统社会的礼治需要。从比较宽泛的角度说，"脸面"的社会文化功能起码有这样几个方面：②

### （一）社会规范和控制功能

在中国，"脸面"也和道德与法律一样，具有社会规范和控制功能。区别在于，道德是自律性的，而法律和脸面则是他律性的；法律是有形的，而道德和脸面则是无形的。费孝通曾就诉讼问题对"脸面"在乡土中国的这种控制功能做过生动的描述：乡民之间发生矛盾，去找乡绅评理，"他的公式总是把那被调解的双方都骂一顿。'这可是丢我们村子里脸的事！你们还不认了错，回家去。'接着再教训一番。"这一程序看来简单，却屡试不败，足以说明"脸面"确实有着极强的社会规范和控制功能。

### （二）印象整饰功能

这其实是"脸面"的最初的或最基本的功能。有些研究者将中国人的印象整饰行为干脆称之为"面子工夫"，这是"个人为了让别人对自己产生某些特定印象，而故意做给别人看的行为"。③ 在印象整饰过程中，"脸面"既可以起到人际互动的象征符号作用（它可以表征一定的家世、财富、身份、地位、角色、权力、声望、荣耀和社会关系），也能够因使用得当而给人们的心理带来极大的满足和快感。所以，中国人好讲排场，不仅能够向他人显示或炫耀自己的身份和地位，而且也能因这种显示或炫耀带来心理上的愉悦。

### （三）社会交换功能

**社会交换**指的是人们在互动过程中所发生的一切有形的或无形的社会资源的交换现象，其所遵循的基本原则是互惠互利，即所谓"来而不往，非礼也"。在中国传统社会，由于脸面是一种十分独特而广泛的社会资源，因此，在日常互动中人们之间进行"脸面"的交换是十分常见的。加之这种交换是互动双方人情

① 佐斌. 中国人的脸和面子——本土社会心理学探索[M]. 武汉：华中师范大学出版社，1997.
② 王轶楠，杨中芳. 中西方面子研究综述[J]. 心理科学，2005，28（2）：398－401.
③ 杨国枢. 中国人的心理[M]. 台北：桂冠图书公司，1988.

关系的一种体现，所以，我们通常又说"情面"，即人情式的面子。在日常互动中，我们都知道要给他人留面子，不要撕破脸皮。作这样要求的前提是，如果我们给了他人面子，今后，他人同样也会给我们面子。比如，甲的朋友丙来玩，乙为甲招待了丙，给了甲一份大面子，甲也就同时欠了乙一份人情。一般说来，甲在今后与乙交往的过程中，一定会还这份人情，即也找机会给乙一次面子。①

同印象整饰具有正负两面性一样，"脸面"本身既具有积极功能也具有消极功能。重视"脸面"既可以推导出中国人对表里如一的要求，而成为真正的君子；也可以将全部工夫都倾注在面子上，或成为死要面子的市侩，或成为玩弄他人于股掌之间的"奸雄"。

## □ 本章小结

1. 社会认知涉及个人怎样对来自他人、自己以及周围环境的社会信息进行加工的复杂过程，包括社会信息的辨别、归类、采择、判断和推理等心理成分。具有社会性、沉积性、完形特性等基本特征。

2. 间接测量法是测查内隐社会认知的必需工具，主要包括反应时范式（如内隐联想测验、启动效应等）和非反应时范式（如刻板解释偏差、投射测验等）。

3. 印象形成是人们第一次遇见陌生人或在与之交往的初始阶段，根据很有限的信息资料所产生的是否喜欢他的感觉和对其人格的认知。印象形成具有一致性、评估性、中心特质作用和隐含的人格理论等基本特点。

4. 印象形成的基本模式包括加法模式、平均模式和加权平均模式等。

5. 印象形成中的认知偏差包括首因效应、近因效应、晕轮效应、刻板效应、投射效应、证实偏差和自我中心偏差等。

6. 印象管理是指行动者透过语言与非语言信息的表达，试图操纵、控制知觉者对其形成良好印象的过程。印象管理的理论包括库利和米德的符号相互作用论、戈夫曼的自我表现论和亚历山大的情景认同论等。

7. 印象管理的过程包括两个阶段，一是形成印象管理的动机，二是进行印象建构。

8. 归因是指观察者为了预测和评价人们的行为并对环境和行为加以控制而对他人或自己的行为过程所进行的因果解释和推论。归因的理论包括海德的素朴心理学、凯利的三度归因理论、维纳的归因理论等。

9. 海德是归因理论的创始人，他指出人的行为的原因可分为内部原因和外

---

① 翟学伟. 中国人际心理初探——"脸"与"面子"的研究[J]. 江海学刊，1991(2)：57-64.

部原因。

10. 凯利认为，人们对行为的归因总是涉及三个方面的因素：一是客观刺激物；二是行动者；三是所处的关系或环境。

11. 维纳认为，人们对行为成败原因的分析可归纳为能力、努力、工作难度、运气、身心状况和其他等六项因素。这六项因素作为一般人对成败归因的解释或类别，维纳按各因素的性质，将之纳入因素来源、稳定性、能控制性这三个向度之内。

12. 归因偏差主要包括基本归因偏差、行动者－观察者归因效应、自利性归因偏差和忽视一致性信息。

13. 影响归因的因素有：视角的不同、自我保护价值、文化差异等。

14. 当中国人使用"脸"，或言"面子"一词时，在不同的场合是有侧重点的，或倾向于"脸"，或倾向于"面子"，或者包含了"脸"和"面子"两者的内容，所以面子不等于脸。

15. 中国人的"脸面"的社会文化功能包括社会规范和控制功能、印象整饰功能、社会交换功能等方面。


## □ 复习与思考

1. 简述人际交往中的归因偏见及意义。
2. 简述印象整饰与中国人的脸面观。
3. 简述印象形成的特点。
4. 试论述东西方文化中印象管理方式的区别和联系。
5. 试述自我图式与心理健康的关系。
6. 内隐社会认知的研究方法包括哪些？分别有什么特点？
7. 试述目前社会认知研究的基本趋势和范式以及主要领域。
8. 试述中国人的脸面心理功能。


## □ 推荐阅读资料

1. 全国 13 所高等院校《社会心理学》编写组. 社会心理学 [M]. 天津：南开大学出版社，2004.

2. 郭秀艳. 实验心理学 [M]. 北京：人民教育出版社，2004.

3. 侯玉波. 社会心理学 [M]. 北京：北京大学出版社，2004.

4. 金盛华. 社会心理学 [M]. 北京：高等教育出版社，2005.

5. 沙莲香. 社会心理学(第2版)[M]. 北京：中国人民大学出版社，2006.

6. Taylor, S. E., Peplau, L. A., Sears, D. O. 社会心理学[M]. 谢晓非，谢冬梅，张怡玲，等，译. 北京：北京大学出版社，2004.

7. 王沛. 实验社会心理学[M]. 兰州：甘肃教育出版社，2002.

8. 乐国安. 中国社会心理学研究进展[M]. 天津：天津人民出版社，2004.

9. 俞国良. 社会心理学[M]. 北京：北京师范大学出版社，2006.

10. 郑全全，俞国良. 人际关系心理学[M]. 北京：人民教育出版社，1999.

11. 佐斌. 中国人的脸与面子[M]. 武汉：华中师范大学出版社，1996.

12. 郑雪. 社会心理学[M]. 广州：暨南大学出版社，2004.

# 第 五 章 社会态度

学习本章内容，将有助于你对以下问题的理解与思考：

➤ 什么是态度？

➤ 态度由什么组成？

➤ 态度有何特性和功能？

➤ 态度与行为之间的关系是怎样的？

➤ 态度是如何形成的？

➤ 如何改变一个人的态度？

➤ 测量态度的方法有哪些？

理查德·拉彼埃尔（Richard Lapiere）曾于 1934 年做过一项著名的研究：他邀请一对中国留学生夫妇周游美国，期间于 251 个地方住宿或就餐，但在一家旅馆遭到拒绝。旅途中，这对夫妇还单独光顾了几家旅馆和饭店，但从未被拒绝过。当时，美国人特别歧视东方人，因此，拉彼埃尔事先认为那对中国夫妇在住宿或就餐时遭拒绝的可能性比较大，但结果却与预期明显不一致。六个月后，拉彼埃尔给他们停留过的每一个地方都寄去了一份问卷，基本问题是："你愿意在你那里接待中国人做客人吗？"在收到的回信中，90% 以上都明确回答不会。

为什么会出现这种态度与行为之间的不一致呢？通过本章的学习，我们将会找到答案，但这只是社会态度研究中的"冰山一角"。

在社会心理学的全部领域和历史中，也许没有一个其他的概念会比态度更接近中心位置，有的学者干脆认为社会心理学就是研究态度的科学（W. I. Thomas, & Znaniecki, 1927）。这种说法不是没有道理的，我们生活在一个充满了影响的世界里，每天都会有各种各样的信息充斥在周围，每时每刻都可能在经历着一个又一个态度的建立或改变。因此，即便社会心理学开拓出越来越多的全新的研究领域，但有关社会态度的研究依然吸引着众多社会心理学家们的视线。

## □□□ 第一节　态度的定义与特征

### 一、态度的提出及其界定

态度"attitude"源于拉丁语 aptus，19 世纪前，该词具有两种基本含义：其一，具有"适合"或"适应"的意思，指对行为的主观的或心理的准备状态；其二，在艺术领域中，指雕塑或绘画作品中的人物外在的姿态。在社会心理学领域，态度作为一种心理现象，是社会态度的同名词，取其第一种定义。

1862 年，斯宾塞和贝因（H. Spencer & A. Bain）最早将态度引入心理学研究中，他们认为态度"是把判断和思考导引到一定方向的先有观念或先有倾向"。到 1884 年，朗格（J. S. Lange）通过实验发现，被试将注意力集中在反应上的反应时要比集中在刺激上的反应时短，这说明了事先的精神准备对事物反应的作用。当时，人们试图提出各种概念来解释朗格的实验结果，比如，华特（Hwatt）提出的客体志向、马尔倍（K. Marde）及欧尔特（J. Orth）提出的意识态，奥哈（N. O'Ch）提出的决定倾向，等等。

1918 年托马斯（A. Thomas）等人对波兰移民问题进行了研究。为了说明社会环境的变化对个人行为的影响以及社会与个人之间的关系，他们假定了态度这个概念，并认为它是"动作的趋向"。自此之后，态度就成为社会心理学中引人注目的概念和研究对象，研究者们也提出了各自的观点，例如，米德（G. Mead）认为态度是"行为的发端"，而法利斯（Faris）则认为态度是"一种未完成的动作"。

20世纪早期，当麦独孤的本能说受到怀疑的时候，态度这一概念的提出恰好迎合了不少反对者的意图，因而受到他们的欢迎。这样，态度便作为一个基本概念出现在社会心理学中，并被瑟斯顿（L. L. Thurstone）等人用于现实研究中。但因当时研究者对态度这一概念的看法不一致，导致了滥用态度概念的现象。因此，1935年，奥尔波特（G. W. Allport）警告学术界应尽量缩小态度概念的使用范围。

奥尔波特认为："态度是一种心理的、神经的准备状态，它由经验予以体制化，并对个人心理的所有反应过程起指导性的或动力性的影响作用。"他将态度视为一种体制化了的、伴随着神经活动过程的内部准备状态，强调了经验在态度形成中的作用。而态度之所以能对心理反应过程起指导性或动力性的作用，就在于态度所具有的经验性和组织性。奥尔波特对态度的定义被社会心理学界誉为态度的经典定义，这也是之后人们提出各种关于态度的概念的基础。后来，迈尔斯（Myers，1993）提出了较为完整的态度概念，他认为："态度是对某事物或某人的一种喜欢与不喜欢的评价性反应，它在人们的信念、情感和倾向性行为中表现出来，而评价性反应即泛指对某种事物的价值予以评定的历程。"

我国社会心理学者基本上吸取了奥尔波特的态度定义，只是表述方式有所不同。例如，祝小宁（1986）认为："态度是主体对对象反应的一种具有内在结构的稳定的心理准备状况，它对人的反应具有指导性和动力性的影响，形成人们一定的行为倾向。"时蓉华（1989）认为："态度是由认知、情感、意向三个因素构成的、比较持久的个人内在结构，它是外界刺激与个体反应之间的中介因素。个体对外界刺激发出的反应受到自己态度的调节。"

到目前为止，学术界仍没有形成对态度的统一定义。但可以肯定的是：**态度是主体对客体的一种内在的和相对稳定的评价性心理结构，它以主体对客体的认知为基础，表现为主体对客体的一定程度的喜好（积极/肯定）或厌恶（消极/否定）的情感，并对主体的行为产生导向作用。**

## 二、态度的组成要素

迈尔斯（1993）认为，态度是由三个要素组成的，即情感（affect）、行为意向（behavior）和认知（cognition）。这三个维度构成了态度的知、情、意三个因素，被称为 ABC 理论。其中，**情感成分**包括个体对态度对象的情绪与情感，是个体对态度对象的一种内心体验，如爱—恨。**行为意向**是个体对态度对象的反应倾向，是行为的准备状态，但并非行为本身。**认知**是个体对态度对象的理解，包括了解的事实、掌握的知识以及持有的信念等。认知因素常常是带评价意味的陈述，其内容包括个人对态度对象的认识与理解以及赞成与反对。

对此，我国学者沙莲香(2002)提出了不同的观点，她认为社会态度由社会认知、社会情感和社会动机构成。理由如下：(1)动机是行为的动力，也是对行为的一种准备。在分析态度构成问题时，既不可以把动机与行为等同视之，用行为取代动机，也不可以把动机从态度的构成成分中排除；(2)态度既然是一种综合性的心理过程，就应该把动机包括在内。但是，这种分析正如乐国安等人(2004)所认为的那样，"只是在'行为准备状态'的含义上使用'动机'一词的"，在本质上与迈尔斯的理论是相同的。

通常情况下，态度的三要素间是协调一致的，但也存在不一致的情况。当三者不一致时，其中的感情因素起着主要作用，例如，一对恋人明知对方有很多缺点，但却仍然相爱着。这是因为认识上的转变比较容易，但思想情感上的转变比较困难，也很缓慢。行为意向取决于认知与情感，只要对对象有了清楚的认识，在情感上也得到增强，作出行动的思想准备就会随之而来。

## 三、态度的特征

### (一) 社会性与主观经验性

态度是个体在长期的生活中，通过与他人的交往和相互作用而逐渐形成的，是一个学习的过程，同时态度的形成还受到社会环境的影响，脱离不了特定的社会环境。例如，在封建社会，女性地位卑微，被认为是依赖的、被动的或肮脏的，而近现代人们则以平等的态度对待她们，这是因为在长期的共同生活中，人们对女性有了更加科学、客观和全面的认识，而社会的文明进步则更是要求人们对女性人权的重视。态度不是天生而来的，具有社会性。

不同的个体，其认知(信仰和价值观等)和情感经验以及所处的环境不同，对相同的对象也会产生不同的态度，这说明态度具有主观经验性。

### (二) 内在性与可测性

态度是一种内在心理学结构，它和动机、情感等心理过程一样，具有内在性，我们可通过一定的方法去测量一个人的态度，但不能直接"看见"其态度。

态度虽然是一种内在心理结构，但同时还是一元的，表现为从正到负的连续状态。因此，我们可以通过一定的方法去测量，此即**态度的可测性**。这可从两方面理解，首先，态度是有一定方向的，或是肯定（积极）的，或是中立的，或是否定（消极）的（可以用正、零及负表示）。其次，态度的这种方向可有不同的强度，可用数轴表示，其原点为"中立"，离原点越远，肯定/否定的强度就越强（可用数字大小表示）。如图 5-1 所示。

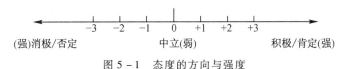

（强）消极/否定　　　　　中立（弱）　　　　　积极/肯定（强）

图 5-1　态度的方向与强度

### （三）持续性和情境性

态度是一种较为稳定的心理结果，一旦形成，将会持续较长时间而不会轻易地改变。但近年来，研究者把态度看成是情境依赖的产物。他们（Wilson, Hodges & LaFleur, 1995）发现，在询问人们对某一行为的态度时，他们常常基于一些容易获取的、合理的以及容易表达的理由构建一种新的态度。因此，态度持续性的传统观念受到了冲击，这种冲击导致了双重态度模型的提出。一般来说，内隐态度较为持续，外显态度则有较多的情境性。

### （四）态度的动力性

态度对个体自身内潜的心理活动和外显的行为表现都具有一种动力性的影响，同时对个体与他人的相互作用和个体对社会生活环境的适应也具有这种影响，表现为一种激发、始动和调整、协调的作用。

## 四、态度的功能

美国学者丹尼尔·卡兹（D. Katz）认为，人们之所以坚持某种态度，是因为这种态度能满足他们个人的某种需要，特别是心理上的需要。卡兹（1961）总结了态度的四大功能：

### （一）认知功能

外界的信息纷繁复杂，人们必须有选择性地接受其中一些信息而排除其他一些信息，态度影响着人们对信息的选择与加工，使个体选择那些有利于自己的、合适的信息，拒绝不合适的信息，并根据自己的偏好进行信息加工和作出行动准备。某一特定态度一旦形成并成为一定的心理结构时，就会影响个体对后继刺激的价值判断与理解。

### （二）动机功能

态度的情感成分使得态度主体对客体的评价和反应有趋避之分，偏爱被肯定的客体，而厌恶被否定的客体，趋向获得奖励，避免获得惩罚，这就是态度的动机功能。

### （三）价值表达功能

一般情况下，人们总是肯定对自己有价值的对象，而对自己没价值或损害自己利益的对象则持否定或中立态度，通过态度可以间接表达自己的某种价值观。例如，某人对人生持积极乐观的态度，因为他相信他的人生是有意义的，其积极乐观的态度就是其对人生价值的一种表达。

### （四）自我防御功能

一名大学生希望自己尽快从失恋的阴影中走出来，因此，他将精力集中到学习上，通过学习成绩缓解失恋的失落情绪，以重新建立起对自己和生活的信心，这是自我防御的一种形式——升华。在这个过程中，他对自己、失恋和学习的态度帮助他摆脱了失恋的痛苦，维护了自身的心理健康。这就是态度的自我防御功能。态度有助于个体产生积极的自我形象，有助于个体获得自尊，这正如卡兹所认为的那样，我们怎样看待自己，这是一个具有严重后果的问题。

## 五、内隐态度

内隐态度是目前态度研究中的一个新领域和热点，这一概念最早是由格林沃德和班纳金（Greenwald & Banaji,1995）借鉴内隐认知的定义提出来的，他们认为内隐态度是内省不能识别（或未精确识别）的过去经验痕迹，这些痕迹会调节个体对社会对象的好感、思维或行为。

威尔逊（T. D. Wilson,et al. ,2000）等人提出"双重态度模型"（a model of dual attitude），认为人们对同一态度客体有两种不同的评价：一种是指人们能够意识到，通过自我反省就能表现出来的**外显态度**（explicit attitude）；另一种则是无意识的、自动激活的和对客体进行自动反应的**内隐态度**（implicit attitude）。内隐态度有如下特征：（1）人们不清楚它的来源，即没有意识到这种评价基础；（2）是自动激活的；（3）影响着内隐反应，是不可控制的反应，也就是说人们没有认识到自己态度的表现，因而不可控制。

双重态度模型的提出是对传统态度概念的一种扩充，心理学家们已确信存在一种与传统态度在形成、内容或影响上相分离的态度。而随着这方面研究的深入，研究者们对内隐态度的无意识性提出了质疑，并从不同的角度提出了另两个概念：自动态度和间接测量态度，这实质上是对此处"内隐"的含义的理解不同造成的。

对此，我国学者佐斌等人（2009）在分析和总结法齐奥和奥尔森（Fazio & Olson,2003）、盖伦斯基（Gawronski,2006）以及摩尔和德豪尔（Moors&De Houwer,2006）等人研究的基础上，认为在理解内隐态度的内涵时应注意两点：

（1）内隐态度可能是无意识的，也可能是有意识的。若研究态度的形成或影响，此时的内隐态度可能是无意识的；若研究态度的内容，则没有足够的证据证明其无意识性。（2）若以测量方法分类为标准，态度可分为直接测量态度和间接测量态度，但应该注意斥量学模型和认知加工模型的区别与联系；直接测量态度和间接测量态度都可能是同时基于自动加工和控制加工的。若研究者希望探讨态度的加工过程，则建议使用内隐态度或自动加工态度来表述；若研究者所欲探讨的是态度的不同测量形式及其关系，则建议使用直接测量态度和间接测量态度来表述。

总之，已有研究表明内隐态度未必是无意识的，也不是必须通过间接测量来获得的，它是一种基于自动加工的评价。

## □□□ 第二节 态度与行为

### 一、态度与行为的关系

态度能决定行为吗？对这个问题可作如下分析：从态度的定义及构成因素上看，态度中具有行为意向成分，是行为的准备状态；行为的背后总是带有一定的态度，行为是态度的外显。由此看来，态度和行为似乎应该是一致的，例如，有爱慕某人的态度，就会产生追求某人的行为；有厌恶某人的态度，就会有拒绝某人的行为。在一般情况下，态度与行为是一致的。但事实上，态度和行为之间还存在不一致的情况。对态度与行为间的关系可总结如下：态度是行为的准备状态，行为是态度的外显，通常情况下，态度与行为是一致的，但在特殊情况下也会出现态度与行为之间的不一致，二者之间并非简单的一一对应关系。

### 二、态度与行为不一致的原因

为什么会出现态度与行为之间的不一致呢？拉彼埃尔的解释是：态度与行为之间没有什么联系，因而没有必要花费时间和精力去研究态度及其规律。显然，这一解释并不能让人满意，既然态度是行为的一种倾向和准备状态，那么，态度必定会对行为产生某种影响，即使态度与行为不一致，也不能否定态度对行为的作用。那么，态度与行为不一致的原因何在呢？

可以肯定的是，行为是态度与其他变量及某些中介变量共同作用的结果。计划行为理论对此作出了很好的说明。

**计划行为理论**（theory of planed behavior）由安杰曾（Ajzen）在1990年提出。该理论认为，对特定行为的态度和主观规范两者结合起来决定行为意图，而行为意图导致有意志力的行为。其中，对**特定行为的态度**是指人们对行为的特定态度而不是一般的态度；**主观规范**指的是人们对自己在乎的如何看待自己的特定行为的信念。该理论同时认为，个体并不总是理性地分析和思考，进而形成意图，最后才决定使用一种最好的行为；多数时候，人们是依靠其自动激活的态度或信息在头脑中的组织形式和外部资源、机遇以及内部的情绪去决定行为的。在这个过程中，"**行为控制感知**"（perceived behavior control）起着重要作用，它与自我效能感比较类似，是对一件事情的难易程度的感知，并使人们在同时考虑到个人的技能、资源以及机遇的情况下去做一个特定的行为。

用回归的数学形式表现如下：

$$BI = w_1 AB + w_2 SN + w_3 PBC \tag{1}$$

$$B = w_4 BI + w_5 PBC \tag{2}$$

其中 $w_1$、$w_2$、$w_3$、$w_4$、$w_5$ 可看做回归系数。

现实生活中，"口是心非"这种态度与行为不一致的现象也不在少数，究其原因，我国学者时蓉华（1989）认为，社会态度有不同的层次，各个层次对行为的调节作用不同。而周晓虹（2008）则认为，态度并非决定行为的全部因素，它只是行为的一种倾向性，即一种心理上的可能性。比如上火车时，被人踩了一下，就会产生一种负向的态度，但这不一定就会导致我们的负向行为。如果对方马上说声"对不起"，我们可能就会以礼相待，说声"没关系"。显然，此时"讲文明、讲礼貌"这种社会道德因素对行为起了主导作用，致使态度与行为的不一致。

综上，态度只是行为的一种倾向和准备状态，但并非行为本身，态度与行为不一致的原因在于，决定一个人作出何种反应是多种因素综合作用的结果，当这些影响因素不能协调一致时，态度与行为之间就可能出现不一致的情况。

## 三、影响态度与行为关系的因素

态度作为一种精神准备状态和行为倾向先于行为而存在，行为是众多因素综合作用的结果。因此，我们可以从分析影响行为的因素着手来分析影响态度与行为关系的因素。概括地讲，影响态度与行为之间关系的因素包括态度因素、个体因素和环境影响因素等三个方面。

### （一）态度因素

1. 认知成分与情感成分间的关系

在上一节的 ABC 理论中已讲过态度组成要素之间不一致的情况，它们之间的不一致也会影响到态度的形成。当个体所持态度内部的认知成分与情感成分一致时，例如不仅认为某一事物是丑恶的，而且在情感上也非常厌恶它，则这种态度就会与行为保持较高的一致性。若认知和情感不一致，甚至相互矛盾时，态度与行为之间的关系就可能会不一致。

### 2. 态度的强度

个体所持的态度越强烈，越是对自己所持的态度深信不疑，就越有可能作出与态度相一致的行为反应，反之，二者间可能就会不一致。态度的强度与态度形成的途径有关，表现为：如果某一态度是以个体的亲身经历、直接经验为基础，通过个体对这一事物的亲身体验和了解而形成的，这种态度的强度就较大；反之，如果个体所持的态度是道听途说而得，是通过获取间接经验的方式而形成的，则这种态度的强度就较小。

### 3. 态度的具体性与特定性

当个体所持的态度是比较一般的、笼统的时候，态度与行为不一致的可能性大，但当态度是较具体的、特定的时候，则态度与行为一致的可能性大。在拉彼埃尔的研究中，问卷调查的是对"中国人"的态度，属于一般性的、比较笼统的，但若将调查中的问题改为："你愿意在你那里接待一对中国留学生夫妇做客人吗？"并对这对中国留学生夫妇的情况加以介绍，那么得到的结果也许就与研究对象之前作出的行为比较一致了。

### 4. 内隐态度与外显态度

随着双重态度理论的提出，人们对内隐态度与外显态度之间的联系与区别也越来越重视。很多情况下，内隐态度与外显态度是相分离的，即两种态度相冲突，此时个体的行为才可能是由内隐态度引起的，若我们以外显态度来判断其与行为之间的关系，就会得出错误的结论。

## （二）个体因素

### 1. 态度及行为对个体的意义

一方面，如果态度所涉及的对象对个体的生活、工作、学习具有重要意义，则个体对此所持的态度与其对此所作出的行为反应会保持较高的一致性。反之，两者的一致性就较低。另一方面，个体坚持某一行为可获得的利益或需付出的代价可影响态度与行为之间的关系。当人们坚持与某一态度一致的行为获益较小或需要付出较大的代价时，二者间不一致的可能性较大。例如，人们对见义勇为持肯定态度，与这一态度一致的行为是助人行为，但若当某次见义勇为需要以自身的人身安全为代价时，有的人就会产生退缩行为而非助人行为。

### 2. 个体自身的心理因素

一位女孩内心非常喜欢同班的一位男同学，但由于她性格内向，却表现出一副对男孩冷若冰霜的样子。这说明，个体自身的某些心理因素也会影响态度与行为之间的关系。研究表明，自我控制能力较强的人，其行为较少受自身内心世界的支配，而更多的是根据环境的要求去做；而自我控制能力较弱的人，其行为与态度则保持有较高的一致性。影响态度与行为的心理因素还有动机、自尊、情绪和能力，等等。

### （三）环境因素

#### 1. 社会规范

社会规范是人们社会行为的规矩，是社会活动的准则，涉及社会风俗习惯、道德规范、法律条文等各方面，对人们的思想和行为都会起到一定的约束作用，由于它的存在，我们有时不得不作出与所持态度不一致的行为反应。例如，你在公交车上排队等座位，这时走过来一位老人，虽然你内心并不愿意将座位拱手相让，但"尊老爱幼"这一社会规范使你作出了与态度不一致的反应——主动将座位让给老人。

#### 2. 外在参照标准

个体会将自己的态度和即将作出的行为与其他个人或群体进行比较，希望与其保持一致或相区分，以表明自己与其的关系，此时，其他个人或者群体的态度或行为即是一种外在的参照标准。由于这种参照标准的存在，人们可能会作出与态度不一致的行为。例如，虽然内心不想参加某次聚会，但其他同学都去了，为表明自己是合群的，也只好硬着头皮前往。

#### 3. 外界压力

"众口铄金"可用来形容社会舆论的压力作用，同样，某些具体个人、群体或情境也具有一定的压力作用。比如，学生甲和学生乙吵架，老师让学生甲给乙道歉，甲虽然内心不情愿，但迫于老师的压力不得不道歉。这说明，外界的压力会打破态度与行为之间的一致关系。

一般来讲，当环境压力较强大时，态度主体的行为更多地表现为顺从环境压力，而不管这种压力是否与自己的态度一致；但当环境压力较弱小时，态度主体的行为更多地表现为与其态度保持一致。

## 四、态度与行为关系的预测

菲什拜因（U. Fishbein）和埃杰（S. R. Ascher）曾于1975—1977年根据他们的研究提出了准确预测态度与行为关系的基本原则：当一个人的态度所指和与态度相联系的行为是相同或相近的时候，则这一态度与行为之间的关系就有较高的一致性，根据这一态度就能较好地预测行为。例如，关于早晚刷牙的态度就与早晚刷牙的行为有着较高的一致性，而关于口腔卫生的态度就不一定与早晚刷牙的行为有较高的一致性。根据这一基本原理，菲什拜因和埃杰又进一步提出了两条细则：（1）**单一行为准则**，意思是对某一特定行为的态度只能够为关于这一行为的预测提供良好的依据，即当我们根据对某一特定行为的态度进行预测时，就只能以这一特定行为作为预测的指标。例如，对排队购物的态度就只能是和关于排队行为的预测相联系。（2）**多重行为准则**，即当我们根据对某事物的较为一般或总的态度来进行预测时，就只能以多重行为作为预测的指标。例如，对遵守公共秩序的态度就是与多种在公共场合中的行为表现相联系的，如自觉在人行道上行走，不随意穿越马路，不冲撞或拥挤其他行人，等等，根据这一态度预测其与行为间的关系时就不能只选择一种行为指标。

此外，个体所作出的行为是即时行为还是长久行为也会影响对态度与行为关系的预测。**即时行为**指的是即刻和短时内作出的行为反应，**长久行为**指的是长时和久远内作出的行为反应。研究表明，即时行为与态度保持有较高的一致性，根据态度来预测即时行为则较为准确；而长久行为变化的可能性较大，因而其与态度的一致程度较低，根据态度来预测长久行为则相当困难。

最后，**态度的可接近性**[①]越高，其与人们的自发行为间的一致性就越高，反之其与自发行为间的一致性就低。而前面所讲的计划行为理论，则为人们预测有意行为提供了一种很好的方法，通过对特定行为的态度、主观规范和行为控制感知的分析，能够较准地预测态度与行为间的关系。

## □□□ 第三节　态度的形成与改变

### 一、态度形成的心理机制

我国学者沙莲香（2002）探讨了态度形成的内在机制，即社会事件是怎样引起态度的。乐国安等（2004）将之概括如下：

（1）经验的内参照系作用。经验在态度形成的过程中起内参照系的作用，如图5-2所示：

当前事实‖ →（积累） 经验事实 →（分化）反应

图5-2　经验的内参照系作用[②]

某种社会事实被人们觉察之后，一方面，每种知觉都以经验形式积累于内部；另一方面，过去的经验事实又成为对新经验进行比较的标准。利用经验进

---

[①]　态度的可接近性（attitude accessibility）是指某一事物与人们对该事物的评价之间联系的强度，通常可以通过人们报告对该问题或事物的看法的速度来衡量（Fazio，2000）。速度越快说明可接近性越大。

[②]　沙莲香. 社会心理学（第二版）[M]. 北京：中国人民大学出版社，2006.

行比较，又是内部经验分化的过程，即已有的经验体系分化为特殊对象的反应。

（2）群体规范的外参照系作用。某种群体规范的形成是群体成员之间相互作用、相互影响的结果。同样，群体中关于某个社会事件的态度，也是在群体互动中自然而然融合而成的，这个互动过程是态度形成的必要条件。

（3）同化和内化的机理作用。同化和内化是态度形成的心理机制，没有这个过程，任何外来的社会影响都不会转化为态度。

## 二、态度的形成

有研究（Tesser，1993）表明基因这一生物因素似乎会影响态度的形成，但其作用机制尚未被揭露。但对于社会心理学家来说，他们所关心的焦点是社会性事件对个体态度形成的作用，如个体学习、环境影响等。在排除生物因素影响的情况下，我们认为个体的各种态度是在其自身的学习和环境的影响中形成的。

### （一）个体的学习

行为主义学派提出的经典条件作用理论、操作性条件作用理论和社会学习理论为解释人类的学习机制提供了理论基础，以这三种理论为基础，可将人类的学习分为对应的联想学习、强化学习及观察学习。个体的态度也是通过这三种学习而形成的。

1. 经典条件作用理论与联想学习

经典条件作用理论是由俄国生理学家巴甫洛夫（I. P. Povlvo）通过动物实验创立的。巴甫洛夫在实验中发现，给狗单独呈现肉的时候，狗会分泌唾液，这一过程被称做无条件反应，此时，肉就是无条件刺激。之后，若在给狗呈现肉的同时伴随某种新的刺激——铃声，经多次重复后再单独给狗呈现铃声时，狗同样也会分泌唾液，他将这种现象称为**条件反应**，此时，铃声就是一种条件刺激。而动物之所以能够对条件刺激作出条件反应，就在于动物凭借了联想（association）过程，即在刺激之间建立了联系。

拉兹兰（Razran，1940）和杜布（Doob，1947）等人用经典条件作用理论解释社会态度的形成过程。他们认为，可将态度对象看成一种条件刺激，将其与人已经具有的肯定或否定性评价、情感等无条件刺激多次结合强化，则对于态度对象就会形成与无条件刺激同样的评价和情感，即形成社会态度。例如，人们通常对丑陋的、肮脏的、贪婪的之类品性都具有一种厌恶和反感的情绪体验。当这类使人反感的品性总是与某个人或某群人联系在一起并反复多次后，则原先和这类品性相联系的反感和厌恶就会和这个人或这群人联系起来，此时只要这个人或这群人出现就完全可以引起人们的厌恶和反感的情绪体验。换句话说，人们原先对不良品性所具有的情绪体验在联想的作用下扩展到了另一事物或对象的上面，这就是态度的习得过程。联想的产生往往是因事物本身的接近或相似，所以，个体常常会将对一类对象所形成的态度扩展或延伸到其他相近或类似的对象上，即态度的泛化。

2. 操作条件作用理论和强化学习

操作条件作用又称工具性条件作用，是斯金纳（B. F. Skinner）通过动物实验创建的。实验中，他将饿老鼠放进一只箱子里（"斯金纳箱"），饿老鼠在箱内可以自由探索，在探索中或迟或早地偶然压着箱内的一根杠杆，从而牵动了食物库，一颗食物小丸就会从那里落下，这样，饿鼠就得到了食物。几次偶然的按压之后，老鼠会增加按压杠杆的行为次数，从而获得食物。因此，斯金纳认为，行为结果（获得食物）对行为（按压杠杆）习得具有强化的作用，行为是在强化（reinforcement）作用的基础上习得的。

强化的原理同样可用于解释人们态度的习得过程。因斯科（Insko, 1965）曾在实验中用言语的强化来研究态度的习得，结果发现，那些受到正强化的学生所表达出来的态度不仅其基本观点没变，而且在强度上更为强烈；而那些受到负强化的学生所表现出的态度，虽然其基本观点也没有大的变动，但在程度上则明显不如受到正强化的学生强烈。

3. 社会学习理论与观察学习及模仿

班杜拉（A. Bandura）提出的社会学习理论有两个核心概念，即**观察学习**（observational learning）和**模仿**（modeling）。观察学习是指个体通过对他人言行的观察而进行的学习，它可使个体学得许多新行为。个体在对他人进行观察时，将他人的言行举止记忆在头脑中，在以后遇到相同或相似的场合时再将头脑中所储存的这些言行方式通过行动表现出来。人们态度的习得同样也可以通过对他人的观察来进行。例如，通过电影和电视，人们就可以习得对某些事物、某些对象的态度。

观察学习基本上是依靠在观察后对他人进行模仿来实现的。模仿效果首先取决于观察得如何；此外，还受强化因素的影响，这种强化可以是个体自身所持有的自我强化，也可以是外界施加于个体的直接强化，还可以是从他人被强化的事实经验中所感受到的替代强化。

通常情况下，个体态度的习得并非是某一种学习之功劳，三种不同形式的学习往往同时存在而影响个体态度的习得。

**（二）环境因素的影响**

1. 社会环境的影响

人的本质属性就是社会性，因此，人是不可能脱离社会而存在的，并且无时无刻不在受社会的影响。这种影响主要通过社会规范、准则的要求和约束，各种思想观念的宣传和教育，风俗习惯的潜移默化和文化的熏陶等方式进行，对态度的形成起一种持久的、宏观的导向作用。例如，在我国集体主义价值取向和西方个人主义价值取向这两种不同的社会环境中，人们对"个性"的态度存在很大差异。

2. 家庭的影响

家庭是最基本的社会组成单位，也是个体社会化的第一个场所。家庭对个体态度形成的影响表现为：（1）家庭的教养方式。家庭教养方式对幼儿态度的形成、发展和变化具有决定性的作用，这些早期形成的态度往往会一直保持到成人期，有些甚至会影响一生的发展。（2）家庭成员间（尤其是父母）的情感关系。情感关系越融洽，相互之间的影响就越大，在态度上也越趋于相近或相同。（3）家庭共同生活的方式。从小就生活在一个充满民主、平等气氛家庭中的孩子，容易形成良好的与人相处的态度，学会采用平等的方式与人相处，用民主的方式解决问题。

3. 同伴的影响

随着个体年龄的增长，同伴关系成为个体生活中重要的社会关系，同伴的态度作为一种外在的参照系影响着个体态度的形成。个体经常会把自身所持有的态度、观点与同伴们的态度、观点作比较，并以同伴们的态度、观点为依据来调整自己原有的态度、观点，使自己与同伴们保持一致。

4. 团体的影响

每个团体都有自己的行为规范和准则，并要求团体成员必须共同遵守。这些团体规范和准则对个体的言行和思想起制约作用，从而使其形成与团体一致的态度。

团体对其成员所具有的影响力的大小主要取决于团体对其成员的吸引力大小以及个体在团体中的地位。团体对成员的吸引力越大，团体所具有的影响和约束力就越大；个体在团体中所处的地位越高和越重要，则其感受到的团体规范的压力和约束力就越大。

## 三、态度改变的理论研究

奥尔波特（1935）认为，态度常常像习惯一样持久，而且一旦在童年或青年时期形成，这种固定的方式将持续生命的全过程。态度形成之后，将会持续较长时间而不会轻易地改变。但是，这种稳定性并非绝对的，社会心理学家们对如何改变人们的态度做了大量研究。

（一） 紧张减缓理论

**紧张减缓理论**模型以认知统合倾向的态度形成与变化研究为核心。**认知统合倾向**是指人们具有一种使自己已有的认知关系结构保持相对平衡不变的倾向性，当这种倾向性受到干扰破坏时，人就会产生否定性的评价及与其相对应的情感态度（如不安、紧张、恐惧、不快等），并努力排除干扰，以维持认知结构的平衡稳定，在达到目的以后便会产生肯定性评价及相应的情感态度（如安定、轻松、愉快等）。其中，认知失调理论对态度改变研究的影响最大。

1. 认知失调理论

认识失调理论是由费斯廷格（Festinger, 1957）提出来的。所谓**认知失调**是指个体所持有的认知彼此冲突，处于对立的状态。这里所说的认知包括思想、态度、信念以及人们认知上所感知到的行为等元素。根据认知失调理论，任何事件只要个人发现有两种认知彼此不能协调一致时，就会感到心理冲突，因冲突而引起紧张不安，转而形成一种缓解或消除这种紧张和不安的内在的动机，促使个人放弃或改变其中的一种认知，而迁就另一种认知，借以消除冲突，恢复协调一致的心理状态，这个过程也就是态度改变的过程。认知不协调程度取决于两个因素：一是认知对于个人的重要性，即那些处于不协调的认知的重要性如何；二是不协调认知数目与协调数目的相对比例。根据这一理论，消除认知不协调的方法通常有如下三种：

（1） 改变某一认知，使之与其他认知保持一致。例如，认知 A——我喜欢抽烟与认知 B——抽烟容易患癌症是不协调的。个人可以改变 A 为我不喜欢抽烟，或改变 B 为抽烟与患癌症无关，从而达到认知协调的状态。

（2） 增加新的认知，改变认知失调的状况。在上例中，可以增加新的认知 C——世界上抽烟而长寿者很多，或者认知 D——抽烟可减轻精神紧张、有利于心理健康等，从而合理地解释原来的认知矛盾，使不协调程度大大降低。

（3） 强调某一认知元素的重要性。如上例中，可强调 A，认为抽烟使我快乐，这是最重要的，不必管以后会不会患癌症；也可以强调 B，认为自己的健康最重要，为此可以少抽甚至戒掉。

继费斯廷格之后，又有许多研究者对认知失调理论进行了大量的研究，以致有关认知失调的研究被看做是 20 世纪 60 年代社会心理学蓬勃发展的一个重要标志。新的研究发现，与认知不一致的行为如果是由个体自由选择作出的，不存在任何外来的压力和限制，则这种失调所引起的心理压力就非常强烈，从而会引发态度或行为的改变。但是，如果这一行为是在某种外来压力之下被迫作出的，则由此而引起的心理压力就不一定非常强烈，甚至可能不会产生任何心理上的不舒适感。再有，即使个体的认知失调，但如果个体在认知中的卷入程度低的话，则这种失调并不会引起个体心理上的紧张和压力感。

2. 认知平衡理论

**认知平衡理论**是海德(F. Heider)于1946年提出来的。他指出,在人们的认知体系中,存在着趋向一致或平衡的压力。海德认为,人们的认知对象范围很广,包括世上的各种人、事物和概念,这些对象有的各自分离,有的则连成一体而被我们认知。连成一体的两对象组成单元关系,个体对单元内的两个对象的态度通常是一个方向的。假如你喜欢张三,则对他的朋友也有好感,个体对单元内两对象的认知和评价就是一致的,其认知体系也就呈平衡状态。反之,当评价不一致时就会产生不平衡状态,这种状态将引起不快和紧张,并促使个体设法解除。假如你喜欢张三,却不喜欢其衣着方式,你就会在心理上产生不快与紧张。解除方法有二,一是喜欢张三的衣着方式,二是不喜欢张三。这个解除紧张的过程也就是人们态度的转变过程。

如图5-3所示,其中P代表个体,O、X代表态度对象,+、-分别代表肯定关系(喜欢)与否定关系(不喜欢)。平衡与不平衡是有规律的,当三角形三边符号相乘为正,则是平衡结构;为负,则为不平衡结构。海德虽然也是从认知角度探讨态度变化,但他更强调个体的某种态度需要他人有关态度的影响,即重视人际关系对态度变化的影响,故平衡理论又称为人际关系理论。

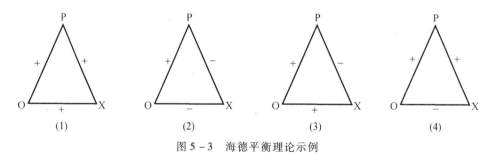

图5-3　海德平衡理论示例

这两个理论具有较强的认知色彩,与归因理论、社会判断理论一起被归为态度改变的认知理论。

**(二) 心理感应抗拒理论**

美国心理学家布林(Brehm,1966)提出了**心理感应抗拒理论**(theory of psychological reactance),阐述了人们难以改变态度的主观原因。

布林指出,当个体的行为自由受到威胁时,会处于一种动机唤醒状态,这种状态驱使他去试图恢复自己的自由。这种动机状态是人们对其行为自由减少的一种反应,也就是一种反作用力(counterforce),布林称之为**心理抗拒**。

布林指出,**自由行为**(free behaviors)是个体在某一时期所具有的一套可供自己选择的行为，这套行为中任何一种行为在什么时间发生都可以自由决定。自由行为包括一切可能实现的行为，一个人做什么、怎样做，以及什么时候去做，等等。根据布林的理论，如果一个人的一套自由行为中有一种行为被剥夺或可能被剥夺的话，他将发生心理抗拒(psychological reactance)。

布林认为，心理抗拒的强弱受以下因素影响：(1)对自由的期望。人们对自由的期望越高，则当自由被剥夺时，其心理抗拒力量就越大。(2)对自由剥夺的威胁。当个人的某种自由行为受到威胁时，人们会产生心理抗拒且企图使自己保护这种自由。(3)自由的重要性。如果一项自由对自己越是重要，则当这项自由被剥夺时，其心理抗拒就越大。(4)剥夺某种自由是否会影响到其他自由的剥夺。如果人们的某种自由被剥夺，还会影响到其他自由也被剥夺，则其心理抗拒会更强。

心理感应抗拒理论对态度改变的启示是：宣传说服态度时要有耐心，要充分阐明理由，使人们心服口服，乐于接受，以促使其转变态度。如果宣传说服不当，要求人们不准这样、不准那样，使人们认为自己的自由行为被剥夺了，非但不会转变态度，其效果反而适得其反。例如，父母干涉女儿的恋爱，不准女儿与某青年来往，结果，他们的关系反而更加密切。

### (三) 内隐态度改变理论

内隐态度的改变是近些年来众多社会心理学家关注的焦点，他们也提出了不同的理论或模型对这一研究主题进行探索。下面将主要介绍近年来在这一研究领域占有突出地位的三种模型。

1. PAST 模型理论

PAST(past attitudes are still there)模型是由杰维斯(W. B. G. Jarvis)1998 年首先提出，并经过托马拉(Z. L. Tormala)和佩蒂(R. E. Petty)等人完善的。这个模型扭转了态度改变领域的传统假设，同时又具有自己独特的观点。它认为当人们对同一态度客体发生态度改变时，其新旧态度之间会相互影响产生一种类矛盾的中性状态，从而影响行为，并指出行为与态度的外显矛盾实则是由于新旧态度的内隐矛盾所导致。PAST 模型的基本观点有以下三点：

(1) 对旧态度否定标签的不可回想。PAST 模型认为当态度发生改变的时候，个体会将以前的旧态度标签为虚假错误的，将其处于与新态度相对立的位置。在这种情况下，只有在人们能够记住这个否定标签的时候，其旧态度才不会影响新态度，新态度才可以指导人们的行为反应。但有关系列研究表明这种对旧态度的否定标签的记忆其实是很难维持的( R. Mayo, Y. Schul & E. Burnstein, 2004)，当否定标签记忆失败时，原始的信念就能够发挥它的作用，来影响新态度和后来的行为反应。

（2）新旧态度可以互相激活。与其他态度改变模型最大的不同在于，PAST模型认为新旧态度之间有一种更为融洽的关系。因为原先的评价和新的评价都与同样的态度客体相连，使得这两者之一或两者都能够在任一时间点被激活，这将由与态度客体的联结强度和否定标签的可回忆性来决定。

（3）对新旧态度不同（矛盾）的意识。人们经常意识到他们的新态度有别于旧态度，但他们是否可以能够从这种差异中意识到矛盾状态的存在是有待考量的。在一些态度改变的研究中发现，人们能够在新旧观点的转变当中经历一些外显的冲突。这种自觉地认识到新态度与行为间的冲突就可以产生一种矛盾状态的外显感觉。PAST模型认为这种外显的矛盾状态其根源在于被否定的旧态度和被认同的新态度间未被人们意识到的冲突。因为人们不会有意识地经历这种冲突或者说对态度客体的认识不确定，所以这种情况会被定义为内隐矛盾。

2. 双重态度模型理论

前文第一节已有详细介绍，不赘述。

3. 态度改变的新解释——APE模型

**APE 模型**即联想—命题评价（associative-proposition evaluation）模型，由盖伦斯基和波登豪斯（Gawronski&Bodenhausen）2006 年在对"内隐态度"研究的基础上提出，我国学者佐斌等人（2007）对其进行了介绍和分析。

APE 模型认为，内隐态度和外显态度有各自不同的潜在心理过程：内隐态度基于联想加工，外显态度则基于命题加工。内隐态度和外显态度的形成和改变均是基于这两种不同的心理过程。因此不同的外在因素通过不同的心理过程，对内隐态度和外显态度的改变所起的作用也不同。就内隐态度的改变而言，要考虑外在因素是导致了先前的联想结构的改变还是激活了不同的联想模式。而外显态度的改变则被归因于联想评价的改变，或者是用来作出评价判断的相关命题的改变，还有可能是获得命题一致性的策略不同。并且，APE 模型认为，这两种心理过程存在相互作用。一个外在因素是导致了内隐态度的改变还是导致了外显态度的改变都取决于两个方面，一是联想或命题加工中的哪一过程首先受到直接影响，二是其中一种过程的改变对另一过程的改变是否有中介作用。而外来因素会通过不同的模式对内隐态度和外显态度产生影响。

态度的形成与转变并非绝对分开的，一种态度的转变往往会形成另一种新的态度。因此，态度形成的理论也可用于解释态度的转变。例如，希尔苏姆（Hilsum）认为，借助操作性条件反射机制可以有效地使社会态度发生改变。他们利用电话对大学生进行有关大学教育情况的采访，当学生的回答属于褒奖之类时便立即给予鼓励性的言语报酬；反之，则给予批评性的言语惩罚或不作反应。结果发现前者的肯定性发言有所增加而后者的否定性发言有所减少。

事实上，行为主义学派本身就认为，态度的形成与改变是个体对环境刺激的反应，态度的形成与改变是按条件反射的模式进行的，他们强调联想、强化及模仿在态度的形成与改变过程中具有重要作用，而强化则是基本条件，起着决定性的作用。所以行为主义关于态度形成与改变的理论称为强化理论。在之前态度形成的内容中已经对强化理论的相关内容进行了介绍，此处不再赘述。

## 四、态度改变的过程

科尔曼（H. Kelman, 1961）认为态度的改变要经历服从、认同和内化三个阶段，此即为态度改变的三阶段理论。

### （一）服从（obedience）

人们为了达到某种物质或精神的满足或为了避免惩罚而表现出来的行为叫**服从**，如子女为了避免父母的惩罚而做家庭作业。服从行为并非出于个体的内心意愿，并且是暂时性的，只是为了达到自己一时的目的而被迫表现出来的表面行为。

### （二）认同（identification）

**认同**是指个体自觉自愿地接受他人的观点、信念、态度和行为，并有意无意地模仿他人，使自己的态度与他人相一致。

### （三）内化（internalize）

态度改变进入**内化**阶段以后，个体就完全地从内心相信并接受他人的观点，从而彻底改变自己的态度。内化意味着把他人的观点、态度完全纳入自己的价值体系中，成为自己人格的一个组成部分。与同化不同，此阶段个体不再需要具体的、外在榜样来学习了，其举手投足无不中规中矩，达到了"行之于心，应之于手"的境界。进入内化阶段以后，态度的改变就算完成了。

我国社会心理学家（祝小宁，1986；时蓉华，1989）吸取了科尔曼的三阶段理论，将之应用于说明态度的形成过程，认为态度的形成同样包括服从、同化和内化三个阶段。

## 五、态度改变的方法

### （一）说服宣传法

1. 说服宣传法

说服宣传法是一种借助语言、报纸、杂志、广播、电视、广告等各种传播媒介来传播信息，影响人们，使之态度发生改变的方法，是一种极为常见和广泛使用的方法。霍夫兰德（Hovland）等人最早开展这方面的研究，并于1959年提出了著名的"态度改变——说服"模型，其核心观点可以概括为：宣传说服法改变态度是一个"谁在什么样的情境下通过什么方式向谁传达了什么信息"的过程，这一过程中的各个因素（标注为着重号的）都会影响态度改变的效果。因此，霍夫兰德指出，影响态度改变因素有：说服者变量、信息传播变量、被说服者变量和情景变量等，说服的效果或态度改变的程度是由这些因素及其相互关系或作用决定的。

2. 说服效果的影响因素

（1）说服者因素

如果对说服过程的其他方面进行控制，仅仅是采用不同说服者，我们会发现说服效果仍是不尽相同的，这是由说服者自身特征的不同而造成的。影响说服效果的重要个人特征主要有：

① 专业性。与一般人员相比，专家所传播的信息往往被认为更权威、更科学合理，因此，他们传递的信息更容易被人接受和令人信服。这是由说服者所受的教育、专业训练和所从事的社会职业及所具有的专业身份决定的。

② 可靠性。是指说服者自身被他人相信和信赖的程度。与陌生人相比，朋友的说服更能起到好的效果，更能促使我们改变态度，这是因为我们（被说服者）认为朋友（说服者）是公正无私的、真正为自己着想的和可靠的，而陌生人则有可能被认为是出于私心的、并非公正无私的和不可靠的。

③ 社会身份。在某些部落中，年长者所说的话往往具有很重的分量，他们更能说服部落其他成员，这是因为他们具有更高的社会地位、社会名望、知名度及年龄、经验等。事实表明，在一些不属于或不涉及专业性知识内容的问题上，具有较高社会身份的人比社会身份低微的人具有更大的影响力和说服力。

将以上三个特征合并成"可信性"，研究其与态度改变的关系时，研究者发现了一个有趣的现象：与低可信性的说服者相比，高可信性的说服者所传播的信息所起的作用随时间而减弱，前者所传播信息的作用则会随时间而加强。即具有较低以上特征的说服者所传播的信息并没有马上发挥作用，但经过一段时间的实践后会有较大的效果。这种宣传的说服力随时间而增长的现象被称为"睡眠者效应"。

④ 吸引力。是指说服者是否具有一些令人喜欢的特征，及其受人喜欢的程度。研究表明，喜欢一个人的程度越高，则受其影响的可能性就越大。

⑤ 相似性。指说服者自身的身份、职业、背景及态度、观点等与被说服者有相似或相近之处。一般来说，传播者与被劝说者之间在身份、职业、参加的团体以及年龄、性别、出生地等方面相似或相近，会促进双方之间在态度上的求同存异，从而导致被劝说者态度的改变。

（2）信息传播因素

　　信息在传播过程中的呈现和组织方式也是影响说服效果的重要因素，表现为：

　　① 信息的组织方式。信息传播中的单方面传播与双方面传播。单方面传播信息时，说服者只叙述能够证实自己的主张或赞同自己的主张的各种看法和论据，对与自己不同甚至是反对自己的其他各种观点和主张则闭口不谈，不予提及，或者是一味强调与自己对立的一方的种种缺陷、漏洞和不足之处。与此相反，在详尽地阐述了自己的观点主张是合理的、有根据的、值得相信的同时，也对与自己对立的一方的观点主张加以介绍并进一步肯定其虽不可取但也不乏借鉴之处，这种做法就是双方面的传播。双方面传播的另一种形式指在劝说中不仅强调自己的观点主张的正确性、合理性，同时也指出其不足之处，或者是在指出他人的缺点和错误的同时，也指出他人的优点和长处。

　　霍夫兰德等人在第二次世界大战的后期曾对这两种传播方式的效果进行了研究。结果发现，两种传播方式的效果没有绝对的高低优劣之分，只有在考虑了其他有关因素的前提下，才能明确地区分两者的不同效果。在霍夫兰德的研究中，士兵本身受教育的程度是影响传播效果的一个重要因素。单方面的传播易使受教育程度较低的士兵改变态度，而双方面的传播则易使受教育程度较高的士兵改变态度，再者，士兵的原有态度也是一种重要因素。当原有态度与传播信息较为一致时，单方面的传播效果显著；当原有态度与传播信息矛盾时，则双方面传播更为有效。近期的一些研究还表明，当被说服者有可能自己获得不止一方面的信息时，说服者采用双方面的信息传播较为妥当；当被说服者是依靠说服者来获取各方面的信息时，则采用单方面的信息传播效果较显著。另外，当说服者所需要的是短时的、即刻的态度改变时，应采用单方面的信息传播；如果所期求的是长时的、较稳固的态度改变，则应采用双方面的信息传播。总的来说，在考虑究竟采用哪一种传播方式来改变他人的态度时，应视具体情况而定。

　　信息传播中的首因效应和近因效应。在社会心理学中，将先呈现的信息所产生的较大影响称为**首因效应**，将后呈现的信息所产生的较大影响称为**近因效应**。这是说服过程中必须考虑的问题，例如，在采用双方面的信息传播时，是先叙述赞同、支持并证实自己的观点主张好，还是将此放在后面说，而一开始就陈述反对自己、与自己观点主张相矛盾的各种观点好？

　　就两种效应而言，劝说者应该考虑的一个重要因素就是时间，即两种信息先后呈现之间的时间间隔和信息呈现与态度测评之间的时间间隔。这两种时间因素会影响信息的首因效应或近因效应，从而影响信息的劝说效果。一般来说，在两种信息先后呈现之间的时间间隔较为短暂，而信息呈现与态度测评之间的时间间隔较为长久时，则会产生首因效应。反之，则会产生近因效应。除此之外，在其他的情况下一般都难以产生首因效应或近因效应。

② 信息的情绪唤起作用。即"晓之以理、动之以情"，指说服者提供的信息对被说服者的情绪唤醒所产生的影响。有研究认为，在特定的情绪或心境状态下，人们会产生"心境一致性效应"，即对与当前心境或情绪状态相一致的信息存在加工偏向，从而增强了说服效果。很多电视广告将产品与某种情感联系起来，如将保健品与亲情联系起来，从而使消费者产生对该产品的好感，就是运用了这个原理。

恐惧情绪的唤起对人们态度的改变具有特殊意义。有研究（Petty，1995；Roger，1983）说明，当信息以能够引发人们适当的恐惧情绪的方式传递给被说服者，并使人们相信聆听信息会教会他们如何降低这种恐惧时，人们就有动机去仔细分析信息并改变他们的态度。但是，引发的恐惧必须适当，如果引发的恐惧太强烈以致让人觉得受到了威胁，就可能会失败，因为当一个人陷入极度的恐惧之中时，就会采取防御措施，否定威胁的重要性，无法理性地思考该问题（Liberman & Chaiken，1992）。

③ 信息传播的渠道。信息通过不同的渠道（如广播、电视、电话或面谈、图片、文字或声音，等等）传播其说服效果会有所不同。较早的研究曾表明，生动形象的视觉信息，如通过图片、录像所传播的信息，要比单调的听觉信息更有说服效力，而这种单调的听觉信息又比用书面文字所传播的信息更有说服力。近期的研究则发现，事实上并非如此简单，被说服者在接受他人说服信息的过程中，实际上经历了两个不同的阶段，即理解信息的阶段和根据信息作出行动的阶段。在前一个阶段，被说服者要对信息进行分析，领会其含义，认识其基本要求和意图，因此，用书面文字传播的信息说服效果较好，尤其是涉及比较复杂、难于掌握的信息时更是如此；而在后一个阶段，被说服者则根据自己对信息的理解及自己内心的态度观点来决定行动，用图片、录像等生动形象的视觉形式传播的信息说服效果较好。

（3）被说服者因素

有的人容易被说服，有的人则不容易被说服，而有的人某些态度的转变较容易，另一些态度的转变则较困难，这与说服者自身的因素有关。

① 原有态度。人们自小形成并持守的态度难以改变，因为这种态度已经是一种内化了的态度，已经成为个体主观世界的一个不可缺少的组成部分，如成为观念系统中的一部分或某些信仰或价值观的体现。而形成于一时一事的态度则容易改变。另外，一般而言，被说服者原有态度与说服者所提供的信息之间的差异越大，促使其改变的潜力也就越大。

② 人格特点。霍夫兰德等人的实验发现，可说服性是一个重要的人格特征。有的人在各种情境下都容易被说服，而有的人在各种情境下都不易被说服。与可说服性相关的主要因素有自尊心或自信心。自尊心较强、自我评价较高的人，过于自信和保护自己的人，不易接受他人的劝说和影响；自我评价较低、缺乏自信的人，则常怀疑自己而相信他人，因而容易接受他人的劝说并改变自己的态度。

③ 信息的加工方式。被说服者是如何接受信息，也即是信息在被说服者的头脑中是怎样被接受、加工、储存和提取的，这也会影响到说服效果。已有研究表明，个体对劝说信息的接受方式多种多样，有的信息可能是通过记忆产生影响，有的信息则可能是在最初的感知中就产生了影响。个体对信息进行加工处理的方式不同，不可避免地也会影响到信息的说服效果，从而影响到态度的改变。

（4）情境因素

在不同的时间、地点和事件中，个体发生态度改变的可能性和程度也会不同，如同态度的形成一样，态度的改变也总是在一定的情境中进行的，脱离不了特定的情境。

① 信息繁多的情境。现实中，每个人都会处在一个充满各种各样信息的环境中，都会同时看到或听到关于某一事物的种种相同或不同的观点、主张和看法。此时，个体态度的变化和改变是多种信息交互作用的结果。此时，单一信息的说服效果是受其他信息影响和制约的，如各种信息互相之间的相似性或一致性越多、越明显，则其中某一信息的劝说效用就会得到增强和提高。但是，如果各种信息互相之间的差异或矛盾越多、越大，则其中的每个单一信息的劝说效用就会因此而降低或削弱。

② 令人分心的情境。他人在场和其他信息的同时呈现，都会引起人们对劝说信息注意力的分散，从而影响信息的劝说效果。

研究者发现，当被说服者原来反对说服者的观点时，如能使被说服者分心，则能取得较为有效的说服效果。这是由于分心能干扰反驳过程，故能导致更顺利的态度改变。相反，若没有分心，则说服者所提供的信息很容易引起被说服者的抵制或反驳。

③ 信息重复的情境。反复多次地重复某一信息会加深人们对它的印象，巩固对它的记忆，从而增强这一信息对人们的影响，有助于人们态度的改变。但是，重复的作用也是有限的，过多的重复则可能会引起相反的效果，原因也许是由于重复引起的厌烦情绪以及继之而起的逆反心理。

3. 两种宣传说服路线

佩蒂和卡司欧泊（Petty & Cacioppo，1986；Petty & Wegener，1999）等在霍夫兰德的基础上做了进一步研究。他们认为说服可通过两种途径发生作用：中心路径和外周路径。其中，**说服的中心路径**是指人们具备专注于信息的动机和能力时，对说服信息进行精细化，专心聆听并思考论据内容的情况。个体是否对说服信息产生了进一步分析和思考的动机，以及是否具备进一步思考的能力（如是否具备专业知识）是制约中心路径起作用的两个重要因素。而**外周路径**则是指人们不仔细思考说服信息中的论据，而受周边线索影响的情况。

中心路径的说服难度比外周路径的说服难度更大，这就是为什么广告商总是偏爱外周路径的说服的原因。对于广告和电视购物这些消费者很少去关注信息内容本身的媒体来说，视觉形象就成了具有代表性的外周线索。我们对于食品，饮料、服装等一类商品的看法往往是基于感觉而不是基于逻辑。这些产品的广告通常使用的是外周线索。例如宣传"可乐"时将可乐与年轻、快乐、时尚的视觉形象联系在一起。

### （二）角色扮演法

**角色扮演法**以角色理论为依据，是通过角色对承担的个体所具有的约束和影响来改变个体态度的一种方法。角色理论认为，个体的行为应与其所承担的角色相一致，应该符合其角色身份的要求。无论是什么角色，客观上都包含着标志该角色的各种象征（如权力、地位、待遇）和符号（如称呼、头衔、级别），包含着对该角色所特有的行为规范和准则以及他人对该角色的期待。对于个体而言，担当起某一角色，也就意味着要使自我的内涵与角色的内涵相吻合，使自我与角色协调一致。这一方面意味着个体的变化和发展，另一方面则意味着个体被约束和受制约。

### （三）团体影响法

团体影响法是通过团体对个体所具有的影响来改变个体态度的一种方法。团体的影响来自于团体的规范和准则，这种规范和准则对团体成员具有一种无形的约束力，促使团体中每个人的一言一行与团体的规范准则保持一致。正因如此，通过将个体组织进一定的团体，并制订相应的规范准则来影响和约束他们的一言一行，就能够有效地改变他们的态度。

### （四）活动参与法

活动参与法是通过引导人们参加与态度改变有关的活动来达到改变人们态度的目的。通常情况下，人们所参与的活动或者是与所要改变的态度有密切联系，或者就是所要改变的态度对象本身。例如，通过运用知识来解决某一问题，来改变人们"读书无用"的观点。运用此法改变态度的效果受两个因素的影响：（1）人们参与活动时的自愿程度或感受到的压力大小。自愿参与的动机强，感受到的外界压力小，则态度改变的可能性和程度就大，反之则小；（2）参与活动的频率与时间。参与的活动是经常性的、持续较长时间的，则态度改变就相应较大、较持久。

□ □ □ □ 专栏 5 - 1

## "登门槛效应"与"留面子效应"

登门槛效应也叫登门槛技术，是指先向被说服者提出一个较小的要求后，要求被接受后，再提出一个较大的要求，以达到态度改变的目的。这种方法最早用于产品推销上，后来发展成为一种改变态度的技术。

这个技术是美国社会心理学家弗里德曼与弗雷泽通过一项被称为"无压力的屈从——登门槛技术"的实验提出的。

实验中，实验者让助手到两个居民区劝说人们在房前竖一块写有"小心驾驶"的大标语牌。在第一个居民区向人们直接提出这个要求，结果遭到很多居民的拒绝，接受的仅为被要求者的 16.7%。在第二个居民区，先请求各居民在一份赞成安全行驶的请愿书上签字，这是很容易做到的小小要求，几乎所有的被要求者都照办了。两周后再向他们提出竖牌的要求，结果接受者竟占被要求者的 55.7%。

研究者认为，使被试同意一个小的请求，被试便会把自己看成是一个"同意了陌生人的请求，做了值得做的事，是出于正当理由"的人。因为被试改变了在这种"行动姿态"上的自我概念，所以容易服从更大一点的要求。因而要求个体改变态度时，不要操之过急。如果要求过高、过大，个体难以改变态度，反而会使其原来的态度坚定起来。这就犹如登门槛要一级台阶一级台阶地登，这样才能更容易、更顺利地登上高处。

心理学家认为，个体一旦接受了他人的一个微不足道的要求，为了避免认知上的不协调，或想给他人以前后一致的印象，就有可能接受更大的要求。在一般情况下，人们都不愿接受较高、较难的要求，因为它费时费力又难以成功，相反，人们却乐于接受较小的、较易完成的要求，在实现了较小的要求后，人们才慢慢地接受较大的要求。

与登门槛效应类似的一种态度改变技巧是"低球技术"，二者的区别在于前者的两个要求之间有一定的时间间隔，而且两个要求之间没有直接的联系。

留面子效应是与登门槛效应相对应的一种态度改变技术，是指先向被说服者提出一个较高的要求，遭到拒绝后再向其提出一个较小的要求，以达到其态度改变的目的。这是由查尔迪尼等人通过一项被称为"导致顺从的互让过程"的研究提出来的。

实验中，研究人员将参与实验的大学生分成两组，对于第一组大学生，研究人员要求他们带领少年们去动物园玩一次，需要两个小时，但只有 1/6 的学生答应了这个请求。对于第二组大学生，研究人员首先请求他们花两年的时间担任一个少年管教所的义务辅导员，这是一件费时费力的工作，几乎所有的大学生都谢绝了。接着，他们提出了一个较低的要求，让大学生带领少年去动物园玩两个小时，结果，一大半学生都答应了这个请求。

在向别人提出自己的真正要求之前，先向别人提出一个较高的要求，遭到拒绝之后，再提出自己真正的、比较低的要求，别人答应自己要求的可能性就会增加。这主要是因为人们在拒绝别人的大要求的时候，感到自己没有能够帮助别人，损害了自己富有同情心、乐于助人的形象，辜负了别人对自己的良好愿望，会感到内疚。这时，为了恢复在别人心目中的良好形象，也达到自己心理的平衡，便会欣然接受第二个小一点的要求。

## □□□ 第四节　态度的测量

态度是个人的一种比较持久的内在结构，不能被直接观察到，但可以从人们的言行及其他方面表现出来。因此，我们可以借助一定的心理测量方法和技术来获得人们对某一对象的态度，这就是态度的测量。态度的测量就是要获得个体对某一态度对象的方向和强度，即对某一对象的态度在方向上是肯定的、中立的还是否定的，强度又是如何的？

### 一、直接测量

态度的直接测量是指研究者为了解研究对象对某一客体的态度，直接以该态度的方向和强度为指标所进行的一类测量。

#### （一）利克特量表法

由利克特（R. A. Likert）于 1932 年首创。该量表是针对某个态度对象而设计的，一般大约由 20～25 个如同"全国各族人民应努力维护祖国统一"这样的陈述句组成，每个陈述句后附有数个（5 个或 7 个，此处以 5 个为例）可供选择的态度选项，如"非常赞成、赞成、不置可否、不赞成、非常不赞成"，要求被试选择一个最符合自己态度的选项，并对这 5 个选项分别给予 5 分、4 分、3 分、2 分和 1 分，最后将测量者在调查量表中所得的分数加在一起，可以代表该人对某个对象的态度，分数愈高表示态度愈肯定，故又被称为总加量表。

总加量表侧重于对态度的情感成分的测量，是通过对被试所持观点、看法的情感强度进行测定来确定被试态度的异同的。其编制过程较为简单，分数的评定也简便易行，因此至今还为人们广泛采用。但是该量表在设计时有一个前提，即认为构成态度的各个陈述句的价值相等，每个陈述句的意义大小并无本质差别，这个假设并不是在任何情况下都可以满足的。

### （二）博格达斯量表法

此量表是由埃默里·博格达斯于 1925 年设计的，它只涉及态度的某种单一的潜在范围，故又称"单维量表"。此量表多用来测量人们愿意与其他群体的人保持什么样的态度。与假设各个陈述句的价值相等、意义大小无本质差别的利克特量表不同，此量表每项陈述之间虽有接近的关系，但其地位是不同的。如表 5 - 1 所示，表中右边的数字越大，表示每个陈述所体现的社会距离越大。

表 5 - 1　博格达斯量表示例①

| 根据自己的信念，我愿意一个刑满释放人员： | |
| --- | --- |
| ——做我女儿的男朋友 | 1 |
| ——同我女儿来往 | 2 |
| ——作为我的邻居 | 3 |
| ——不被歧视 | 4 |
| ——不被回避 | 5 |

### （三）语义分析量表法

语义分析量表（semantic differential scales）由奥斯古德（C. E. Osgood）和苏西（G. J. Suci）于 1957 年创制。该量表不以笼统的肯定和否定的（如好与坏、可爱与可恨）语词表示自己对某个对象的态度，而是要求人们用处在好与坏、可爱与可恨等等成对语词之间的量度来表示自己的态度。用数字分成五（或七）个量度，要求被测者从中作出选择，所选的数字愈大，愈靠近肯定性语词，愈能表示其所持的是肯定性态度，反之则为否定性态度。

研究表明，用做语义差别量表的成对词语，可以概括为三种不同范畴：有关态度对象的好坏、美丑等情绪范畴，称为**评价向量**（或评量）（evaluation vector）；有关态度对象强弱等强度范畴，称为**潜能向量**（potency vector）；有关态度对象快

---

① 孙时进. 社会心理学［M］. 上海：复旦大学出版社，2003：89.

慢等速度范畴，称为**行动向量**（activity vector）。被测者在各范畴所得分数的总和代表其对有关对象的总态度。

此外，直接测量法还有瑟斯顿量表（等距量表）法和问卷法。其中，瑟斯顿量表法侧重于态度的认知维度，编制方法也比较严谨，但由于过于繁琐、费时，近些年来已少为人们所用。问卷法是进行调查访问的一种方法，但也被用于态度的测评。

## 二、间接测量

态度测量中经常会遇到某些带有较强的社会赞许或批判色彩的敏感问题，如要了解高中生对手淫的态度，一般都会认为这是不道德的，但他们内心也许并不这么认为，因为有些人有过这样的亲身经历。若用直接测量法可能测到的并不是他们真实的态度。为避免直接测量法的这一缺陷，心理学家们发展了一系列的间接测量法，即以态度的方向和强度以外的某些指标来推测被测对象的态度。这类测量有投射法、行为观察法、生理反应法以及 IAT 与 GNAT。

### （一）投射法

投射法（projective testing）实际上是一种心理测验方法，是间接地了解人们内潜的心理活动的一种方法。例如主题统觉测验（Thematic Apperception Test, TAT）和罗夏克墨渍测验。投射法通常是向被试提供一种情境刺激，通过分析这一情境刺激在人们头脑中所引起的联想或想象来推测其所持有的态度。TAT 可用来测量态度。让被试观看图画，同时要求被试根据自己对图画内容的理解编一个故事，描述图中的人和事。在这个过程中，被试就会不知不觉地将自己对某事、某物所持有的态度投射进故事内容之中。研究者根据测验本身的记分标准和算分方法即可对被试编的故事进行定量分析，并据此进行定性分析。

除 TAT 外，用于测量态度的投射方法还有画人测验和语句完成法。画人测验要求被试用笔在纸上画一个人，研究者根据被试的图画分析被试对此人的态度；而语句完成法是研究者编写有关态度对象的未完成的描述语言，让被试把这些语句补充完整，由此来获取有关被试态度的资料，例如，要了解学生对教师的态度，可让学生完成类似下面的一些句子："教师如同……"，"教师对于学生，犹如……"等。

### （二）行为观察法

**行为观察法**（behavioral measure）是观测人们对有关对象的实际行为反应，把行为反应作为态度测量的客观指标，通过个体的外在行为表现来推测其内在的态度。社会心理学研究者曾采用这种方法，以选择座位的距离作为观察指标，来研究白人学生对黑人学生的种族歧视的态度。歧视态度较强则座位距离就较远；反之，则较近。

用观察到的行为来估计人们对某一对象的真实态度，可以不使本人察觉，从而获得比较可靠的资料。但是，态度与行为的关系并非总是一致的，因此，在实际研究中，这种方法应尽可能和其他的方法一起使用，结合多种方法所获取的资料，相互印证，这样才能保证所得结论具有一定的可靠性，而不能仅仅根据行为的观察来确定态度。

### （三）生理反应法

**生理反应法**（physiological measure）是根据被试生理反应的变化来间接确定其态度的一种方法。研究表明，个体的情感变化会引起体内的生理反应变化，如呼吸急促、脉搏加快、瞳孔放大等，而情感是构成态度的重要因素，因此，当态度发生变化时，也会引起生理反应上的变化。根据这些生理变化的测定，即可推测人们的内在态度。通常采用的生理指标有皮肤电反应、脉搏等。在实际使用中，生理反应法也应结合其他的方法一起使用，才能提高对态度测定的准确性。

### （四）IAT 与 GNAT

近年来，内隐态度的研究成为社会心理学研究领域的一个热点问题。但传统的态度测量方法在自我表达上存在一定的局限性。为了克服传统测量的这种缺陷，格林沃德等人于 1998 年发展了测量内隐态度的技术——**内隐联想测验**（Implicit Association Test，IAT）。

IAT 的目标在于查明各种态度客体和各种评价属性之间的自动化联结程度。具体来说，IAT 所测量的是某个给定的态度客体（比如一种花或一种昆虫）与某种评价属性（比如愉快词或不愉快词）的联结程度，并假定，这种联结程度越高，则这种内隐态度越强烈。IAT 通常以反应时为因变量，以 IAT 效应为考察指标来检验研究假设，在结果的统计分析上也有一些具体要求。IAT 通常可通过专门的软件（如 Inquisit）在计算机上操作来完成，强调实验的标准化。

GNAT（The Go/No-Go Association Test）是诺塞克和本纳吉（Nosek &Banaji）于 2001 年在 IAT 基础上发展的测量内隐社会认知的方法。GNAT 考察的是目标类别（如水果）和属性维度（如积极和消极评价）概念之间的联结强度。GNAT 吸收了信号检测论的思想，只对信号进行反应（Go），对噪音不作反应（No-Go），通过信号检测论可以区分出两个指标和感觉敏感性 d'，其中 d'的运算中包含着错误率，能有效地表明个体的分辨能力，通过对不同任务中 d'值的比较，来考察个体记忆中的目标类别与不同评价间的联结强度。

GNAT 包括两个实验阶段，在第一阶段，被试只对信号作出反应，在第二阶段，实验者只对噪音作出反应（此时"噪音"变为"信号"）。根据击中率和虚报率计算出 d'分数，表明从噪音中区分信号的能力。实验中以两个阶段 d'分数作为考察指标，其原理在于如果信号中目标类别和属性类别概念联系紧密，相较于联系不太紧密或者没有联系的联结，被试更为敏感，从而更容易从噪音中分辨出信号。

我国学者吴明证、梁宁建和佐斌等人曾采用 IAT 技术进行了一系列相关研究，如内隐社会态度矛盾现象的研究（2004）、内隐性别刻板印象研究（2006），等等。

## ☐ 本章小结

1. 奥尔波特认为，态度是一种心理的、神经的准备状态，它由经验予以体制化，并对个人心理的所有反应过程起指导性的或动力性的影响作用。

2. 迈尔斯认为，态度是由三个要素组成的，即情感、行为意向和认知。这三个维度构成了态度的知、情、意三个因素，被称为 ABC 理论。

3. 内隐态度是一种无意识的、自动激活的和对客体进行自动反应的态度。内隐态度有如下特征：（1）人们不清楚它的来源，即没有意识到这种评价基础；（2）是自动激活的；（3）影响着内隐反应，是不可控制的反应，也就是说人们没有认识到自己态度的表现，因而不可控制。

4. 态度与行为的关系：态度是行为的准备状态，行为是态度的外显，通常情况下，态度与行为是一致的，但在特殊情况下也会出现态度与行为之间的不一致，二者之间并非简单的一一对应关系。

5. 态度与行为不一致的原因：态度只是行为的一种倾向和准备状态，但并非行为本身，态度与行为不一致的原因在于，决定一个人作出何种反应是多种因素综合作用的结果，当这些影响因素不能协调一致时，态度与行为之间就可能出现不一致的情况。

6. 影响态度与行为之间关系的因素有：态度因素、个体因素和环境因素。

7. 态度是在个体自身的学习和环境的影响中形成的。影响个体态度形成的环境因素有：社会环境因素、家庭因素、同伴因素和团体因素。

8. 在态度形成过程中，个体的学习形式有：联想学习、强化学习和观察学习及模仿，其各自对应的理论基础分别是：经典条件作用理论、操作条件作用理论和社会学习理论。

9. 态度改变的理论有：认知失调理论、认知平衡理论、归因理论、社会判断理论、心理感应抗拒理论和 APE 理论等。

10. 态度改变的方法有：说服宣传法、角色扮演法、团体影响法和活动参与法。

11. 测量态度的方法可分为直接测量法和间接测量法。其中，直接测量法包括：利克特量表法、博格达斯量表法、语义分析量表法、瑟斯顿量表法和问卷法等；间接测量法有：投射法、行为观察法、生理反应法以及 IAT 和 GNAT。

## □ 复习与思考

1. 查阅相关资料，评述国外关于态度概念的代表性观点。

2. 什么是内隐态度？

3. 你是如何理解态度与行为之间的关系的？

4. 简述态度形成的学习理论。

5. 介绍认知失调理论并对之进行评价。

6. 结合实例，说明如何利用宣传说服法来改变个体的某一态度。

7. 测量态度常用哪些方法？简要介绍 IAT 技术和 GNAT 技术。

## □ 推荐阅读资料

1. 时蓉华. 社会心理学[M]. 杭州：浙江教育出版社，1998.

2. 乐国安. 中国社会心理学研究进展[M]. 天津：天津人民出版社，2004.

3. 沙莲香. 社会心理学[M]. 北京：中国人民大学出版社，2006.

4. Aronson，E.，Wilson，T. D.，Akert，R. M. 社会心理学（第五版）[M]. 侯玉波，等，译. 北京：中国轻工业出版社，2005.

5. 金盛华. 社会心理学[M]. 北京：高等教育出版社，2005.

6. 吴明证. 内隐态度的理论与实验研究[D]. 上海：华东师范大学，2004.

7. 佐斌，张陆，叶娜. 内隐态度之"内隐"的含义[J]. 心理学探新，2009，29(2)：57 – 61.

8. Gawronski，B.，Bodenhausen，G. V. Associative and propositional processes in evaluation：An integrative review of implicit and explicit attitude change[J]. Psychological Bullentin，2006，132(5)：692 – 731.

9. Greenwald，A. G.，McGhee，D. E.，Schwartz，J. L. K. Measuring individual differences in implicit cognition：The implicit association test[J]. Journal of Personality and Social Psychology，1998(74)：1464 – 1480.

10. Nosek, B. A. , Banaji, M. R. The go/no-go association task[J]. Social Cognition, 2001, 19(6): 625 – 666.

11. Tesser, A. , Shaffer, D. R. Attitudes and attitudes change[J]. Annual Review of Psychology. 1990(41): 479 – 523.

12. Wilson, T. D. , Lindsey, S. , Schooler, T. Y. A model of dual attitudes [J]. Psychological Review, 2000(107): 445 – 452.

# 第 六 章 社会性偏向

学习本章内容，将有助于你对以下问题的理解与思考：

➤ 刻板印象的概念和特征是什么？

➤ 常见的刻板印象有哪些？

➤ 偏见产生的理论解释有哪些？

➤ 如何消除偏见？

➤ 歧视的消极影响有哪些？

➤ 刻板印象、偏见和歧视之间的联系和区别是什么？

➤ 社会性偏向的动机有哪些？

➤ 如何控制社会性偏向？

那些从未经历过"被歧视"的人也许很难想象受到歧视会是什么感觉。在一项独特的实验中，小学老师 Jane 使她的学生直接尝到了受歧视的滋味。在实验的第一天，这位老师宣布褐色眼睛的孩子坐在教室的后面，并且不许他们使用饮用水器。她给蓝色眼睛的孩子更多的休息时间，让他们先离开教室去吃午餐。午餐时，不许褐色眼睛的孩子拿第二份礼物，武断地说他们"肯定会浪费食物"。她不让褐色眼睛的孩子和蓝色眼睛的孩子接触，而且还赞美蓝色眼睛的孩子更干净、更聪明。开始时，Jane 只是自己一个人坚持这些强加的偏见，不断地批评和贬低褐色眼睛的孩子，使她惊奇的是，蓝色眼睛的孩子很快加入了她的行动，而他们的攻击行为比她更荒谬。蓝色眼睛的孩子开始感到自己很优越，而褐色眼睛的孩子则觉得糟透了。两拨孩子突然开始打架。褐色眼睛孩子的学习成绩也下降了。[①]

刻板印象、偏见和歧视，是社会性偏向（social bias）三个紧密相关又相互区别的领域，甚至还有交叉重叠的部分。刻板印象属于一种社会认知偏差，偏见是以刻板印象为基础的对对象的情感反应偏向，而歧视则是基于刻板印象和偏见的行为偏向。[②]

刻板印象与偏见有本质的不同。刻板印象是纯认知的，而偏见作为一种态度具有更复杂的结构。偏见是刻板印象形成过程中不可避免的结果，只要刻板印象存在，偏见就会存在。

偏见和歧视的区别在于，偏见是一种否定性的态度，而歧视则是一种针对特定群体及其个体成员的不公正的、否定性的行为。偏见和歧视虽然常常一起出现，但两者之间的联系并不是必然的。怀有偏见的人不一定会表现在行为上，有时看起来像是歧视的行为，实际上并不是由偏见的态度所引起的。比如，某人不愿和另一个人合作，也许并不是出于什么偏见，只是因为不熟悉，怕合作不当而已。

刻板印象、偏见和歧视又有着紧密的联系。例如一个对少数民族有偏见的人，他对少数民族的刻板印象往往是野蛮的和无知的，在态度上是不喜欢少数民族的，对待少数民族的行为方式通常表现出反感和不友好。

---

① Coon, D. 心理学导论——思想与行为的认识之路 [M]. 郑钢，等，译. 北京：中国轻工业出版社，2004.

② 佐斌，张阳阳，赵菊. 刻板印象内容模型：理论假设及研究 [J]. 心理科学进展，2006，14(1)：138－145.

## □□□ 第一节 刻板印象

### 一、刻板印象的概念和模型

#### （一）刻板印象的概念

刻板印象（stereotype）是人类社会交往过程中一种十分普遍的认知现象，也是社会心理学领域中一个令人瞩目的研究焦点。刻板印象由希腊词语 stereos 和 tupos 组成，它们原来的意思是 rigid（坚硬的）和 trace（痕迹）。1798 年这个词生成时，指的是刻印铅字的模板，由新闻工作者沃特·李普曼（Walter Lippmann）在其著作《公众舆论》中首次提出。他发现不同观察者看同一事物的方式存在戏剧性的差异，对此，他感慨颇深，他认为这是由于人类在知觉事物之前，存在一个"预先观念"（preconception）的原因，这个预先的观念很大程度上影响甚至决定了个体对人与事的知觉。于是他借用印刷术语"stereotype"来指代上述现象。

**刻板印象**是指人们关于某个社会群体的一种概括而固定的看法。从这一定义中我们可以看出：（1）刻板印象通常把一系列特征归为某一群体的个体所有，并且某一群体的每一个体都具有该群体所具有的全部特征。（2）刻板印象是社会印象的一种表现形式，是一种固定的印象。因此，刻板印象一旦形成就具有较高的稳定性，很难随现实条件的变化而改变。（3）在同一社会文化或群体中，刻板印象具有相当的一致性，并且具有较强的文化传承性。

1995 年，格林沃德（Greenwald）和班纳金（Banaji）明确提出了内隐社会认知，进而从意识和无意识的角度区分刻板印象，内隐刻板印象（implicit stereotype）被定义为调节某一社会类别成员的属性的不能内省辨别（或不能准确辨别）的过去经验的痕迹。换句话说，它指当一个类别线索呈现时，在认知者没有注意或意识到的时候被激活的社会类别联想。[1] 近年来对刻板印象的一系列研究也证实了刻板印象加工在很大程度上是一个自动化的过程，较难受到意识性抑制。[2]

#### （二）刻板印象内容模型

近年来，刻板印象的内容渐渐成为研究的一个热点，人们提出了不同的刻板印象的内容结构维度，其中最有影响的是费斯科（Fiske,1999）等人提出的刻板印象内容模型（Stereotype Content Model,SCM），而且 SCM 得到了在不同文化

---

① 连淑芳. 内隐社会认知：刻板印象的理论和实验研究[D]. 上海：华东师范大学心理学院，2003.
② 胡志海，梁宁建，徐维东. 职业刻板印象及其影响因素研究[J]. 心理科学，2004，27(3)：628 - 631.

样本中的一些实证研究的支持。该模型认为，刻板印象的内容是在能力(competence)和热情(warmth)两个维度上的评价组合。为了确定这两个维度，费斯科等人在实证研究之前，就寻找了多方面的支持。Fiske认为，从功能主义和实用的观点来看，刻板印象的维度应该来自于人际和群际互动。当人们遇到其他的个人或者群体时，人们本能地想知道他人的行为意图和能力状况，也就是热情和能力这两个不同的方面。国外许多关于刻板印象的研究都证明了这两个维度。

另外，SCM还提出了四个相互关联的基本假设：(1)双维结构假设：热情和能力决定外群体的分布。SCM设计了两个问题：当人们遇到外群体时会本能地思考，他们会有意伤害我吗？他们能够伤害我吗？这分别对应SCM关于刻板印象内容的两个核心维度：热情(友好,善良,温暖和真诚)和能力(能力,自信,才能和技能)。(2)混合评价假设：大多数刻板印象是混合的。SCM假设许多目标群体给人们留下的印象是混合的，即在热情和能力双维中，大多数群体被评价为热情但是缺乏能力或者有能力但是不够热情友好，处于既热情又能干和不热情也不能干的群体很少。(3)社会地位假设：由群体的社会地位可以预测刻板印象。刻板印象受到在相应情景中群体之间感知到的和实际上的经济、地理、规范以及权力之间的关系的影响。所有复杂的社会都是以等级的形式组成的，而且资源有限。因此，通过群体之间在社会结构上的相互关系可以预测他们在热情和能力维度上的位置。SCM提出：地位越高的群体就越有可能被刻板地认为有能力；同时那些有能力获取或占有社会资源的群体可能被刻板地认为缺乏热情。(4)群体偏好假设：刻板印象中普遍存在参照群体偏好和外群体贬抑。

SCM认为，由于参照群体偏好包括内群体偏好和社会原型群体偏好，其一直被认为是社会生活中人们的偏见强烈而持久的重要原因，因此在刻板印象中，人们对于参照群体会存在积极评价的偏好，同时因为内群体偏好的存在而产生相应的外群体贬抑。已有的在美国的研究显示，唯一不产生歧义的积极刻板印象的目标群体就是参照群体。

刻板印象内容模型将复杂的刻板印象内容简化为能力和热情两个基本维度和四个主要假设，是该模型突出的优点，它不仅可以清晰地反映理论，而且提供了进行比较研究的工具。无论从理论构建还是实证研究而言，SCM为进一步深化和扩展刻板印象研究奠定了很好的基础，也为深入了解人们的社会性偏向提供了新的思路和研究课题。同时该模型的泛文化普遍性还需要深入分析和更多的研究来检验。

## 二、刻板印象的理论解释

社会心理学中对刻板印象的理论解释主要有以下几种理论取向①：心理动力学（psychody‐dynamic）取向、社会文化（sociocultural）取向、认知（cognitive）取向和社会认同理论（social identity theory）。

### （一）心理动力学理论

心理动力学理论的研究高潮在 1940—1950 年，时值第二次世界大战后不久，因而它的研究以偏见、歧视为核心。该理论认为偏见是由个体内部发生发展的动机性紧张状态引起的。

心理动力学派试图在人格和偏见之间找到关联，他们认为种族主义、法西斯、反犹太这些都是权威人格的典型表现。具有这种人格的个体表现为绝对服从权威领导，并以极端的方式看待问题。此理论受弗洛伊德著作的影响，认为权威人格产生于对过度严格的养育方式的防御性反应。过于严格的家教使孩子将潜在的敌意转向其他目标，并将敌意和冲动转移或"投射"到了少数群体或低地位群体身上。依据这些学者的看法，这种行为倾向会持续到成年时期。另外，该理论赞同偏见是一种替代性的攻击。当个体的挫折感增加时，他想表现出攻击行为，可是当直接的攻击会带来负面的后果时，个体往往会寻找替罪羊。

### （二）社会文化学派

社会文化学派认为必须在族群或社会水平上，而不是在个体或人际水平上研究刻板印象。该学派将研究的重点放在刻板印象的获得模型及传递上。埃利斯（Alice）和他的同事从社会文化角度分析认为，刻板印象是通过直接观察某群体成员行为后得到的结果，该群体成员所处的社会角色是决定其刻板印象内容的最主要因素。但是，也有实验证明，刻板印象的形成除了要考虑社会角色，也要综合考虑群体所处的社会经济地位及阶层等。该学派认为不合理、不真实的刻板印象可能是由于混淆了个体成员本身具有的特性和他们所从事职业角色的特性。例如，性别刻板印象的形成主要是由于男人和女人所处的不同社会角色（男人和女人）而引起的，可是男人和女人所处的职业角色也明显不同，所以通过研究得到的性别刻板印象不可避免地包含了男、女的职业角色所造成的差异，这也是性别刻板印象存在不合理、不真实的原因所在。总之，该学派的研究结论认为，刻板印象更多的是受人们社会化过程、同伴群体及社会媒介舆论导向的影响而形成的。

### （三）认知理论

社会认知理论从信息加工过程的角度来理解刻板印象。其研究主要从以下两

---

① 王沛. 刻板印象的理论与研究[M]. 兰州：甘肃教育出版社，2001.

条线路展开：一是较为流行的印象形成的观点；二是把刻板印象视为一种记忆现象，着重探讨影响人的信息的获得、表征和回忆的因素以及这些过程之间的关系。①

1. 印象形成的观点

印象形成的研究从图式和首因效应来解释刻板印象。这一观点认为，人们对某类人的印象等同于图式等知识结构。图式是组织好了的认知结构，它可表征不同水平上的知识，可帮助人们获得和改造新的信息以快速地形成对他人的印象。我们往往很容易地根据身体的外表、服装、走路、谈话的方式等对人分类，利用头脑中已有的图式形成关于他人的印象，当分类错误或过分夸张时就会导致刻板印象。首因效应，也称为第一印象作用，或先入为主效应，是指个体在社会认知过程中，最先输入的信息对认知产生的影响作用也最大。

2. 记忆的观点

此观点认为，对他人或某个社会群体的印象是以相关记忆为基础的。人的知觉和记忆是有限的，为了减少记忆负担，需要对人进行分类，然后根据对某类人的预存印象，推论目标人的诸多人格特征。对人的记忆研究中比较盛行的理论是图式观点和网络观点。

图式的观点认为当人们记忆中具有较强的组织较好的图式时，就会有选择地注意那些与他们的知觉一致的信息和特征，不一致的信息可能会被作为偶然或意外而被抛弃。或者人们会忘记或丢弃那些对已建立的意象有伤害的观点。由于这种信息加工活动，人们的记忆会发生偏差，从而与预存印象一致的信息会不断地构成对他人的记忆，并且可能直接导致刻板印象的形成。与印象形成观点不同，前者强调的是图式的形成，而这里强调的是图式形成之后，与之一致的信息得到较强的记忆，从而进一步加强了刻板印象。

网络观点认为，关于人的信息在记忆中是以命题网络的形式存储的，预存的印象与预期一致、不一致和无关的信息会相互连接成一个网络。当遇到不一致信息时，为了获得所有信息间的平衡，一方面，观察者会试图将其解释为意外；另一方面，他还会对不一致信息进行深加工以融合冲突片断，形成一个和谐的印象。而一致信息相互连接在一起并与预期相一致，所以对它不会付出额外的认知努力进行深加工。最后无关信息与加工中心紧密相连，也不会被给予更多的思考。从以上分析说明，不一致信息会被高效地表征到人们的记忆中，具有最高的回忆值，其次是一致信息，而对无关信息记忆效果最差。网络观点虽然认为观察

---

① 杜秀芳. 国外刻板印象研究新进展［J］. 河北师范大学学报（教育科学版），2004，6（6）：105 – 108.

者对与预期不一致的信息有较好的记忆，但由于它同时把不一致性信息解释为意外，此种信息不会促进预存固定印象的改变，从而有利于刻板印象的形成和稳定不变。

### （四）社会认同理论

随着社会认同理论在群体认知和行为研究中的不断发展，社会认同理论从其核心概念出发解释刻板印象的形成。首先是分类，分类不仅帮助我们将众多的人简单化而且也界定了某类人是怎样的。如果知道了某人属于某个类别，然后就可以推论出许多关于他的信息。同样，通过了解自己属于的类别可以更好地发现与自己有关的信息。可见，刻板印象是社会分类的直接结果。

其次是认同，即认同自己属于某个群体。认同有两层含义：一层含义是确定自己的身份，即"我（们）是谁"，知道自己是某一群体中的成员；另一层含义是指在某种意义上"我们"是相同的，或者其他人是相同的，都具有相同的、固定的印象和行为。

再次是社会比较，人的意见和能力通过完成任务的情况表现出来，并通过与他人的比较来判定。此理论假定人有一种评价自己群体身份的动机，希望从群体身份中获得一种自尊。受到这种自尊需要的驱使，相信自己所属的群体比其他群体要好，使得人们将一些积极的品质归于自己以及自己所属的群体，外群体往往得到较为消极的评价，从而极易导致刻板印象的形成。

## 三、常见刻板印象

### （一）性别刻板印象

#### 1. 性别刻板印象的表现及影响

**性别刻板印象**是人们对男性和女性在行为、人格特征等方面的固定看法或信念。它并不一定有事实依据，也不考虑个别差异，仅仅是存在于人们头脑中并使人们坚信不疑的某类性别角色具有某种特点的固定观念。阿·什莫尔（A. shmore）和德波尔（Del Boa）认为：（1）性别刻板印象同认知有关；（2）性别刻板印象是由一组看法构成；（3）性别刻板印象的内容是大多数人怎么区别看待男人和女人；（4）性别刻板印象被某个性别团体的所有成员所共有。

在性别角色刻板印象的研究中，心理学家发现了两个重要特点：性别刻板印象的存在非常普遍；在性别角色刻板印象上一致认为男性气质比女性气质优越，并由此产生性别角色偏见。性别刻板印象的影响表现在：首先，刻板印象是过分简化的看法，一些性别刻板印象是没有科学依据并为科学研究所否定的。比如，一般来说人们认为男性比女性更聪明、更自信、更容易获得成功。这种没有科学依据的性别刻板印象对女性来说显然是不公平的。其次，性别刻板印象往往把男女两性描述成两种完全不同的群体，夸大了两性间的差异而缩小了群体内的差异。性别刻板印象可能使人们认为所有的男性都差不多，即使事实上男性之间存在着很大的个别差异，这种差异也往往被忽视。再次，刻板印象的最后一个危险是，它经常被用来支持对某些团体的偏见与歧视。

2. 性别刻板印象的维度和内容

有关性别刻板印象维度的研究，引用的最多的是布洛曼（Broverman,1972）、罗森克朗兹（Rosenkrantz）及其同事（1968）对性别偏见的研究。他们认为女性比男性更具有的两个特质是：热情和善于表达情感；男性比女性更具有的两个特质是：能力和理性。Broveman 的研究结果表明，人们普遍认为男性具有如下特质：攻击性与独立性强，情绪稳定而不外露，客观，不易受外界影响，支配感强，喜爱数学与科学，临危不惧，具有积极性与竞争性，逻辑性强，谙于处世，工作熟练，直率，知识广博，情感不受伤害，爱冒险，果断，从不哭闹，自信，有领导欲望，大度，抱负宏大，理智，自立，对外表不自负，大男子主义，同男性能自由地谈论性；女性具有如下特质：喜欢闲聊天，做事得体，爱打扮，爱整洁，文静，虔诚笃信，强烈的安全需要，喜爱艺术和文学，善于表达温情。

地奥克斯和刘易斯（Deaux & Lewis,1983）提出性别刻板印象包括几个独立的维度：人格特质、角色行为、职业和外表（体貌），每个维度都分别有男性和女性的角度。虽然每个维度中两性的角度不是完全独立的，但是相关分析表明，它们最好被作为独立因素来处理。在他们的研究中，性别刻板印象各维度的内容如下。

特质维度：包括（男性）独立，积极，竞争，果断，不轻易放弃，自信，能够承受压力，有优越感；（女性）情感丰富，能够全心全意关心别人，温柔，善良，善解人意，理解他人，友好，对他人有帮助。

角色行为维度：（男性）一家之主，家庭收入的主要来源，领导者，负责家中的修理工作；（女性）情感支持的来源，打理家务，照顾孩子，洗衣做饭，负责家中的装饰。

职业维度（职业的选取以职业统计为基础，选取70%以上的人们认为应该属于某一性别的职业）：（男性）卡车司机，保险代理，电话安装员，化学家，城市规划者；（女性）职业辅导员，电话接线员，教师，护士。

外表维度：（男性）高大、强壮、肩膀宽；（女性）轻言细语，娇美，举止优雅，柔软。

地奥克斯和刘易斯研究了这四个维度之间的联系及其相互影响。研究结果表明，各维度之间可以相互预测，并且各维度预测其他维度的能力不同，其中外表维度起着最为显著的作用。

3. 性别刻板印象形成的原因

（1）生物学因素

道瑞恩·科姆瑞尔（Doreen Kimura，1999）认为知觉的性别差异来自遗传。她还认为认知上的性别差异，包括空间知觉能力、数理能力、知觉能力、运动技能、语言能力等，也是由于生物因素造成的。弗洛伊德学派也认为男女性别差异是固化的、根植于男女不同的生理机制，女性具有被动性、受虐性、自恋性等人格特质。据此观点，人们对于性别差异的刻板印象可以被看做是对男性和女性本身固有的差异的认识结果。

生物因素在解释现象时固然很重要，但是仅仅用男性和女性在生物学上的差异有时无法解释一些性别刻板印象。如男性和女性在数理能力方面的差异，在刚开始时其实是十分微弱的，而更多地差异是在后来的课程选择上，女生比男生更少选择数学和科学方面的课程。这是否可以认为男性和女性在数学能力方面本来并没有很大的差异，而是因为人们的偏见（或刻板印象）本身造成二者之间的更大的差异？①

（2）社会化因素

按照行为主义者的观点，性别刻板印象的形成是由于社会角色的划分，使男孩和女孩受到了不同的奖惩倾向，从而逐渐导致心理上的性别差异。社会学习理论认为，直接强化法、模仿和观察学习是男女儿童获得性别定型性行为的基础。认知理论认为，性别角色学习在本质上是认知发展的一个方面，儿童学习一套男女行为准则，并以此规行矩步，获得性别恒常性概念，实现对性别定型性行为的塑造。研究者考察了5~25个月大的孩子的玩具和衣服，他们发现女孩比男孩更喜欢布娃娃和过家家玩具，男孩更喜欢运动器械、工具和汽车、卡车玩具。在美国父母一般不会给女儿穿蓝色的衣服，因为蓝色被认为是小男孩的颜色；而父母一般也不会给男孩穿粉红色的衣服，因为粉红色被认为是女孩的颜色。孩子一出生就因为性别而被区别对待，所以他们很快就意识到什么适合于男孩，什么适合于女孩，并且开始按照这些性别角色期待去行为。

美国社会心理学家丹玛克（Denmark，1982）指出：“美国儿童读物的所有研究都表明这些书是关于两性作用的定型看法的根源。”我国的一些心理学家也对我国青少年读物中的性别刻板印象进行了研究。他们发现，在中国现行的中小学《语文》课本中，对女性的反映远远不及对男性的反映，从课本中的男女角色数量来看，男性的角色远远多于女性的角色。在课本中出现的女性职业大多数为服务员、护士、

---

① 李凤兰，郑晓边. 人际认知中的性别刻板印象[J]. 华中农业大学学报（社会科学版），2004（4）：61-67.

教师、学生和家庭妇女；而男性的职业则是政治家、科学家、将军、文学家、诗人、画家、医生、厂长等。女性角色的职业无论从社会价值还是从广泛性上都不如男性。在课本中描写的男性多为有理想、有抱负、有成就、竞争心强、支配感强；而女性则被描绘成坚贞刚烈、心地善良、温柔美丽、依赖胆怯。

此外，男性和女性不同的社会地位也是导致性别刻板印象的重要原因。社会地位是指个体在社会中所获得的声望与尊重，更高的社会地位总是与更高的权力相联系的。而女性的社会地位通常比男性低，于是她们被迫选择更加具有人际敏感性的行为。相反，男性的高社会地位使得他们能够选择具有果断性和力量性的行为。人们在观察男性和女性的行为时可能没有充分考虑他们所处的社会情境，结果把其行为归因于内在特征（与性别有关），从而导致性别刻板印象的产生。由此可见，一些来自于社会结构方面的因素可能是造成性别差异和性别刻板印象的根源所在。

4. 反性别刻板印象

在日常生活中，人们经常会碰到一些人的表现与大众对其性别角色的期望相反，比如打棒球的女性，幼儿园的男教师等。**反性别刻板印象**（gender counter-stereotype）是指男性或女性在性别角色行为方面的表现与人们的性别刻板印象不相符，违背了对两性角色的期望和要求。① 反性别刻板印象主要表现在以下几个方面：在人格特征方面，人们对男性和女性各自应该有的和不应该有的人格特征的期望是不一样的，如果人们的表现与这些期望不一致，就会成为反性别刻板印象的典型；在能力表现方面，传统的性别刻板印象认为男性更能干、更优秀，女性情感更细腻。根据这一结论，如果女性表现出高的成就动机或有领导才能等，或男性表现出服从性强或重感情等，都会被看做是反性别刻板印象的行为；在家庭分工方面，传统的性别刻板印象中强调"男主外、女主内"。持家的男性会受到能力不强的质疑，而在事业上拼搏的女性则会被认为是不顾家，不会持家的人；在职业选择方面，人们对于男性和女性有着不同的职业期望。从事与人们对自己的性别期望不符的职业，便会被当做是反性别刻板的例子。

反性别刻板信息和行为的出现，会对人们既有的性别刻板印象造成冲击，而使得人们自发地采取策略和行动去维护性别刻板印象。

**（二）年龄刻板印象**

刻板印象的研究大多数围绕着性别和种族来进行，而围绕着年龄刻板印象的研究主要在验证内隐的年龄刻板印象持有者自身的记忆成绩和运动能力，例如，巴格等人（Bargh, et al., 1996）用句子拼凑任务启动大学生被试，用老年人刻板印

---

① 刘晅，佐斌. 性别刻板印象维护的心理机制[J]. 心理科学进展，2006，14（3）：456–461.

象词启动的被试从实验室走向电梯准备下楼时走路速度显著慢些；豪斯道尔夫等人（Hausdorff, et al., 1999）验证了关于年龄的积极和消极的词对老年人步行能力的影响，表明积极启动在步行成绩上有一个积极的影响，消极启动在步行能力上没有影响；莱维（Levy, 1996）检验了在一个老年人样本上，接受积极词汇启动的被试其记忆成绩在后测中出现了显著的提高，而被消极词汇启动的则降低了成绩。有研究表明，在美国，人们被分类为"老年人"的结果是令人不快的，对老年人的态度通常认为是消极的，如人们认为老年人的智力水平在退化、不吸引人、不幸福，并且不能参与体力活动。这种"老年歧视"普遍存在于现今的社会生活中。① 卡洛尔（S. Carole, 1996）提出研究人们对老年人的态度至少包括3个主要的个人属性：（1）身体特征，包括身体外观、身体状况和身体运动；（2）个人表达，包括心理状态、态度或社交关系；（3）认知能力，包括智力或信息加工的能力。

国内学者连淑芳（2003）的研究验证了大学生在年龄刻板印象上存在内隐启动或自动激活，不同性别的大学生被试在老年人的年龄刻板印象的内隐启动或自动激活上不具有显著差异，这说明对老年人的年龄刻板印象是同一种文化中男女所共有的。② 佐斌等人（2007）采用内隐联想测验同时测量关于年轻人和老年人的年龄刻板印象。结果表明，大学生被试在身体特征、个人表达和认知能力等3个方面对老年人都普遍存在明显消极的内隐态度；而在外显测量中，被试对年轻人和老年人的态度不存在显著差异。

**（三）国民刻板印象**

**国民刻板印象**是指人们对某国国民固定和突出的概括性看法。这些看法可以是用某些人格特质表达的，也可以是对群体的某种行为的描述和评价。

对不同国民的评价和认识一直受到国内社会心理学者的关注，尤其在中国青少年儿童对中国人典型形象的评价方面已经进行了一些研究和探讨。如佐斌等人（2002）调查了262名小学生心目中的农民形象，这项研究表明小学生心目中的农民形象总体来说是积极的。③ 此外，他们（佐斌，陈晶，周少慧，2003）还通过访谈和问卷调查方法，考察了383名5~12岁中国城市青少年儿童对中国人的总体印象及其影响因素，结果表明，城市青少年儿童对国民的印象是由年龄、教育和性别等因素共同作用形成的，他们对中国人形象的评价总体是积极的，认为中国

---

① 佐斌，温芳芳，朱晓芳. 大学生对年轻人和老年人的年龄刻板印象[J]. 应用心理学，2007，13（3）：231-236.

② 连淑芳. 内隐社会认知：刻板印象的理论和实验研究[D]. 上海：华东师范大学心理学院，2003.

③ 佐斌，肖玉兰. 城市小学生心目中的农民形象研究[J]. 心理发育教育，2002(3)：1-5.

人是快乐的、讲卫生的、爱和平的、聪明的、勤奋的、友善的以及和蔼的。该研究同时发现，随着年龄的增长，这种积极的评价逐渐开始消极。[①]

在对"他国"国民的典型形象的评价研究中，张欢华（2003）开展了一项沪、津两地中国人对于西方的刻板印象的研究，通过对上海、天津两地的调查并与台湾的相关调查作对比，得出两个主要结论：一是"西方"一词在中国人心目中不仅是一个地理概念，还有"经济发达"与"实行资本主义制度"两层含义；二是总体而言中国人对西方及西方人评价较好，刻板印象并非偏见。孙利（2004）考察了武汉青少年对 10 个国民或民族的刻板印象，发现国民刻板印象的维度主要体现在 10 个方面：道德、财富、态度、理智—有礼、情艺、肤色、气质、大男子主义、体貌、团体意识。在喜爱度上，发现青少年在喜欢中国的程度上得分最高。目前国外的大多数对国民刻板印象的研究都发现，被试对本国国民的印象存在内群体偏爱。[②]

从总的趋势来看，对国民刻板印象的研究从单纯的内容研究转向实践应用研究，如国民刻板印象的内容、传递、改变或形成的研究，国民刻板印象与国家认同的研究，国民刻板印象与跨国市场经济的研究，国民刻板印象与宗教信仰的关系研究，青少年的国民刻板印象与偏见、内群体偏爱研究等。

**（四）职业刻板印象**

职业刻板印象属于偏见和刻板印象的范畴，但它已经成为社会心理学家、女权主义学者、工程心理学家、发展心理学家以及社会学家研究的对象，它对儿童和青少年的职业发展和职业决策有重要的影响。

1. 职业刻板印象的概念

**职业刻板印象**是指人们对某种职业的期望、要求和一般看法。由于性别刻板印象的影响，人们普遍将坚强、独立、胆大、冒险、理性与男性联系在一起，认为男性适于从事家庭以外的、具有竞争性和开拓性的工作；认为女性大多温柔、仔细、体贴、感性、胆小，适于从事家务以及服务性的工作。[③] 职业刻板印象表明传统男性所从事的职业多为工程师、计算机程序员、建筑师及医生等，而女性从事的传统职业多为幼儿园教师、秘书、保姆及护士等；选择专业时，男生大多倾向于选择数理、工程、建筑和机械等理工科专业，女性则喜欢选择文史、外语、财经和师范教育等人文专业。

---

① 佐斌，陈晶，周少慧. 城市儿童对中国人印象及其信息来源[J]. 中国临床心理学杂志，2003，11(3)：188-191.

② 孙利. 青少年对若干国民或民族的刻板印象[D]. 武汉：华中师范大学心理学院，2004.

③ 徐大真. 性别刻板印象之性别效应研究[J]. 心理科学，2003(4)：741-742.

### 2. 职业刻板印象的相关研究

（1）国外的相关研究

国外职业刻板印象的研究成果可以归纳为三大方面：首先，普遍存在的职业刻板印象在媒体中通常以面部突显的形式表现出来。马修斯（Matthews，2007）考察了印刷媒体中男女照片面部突显与性别及职业身份的关系。结果表明，智力型职业（如经理、政治家、科学家、教育家等）所描绘的个体面部/身体比例比身体型职业（如运动员、演员、模特等）更高，面部突显的性别差异不显著；性别与职业身份的交互作用表明，智力型职业男性比同类型职业女性具有更高的面部/身体比例，身体型职业男性比同类型职业女性具有更高的面部/身体比例。其次，人们对职业刻板印象的感知会受到熟悉性及测量方法的影响。史密斯和米勒等人（Smith & Miller，et al.，2006）采用职业刻板印象材料，实验表明重复暴露会增加对目标人物基于社会团体成员的刻板印象，原因可能是由于熟悉感对加工机制有调节作用，从而对所熟悉的目标会进行更少系统性或分析性的加工。最后，职业刻板印象会在女性的求职招聘、工资分配和晋升等情境中产生社会效应。有研究表明，由职业刻板印象所产生的基于性别的歧视，以及对典型女性所从事工作的贬值，影响了对工资的分配。希尔曼（Heilman，1980）实验发现，当女性应聘管理职位时，招聘女性的比例会影响她们的职业性别刻板印象。在其后续的研究中发现，在申请晋升传统男性职位时，人们对作为母亲的申请者在能力期待上和推荐上存在偏见。这表明，母亲身份确实阻碍了女性职业的发展，并且提高了与性别刻板印象之间的联结。

（2）国内的相关研究

国内对职业刻板印象的研究主要是从以下几个方面探讨的：一是将性别与职业刻板印象相结合，以大学生为被试，研究大学生群体的内隐职业刻板印象。胡志海、梁宁建（2004）通过内隐与外显两种研究方法发现，大学生存在明显的职业性别刻板印象，不同地域的工作对职业刻板印象产生很大的影响。[1] 二是关注职业性别刻板印象对女大学生择业、就业的影响。王勇慧（1999）在女大学生职业角色刻板印象研究中，采用投射测验和深入访谈两种方法，分别对男女大学生做了实验。结果发现：从整体上来看，女大学生比男大学生具有较低的职业角色刻板印象；女大学生对自身的职业范围有着较高的限制；男大学生对女大学生职业发展的限制更甚于女大学生的自我限制；传统的性别观念仍在不同层面影响着女大学生的职业刻板印象，造成女大学生未来发展相对狭小的选择空间，使其内

---

[1]　胡志海，梁宁建，徐雄东. 职业刻板印象及其影响因素研究［J］. 心理科学，2004，27（3）：628－631.

心承受着矛盾和冲突。① 胡志海（2005）采用间接测量方法发现女大学生头脑中的职业刻板印象对其行为归因已形成显著影响，在不同程度上仍存在传统的"男尊女卑"的观念。三是关注职业性别刻板印象的影响因素。例如，胡志海（2005）指出，大学生职业刻板印象的形成客观上跟职业的经济收入和社会声望有关，主观上可能是大学生自身定位的偏差。具体表现在他们对自己未来职业的期待过高，对可选范围的限定过于狭小，从而形成就业观与社会现实需求之间的较大落差。

## 四、刻板印象的测量

### （一）直接测量法

#### 1. 自由反应法

自由反应法（free reaction measures）是评估刻板印象内容最容易的测验，它直接询问人们对某给定群体的特征的看法，即简单地要求人们回答他们对于不同社会群体，如同性恋、妇女和老人的感觉，并且用他们的回答作为其态度的指数。这个方法的优点是自由反应很容易获得，而且这还体现了一定程度的理论性。例如，当被问及黑社会成员时很容易得出暴力的印象，被问及女人时很容易得出柔弱的印象，我们就可以认为这些特征与这些群体有紧密的联系。自由反应法已经被广泛地应用于研究刻板印象和偏见上。

#### 2. Katz 和 Braly 法

卡茨和布雷利（Katz & Braly）在1933年发表了关于大学生刻板印象的实证研究报告，该研究提供了一种可以测量刻板印象的简易方法——先给被试呈现描述品质的形容词词表，然后要求被试指出符合某一群体的词汇，将出现频率最高的词汇定义为对某个群体的刻板印象。这个程序很容易操作，对被试来说没有任何困难，并且所需时间较少，被试可以在较短的时间段内评估对若干个群体的刻板印象，因而在相当一段时间内成为研究刻板印象的标准方法。但是这一方法的局限性也是显而易见的，例如，有的被试不愿意评价不同民族的人格特质，尤其是那些几乎没有接触过的群体。

#### 3. Brigham 法

布里格姆（Brigham，1971）采用简单百分比（percentages of shared attributes）的办法来测量刻板印象，他要求被试给出群组中具有某种特质的成员的百分比。首先他给被试呈现一个里克特量表，上面提供了从0—100%之间的十个等级的答项。如果被试选择"90%"的葡萄牙人是友好的，那就说明"10%"的葡萄牙

---

① 王勇慧. 女大学生职业角色刻板印象研究[J]. 青年研究，1999(9)：28-34.

人是不友好的。Brigham 的这一测量技术可以计算出被试刻板印象的程度。例如，实验者可以把高于 70% 和低于 30% 作为刻板处理。群组水平的百分比说明了对于特定的样本的哪种特质是刻板的。Bighham 法也是一种个体差异法，它是建立在个人认可基础上的刻板印象测验。假定约有 10 个特征依靠大家的共识被认定为刻板印象，每个人的刻板印象得分则代表了她或他对于这些特征的平均值，因为这个测验是依据共识来定义刻板印象的，那些对刻板印象认同多一点的人可以被认为是拥有较强的刻板印象。这个测验的促进作用在于能够在一定程度上识别那些有刻板印象的个人之间的差异。

4. Gadener 法

加德纳（Gadener，1973）在其研究中要求被试按照群体多样的语义或者特征类型进行评估，然后计算出被试对每一等级、每一群体所给出的平均比率，那些高于统计学上中间值的比率可以被认为是刻板印象的一部分。一些有最高的两极分化率（依据 t 值）的特征数字被用来定义刻板印象。Gadener 让被试对每一个特征与每个群体的适合程度进行排序，这样不仅能够更精确地测量人们的共识，而且也能够更精确地测量个体的差异性标识。同时，这一测量方法进一步将刻板印象定义为存在于群体标识和特征之间的联想，而且是以强度来划分等级的。

**（二）　间接测量法**

刻板印象的直接测验具有施测简便等优点，但也存在一些缺陷，很多时候测验的表面效度较高，被试经常会对自己的态度进行矫饰，从而导致测验结果的偏差。而且直接测验也有可能带来反作用，例如灌输给被试先前并没有具备的一些态度。随着认知心理学研究方法的进步，特别是内隐记忆研究方法的形成与发展，越来越多的间接测量方法被引入了社会认知的研究领域，在刻板印象的研究中也得到广泛应用，其中比较典型的有内隐联想测验、刻板解释偏差法、投射测量、加工分离法等，这里重点介绍前两种间接测量刻板印象的方法。

1. 内隐联想测验

内隐联想测验（Implicit Association Test，IAT）是基于反应时的一种间接的测量方法，是由 Greenwald（1998）提出的一种新的研究方法。IAT 在生理上基于神经网络模型，该模型认为信息被储存在一系列按照语义关系分层组织起来的神经联系的结点上，因而可以通过测量两概念在此类神经联系上的距离来测量这两者的联系（Shelly DFarnham，Anthony G Greenwaid，Mahzarin R Banaji，1999）。

Greenwald 等运用内隐联想测验对黑人—白人种族刻板印象进行了研究，结果发现人们更易于将白人和好的属性连在一起，而将黑人和坏的属性连在一起，证实了种族刻板印象的存在，并发现种族内隐刻板印象和相应的外显态度测量之间是相对独立的。

2. 刻板解释偏差

刻板印象解释偏差(Stereotypic Explanatory Bias,SEB)是人们在与刻板印象不一致的情境中所表现出的解释偏差,它作为测量内隐态度的一种指标,反映了个人对某一社会群体的刻板印象在其信息加工过程中无意识地发生的作用(Sekaquaptewa,et al.,2003)。刻板印象解释偏差的测量产生于社会认知方面的研究,实验要求被试完成相关问卷,以检测被试是否存在 SEB。问卷由若干个原因填空句子构成,但它们均只向被试呈现前半句,这半句写出的是事件的结果,而后半句要求被试根据自己的状况填写,即对前半句所描述事件结果进行归因。而研究者则通过计算个体归因后提出解释的数量以及确定解释本身的性质(内/外归因,或则个人/环境归因)来计算出 SEB 值。

对于内隐的研究方法目前在性别刻板印象和职业刻板印象的研究中应用较多,直接测量法较多地用于对国民刻板印象的测量。

## □□□ 第二节　偏见

### 一、偏见的概念及特征

#### (一) 偏见的概念

偏见(prejudice)是人们针对特定群体及其个体成员所持的不公正的、否定性的态度。此种态度内包括认知的成分较少,情感的成分较多,因受情感因素的影响,偏见可能表现为正面的偏爱,也可能是负面的偏恶。实际上每个人一生中都会面临偏见的问题。相对种族、性别或者民族背景等问题而言,偏见可能更多的是针对年龄、出生地、职业,甚至仅仅是肥胖等问题。然而,就算我们不顾它的形式或焦点所在,偏见都将作为一种具有破坏性的事实而存在,哪怕它只是以一种微妙而隐蔽的形式出现。

#### (二) 偏见的特征

偏见具有这样一些基本特征[①]:(1)偏见常以有限的或不正确的信息来源为基础。人们常常倾向于根据少数人的表现来推断他们所属的全体成员的特征或根据道听途说的传闻而形成对群体的整体印象;(2)偏见的认知成分是刻板印象,所以偏见一旦形成,就不易改变;(3)偏见有过度类化的倾向,一个持有偏见的人常常会受晕轮效应的影响;(4)偏见含有先入为主的判断,人们往往在占有资

---

① 周晓虹. 现代社会心理学[M]. 上海:上海人民出版社,1996.

料和信息不全的情况下就贸然下决断，缺乏现实依据又固执己见。（5）偏见是一种内隐的观念，人们往往很自然地、无意识地流露出了对某些（个）群体成员的偏见态度，虽然人们通常会坚决否认自己存在偏见观念。

## 二、偏见的来源

### （一）偏见产生的理论解释

#### 1. 替罪羊理论

当人们遭遇挫折的原因令人畏惧或者莫名其妙的时候，人们往往会转移发泄愤怒和不满的对象，这就是"替代性攻击现象"。替代性的目标是变化不定的。德国在第一次世界大战战败之后，随之又出现经济的混乱，许多德国人都把犹太人看成是罪魁祸首。在几世纪以前，人们曾经把他们的恐惧和敌意发泄到女巫身上，女巫有时在公共场合被烧死或溺死。虽然近年来的研究并不能证明仇视性犯罪跟失业率有显著的正相关，但是，当生活水平不断提高的时候，社会民众对民族多元化会持更开放的态度，并且在繁荣时期，更容易维护民族和睦。

#### 2. 群体冲突理论

该理论认为偏见起于群体间的竞争。它的基本假设是，社会由多个群体构成，这些群体各自拥有的权力、经济资源、社会地位和其他令人向往的东西是不同的。优势群体希望保持自己的特权地位，而弱势群体则希望减少这种不平等。这种竞争引起了群体之间的冲突，从而导致偏见的产生。该理论还用相对剥夺的观点解释偏见何时产生，当人们认为自己有权获得某些利益却没有得到的时候，他们若把自己与获得这种利益的群体相比较时，便会产生相对剥夺感，这种相对剥夺感最可能引发对立与偏见。①

#### 3. 社会学习理论

该理论认为偏见是人们习得的经验。根据社会学习理论的观点，儿童从父母、朋友、老师和其他人的言谈举止中潜移默化地学会用消极的态度来看待某些社会群体。从现代的社会、生活条件来看，父母的榜样作用和新闻媒体宣传效果对于偏见的习得最为重要，儿童的种族偏见与政治倾向大部分来自父母，儿童所接受的新闻媒体的影响使得儿童学习到了对其他人的偏见。

#### 4. 社会认同理论

社会认同理论指出，人们通常会把社会划分为两大阵营：我们和他们，即内群体和外群体。这种分类基于很多方面的划分标准：包括种族、宗教、性别、年龄、省籍、职业和收入，等等，人们通常会显示出对内群体更多的偏爱。该理论

---

① 侯玉波. 社会心理学［M］. 北京：北京大学出版社，2005.

的一个重要假设就是，人们通过群体分类、比较及认同的过程来获得自尊。当人们怀有偏见的时候，他们就会以高高在上的姿态看待其他某个群体，这样能够增强他们自身的价值感和优越感。人们越认同自己所在的内群体，就越服从该群体的规范，也越强烈地感受到对该群体的依恋，面对来自其他群体的威胁时，人们的反应也就越充满偏见。因此，对于某些人来说，偏见也许在保护和提高自我概念的方面起着重要的作用。

**（二）偏见持久存在的原因**

1. 认知因素

（1）类别化

类别化是指在对一个人形成知觉的时候，首先会把他归入某一个群体，这是一个自然发生的过程。在类别化的过程中，性别、种族和年龄是最明显的分类特征。比如说，在遇到一个陌生人的时候，我们立刻会注意到他（她）是男是女，是老还是少。

人们凭借这种快速的启发式的加工过程和先入为主的信念来获得关于某个群体的总体印象，还能够避免受累于细致繁琐的系统加工过程。这种节约心理能量的倾向也可以作为解释偏见存在的原因之一。

（2）突显性

对人的认知过程中有特色（如生动、鲜明等）的刺激目标往往更能引起我们的注意，其特征可能会引起人们对这一类人的品质或特征的一种夸大的知觉，所形成的印象也更深刻。比如，在一群女性中你是唯一的男性，那么你将特别引人注意。

（3）基本归因错误

基本归因错误是指人们在解释他人的行为结果时，倾向于高估内在因素的作用，低估情境因素的作用；但是对自身的行为，却倾向于作情境归因。人们总是对内群体成员给予善意的理解，而在解释外群体成员行为时更容易从最坏的角度去设想。这表明基本归因错误也是人们在解释群体成员的行为时容易出现偏差的原因之一。

2. 社会因素

（1）从众

如果偏见被社会所接受，那么许多人将会为了博得他人的喜欢和接受而顺从这种潮流。研究表明，那些遵从社会规范的人往往也是最具有偏见的人，那些不怎么遵从社会规范的人不大可能有偏激的观念，但是不从众的代价通常是痛苦的。同时这一观点告诉我们，如果偏见并非植根于人格，那么随着潮流的改变、新规范的演进，偏见便可能消除。①

（2）服从

偏见得以持续下去的另外一个社会因素是，社会权威和生活环境会制造出支持偏见态度的社会条件和个人特性，最终使之成为社会制度和社会规范。例如，一个集团或群体的领导人常常会利用自己的权力强化群体成员对规范的服从，其中自然也包括对偏见规范的服从。

### 三、偏见的常见形式

偏见最常见的表现形式是种族主义和性别主义。**种族主义**（racism②）是指仅仅因为某人属于某个种族而产生的偏见及歧视行为。**性别主义**（sexism）是基于某人的性别而产生的偏见及歧视行为。人们通常会自动地沿着这个维度范畴化他人，甚至没有意识到自己的这种态度和行为。

#### （一）种族主义

目前存在有两种形式的种族主义③：老式种族主义（old-fashioned racism）和逃避型种族主义（aversive racism）。老式种族主义是基于他人的范畴或是资格而产生的消极和不公正的刻板印象。例如，非裔美国人被视为具有攻击性和低能的。从某种程度上来说，现存的社会规范已经在很大程度上减少了赤裸裸的偏见形式，但在另一方面，心理学家已经确认第二种形式的种族主义（即逃避型种族主义）的广泛存在，一些学者将其称为现代种族主义（modern racism）。逃避型种族主义是指对不同群体的成员既有平等主义的态度，又有消极情绪。人们一方面有意识地努力做到平等对待所有的人、对种族偏见的受害者抱有同情心，另一方面人们对具有消极刻板印象的某个群体的外显偏见行为却不断地得到强化，这两方面冲突的结果是人们内心会出现诸如担忧和自责之类的消极情绪体验，甚至会有罪恶感和羞耻感，因此人们在公众场合中会隐藏实际存在的种族主义，只有在安全的情况下，比如在亲密朋友和家庭成员面前才会表现出原本的偏激态度。现代偏见甚至表现为种族敏感性，它致使人们对被隔离的少数民族人士反应过度——包括对他们的成功赞扬过度，对他们的过失批评过度。它同时也表现为某种怜悯姿态，例如，有研究者将一篇写得很糟糕的文章给斯坦福大学的白人大学生，请他们作出评价。被告知文章作者是黑人的大学生被试比被告知文章作者是

---

① Myers, D. G. 社会心理学[M]. 侯玉波，乐国安，张智勇，等，译. 北京：人民邮电出版社，2006.

② 注：racism 既包括作为态度形式的性别偏见，又包括作为行为方式的性别歧视，在此译为种族主义.

③ Grisp, R., Turner, R. 社会心理学精要[M]. 赵德雷，高明华，译. 北京：北京大学出版社，2008.

白人的大学生被试对文章的评价相对较高，他们显示出了对黑人作者的宽容和低标准。这种赞扬过度和批评不足可能会阻碍少数民族学生取得好成绩。[①]

可见社会的进步也意味着种族偏见正在逐渐降低，但是这一过程要经过不同的阶段，每一阶段的表现形势有所不同，其命名也有所不同：第一阶段被称为老式的种族主义，即明显地、公开地、毫无顾忌地表达出来的种族偏见；第二阶段是逃避型的种族主义，即平等主义和种族偏见态度共存；第三阶段是完全的平等主义，此时不再有任何冲突。

### （二）性别主义

性别主义是一种与种族主义极为相似的偏见与歧视现象，不同只是在它的基础是性别而不是种族。典型的性别主义是男性对女性的主导。与种族主义一样，性别主义可分为两种类型：敌意性别主义（hostile sexism）和善意性别主义（benevolent sexism）。敌意性别主义的典型表现是认为女性是低等的、非理性的和懦弱的。当然，也有一种没有这么明显的敌意，甚至还会带有些许的善意。善意性别主义对待女性的态度相对比较积极，它崇尚传统的妇女角色，如家庭妇女或母亲，虽然这是对妇女积极的刻板印象，但是它将女性束缚在一些具体的角色上，因此它实际上是在为男性的主导地位提供合理化的基础。可见现代性别主义的形式也表现为平等主义与偏见之间的冲突。

有趣的是，对于一位有性别主义的男子来说，他可以同时拥有对待女性的敌意和善意两种态度。有研究发现，那些明显持有矛盾性别偏见的男性对女性的观念趋向两极化，因而他们实际上持有两种类型的性别偏见。如果要求这些人回想起超越传统角色的女性形象（例如，一位事业型女人），这些男人会报告说他们有负面的感受，这些消极情绪与敌意性别主义相关，但与善意性别主义没有相关性。相反，如果让这些男人回想一位传统型女人（如家庭主妇），他们会报告有积极的感受（如热情的、可信任的），这种情绪与善意性别主义有关，但与敌意性别主义无关。这一研究结果表明，拥有矛盾性别偏见观念的男性对待女性可以同时拥有积极的和消极的两种态度。只是不同的态度针对的是不同的女性群体。这有助于解释为什么性别偏见很难消除。如果我们告诉某人他们对女性的消极刻板印象是不合理的，他们会抗议说他们实际上对女性有积极的看法。可见，跟种族主义一样，堂而皇之的性别主义已经灭亡了，但是微妙的偏见仍然存在。

## 四、社会性偏见的控制

偏见可能来源于负性情绪的联想，或者源自行为辩解的需要，又或许是刻板

---

[①]　Myers, D. G. 社会心理学[M]. 侯玉波, 乐国安, 张智勇, 等, 译. 北京: 人民邮电出版社, 2006.

印象的作用。偏见具有普遍性和跨文化性，这是人类认知特点所决定的。但是在现代社会中，偏见被认为是一种消极表现，因此人们会有意识地或自动地对偏见进行控制，表现出无偏见的行为反应。由于控制动机的来源不同，同样的无偏见反应可能无法真正地反映出个体之间的偏见差异。有的个体是由于自身的价值观念的影响，从根本上纠正了自己的偏见态度；有的被试则是迫于外部压力，临时性地改变了自己的偏见反应。控制偏见动机的研究可以让人们更加清晰地认识，个体所表现出来的偏见和歧视的减少是否真实。

### （一）控制偏见的动机分类

人们在表达对偏见对象的态度时，不仅会受到自动激活的刻板印象的作用，还会受到个体动机的影响，这种动机就是控制偏见动机（motivation to control prejudice）或无偏见反应动机（motivation to respond without prejudice）。

根据产生的来源不同，动机可以区分为外在动机和内在动机。外在动机是在外界的要求或压力下所产生的，是诱因所致的动机；而内在动机则是由个体的内在需要引起的动机。[①] 心理学家认为，控制偏见的动机同样存在这两种区别。

内在无偏见反应动机和外在无偏见反应动机对偏见反应具有不同的作用。前者可以有效地预测种族偏见的外显测量：拥有高水平的无偏见反应动机的个体在问卷测量中表现出更少的种族偏见；而后者与种族偏见的外显测量之间关系并不紧密，并且两者之间存在着微弱的正相关：拥有高水平无偏见反应动机的个体较低水平个体在匿名问卷测量中会表现出稍多的偏见反应。[②] 戴维尼（Devine）等人的研究探讨了无偏见反应动机在外显和内隐种族偏向中的作用，结果发现外显的种族偏向受到内在控制偏见动机的影响，而内隐的种族偏见则受到两种动机的交互作用的影响，特别值得注意的是，那些高内在动机/低外在动机的被试较其他被试表现出较低水平的种族偏见。

之后的一些研究也得出了类似的结果。阿莫第（Amodio）等人的研究也表明，高内在动机的被试相对于低内在动机的被试，在自我报告任务中表现出较少的情感种族偏向；高内在动机/低外在动机的被试相对于其他被试在内隐任务中表现出较少的情感种族偏向。豪斯曼和瑞安（Hausmann & Ryan）的研究也表明，内在无偏见反应动机强的被试表现出较少的内隐偏见，而外在无偏见反应动机较强的被试则表现出更多的内隐偏见。但也有不同的研究结果，格拉泽和诺尔斯（Glaser & Knowles）等人的研究表明，内在无偏见反应动机对于内隐刻板印象和自动激活

①　郭永玉，王伟．心理学导引［M］．武汉：华中师范大学出版社，2007.

②　Plant, E. A., Devine, P. G. Internal and external motivation to respond without prejudice［J］. Journal of Personality and Social Psychology，1998，75(3)：811 – 832.

反应之间的关系没有调节作用，但是外在无偏见反应动机对两者之间的关系具有调节作用：高 EMS 的被试对刻板印象导致的自动激活反应产生了抑制作用。

### （二）控制偏见的内隐动机

内隐社会认知研究近年来成为社会认知领域的热点，社会认知具有内隐性已经得到学者们的广泛认同。已有的内隐研究发现，动机也具有内隐性，人们的动机有时是自动激活、难以觉察的，这引起了许多心理学家的兴趣。

□□□ **专栏 6-1**

### 无偏见是一种策略吗？

托马斯·佩蒂格鲁（Thomas Pettigrew,1987）曾说，"许多人曾向我坦白……尽管在他们心里从未感觉对黑人有偏见，但当他们与一个黑人握手时仍会感到别扭。这些感觉从他们孩提时代在他们的家庭当中学会开始，一直沿袭下来。"

偏见作为一种消极的态度，受到了西方社会心理学者的重视。在美国由于其历史发展原因，种族偏见（racial prejudice）一直以来都是社会心理学研究的热点问题，发展出了大量的测量工具，取得了丰富的成果。随着社会的进步和发展，美国学者在对种族偏见的调查中发现，白人对于黑人的自我报告态度越来越积极，此时又一个问题摆在心理学家面前——这种态度的改变是否真实。很多研究表明了社会压力对这种态度改变的影响；此外，内隐偏见和外显偏见之间的不一致，也让人们对自我报告法所测量结果的真实性提出了怀疑。有研究者认为，有时候人们表现出来的无偏见反应，只是一种社会策略。法西奥（Fazio）等人的一项研究中，被试在前后相隔两到三个月的时间点，两次填答《现代种族主义量表》（Modern Racism Scale,MRS），第一次是大样本施测，第二次则是在黑人或白人实验者的注视下单独填答，结果发现，在第二次测量中，有些被试的态度较第一次变得更积极，并且在黑人实验者的注视下，被试的种族态度较第一次改变巨大。

研究内隐动机，首先要解决的问题是内隐动机的测量。虽然不能够直接测量控制偏见的内隐动机，但是可以通过测量逻辑上合理的相关指标来获得控制偏见的内隐动机的状况。研究者提出了两个测量指标：一是个体对偏见的内隐消极态度；二是个体对自己是否存在偏见的内隐信念。个体如果拥有根深蒂固的对于偏见的厌恶，这些人应该会有内化的类似于内隐的拒绝偏见的动机。如果个体认为偏见是坏的（即个体对偏见的内隐消极态度强烈），但是认为自己不是有偏见的人（即个体认为自己没有偏见的内隐信念），那么这个人可能也不会有控制偏见的内隐动机；如果个体不认为偏见是不好的，而且认为自己是偏见的，那么他也不会有控制偏见的动机。

### （三）避免偏见的动机

在现实生活中，遇到一个少数民族人士就可能触发一种条件反射式的刻板印象。对同性恋者持接受或反对态度的人，在公交车上与一名男同性恋者坐在一块都会感觉不自在。人们遇到一名不熟悉的黑人男士时，即使是那些自认为毫无偏见的人也会谨慎地作出反应。在一项实验中，研究者让白人观看一些白人和黑人的照片，并想象自己与这些人物来往，评定对这些人物的喜爱程度。虽然参与的被试对照片中的白人和黑人的评价没有显著差异，但是仪器显示，当出现黑人照片时，参与者面孔上的皱眉肌比微笑肌更活跃。当一个人观看其他种族的一个不熟悉的人时，大脑中的情绪加工中心也会变得更加活跃。偏见反应并非不可避免，避免偏见的动机会使人们调整自己的思维和行为。当人们意识到自己应该如何作出反应和他们的实际反应之间有差距时，具有自我意识的人就会产生内疚感，并努力抑制他们的偏见反应。当人们避免偏见的动机是内在而不是外在的时候，即便是自动的偏见也会有所减弱。

尽管大多数人都不想有偏见，但是偏见的习惯却充斥在人们的日常生活中挥之不去。而且无论是偏见高的人还是偏见低的人，都会具有相似的自动化偏见反应。避免偏见的动机会抑制刻板印象的激活，并可抑制已激活的刻板印象的应用。人们避免偏见的动机首先来自于维护平等主义自我形象的需要。因为人们常希望自己是平等主义者，持有平等主义的价值观，避免公开被认为具有偏见的信念。其次，避免偏见的动机还与态度的社会调节功能相关，人们希望把自我积极地呈现给他人，适应他人的希望、避免社会批评和确保人际交往的和谐。再次，避免偏见的动机对刻板印象应用的影响还会受到当时认知资源的制约，只有知觉者有必要的认知资源时，才能积极地避免偏见过程。

## 五、偏见的消除

偏见的普遍存在及其对社会生活严重的负面影响，使得消除偏见长期以来一直是一个极为重要的社会目标。在现代社会心理学中，许多学者也依据他们对群际行为和群体冲突的研究，提出了一系列消除偏见的方法。

### （一）社会化

由于儿童青少年的偏见主要通过社会化过程形成，因而通过对这一过程的控制可以减少或消除偏见，而在社会化过程中尤其要注意父母与周围环境以及媒体的影响。社会化的另一途径是学校教育，对学校教育进行干预会起到一定的作用。人们的偏见更多地来源于无知和狭隘①，人们接受教育的程度越高，偏见程度越低，所以通过让人们接受更多的教育来减少偏见是一种很有效的方法。

### （二）群体接触

在某些条件下，对立群体之间的直接接触能够减少他们之间存在的偏见。这里所指的条件包括②：第一，基于共同目标的合作性相互依赖。如果要想减少群体间的偏见，那么两个群体需要在同一个目标的号召下协同工作，目标的实现需要双方共同努力，大家不再为稀缺的资源相互竞争。第二，群体必须要以平等的身份进行接触。不改变传统的种族不平等地位，偏见是很难消除的。第三，群体间的接触必须是那些可能增加相互熟悉度的接触。这种接触要有足够高的频率、足够长的时间和足够近的距离，使得相互接触的人之间可能发展友谊。非私人性的或偶尔的接触不会对消除偏见产生任何作用。第四，群体间的接触要有制度性的支持。当权者必须要明确支持这种群体接触。基于这一假设，举办国际性的学术会议、奥运会等都可以克服人们之间的偏见。

### （三）改变认知

即在认知上将外群体成员个体化。如果人们按他人隶属的群体来应对他人，那就不会以其个体的独特性来看待他，而常常会以对该群体的刻板印象来看待他，这其实是造成偏见和歧视的重要原因之一。实践也证明，个体化是进行社会接触、减少偏见的较为成功的方法。

### （四）自我检控

由于偏见本身也与认知过程有关，所以通过对认知过程的检控也可以减少偏见。当人们意识到自己有偏见时，要有意识地控制自己的信息加工过程，抑制被自动唤醒的刻板印象。在此过程中，内疚感、自我批评、搜寻引发偏见反应的情境线索都有助于偏见的消除或减少。

### （五）重新分类

这种策略是将原来的内群体和外群体重新划分到一个更大、更广泛的类别中去。二战战场上的白人士兵可能会把黑人战友看成是与自己同样的"美国战士"，而不是与自己不同种族的另一个群体的人。人为制造"上位类别"依赖于可以削弱亚群体显著性的情境变量。研究发现，通过制造上位类别，内群体成员

---

① 侯玉波. 社会心理学[M]. 北京：北京大学出版社，2005.

② Taylor, S. E., Peplau, L. A., Sears, D. O. 社会心理学[M]. 谢晓非，谢冬梅，张怡玲，等，译. 北京：北京大学出版社，2005.

对原本属于外群体成员的喜爱程度上升，坦诚沟通和帮助行为增加。

许多现代国家一直在努力接纳越来越多的各种群体，许多国家开始了史无前例为各群体争取平等权利的工作，但是，群体间的敌对似乎是人类与生俱来的。不过，重要的是我们也必须承认现代的民主国家存在着大量的和谐和群体宽容，这使得人类能够在漫长的岁月里和平共处、默契合作。

## □□□ 第三节　歧视

### 一、歧视的概念与特征

#### （一）歧视的概念

社会心理学认为歧视（discrimination）是一种典型的社会不公现象，它存在于任何一个社会，只是程度有所不同。**歧视**的界定有广义和狭义之分，广义的"歧视"是指"区别对待"；狭义的"歧视"是指"不同等地对待相同的人或事"或者"同等地对待不同的人或事"。简言之，歧视是个体基于刻板印象和偏见，对某一群体及其成员所表现出来的行为偏向。

人类的发展潜能因歧视而受到抑制，人类的自由因歧视而无法实现，然而，导致歧视的"因素"或"特征"却难以改变。歧视无视人的努力、打击人的进取、致使被歧视者感到被侮辱和无能为力。其后果是损害机会平等和待遇平等，对于社会的正常运转和健康发展有着十分不利的影响。

#### （二）歧视的特征

歧视具有以下几个明显的特征：其一，歧视是一种行动或行为；其二，歧视是一种区别对待，因此具有排斥性。某些群体成员为了占有更多的资源，依据不合理的理由、借助不公正的手段排斥或限制其他群体成员。这是歧视最为本质的特征；其三，歧视具有广泛性。歧视所涉及的往往是大范围的人群，而不仅仅限于少数人。正因为它的广泛性，所以歧视往往通过两种方式来实现，一种是以法律、制度、条例的形式将含有歧视性的内容予以制度化，另外是以某种社会风气、价值观念、习俗的方式排斥和限制某些人群。

随着社会的发展，歧视所涉及的范围十分广泛，歧视的种类也越来越多，如，经济歧视、政治歧视、文化歧视、种族歧视、性别歧视、就业歧视、地域歧视、宗教歧视，等等。其中就业歧视是指基于种族、肤色、性别、宗教、政治观点、民族、血统或社会出身等原因，所作出的任何区别、排斥或优惠，其结果是取消或有损于在就业或职业上的机会均等或待遇平等。性别歧视，指基于人的生理性别或社会性别而产生的歧视与偏见。地域歧视是指社会上的某一群体或社会成员所共有的针对某一弱势群体或某一特殊地域的社会群体的不公平、否定性和排斥性的社会行为或制度安排。①

## 二、群际歧视

20世纪五六十年代起，群际歧视(intergroup discrimination)逐渐成为西方社会心理学的研究热点。

### (一) 群际歧视现象

**群际歧视**就是群体因其所具有的某些客观特征而使其成员在与外群体成员竞争时遭受不公正待遇的现象。就歧视者而言，他以一种外群体不认可甚至极其反对的方式表现出高于外群体的内群体喜爱。其主要特点有行为的排斥、言语的轻视或污蔑、人格的侮辱、权利或资源的剥夺等。社会中的群际歧视有不同的表现形式，如内群体偏爱、外群体贬损、种族主义、种族隔离和群际区分等。根据最小群体范式下对待匿名人的不同方式将群际歧视分为两种：歧视反对(discrimination against)和歧视赞同(discrimination in favor)，前者把匿名人直接当做内群体成员对待，较之对待外群体成员要更积极；而后者把匿名人直接当做外群体成员来对待，不及对内群体成员那么积极。如在最小群体范式下，个体在分配积极资源时(如硬币)，倾向于分给内群体成员的资源显著多于外群体成员，使外群体成员遭受了不公正待遇，表现出内群体偏爱的群际歧视，而分配消极资源(如噪音)或撤销积极资源时则没有出现群际歧视，或者表现出较弱的群际歧视，这就是群际歧视中的积极—消极不对称效应(positive-negative asymmetry effect)。

埃里克·路易斯·乌尔曼(Eric Luis Uhlmann)等人近期对企业雇佣过程的研究也发现，无论是实验室还是现实工作情境中，都存在性别和种族歧视，传统上属于男性的、高地位的工作都很少雇用女性；女性的报酬、权利和升迁机会也都不如男性同事。莫尼卡(Monica)等在言语表达的研究中也发现了群际歧视现象：相对于描述外群体行为，个体在描述内群体行为时倾向于运用较积极的、抽象的词语，随着群体实在性的增强，对外群体的描述偏差也会增加，其极端表现就是运用负面的抽象词语来描述外群体行为。

### (二) 群际歧视的影响因素

群际歧视作为一种社会心理现象既有其发生发展的过程，又有其相互作用和影响的因素，群际歧视现象并不是孤立地存在的，50多年来的研究也发现，个体因素、群体因素和认知因素都对群际歧视的产生及其强度有着不同程度的影

---

① 黄国萍，姚本先. 地域歧视与和谐社会的构建[J]. 社会心理科学，2006(4)：50-52.

响。已有研究表明，影响群际歧视的因素主要有以下几点：

### 1. 群体规模

群体的规模显著影响群际歧视。近年来的研究一致表明，群体大小、成员资格的可控性以及比较维度与内外群体的关系都可以有效预测群际歧视。对于大群体而言，在可控情境中其成员的内群体偏爱会减少，对于小群体而言，在可控制情境中其成员的内群体偏爱会增加。并且小群体比大群体表现出较多的群际歧视，其中小群体的群际歧视随内群体满意度的增加而增加，而大群体则相反。在对内群体较重要的维度上，小群体的成员表现出群际歧视，大群体的成员只在对外群体不重要的维度上才表现出内群体偏爱。

### 2. 群体权力

群体权力是影响群际歧视的一个重要因素，知觉互倚和群体认同是这一作用的中介变量。高权力和低权力的群体比对等权力群体表现出较多的歧视，无论在分配资源还是言语指标上都是如此。权力的合法性调节权力对负性资源分配的影响。

### 3. 群体认同

内群体认同并不一定导致群际歧视，群体认同只是歧视外群体的一个必要条件，而歧视则伴有群体认同的增强，个体只有认识到自己的群体成员资格时才有可能表现出内群体偏爱。但被试的积极的社会认同可能受到所属内群体的地位和规模的影响，当被分派为低地位群体或小群体成员时，无论分配正性资源或负性资源都表现出内群体偏爱。

## 三、歧视的消除

歧视的消除往往会涉及国家、歧视者、被歧视者和社会公众等众多社会主体，涉及政治、经济、文化、社会心理等方方面面的协调改进。因此，消除歧视应该充分动员各种力量、综合运用各种手段，并且要意识到这是一个长期的、循序渐进的过程。

### （一）有效的学校教育、社会宣传和劝说有利于消除歧视

歧视行为受人们社会态度的支配，而社会态度在很大程度上是人们从周围环境中习得的。因此学校的教育理念和媒体的宣传有助于避免人们根据片面甚至是错误的信息形成认知偏差，从而打破人们的刻板印象，但是在这个过程中还要注意由什么机构去开展教育、由什么媒体主导舆论倾向，以及采取什么样的宣传和说教方式。

### （二）增加歧视群体与被歧视群体的沟通，减少群体间的隔阂

群体隔离是产生歧视的重要原因，而一切歧视又源自傲慢和无知。研究表

明，不同群体成员进行平等的交往和接触是减少偏见、增进融合的好办法。例如，第二次世界大战后，有人测量了美军中的白人战士对黑人战士的态度。结果发现，与黑人战士并肩作战过的白人战士对黑人的偏见要少得多。①

**（三）被歧视群体成员要努力改变自己的弱势地位或不良形象**

人们偏见态度的形成以及得到肯定性强化、自我实现预言的形成以及从偏见态度到社会歧视行为的转变，都跟被歧视群体自身的某些弱点和缺点有关。因此，要想改变被歧视的命运，就必须从自身做起。一方面要承认自己某些方面客观存在的缺陷，并努力改善自己消极的形象，以打破社会对自己形成的刻板印象。另一方面，社会歧视的解决最终取决于被歧视群体自身力量的壮大，因此，被歧视群体要为自己争得平等的待遇和利益。

## □ 本章小结

1. 刻板印象、偏见和歧视，是社会性偏向三个紧密相关又相互区别的领域，甚至还有交叉重叠的部分。刻板印象属于一种社会认知偏差，偏见是以刻板印象为基础的对对象的情感反应偏向，而歧视则是基于刻板印象和偏见的行为偏向。

2. 刻板印象是指人们关于某个社会群体的一种概括而固定的看法。

3. 常见的刻板印象有性别刻板印象、年龄刻板印象、国民刻板印象和职业刻板印象。性别刻板印象是人们对男性和女性在行为、人格特征等方面的固定看法或信念。反性别刻板印象是指男性或女性在性别角色行为方面的表现与人们的性别刻板印象不相符，违背了对两性角色的期望和要求。职业刻板印象是指人们对某种职业的期望、要求和一般看法。国民刻板印象是指人们对某国国民固定和突出的概括性看法。这些看法可以是用某些人格特质表达的，也可以是对群体的某种行为的描述和评价。

4. 偏见是人们针对特定群体及其个体成员所持的不公正的、否定性的态度。

5. 解释偏见的理论主要有替罪羊理论、群体冲突理论、社会学习理论以及社会认同理论。

6. 偏见最常见的表现形式是种族主义和性别主义。种族主义是指仅仅因为某人属于某个种族而产生的偏见及歧视行为。性别主义是基于某人的性别而产生的偏见及歧视行为。人们通常会自动地沿着这个维度范畴化他人，甚至没有意识到自己的这种态度和行为。

---

① 黄家亮. 论社会歧视的社会心理根源及其消除方式——社会心理学视野下的社会歧视[J]. 思想战线，2005(5)：89-93.

7. 根据产生的来源不同，控制偏见的动机可以区分为外在动机和内在动机。外在动机是在外界的要求或压力下所产生的，是诱因所致的动机；而内在动机则是由个体的内在需要引起的动机。

8. 人们避免偏见的动机首先来自于维护平等主义自我形象的需要；其次，避免偏见的动机还与态度的社会调节功能相关，人们希望把自我积极地呈现给他人，适应他人的希望、避免社会批评和确保人际交往的和谐；再次，避免偏见的动机对刻板印象应用的影响还会受到当时认知资源的制约，只有知觉者有必要的认知资源时，才能积极地避免偏见过程。

9. 消除偏见的方法有：社会化、群体接触、改变认知、自我检控以及重新分类。

10. 歧视是一种典型的社会不公现象，它存在于任何一个社会，只是程度有所不同。歧视对于社会的正常运转和健康发展有着十分不利的影响。歧视的特征有：其一，歧视是一种行动或行为；其二，歧视是一种区别对待，因此具有排斥性；其三，歧视具有广泛性。

## □ 复习与思考

1. 列举医生、律师、护士、科学家、女明星等人物的刻板印象，思考刻板印象的形成途径有哪些。

2. 刻板印象的理论解释有哪些？你认为哪个理论更具有解释力？

3. 列举反性别刻板印象的例子，思考人们如何维护原有的性别刻板印象。

4. 偏见持久存在的原因有哪些？

5. 现代种族主义具有哪些新的表现形式？

6. 避免偏见的动机有哪些？你认为人们能够很好地控制自己的偏见吗？

7. 如何消除偏见？

8. 你能否举出发生在你身边的歧视现象？你如何看待这些现象？

9. 辨析刻板印象、偏见和歧视之间的联系和区别。

## □ 推荐阅读资料

1. 佐斌，张阳阳，赵菊. 刻板印象内容模型：理论假设及研究[J]. 心理科学进展，2006，14(1)：138 - 145.

2. Taylor, S. E., Peplau, L. A., Sears, D. O. 社会心理学[M]. 谢晓非，谢冬梅，张怡玲，等，译[M]. 北京：北京大学出版社，2005.

3. 连淑芳. 内隐社会认知：刻板印象的理论和实验研究[D]. 上海：华东师

范大学心理学院，2003.

4. 胡志海，梁宁建，徐维东. 职业刻板印象及其影响因素研究[J]. 心理科学，2004，27(3)：628-631.

5. 王沛. 刻板印象的理论与研究[M]. 兰州：甘肃教育出版社，2001.

6. 刘晅，佐斌. 性别刻板印象维护的心理机制[J]. 心理科学进展，2006，14(3)：456-461.

7. 佐斌，温芳芳，朱晓芳. 大学生对年轻人和老年人的年龄刻板印象[J]. 应用心理学，2007，13(3)：231-236.

8. Myers，D. G. 社会心理学[M]. 侯玉波，乐国安，张智勇，等，译. 北京：人民邮电出版社，2006.

9. Grisp，R.，Turner，R. 社会心理学精要[M]. 赵德雷，高明华，译. 北京：北京大学出版社，2008.

# 第七章 人际关系

**学习本章内容，将有助于你对以下问题的理解与思考：**

➤ 什么是人际关系？具有哪些主要功能？

➤ 中国人人际关系有什么新特点？

➤ 如何建立和发展人际关系？

➤ 衡量关系质量的指标有哪些？

➤ 采用什么方法对人际关系进行测量？

信陵君是春秋战国时期魏王同父异母的弟弟，虽然贵为亲王，却为人谦恭有礼、尊士重贤，得到举国上下的敬重，许多有才能的人纷纷争相投靠。

信陵君听说有一位70岁的守门人侯嬴天赋异禀，就带着厚礼邀请他。侯嬴却一再推辞，甚至故意刁难。而信陵君却始终耐心谦让，甚至在许多宾客面前表现出对侯嬴的尊敬。最终侯嬴被信陵君的诚意打动，还为信陵君推荐了自己的朋友屠夫朱亥。

公元前257年，秦王击溃赵国守军，包围国都邯郸。赵王的弟弟平原君与信陵君是好朋友，并且平原君的妻子是魏王和信陵君的姐妹。他们一起向魏国求救。可是魏王担心惹怒秦国，只让大将晋鄙屯兵边境，却迟迟不肯发兵救援。

信陵君不能说服哥哥出兵救赵，更不能坐视朋友与姐妹国破人亡。于是邀请门人食客，准备车马，打算一起冒死抗击秦军，与赵国同归于尽。侯嬴闻讯，指点信陵君窃取魏王指挥军队用的虎符，夺取兵权，救援赵国。临别，侯嬴对信陵君说："我岁数大了，活动不便，就不跟您一起去了。但是我会计算您的行期，在您到达晋鄙军营的那一天，我将面朝您的方向自杀，以此为您送行。"最终信陵君在朱亥的帮助下，杀死晋鄙，获取兵权，打退秦军，保全赵国。而侯嬴也遵守承诺，以自己的生命回报信陵君的知遇之恩。

人际关系对我们如此重要，为了一段重要的关系，我们甚至可以付出生命。人际关系对个体的生活质量影响重大，涉及生活的方方面面。人类所感受到酸甜苦辣、喜怒哀乐，所有暂时的、久远的、深刻的、肤浅的体验，无不与人际关系紧密相连。人际关系是同人类起源同步发生的一种极其古老的社会现象。人作为社会的一员，其生存和发展都要以他人的存在为前提，因此人们才以各种不同的方式结成不同的关系，并形成一定的群体和社会。在社会生活中人与人之间通过交往建立和维持的心理关系，便是人际关系。人际关系是社会心理学的核心领域。

## □□□ 第一节　人际关系的结构与功能

### 一、人际关系的定义

**人际关系**（interpersonal relation），是在人们的物质交往与精神交往中发生、发展和建立起来的人与人之间的直接的心理关系，它反映了个人与群体寻求满足需要的心理状态。它是在人与人之间发生社会性交往和协同活动的条件下产生的。它会对个体的心理和行为产生深远的影响。

　　人际关系是社会关系的一个侧面。它受生产关系的决定和政治关系的制约，是社会关系中较低的关系；同时，它又渗透到社会关系的各个方面之中，是社会关系的"横断面"，因而又反过来影响社会关系。

　　人际关系有广义和狭义之分。

　　就广义而言，人际关系是指人与人之间的关系，包括社会中所有的人与人之间的关系，以及人与人之间的一切方面。一切社会关系，如生产关系、经济关系、政治法律关系、文化艺术关系、思想意识关系、阶级关系等等，都可以归为人际关系，因为这些关系归根到底都是要通过人去实现的。这是一种对人际关系的宏观分析方法。广义的人际关系也可以叫做间接的人际关系。

　　从狭义看，人际关系是指人与人之间通过交往与相互作用而形成的直接的心理关系。它以有无直接的心理接触作为其存在的标准，反应了个人或群体满足其社会需要的心理状态，它的发展变化决定于双方社会需要满足的程度。其外延很广，包括朋友关系、夫妻关系、亲子关系、同伴关系、师生关系、同事关系等等。每个个体都生活在各种各样现实的、具体的人际关系之中。

　　广义的人际关系是狭义的人际关系存在的社会基础，狭义的人际关系则是广义的人际关系的具体运行机制，它们之间的关系是一般与特殊的关系。我们一般意义上的人际关系是指狭义的人际关系。

　　人际关系与社会关系、交往关系是三个容易混淆的概念。社会关系强调现实关系的整体方面，非个性方面；人际关系更多地从个体、个性等方面表现现实方面，人际关系不是游离于其他社会关系之外，而是产生于各种社会关系之中；交往关系则是人际关系的具体化和实质化，是人际关系得以建立和维持的直接前提，交往的状态与人际关系的密切程度成正比。①

　　我国心理学家龚浩然（1986）认为，西方社会心理学将人际关系与社会关系混淆起来，实际上是在用人际关系掩盖社会关系。人际关系是在社会关系的基础上形成的，但二者有区别。社会关系是社会学研究的对象，它一方面研究人与物的关系，如在生产过程中谁占有生产资料，这是生产关系，其他如财产的继承关系等，都是以物的形式表现出来的社会关系；另一方面，社会关系还包括意识形态的关系，主要有法律的关系、道德的关系等等。而人际关系则是人与人直接的心理关系，它受社会关系所制约，是社会关系的反映，但却具有某种相对的独立性。他还进一步指出，人们直接的心理关系表现为两个方面，一是心理冲突，二是心理相容。

　　李谦（2002）认为社会关系包括生产关系、社会意识形态关系和人际关系三

---

　　①　郑全全，俞国良．人际关系心理学［M］．北京：人民教育出版社，2005.

个层次，人际关系只是社会关系的一个层次，它渗透在每种社会关系的内部，为生产关系和意识形态关系所制约并对其产生调节作用。在整个社会关系系统中人际关系属于最低层次，属于微观的关系，与个体及其社会行为直接联系，以感情心理为基础。①

## 二、人际关系的构成

人际关系主要由认知、情感和行为三个基本要素所构成，这三个基本成分是相互作用不可分割的整体。认知是情感的基础，不仅能唤起情感的发生，也能控制和改变情感的发展，同时，情感又进一步对认知产生影响，而相应行为则是认知与情感的表现形式。

### （一）认知成分

人际关系从人与人的相互认识和了解开始，认知是情感和行为形成、发展和改变的前提与基础。人际认知是个人在社会交往中对他人的特性和人与人的关系进行认识的过程，是人际关系知觉的结果。具体说，人际认知包括主体对他人外部特征的认知、对他人内部状态的认知及人与人的关系的认知。对他人外部特征的认知，包括面貌、体态、表情等，是能够被主体的感官直接感受到的；对他人内部状态的认知，包括对对方的性格、品质、动机、意向等的认知；对人与人之间关系的认知，包括认识自己与他人的关系，他人与他人的关系，这些关系是人与人之间的内在联系，不能通过感官直接感受到，需要认知者根据客观材料进行深入细致的分析，才能认识到这些关系。② 因此人际认知是确立人际关系的依据，是确立人际关系是否维持、存续的重要因素，也是直接引起个体关系情感满意与否的前提。但在已往心理学中，基本上以人际感情关系的研究替代了全部人际关系的研究，而忽视了最基础的认知部分。③ 因此，重视人际关系的认知成分，有助于个体对人际关系状况的深入认识。

### （二）情感成分

情感是指人在认识客观事物的过程中所引起的人对客观事物的某种态度的体验或感受。人际关系的情感成分是与人的交往需要相联系的一种体验，反映出交往双方对人际关系状况的满意程度和亲疏关系，是人际关系的核心要素。人际关系的状况往往以各种情绪情感体验为特征，包括两种情感倾向，一种是使人际交往双方彼此接近相互吸引的积极情感，如喜爱、尊重等，另一种则是使交往双方

---

① 李谦. 现代沟通学[M]. 北京：经济科学出版社，2002.

② 曹立安，孙奎贞，等. 现代人际心理学[M]. 北京：中国广播电视出版社，1990.

③ 乐国安. 当前中国人际关系研究[M]. 天津：南开大学出版社，2002，3-67.

彼此互相排斥和疏离的消极情感，如厌恶、鄙视等。情感体验的性质是导致人际关系状况的决定性因素。

### （三）行为成分

行为是指人在主客观因素影响下而产生的外部活动，是一个整体的行动过程。人际关系的行为成分主要是指交往双方外在的行为表现，是建立和发展人际关系的交往手段与形式。人际关系的形成和发展通常要以各种人际沟通行为为基础，人们会借助各种沟通方式来传递信息，加深理解，同时会应用各种沟通手段来促进关系的发展，如语言、手势、表情、身体姿态等行为。这些交际行为是反映人际关系状况的重要依据。

## 三、人际关系的分类

在社会团体内，人与人之间建立了不同形式和不同规模的联系，这种形式和规模的联系也就是人际结构。按照不同的标准，人际结构可以有不同的分类。

若按照所属群体的组织性（正式群体或非正式群体）来划分，可以分为正式人际关系与非正式人际关系，前者如单位中的工作关系，后者表现为朋友关系。

若按照所属群体的形态（小群体或大群体）来划分，可以分为小群体人际关系与群众性场合的人际关系。前者如家庭中的父子关系，后者如销售员与顾客的关系。

若按照涉及范围来划分，人际关系可分为个体与个体的关系，个体与组织的关系、组织与组织的关系。

美国社会心理学家哈洛·李维特（Harold Leavitt）根据时间的长短、权力的大小、行为规则和社会角色等标准，对人际结构加以分类。有长期与短期的人际关系，前者如师生关系，后者如买卖关系；有依赖与独立的关系，前者如幼儿与其母亲的关系，后者如邻居关系；有从属与平行关系，前者如厂长与工人的关系，后者如同事关系，等等。①

## 四、人际关系的功能

### （一）整合功能

整合功能是指以个体为生活与生存单位的人，通过种种人际关系而连接成社会群体。一切团体、组织和人群，也依靠于成员间的相互交往，使得团体内部既有分工，又协调一致地生存发展着。

人能征服自然，其主要原因之一，就是人与人之间能够通过交往建立各种关

---

系，从而形成一个分工协作、秩序井然的强有力的群体——人类社会。因此，可以说人的社会性是决定人际关系的整合功能的重要条件。

### （二）调节功能

人际关系对人类群体活动中的思想、情感及行为，具有重要的调节作用，使之在社会生活中保持平衡，避免产生相互干扰与矛盾冲突。人类的一切活动，都是在一定的生产关系制约下实现或达到某种目的的活动。为了实现群体内部或个体之间行动上的协调默契，步伐节奏的和谐统一，必须通过相互间的交往，以取得情感上的沟通、行为上的认同，使个体与他人、与群体上下左右关系和谐一致，把各方面力量汇集在一起，实现行为活动的整体效应。特别是人与人之间在活动中不可避免地要产生矛盾、误会、隔阂，通过密切的交往，可以疏通感情，消除误会和矛盾，取得谅解和一致。人类群体如果缺少交往这种调节手段，就必然产生猜忌、冷漠、排斥、冲突，使人精神分散，造成无意义的心理消耗。

### （三）信息沟通功能

人与人交际的过程，实际上也是信息交换和沟通的过程。人际之间的信息传递主要是通过言语、副言语、表情、手势、体态以及社会距离等来实现的。与亲人饭后闲聊，或和好友千里一线牵的电话聊天，或使用网络与网友们对谈，都是人际沟通的具体例子。而在这样的人际交往中，都涉及关系双方信息的交换。事实上，通过直接的人际交往而获取的信息，不仅内容丰富，而且更加可信。

良好的人际关系和适当的交际方式，也有利于信息的交流和传递，可以减少或避免信息失真，对于学习、工作、社会收获都具有一定的积极作用。

### （四）心理保健功能

良好的人际关系对个体的心理健康非常有利。人是社会性的，每个人都有归属的需要，与他人交往，形成一定的人际关系，是每个人内心深处与生俱来的基本需要。人们通过彼此间交往，诉说各自内心的喜怒哀乐，抒发对人生的经验和见解，这就增进了相互之间的情感交流，产生亲密、依恋之情和归属感、安全感。另外，一个人正常、合理的心理需要得到不同程度的满足，内心的愿望得到别人的理解和赞许，就会产生开朗、乐观的情绪，对生活更加热爱，充满信心，继而使整个群体保持一种稳定、融合的秩序。

1999 年金盛华等人从全国 29 个省、市、自治区采样，研究了当今社会中国人人际关系与身心健康的关系，发现中国人人际关系与身体健康和心理健康是密切关联、相互影响的，人际关系高度影响身体健康和心理健康，而且其对于心理健康的影响作用，比之对身体健康的影响作用更大。①

## □□□ 第二节　人际关系的形成与发展

### 一、人际关系的状态

人与人之间相互关联的状态从无关到关系密切，要经过一系列的变化过程。当两个人彼此没有意识到对方存在的时候，双方关系处于零接触状态。此时双方是完全无关的，谈不上任何个人意义的情感联系。如果一方开始注意到对方，或双方彼此产生了相互注意，则人与人之间的相互作用就已经开始。一方开始形成对另一方的初步印象，或彼此都获得了对于对方的印象。不过，在双方直接的更充分的语言沟通开始之前，彼此对于对方都还处于旁观者的立场，没有相互的情感卷入。

从交往双方开始直接谈话的那一刻起，彼此就产生了直接接触。不过，在通常情况下，最初的直接接触是表面的。彼此之间几乎没有情感卷入。直接接触是双方情感关系发展的起始点。

随着双方沟通的深入和扩展，双方及其心理领域也逐渐被发现。发现的共同心理领域的多少，与情感融合的程度是相适应的。一般情况下，心理学家按照情感融合的相对程度，将人际关系分为轻度卷入、中度卷入和深度卷入三种。轻度卷入的人际关系，交往双方所发现共同心理领域较小，双方的心理世界只有小部分重合，也仅仅在这一范围内，双方的情感是融合的。中度卷入的人际关系，交往双方已经发现较大的共同心理领域，同样，双方的心理世界也有较大的重合，彼此的情感融合范围也相应较低。在深度卷入的情况下，双方已发现的共同心理领域大于相异的心理领域，彼此的心理世界高度重合，情感融合的范围也覆盖了大多数的生活内容。不过，在通常情况下，人们只同极少数人能够达到这种人际关系深度，有些人则从来没有与任何人达到这种深度的关联，还有一些人终其一生与别人的关系都只处于比较肤浅的水平。

图 7-1 直观地描述了人际关系的各种状态及其相互作用水平的递增关系。②

### 二、人际关系建立与发展模式

人际关系的建立与发展模式主要有乔治·列文格尔（George Levinger）所提出

---

①　金盛华，徐文艳，金永宏. 当今中国人人际关系与身心健康的关系[J]. 心理学探新，1999(3).

②　章志光，金盛华. 社会心理学[M]. 北京：人民教育出版社，2002.

| 图解 | 人际关系状态 | 相互作用水平 |
|---|---|---|
| ○    ○ | 零接触 | 低 |
|  ○ → ○ | 单向注意 | |
|  ○ ↔ ○ | 双向注意 | |
|  ⬭⬭ | 表面接触 | |
|  ◯◯ | 轻度卷入 | |
|  ◯◯ | 中度卷入 | ↓ |
|  ◯◯ | 深度卷入 | |

图 7 - 1　人际关系状态及其相互作用水平

的人际互相依赖模式：认为人际关系的发展分三个阶段（单边知觉、双边表面接触、互惠）；欧文·奥特曼（Irwin Altman）和达玛斯·泰勒（Dalmas Tayolr）提出的社会渗透模式：认为人际互动是由浅窄发展至深广的自我揭露；弗列兹·皮尔斯（Friz Perls）提出的心理治疗观的人际互动历程：认为互动分为社交、做戏（角色扮演）、僵局、内爆（死寂）、外爆（真诚表露）五层；保罗·德维托（Paul Devito）提出的人际关系形成模式：认为人际互动开始受第一印象、印象整饰、人际吸引影响，接触、参与、亲密、衰退、修复、解离；鲁道夫·弗·韦尔德伯尔（Rudolph F. Verderber）和凯瑟琳·塞·韦尔德伯尔（Kathleen S. Verderber）提出的人际互动开始、稳定、解离三阶段。

美国学者艾伦·纳普（Ellen M. Knapp）提出的人际关系五阶段论，对人际关系的发展和破裂都进行了详细深入的分析。

**（一）觉察阶段**

两个毫无关系的个人处于一个交往环境中，觉察到对方的存在，开始注意对方，观察对方有意无意发出的非语言信号，获得最初的信息。有人认为这个过程至少需要 15 秒钟。如果双方都有交往的表示，觉察阶段会自然过渡到下一阶段。这个阶段主要以第一印象为基础，个体作出对方是否有趣的判断、并确定是否愿意与其继续发展人际关系的意向。

**（二）试探接触阶段**

从说第一句话开始，双方有了表面接触，从不认识到相识，互相询问或自我介绍一般情况，使双方有了初步了解。这个阶段往往是最愉快、放松和非批评性的。大量人际关系停留在这一阶段，带有简单社交性质。

**（三）合作强化阶段**

从这时开始，交往进入关系密切阶段。随着交往的加深，双方开始共同完成某项任务，互相帮助，遇到困难相互安慰。这种以共同行动连接起来的人际关系，外部接触大于内心沟通，感情往来尚不强烈。此时的关系已经带有友谊性质，关系双方的参与感增强，了解也日益增多。

### （四）亲密一体化阶段

在这个阶段，双方不但可以共同行动，而且有较多心灵的沟通。通过自我展露，双方彼此了解，感情也非常亲密和谐，双方在财物、朋友、兴趣和态度观念等方面高度共享。虽然在这一阶段各自仍保持独立，但已经开始主动取悦对方，愿意按对方的愿望行动。不仅在双方各自的眼里对方变得格外与众不同，而且在外人看来两人也成为一体，聚会时总被同时邀请。

### （五）契约化阶段

这是关系发展的最高阶段。当一方有难时，另一方会做出牺牲，不惜花费时间、精力和钱财。婚姻是能被社会普遍接受和支持的形式，商业合同也有同样作用。契约可以成为关系标号或变化的强大力量，且也可以强化关系，防止没有契约时的花言巧语和诡辩，交流策略可以建立在契约所包含的约定条款的解读和执行上。

最佳的人际关系会沿着关系的台阶逐级向上，普通的人际关系可能就在某个阶段上停留下来，维持在一定的水平。

在实际社会生活中，人际关系除了会得到维持和发展外，也有人际关系出现冲突乃至破裂的情况。人际之间的冲突虽然并不会导致人际关系的破裂，但如果双方不能很好地解决面临的问题，则有可能导致人际关系的破裂。

□ □ □ **专栏 7 – 1**

#### 人际关系的破裂过程

破裂是人际关系从融洽状态走向终结的过程，通常要经历五个阶段：

（1）分歧。人际关系出现裂痕，双方开始出现分歧，都强调自己的立场和看法，人际关系双方的不同点扩大，心理距离增加和彼此的接纳性下降。随之而来的是双方在知觉和理解上都朝不利于双方关系的方面倾斜，彼此都感到开始难以准确地判断对方，从而使双方疏远，维系人际关系的共同情感基础开始消失。

（2）收敛。双方关系开始出现裂痕时，交往与沟通量出现下降就变得明显。当然，双方关系的发展还没有足以使人们明确表示对彼此的关系不再有兴趣，情感上的拒绝水平在表面上仍试图维持良好的关系状态。如果第一阶段出现的分歧没有得到顺利解决，导致双方较长时期都以收敛的方式交往，那么关系会出现进一步的恶化。

（3）冷漠。交往的双方开始放弃增进沟通的努力，交往气氛变得冷漠。此阶段人们已不愿意进行谈话，缺乏热情，目光冰冷，也没有积极的期待。必要的沟通和协调多采取非言语沟通的方式。这一阶段可能维持很长时间，原因有两方面：一是双方或单方可能仍然抱有改善关系的希望，期望关系仍然朝好的方向发展，因而不愿意一下子就明确终止关系；另一个原因是考虑到自身的利益，很难一下子适应突然失去某种关系的支持。

（4）回避。冷漠的进一步发展导致人际交往的双方会尽可能地相互回避，特别是避免只有两个人在一起的无所适从的窘境。关系恶化到这一阶段，人们往往感到很难判断双方的情感状态和预期对方的行为反应。因为在知觉和理解上，这一阶段很容易发生纯粹主观的误解，人们都有强烈的自我保护倾向，对许多本来正常的人际行为都会有过敏的反应。许多人在婚姻关系或亲人关系达到这一状况时，都经过第三者来实现间接的沟通。

（5）终止。随着彼此相互交往的隔断，或彼此利益依存关系的解脱，冷漠和回避的关系状态会转变为关系的最后终结。关系的终止可能是立即完成的，也可能拖延很久。重要的人际关系如友谊或亲密关系终止之后，人们往往需要很长时间才能适应。

## 三、中国人人际关系的新特点

随着互联网的日益发展，网络交往已成为现代中国人人际交往的一种重要形式，网络人际关系成为一种新型的人际关系。重构了传统的人际关系和社会群体，在血缘、地缘、业缘之后，又产生了"趣缘"的说法。"趣缘"是以相同或相近的兴趣为纽带结成的人与人之间的关系。[①] 不同于血缘、地缘、业缘结成的传统社会关系，作为新型网络社会关系的趣缘，突破了人际交往的时空限制，并使网络人际关系呈现出虚拟性、广泛性、多样性和平等性等新特点。

### （一）虚拟性

虚拟性是网络人际关系最显著的特点。网络人际关系突破了现实传统的人际交往与人际关系的内涵。在网络上，人们可以"匿名"交往，所谓匿名是指不

---

① 谢玉进. 论网络趣缘关系[J]. 重庆社会科学，2007(3)：115.

露身份、个人特征或不说明是什么人物，网民之间一般不发生面对面的直接接触，这就使得网络人际交往比较容易突破年龄、性别、相貌、健康状况、社会地位、身份、背景等传统因素的制约，一切信息对于网上的每一个参与者都是不对称的。在交往过程中，如果身体和身份缺场，那么与交往主体联系的社会关系就处于相当模糊的状态，社会关系对交往行为的制约性也就不存在了。① 这种网络人际关系的虚拟性容易造成角色差异和角色冲突，出现心理危机。同时也易产生与现实情况的认知差异，致使出现对人、对社会的信任危机感。

### （二）广泛性

在传统社会中，由于职业、地理距离、交通等因素的影响，人们的交往面相对比较狭窄，人们主要是与单位同事或亲戚、朋友们打交道，并只能与少数人建立全面的私人关系。网络交往却突破了时空的限制，表现为交往对象、形式和范围等的广泛性。在网络社会中，不分国籍、性别、地域等，所有具有共同爱好和兴趣的人都可以通过网络为媒介进行便捷的联络，在网络上交流、娱乐等，人们不需要受到严格的约束和限制，建立的人际关系具有开放性和动态性。

### （三）多样性

网络人际关系不受生活、活动空间的影响，不受民族、国家、地区、家庭、邻里、亲友、单位等共同体的制约，主要建立在人们共同的兴趣爱好的基础上。而兴趣爱好的种类繁多、丰富多彩就赋予了网络人际关系多样性的特点。使得人们可根据共同的兴趣组成同一个网络团体，或自由地选择加入不同的群体，随着自己的兴趣爱好的转变，也可以重新选择退出或加入其他群体。可见，网络交往面的急剧扩大，交往层次的与日增多，交往内容的不断丰富，交往方式的逐渐多样化，从而形成了网络人际关系的复杂化与多样性。

### （四）平等性

在现实交往中，由于诸多社会因素的制约，难以实现人际关系的平等性。而网络人际关系却取消了现实交往中的身份、地位、文化、职业、权力等方面的高低贵贱等不平等现象。网络人际关系忽略了现实中角色的身体属性、社会属性、阶级属性等，打破了个体在现实社会中的身份、社会地位、文化层次等各方面的差异，人们之间的交往不会受到社会规范和角色期待的制约，从而人们在网络中处于平等和自由的地位，可建立平等的网络人际关系。这种平等性同时赋予了人们更多的自由性，不用受到权力的约束，自由地发展或中断网络人际关系。

---

① 李辉. 网络虚拟交往中的自我认同危机[J]. 社会科学，2004(6)：87.

## □□□ 第三节 关系质量及评价

### 一、人际关系质量的意义

在社会生活中，一个人不可能脱离他人而独立存在，总是要与他人建立一定的人际关系。特别是现代社会，随着社会的发展、科学进步、个体社会化的加剧，以及现代化生活方式的变革与普及，人际关系在社会现实生活中占有的分量越来越大，并已引起人们的普遍重视。正确处理好人际关系以适应现代社会生活，是人们面临的一个重大课题。处理和协调人际关系，无论是对社会组织还是对个体都有着不可低估的重要意义。

#### （一）促进社会文明建设

建设社会精神文明需要提高全体人民的素质，而这建立在良好的人际关系基础上；良好的人际关系，有利于培养一代具有现代化素质的新人，使他们能把全部精力都用在如何正确按照社会的要求设计自己、发展自己上。这是一个良性循环的过程。尤为重要的是，个体的社会化、人类文明的传递也是在人际关系中实现的。同时，交往中形成的良好人际关系使社会成为一个网络状的有机整体，这又为建立和发展新型的良好人际关系奠定了基础。

#### （二）形成良好关系环境

在社会生活中，每个人都有经济的、社会的、心理的、精神的不同层次的内在需求，只有使人们的种种需求在组织内部得到基本满足，才能使该组织保持稳定和发展。大量的统计资料表明，目前人们学习生活和工作环境中的人际冲突、人际内耗现象是严重的，这固然与社会文化和客观社会背景等因素有关，但主要的，在于人际环境建设滞后于个体心理发展，没有积极地优化学习环境和工作环境，也没有为个体提供必要的咨询和指导，从而导致社会消极因素乘虚而入。各种信息刺激，通过暗示、感染和模仿等心理机制，形成个体发展的人际氛围，所以，个体人际环境的优化，实际上是其心理活动的优化。

如果人际关系协调处理得好，能形成和谐、融洽、一致的人事环境，就会使人们感到置身于组织集体之中犹如置身于自己的家庭之中，把组织看成是一个扩大的家庭，从而形成良好的"家庭式氛围"。

#### （三）增强群体凝聚力

凝聚力和向心力是将组织内部各个成员吸引在群体里面的合力。一个组织的凝聚力和向心力通常是评价组织形象的重要指标。在一个群体中，和谐、融洽的人际关系能使每个正常人健康、合理的心理需求得到不同程度的满足。个人心情舒畅，群体宽松和谐，使社会和各种组织的有机性增加，组织的凝聚力和向心力就会日益增强，反之，倘若一个群体中的人际关系紧张，互相冷漠，甚至明争暗斗，势必使组织内成员感到苦闷、压抑、紧张，群体因此就可能走向解体。

### （四）实现个人价值的内在要求

人的工作是一种社会劳动，它的效率、效果既与许多人的分工协作有关，也和这些人的工作情绪有关，而这两点都与人际关系的好坏相关。人的价值，就整个人类而言，是人类对世界的改造及其成果所能满足人类自身需要的程度和状况；就个人而言，一是社会对个人的尊重和满足，二是个人对集体、对社会的责任和贡献，而主要是从个人对社会进步的贡献来评价人的价值。如果人际关系好，大家互相配合、群策群力，必然有利于提高效率，促进工作目标的完成，从而也就为人的价值的实现创造了条件；反之，人际关系不好，人与人之间猜疑、妒忌、冲突，群体内成员把大量的精力和劳力浪费在错综复杂的人际内耗中，则势必影响工作效率的提高和群体目标的实现。

### （五）正确自我认知

一个人的认知能力、规范能力和评价能力是在各种人际关系中逐步形成和提高的。通常，人际活动的有效性可以从信息层次、情感层次、态度层次和行为层次进行考察。无论是从认识和规范的角度看，还是从评价的角度看，只有处在特定的人际关系中，才能对问题做出清晰、全面的认识。在个体与他人的相互关系中来认识自我和认识他人，并对人际活动的有效性进行总体的分析考察，是提高人的认知、规范和评价能力的前提。

人际关系的协调对于人的个性发展的重要影响更是不言而喻的。马克思说："只有在集体中，个人才能获得全面发展其才能的手段，也就是说，只有在集体中才可能有个人自由。"个体只有与他人形成良好的人际关系，才能充分地显示自己的才能，并发展自己良好的个性，为实现自我的价值和目标、自身的全面发展创设必要条件。

## 二、人际关系质量的衡量指标

反映人际关系质量的指标主要有：

### （一）情绪状态

人际关系也同样可以看成是一方喜爱另一方，一方敌视另一方的对立统一体。这种状态又可以叫做亲近—攻击。关系可以存在于这个对立统一体的任何一点上。在这个对立统一体中，越是靠近亲近一端，人际关系质量就越好。

人际关系是相互的，如果一方表示喜欢另一方，那么对方往往也会报以同样的反应；如果一方敌视另一方，那么对方也会以牙还牙；如果双方感情深厚，那么他们之间的关系就会一直持续发展下去；如果双方结下冤仇，就可能两败俱伤。

### （二）时间和空间

人际关系是在某个特定的空间环境中发生的，如果在空间上越接近，与人相处的时间就可能越长，关系就可能会变得越复杂，一般而言，人际关系质量可能越好，因为相处的时间越长，相互之间的熟悉度越高，依赖性越大。

但是，在空间上很接近，相处时间越长，也可能导致关系越恶劣。区别的关键因素在于人际关系中双方的人际吸引力。彼此被对方吸引，时间和空间的优势必然引导关系优化，相反，如果彼此厌恶，时间和空间的优势会变成关系恶化的催化剂。

### （三）自我暴露程度

自我暴露是一种人们自愿地、有意地把自己的真实情况暴露给别人的行动，它所透露的情况是不可能从其他途径获得的，只有在彼此建立了一定的信任关系之后才会有自我暴露。关系越亲密，自我暴露程度越深。

### （四）"自己人"效应

良好的人际关系通常表现为交际双方的相互认同、情感相容和行为近似。相互认同是通过知觉、表象、思维等认识活动而实现的。情感相容是以相互喜爱、同情、亲切、友好的形式表现出来的，结合情感越多，彼此之间越相容。行为近似是指彼此的言谈举止、风度仪表等行为模式方面的类同性，它也是构成良好人际关系不可缺少的重要方面。因而，"自己人"效应越明显，关系越好。

### （五）是否主动承担义务

人与人交往的过程中，所有的人际关系都要承担义务。如果双方对继续相互关系有强烈愿望，以及双方对相互关系中所出现的问题有承担责任的意愿，通常表明关系已经发展到了较高的水平。

长期的关系通常是无条件的，所以长期地承担义务一般是配偶之间或亲子之间。尽管友谊也可以是无条件的，但有条件的情况更常见。工作关系常常也是有限的，老板希望雇员做他们的工作，但不能指望把生活和全部时间都用在这些工作上。

## 三、人际满意与人际幸福

### （一）人际关系满意感

弗雷德里克·赫茨伯格（Frederick Herzberg）认为：满意的对立面是不满意。这一逻辑关系是不正确的，满意和不满意并非一个连续的两极，满意的对立面应该是没有满意，而不是不满意；同样不满意的对立面应该是没有不满意，而不是满意。有学者也主张关系满意感通常是一个动态的二元实体，关系的对象通常处于一种两难情境或矛盾的选择过程中，如个体会处在这样的矛盾中，渴望自主同时又渴望与他人保持联系。这种连续的两难情境或压力影响着关系满意和不满意的水平，使它处于一种持续变化的状态（Erbert & Duck,1996）。

关系满意感是基于个体的人际认知而产生的，个体对什么是好的关系，都有一个内在的标准，如果个体评价自己的关系符合或超过了这个标准，那么个体就会对这种关系感到满意。这个标准是基于个体将自己的情境和他认为的某一个好的标准进行比较而来的。因此关系满意感可以定义为个体根据自己选择的标准对其与他人之间心理关系的总体评价。关系满意感可以分为个体对整体关系的满意感和个体对特殊关系的满意感。总体关系满意感是个体对其现有的人际关系网络进行的总体评价和感受。特殊关系满意感是指个体对其周围不同关系类型的具体评价和感受，如亲密关系、朋友关系、同学关系、同事关系、领导关系等。

西方研究通常把人际关系满意感作为单一的维度进行测量研究。佐斌、赵菊等人的研究发现，中国人际关系满意感是两维实体，包含六个因子：交际屏障、差异冲突、互利支持、外向干练、相似相容和道德素质。分别体现了人际认知中对他人特性和对关系的认知两个方面。其中交际屏障和差异冲突为消极维度；互利支持、外向干练、相似相容和道德素质为积极性维度，分别测量人际关系不满意度和满意度。

人际关系满意维度中涉及对他人特性认知的维度是外向干练维，这一维度显示个体在知觉上关注对象的才能，体现了个体对人际资源可利用性的期待，凸显出人际关系的功利性；对关系的积极认知维度包括：相似相容、互利支持、道德素质。心理类型的相似性对双方的交流和理解有直接的、积极的作用，因此可以预测关系满意感。当个体与具有相似类型的他人进行互动时，他们就具有更好的机会来交流思想和看法。相似相容维度验证了心理类型的相似性对关系满意维的预测作用；互利支持维度体现了人际交往中的功利性，反映了中国人在交往中关系更是一种人际资源和社会支持；道德素质涉及了关系要求的坦诚、诚信等，道德素质单独成为一个独立的维度，表现出中国在社会的转型期，多元价值观的出现，使人们对世界的认识失去了一个统一的标准，无形的道德约束就成为人们认知和评价关系的一个潜在标准①。

不满意感维度中的交际屏障涉及个体对他人特性的消极认知，预测关系满意感的不满意维。而差异冲突则体现个体对关系的消极认知。心理类型的差异可能对人际直接的交流具有破坏作用。差异冲突维度验证了心理类型的差异对不满意

---

① 赵菊，佐斌. 情境事件、关系取向与人际关系满意感的关系[J]. 心理学探新，2008，28（107）：88－96.

维的预测性。①

### (二) 人际幸福指数

幸福指数中包含了人际与社会的和谐感。这种人际和谐感也被称为人际幸福指数。邢占军在其幸福感量表中也提出人际适应体验指数②，反映的是人们在人际适应方面的心理体验。高分者的显著特征是：拥有融洽、真诚的人际关系；拥有心心相印、亲密无间的朋友关系；能够相互理解、互谅互让。

人际幸福指数的获得实质上是一个心理测量过程，属于心理计量学的范畴，心理测量的基本思路是仿照物理测量的原理，构建一个测量的工具，就像量长度就需要一把尺子一样，在心理测量上把这种测量心理特点的工具叫做量表。目前国内还没有编制出单独衡量人们的人际幸福指数的量表。因此人际幸福指数包含以下指数成分：

人际满意感指数：人际关系满意感即是个体根据自己选择的标准对其与他人之间心理关系的总体评价。佐斌、赵菊等人编制了人际关系满意感和不满意感量表。人际满意感量表中通过四个维度：互利支持、外向干练、相似相容和道德素质来衡量人际关系满意感。

人际吸引指数：人际吸引，又称人际魅力，是指个人间在感情方面相互喜欢和亲和的现象。与人际吸引相关的量表较多，大多根据认知理论和相互作用理论进行编制。认知理论强调寻求人际关系中的和谐的认知结构，这种理论以纽·科姆(New Comb)的认知平衡理论为代表，他把人际之间的认知结构区分为平衡的、不平衡的和无平衡的三种关系，并决定人际吸引力。例如，当某人(P)对另一个人(O)有肯定评价，并且双方对某事或某人(X)的态度是一致时，就是认知平衡的关系，他们之间的吸引力会增强；当他们对 X 的意见不一致时，就是不平衡关系，这种关系引起不愉快，并影响他们的活动动机；当 P 和 O 互不喜爱时，产生淡漠的感情，这就构成了无平衡的关系。持平衡理论主张的人还有利昂·费斯廷格(Leon Festinger)的认知不协调理论，他认为：为了对付认知的不协调，必须改变或者增加认知，以便达到认知结构的平衡；相互作用的理论：着重探讨两人之间相互作用对吸引力的影响。当两个个体相处经常感到情绪上的满意时，他们就建立了良好的关系。社会心理学家做了大量的研究工作，将这些决定人际吸引力的主要因素概括为相似性吸引、接近性吸引、仪表吸引、补偿吸引、报偿吸引、强迫性吸引、诱发性吸引、晕轮吸引。

---

① 佐斌. 教师人际关系和谐[M]. 北京：中国轻工业出版社，2008.
② 邢占军. 测量幸福——主观幸福感测量研究[M]. 北京：人民出版社，2005.

## □□□ 第四节 人际关系的测量

人际关系的测量是改善人际关系的基础，主要的测量方法有社会测量法（sociometric technique）、参照测量法（reference measurement method）和贝尔斯测量法（Bales'technique）。

### 一、社会测量法

#### （一）社会测量法的特点

社会测量法又称社交测量法，由美国心理学家雅各布·利维·莫雷诺（Jacob Levy Moreno）于 1934 年提出。它主要用于研究团体内（特别是小团体）成员之间人际关系和人际相互作用的模式，即所谓社会结构，通过社会测量，人们可以了解人的人际知觉方式、团体凝聚力等团体特征。在进行社会测量时，人们假设：在所有团体里都存在一定程度的相互作用，这种相互作用使得各团体内成员在不同程度的积极与消极人际情感的基础上形成一种非正式的组织；这种相互偏爱或疏远的关系会显著地影响团体的士气和效率。

莫雷诺的社会测量理论认为，人与人之间的情感性联系是最基本的社会关系，情感性联系的基本类型有吸引（喜欢）、拒斥（反感）和中性（漠视）。通过对人们之间的情感性联系的测定，可以了解到社会的各种人际关系。

社会测量法要求团体成员根据研究者所提供的某种标准，选择一位或多位同伴。目前，社会测量的选择已包含相当广的内容，它已不只是指"人"的选择，还可以选择信息交流渠道或组织层次，还可以要求被测人对数种选择排出等级。

社会测量法具有以下几个显著特点：

（1）涉及社会性的变量。它主要研究人际关系及人际结构特征，强调人与人之间的相互作用。

（2）社会测量是对人的某种评价，因此，它容易引起被测人较强的兴趣与动机。

（3）测量结果特别适合于小团体研究。在研究团体效率和凝聚力方面等具有很强的应用性。

#### （二）社会测量法的实施过程

1. 测量标准的选择

（1）在确定标准时，需要考虑标准的性质、数目以及可以选择的数目。标准的多少根据研究的要求而定，一般情况下不宜太多。因为太多、太严的标准将会给被试的选择带来困难，如找不到可选的对象。

（2）如果按标准的重要性，可以将它们分成强标准和弱标准。

强标准是指对于工作或生活有重要意义和长期影响的标准，例如一起工作、一起学习等；弱标准往往是临时和短期的活动或任务，比如，让受测人选择与谁在一起参加某次活动。

（3）选择标准时，应注意使标准尽可能具体，让受测者充分了解标准的内容，如说明一起参加什么工作或活动，避免由于理解不同而导致的偏差。

（4）标准可以用积极方式，也可以用消极方式提出。积极方式如"你喜欢与谁一起讨论工作计划？"消极方式如"你不希望与谁一起参加某一活动？"消极方式容易引起受测者的焦虑和不安，因而要谨慎使用。

（5）每次测量一般使用一个标准，只有在有特殊需要时，才用多个标准和更多选择。

2. 选择方法的确定

社会测量法运用的选择方法主要有以下几种：（1）参数顺序选择法。这种方法通常适合于 30～40 人的较大群体，要求被测者在肯定或否定选择上都选择 3～5 个被选人，并明确表明选择顺序。如"我最愿意与之一起郊游的人，第一是_____，第二是_____，第三是_____；我最不愿意与之一起郊游的人，第一是_____，第二是_____，第三是_____。"（2）非参数选择法。该法适合于群体规模不足 15 人的群体，对人际选择接纳及排斥的数目，完全由被测者自由选择，并按选择的重要性排成顺序。（3）非参数简单选择法。这种方法对群体规模没有限制，只考虑接纳、不选择和排斥三种情况，对选择人数和选择顺序不加限定。（4）参数简单选择法。这种方法是非参数选择法和参数顺序选择法的变式，其不同之处在于限定选择人数而不限定选择顺序。（5）接纳水平等级分类法。将人们的接纳水平按 5 点量表划分为 5 个等级，要求被测者将群体所有成员按上述等级归类，至于每一类的人数不做限定，可以自由选择。

3. 测量问卷的编制和施测

根据选择的方法编制相应的测量问卷和实施测量。问卷要求有明确的指导语，指出测量目的；让受测者在自愿基础上参加测量，并向他们说明，将不公开测量结果，使他们无拘束地参加测量，避免影响正常团体气氛和成员之间的关系；让受试者在限定范围内选择适当对象。同时，根据研究目的和任务，向被测人说明测量意义，熟悉他们的情况，建立融洽的合作关系，使测量顺利进行。

测量的结果可以用数字加以整理，并利用社会测量矩阵和群体分析图表示出来，这样就可以揭示群体内部的情绪倾向层次和网络，即群体或个人的人际关系状况了。

□ □ □ □ **专栏 7 −2**

### 社会测量的结果分析与呈现

社会测量法的结果可以通过图标方式表达出来，常用的方法有矩阵表示法、图示法和指数分析法三种。

（1）矩阵表示法

将成员以某些代号表示（见表 7 −1）。横行（J）表示被选者，总列（I）表示选择者，"1"表示选择，"0"表示不选择，自己不选择自己。最后，可以计算出团体中每个成员被选的次数。

这种分析方法主要适用于小团体，当团体增大时，很难从数目差异中纵观整个人际关系。在这种情况下，社会测量图更有效果。

**表 7 −1　不同成员相互选择的结果**

| 成　　员 | | J | | | | |
| --- | --- | --- | --- | --- | --- | --- |
| | | ① | ② | ③ | ④ | ⑤ |
| I | ① | 0 | 1 | 0 | 0 | 1 |
| | ② | 1 | 0 | 0 | 0 | 1 |
| | ③ | 0 | 0 | 0 | 1 | 1 |
| | ④ | 0 | 1 | 0 | 0 | 1 |
| | ⑤ | 1 | 1 | 0 | 0 | 0 |
| 合　计 | | 2 | 3 | 0 | 1 | 4 |

（2）图示法

上例结果也可以用图解分析表示。见图 7 −2。

在图 7 −2 中，成员 5 处于选择中心；1、2、5 相互选择（双向箭头表示），他们在团体内很可能是一个非正式小团体；5 位于中心，被选次数最多，而 3 和 4 则处于边缘。当然，用图解分析法时，团体也不宜过大，一般应少于 20 人，否则，结果将难以解释。

不同研究者可以对相同数据

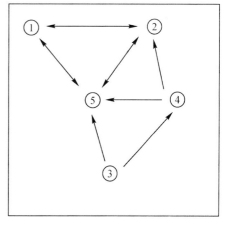

图 7 −2　不同成员的相互选择图示

做出不同的图解布局，因此图示分析没有矩阵分析的结果可比性高。

（3）指数分析

指数分析以一个综合指数表示团体的社会结构关系，它能够更精确地表示团体的不同特性。指数分析的计算公式如下：

个人社会测量指数 = 个人被选次数/（n-1）

式中 n 为团体成员人数，分母用 n-1，因为每个人不能够自己选择自己。

运用这一公式，可以估算出团体中每一成员的社会测量指数，了解每个人在团体结构中所处的位置。在矩阵分析中，成员 1 和 5 的指数分别为：

成员 5 的测量指数 = 4/（5-1）= 1.00

成员 1 的测量指数 = 2/（5-1）= 0.50

成员之间相互选择，表明了团体内聚力的程度，因此，可以运用团体社会测量指数作为整个团体的内聚力指标，计算公式如下：

团体社会测量指数 = 相互选择数目/所有可能的互相选择总数

其中分母"所有可能的互相选择总数"即从 n 个成员中选取两个的所有可能的次数。

### （三）对社会测量法的评价

社会测量法是一种简单、经济和自然的研究方法，可用于各种团体方面的研究。它比较灵活，已被广泛应用于教育、管理、人事、消费等许多领域。一般情况下，在使用强标准进行社会测量时，其结果比弱标准的测量结果稳定；随着团体成员年龄增长，测量的稳定性提高；当保密程度较高并且不记名时，测量可靠性比较高。

社会测量法的局限在于：选择模式并不能说明选择的理由与原因，选择数据只表明表面性的关系，不能解释其中的因果关系。选择同样的人，可能出于十分不同的考虑，选择某成员，并不一定表示偏爱或者吸引。因为人际间的相互作用关系非常复杂，它还受到许多其他因素的影响，如群体压力、个人的人格特征，等等。

## 二、参照测量法

苏联心理学家彼得罗夫斯基在社会测量法的基础上，创立了参照测量法。这是一种测量群体最能发挥作用和最有影响力人物的一种方法。彼得罗夫斯基认为，动机是人际关系选择的心理机制，被人们喜欢的人，不一定就是群体中最能发挥作用和最有威信的人。莫雷诺的社会测量法对上述问题无能为力，而参照测量法可以解决以上矛盾。它在个性品质、行为方式及意见、目标方面揭示出对被测量个体均有意义的权威人物，即把一个人所属的群体内部潜藏的参照群体揭示出来。与社会测量相比，它具有内容更为丰富的群体分化特征和群体中人际关系的价值标准，而不仅仅局限于好感或恶感，这是社会测量法无法做到的。

在进行参照测量时，首先让群体中的成员相互进行书面评价，并把所有对某人的评价集中起来，放在一个信封内，然后告诉全体成员，大家可以了解别人是如何评价自己的，但是不允许看到所有对自己的评价材料，而只能看到根据自己提名的 3～4 人对他的评价。一般来说，每人都会要求看在他心目中最有威信、最有见解和最受人尊重与信赖的人对自己作出的评价。研究者通过各成员的提名，可以了解到群体最受人尊重与信赖的人，这些人虽然不一定是群体的领袖，但很可能是最有影响力的人物，即在群体中起重要作用并处于群体中心位置的人。这些人有独立性，有见解，是群体内潜在的权威，多数人都想了解他们对自己的意见和评价。

参照测量法的优点在于隐藏了测量的真实目的，使人们在不知不觉中反应自己的真实想法和真正动机，从而揭示个人在个性品质、行为方式、意见和重视的人物，获得可靠的结果。其缺点是如果群体成员人数很多，要求个人对每一成员均作出评价，则费时太多，且组织工作也并非易事，可以改用多重选择进行评价。

## 三、贝尔斯测量法

美国心理学家罗伯特·贝尔斯（Robert. F. Bales）1950 年创立了一种分析群体内人际关系的方法。他根据"相互作用过程分析"，提出了社会行为分类理论。这个理论中，他把相互作用的类型划分得小到可以作为实验观察的单位，认为只要考察人们相互作用的全过程，就能测量出群体内人际关系的性质。他通过对人与人相互作用的实验研究，把这种相互作用的动作划分为四类 12 项变量（见表 7－2）。

表 7－2　相互作用的变量分类

| 肯 定 情 感 | 否 定 情 感 | 提 出 问 题 | 解 决 问 题 |
|---|---|---|---|
| 1. 支持和赞扬 | 4. 反对和贬低 | 7. 询问资料 | 10. 提供资料 |
| 2. 表示满意 | 5. 表示不满 | 8. 征求意见 | 11. 表示意见 |
| 3. 和睦 | 6. 不和睦 | 9. 请求指示 | 12. 给予指示 |

从上表可以看出，群体内人的相互作用类型，实际上可以概括为两类，一类是以满足对方交往需要、情感需要为目标的，即情感因素；另一类是以提供信息方向或指示为目标的，即功能因素。情感因素对人的相互情感融洽发挥作用，功能因素则对协调一致完成工作中的共同目标发挥作用。且这两类既有整合功能，又有离散功能，即正负两个方向。

贝尔斯在实验室里对儿童群体的观察、小群体决策过程的分析，以及相互作用过程的测量，发现都存在上述4类12个变量。但不同群体由于性质不同，这些变量的分布有不同的特点。例如，在一个企事业单位中，第三、四类功能性行为多，而在一个家庭中，则是第一、二类情感性行为多。当然，在同一群体内，不同的个体表现也不同。一个厂长，可能更多是提出问题，而其下属则解决问题。一个父亲，可能更多的是对孩子错误行为的批评，而母亲则是体贴、关心和鼓励。在上述过程中，功能因素和情感因素往往交织在一起发挥作用，只是主导行为有所差异而已。

贝尔斯测量法具有一定的实用价值。它除了用来测量小群体的特征和变迁外，还可以用来作为跨文化心理研究的工具，客观地定量测定不同文化背景下群体的差异；还可以用来预测小群体内人际关系建立的具体阶段及其特征。但是，由于贝尔斯测量法是建立在实验室测量的基础上，而实验室观察和创设的情景毕竟与现实生活有一定的距离。因而，把从中得到的结论推广到活生生的现实生活中小群体内人与人的相互作用，从方法论上说，存在着较大的缺陷。所以，在使用这个方法测量人际关系时，要用其他方法如现场研究等加以补充。

人际关系的测量方法还有分层测量法、人际关系测试游戏以及社会距离尺度法等。人际关系测试游戏主要用来测量、调节情侣和夫妻之间的关系；社会距离尺度法主要用来测量群体某一成员对人际关系的基本倾向，以及成员人际关系状况的比较；而分层测量法用来研究发展水平较高的群体内的人际关系状况。在具体进行人际关系测量时，要根据研究目的和研究对象加以选择。

## □ 本章小结

1. 人际关系，是在人们的物质交往与精神交往中发生、发展和建立起来的人与人之间的直接的心理关系，它反映了个人与群体寻求满足需要的心理状态。

2. 社会关系强调现实关系的整体方面，非个性方面；人际关系更多地从个体、个性等方面表现现实方面，人际关系不是游离于其他社会关系之外，而是产生于各种社会关系之中；交往关系则是人际关系的具体化和实质化，是人际关系得以建立和维持的直接前提，交往的状态与人际关系的密切程度成正比。

3. 人际关系的功能包括：整合功能、调节功能、信息沟通功能、心理保健功能。

4. 美国学者艾伦·纳普认为人际关系的形成分为五个阶段：觉察阶段、试探接触阶段、合作强化阶段、亲密一体化阶段、契约化阶段。

5. 反映人际关系质量的指标主要有：情绪状态、时间和空间、自我暴露程度、"自己人"效应、是否主动承担义务。

6. 关系满意感是个体根据自己选择的标准对其与他人之间心理关系的总体评价。

7. 人际幸福指数包含以下指数成分：人际满意感指数、人际吸引指数。

8. 人际关系的测量是改善人际关系的基础，主要的测量方法有社会测量法、参照测量法和贝尔斯测量法。

## □ 复习与思考

1. 什么是人际关系？人际关系的结构有哪些？

2. 人际关系有什么重要的功能？

3. 人际关系有哪几种行为模式？

4. 人际关系有哪几种状态？

5. 人际关系是如何建立和发展的？

6. 如何提高人际关系的质量？

7. 如何评价你与他人之间关系的质量？

8. 人际关系的测量方法有哪些？

## □ 推荐阅读资料

1. 李谦. 现代沟通学[M]. 北京：经济科学出版社，2002.

2. 佐斌. 教师人际关系和谐[M]. 北京：中国轻工业出版社，2008.

3. 朱迪·C. 皮尔逊. 如何交际[M]. 陈金武，译. 长沙：湖南人民出版社，1987.

4. 郑全全，俞国良. 人际关系心理学[M]. 北京：人民教育出版社，2005 年.

# 第 八 章  人际交往

**学习本章内容，将有助于你对以下问题的理解与思考：**

➢ 人际交往是什么？它包括哪些类型？

➢ 不同的人际交往理论的主要观点是什么？

➢ 哪些因素影响了人际吸引？

➢ 人际沟通的途径有哪些？

➢ 造成人际冲突的原因有哪些？

➢ 如何解决人际冲突？

佛教创始人释迦牟尼曾经问他的弟子："一滴水怎样才能不干涸呢？"孤零零的一滴水，论分量只能以毫克计，论体积也微乎其微，其寿命能有几何？弟子回答不出。释迦牟尼说："把它放到大海里去。"是的，一滴水的寿命是短暂的，但当汇入海洋，与浩瀚的大海融为一体时，它就将获得永生。一个人也是如此，他必须能融合于集体、社会才有旺盛的生命力。

在社会生活中，每个人都在所属群体中生活，与群体成员交流信息，通过各种形式的交往，建立与他人的不同人际关系。人际交往不仅满足我们基本生存的需要，同时也满足了人类健康发展的心理需要。

由于人际交往在人们生活中的特殊地位，社会心理学家们一直将此作为研究的重点，以期揭示人际交往过程中的心理规律与原理，洞察个人在群体情境下的行为表现及其特征。

## □□□ 第一节　人际交往及其类型

所谓人际交往是指人与人沟通、交流，是人们之间相互作用的动态过程。[1]它包括人与人之间的信息传递、物质交换过程，还包括信息传递与物质交换的相互作用过程中而形成的稳定关系，即人际交往由信息传递、物质交换和稳定关系所组成。人际交往也是人类社会化的基本过程。从个体出生开始，形成最初的亲子关系；然后是同伴关系、师生关系的形成。同时，随着年龄的增加，个体的交往对象不断发生变化，与交往对象建立不同的交往关系，如成人期的同事关系、夫妻关系等，这种人与人之间的相互作用，构成了极其复杂的人际关系网。

### 一、人际交往类型

根据不同的划分方式，人际交往类型不同，基本包括以下五种：

#### （一）单向交往和双向交往

按信息传递有无反馈，将人际交往分为单向交往和双向交往。单向交往是指信息传递者传播信息，接受者不做任何反馈，即只接受信息的过程。如我们观看电视、收听广播、欣赏舞台剧、听演讲等。与单向交往相反，双向交往是需要交往双方都参与，既要聆听对方的谈话，又要对其作出相应的回答。如购物、聊天、谈判等。单向交往的速度快，但信息易丢失；双向交往的速度慢、但准确率高。

---

① 路海东. 社会心理学［M］. 长春：东北师范大学出版社，2002.

### （二）上行交往、下行交往和平行交往

按交往对象的关系可将人际交往关系分为上行交往、下行交往和平行交往。在组织群体中，所处地位存在差异，信息传递的方向有所不同。上行交往是指组织中的下级向上级汇报和反映情况的交往，如报告工作进展、汇报思想、提出调任申请等；平行交往则是指组织中地位平等的人之间的交流。这种交往类型有利于建立成员之间的友谊，增强彼此情感间的交流，如同学间的联谊活动、公司的聚餐等。下行交往是指组织中地位较高的上级向下级主动传达工作目标、工作计划等的沟通方式，如公司年终总结、项目计划等。

### （三）正式交往和非正式交往

按人际交往渠道有无组织系统，可将人际交往分为正式交往和非正式交往。正式交往是指在一定组织系统中按照规定的要求，进行信息传递与交流。正式交往受到组织的监督，信息需准确、翔实。相对而言，非正式交往则更灵活方便，它是指以个人信息为主要的传递方式。非正式交往可提供正式交往过程中难以得到的信息，但可靠性较差，易使信息被误解。这两种交往类型是相辅相成的，不是对立的。

### （四）口头交往和书面交往

按信息传递方式的不同，将人际关系分为口头交往和书面交往。口头交往是指以语言为媒介，借助口头语言沟通的交往方式。它具有简便、高效、灵活的特点，同时肢体语言使交往更形象化、生动化。书面交往是以文字为媒介，借助书面语言进行的沟通。它的保留、保存时间长，具有可供反复研究的特点，但它缺乏灵活性和变通性。研究者比较口头交往和书面交往的效果时，发现口头与书面搭配使用的方式效果最佳，单独使用书面交往的沟通方式效果最差。

### （五）传统交往与现代交往

心理学一些研究还将交往类型分为代际交往、同龄交往和异性交往等传统交往形式和自我交往、阶层交往、网络交往等现代交往形式。[①] 比方说，现代交往形式中的自我交往是指青年期是人际交往的敏感期，他们更愿意面对自我，与自我打交道。网络交往是当代青年的时尚，但是也产生矛盾性，例如渴望真情又弄虚作假。

## 二、人际交往的阶段

人际交往的建立需要经过四个阶段，即交往关系的定向、探索、交流和稳定（Altman & Taylor, 1973）。

---

① 黄志坚. 走向新世纪的中国青年［M］. 北京：中国和平出版社，1996：163.

### （一）定向阶段

即对交往对象的关注、筛选和初步沟通等心理活动阶段。在此阶段，交往双方处于相互考察阶段，关系极易破裂。人们常常根据"第一印象"来评判交往的可能性，它是交往的初始阶段，是人际交往的基础阶段。

### （二）探索阶段

在该阶段，交往双方彼此相互探索，寻找相互吸引的特质，建立感情联系。随着交往时间的增加，情感成分也不断增加。一旦探索阶段相互吸引，人们将更加敞开心扉，相互信任。

### （三）交流阶段

与前两阶段相比，交往双方的关系的性质发生质的变化。在此阶段，交往双方更加相互信任，相互依赖。沟通程度有所深入并融入较深的情感。此时，真诚的赞许或批评等评价性反馈，会带给对方信心、鼓励。

### （四）稳定阶段

在此阶段，友谊出现。彼此间有喜欢的成分，心理相容性增强，甚至允许对方进入自己的私人空间。两人的关系不会因误会等问题受到破坏，偶然的争吵作为一种更激烈的交流方式反而会增加彼此间关系的稳定性与持久性。

## □□□ 第二节　人际交往理论

人际关系交往的形成包含着认知、情感、行为三方面心理因素的作用。不同的人际关系会引起不同的情绪体验。人与人之间心理上的距离越接近，则双方越会感到心情舒畅；若人与人之间发生了矛盾与冲突，心理上的距离很大，彼此都会产生不愉快的情绪体验。人际交往理论从不同角度划分，主要包括人际需要理论、社会交换理论、投资模型理论、公平理论、平衡理论和不确定性减少理论。

### 一、人际需要的三维理论

1958年，美国心理学家威廉姆·舒茨（Willam Schutz）提出人际交往中的三维理论。他从人际需要来解释人际交往模式，认为，人际需要是个体想要与他人建立一种满意关系的需要。

### （一）包容的需要

它是指个体想要与他人接触、交往，想与他人建立并维持一种相互和谐和满意关系的需要，体现在群体情境中的隶属问题中，即希望从交往中与他人建立和谐的关系。

### （二）支配的需要

支配的需要是指个体控制他人或被他人控制的需要，是个体在权力上与他人建立并维持良好人际关系的需要。一般而言，支配行为表现在人们的决策过程之中，主要特征是运用权威和权力来领导和控制、影响和支配他人。因此，支配行为分为拒绝型、独裁型和民主型三类。

### （三）情感的需要

是指个体在与他人的关系中有建立并维持亲密的情感联系的需要。如讨人喜欢、被人爱的需要，这些需要都是积极情感的表现，他们有利于建立和谐的人际关系；而消极的情感需要则表现为不赞成、憎恨和反对。如果个人缺乏足够的情感接纳，可能会产生退缩行为，避免与他人建立密切的关系或与别人只保持肤浅的友好关系，或表面上与别人很好，内心却是相反的。①

根据以上三种人际需要，以及人际交往中表现出的主动和被动行为，舒茨形成六种人际关系的取向(见表 8－1)。

表 8－1　人际关系的六种取向

| 行为倾向需要 | 主　动 | 被　动 |
| --- | --- | --- |
| 包容需要 | 主动与他人交往、积极参与社会生活 | 希望别人接纳自己 |
| 支配需要 | 控制他人、运用权势 | 喜欢被人领导、跟随他人 |
| 情感需要 | 对他人和善、友爱、同情 | 对他人冷淡、负性情绪、期待他人对自己亲密 |

资料来源：时蓉华. 新编社会心理学概论[M]. 上海：东方出版中心，1998：259.

## 二、社会交换理论

### （一）报偿理论

当代美国社会学家乔治·卡斯帕·霍曼斯(George Casper Homans)提出了一种强调个人主义的社会交换理论，从个人付出代价与获得期望酬赏的角度分析人际交往的运行机制。霍曼斯认为，一个人与他人交往时，既想付出最少的代价，同时又想尽力获得最多的报酬。根据该理论，在交往中，得到对方奖励时，就会引起人们愉悦的情感体验，增强彼此之间的喜欢程度。下述的六个基本命题是霍曼斯人际交换理论的主要内涵：(1)成功命题。是指人们所采取的所有行动越是

---

① 时蓉华. 新编社会心理学概论[M]. 上海：东方出版中心，1998：254.

常受到酬赏，则该行为就越会经常重复出现。（2）刺激命题。如果在过去的时间里，某一特定刺激的出现会给某人的行动带来某种酬赏，则当目前所发生的刺激愈类似于过去的特定刺激时，则类似以往的行动愈可重复出现。（3）价值命题。如果某种行动所带来的成果越有价值，则他越可能采取同样的行动。（4）剥夺—满足命题。指某人获得某种特定酬赏的数量越多，那么他从这一酬赏中得到的满足感越少。剥夺是指某人在得到某一特定酬赏后所经历时间的长度。满足是指一个人在刚刚过去的时间里得到的酬赏已足以使他不再马上需要更多的酬赏。（5）攻击—赞同命题。这个命题分两方面阐释：其一，当某人的行动没有得到他期望的酬赏，或者得到他料想不及的惩罚，他将被激怒并有可能采取攻击行为；其二，当某人的行动获得了期望的酬赏，特别是酬赏比预期的大，或者没有受到料想中的惩罚，他就会感到高兴，并有可能赞同该行为。该行为的结果对他来说就变得有价值。（6）理性命题。指一个人在选择采取何种行动时，不仅会考虑到价值的大小，还会考虑行动成功的可能性。此命题在霍曼斯社会交换理论中的地位是突出的，以至于被当做"公理"来看。理性命题综合并限定了成功命题、刺激命题和价值命题。他指出，个体的行为取决于成功和价值这两个因素，而非其中任何一个因素。酬赏的价值大但得到的成功概率小，这会降低采取酬赏行为的可能性，相反，价值小但成功概率大就会提高整个酬赏行为的可能性。这一关系的公式是：行动发生的可能性 = 价值 × 概率。这一命题充分说明了在人际交往中，人们的根本目的在于获得最高酬赏和利润。

### （二）代价和报酬的关系理论

该理论的基本假设为：在人与他人交往时，给予是代价，得到的是报酬，人们会在交往中最大限度地扩大利润。约翰·沃特·西博特（John. Walter. Thibaut）和哈罗德·凯利（Harold H. Kelley）在《群体社会心理学》一文中提出了代价和报酬的关系理论。他们认为在人际交往模式中，人际关系所带来的报酬与付出的代价比个人的人格特质更为重要。获得报酬与付出代价之间存在三种基本的关系，即对称获利的人际关系，对称吃亏的人际关系，双方代价与报酬不对称的人际关系（见图 8-1）。其中，在对称的获利模式中，交往双方都希望付出最小的代价获得最大的报酬；在对称吃亏模式中，双方都知道付出相当大的代价，可两者都没得到任何回报；在不对称模型中，一方认为付出代价较多，获得报酬较少，而对方所获得报酬较大而付出代价较少，这种模型不利于建立良好的人际关系。

## 三、公平理论

公平理论指向人际交往中的交往双方。易斯特·哈特菲尔德（East Hartfield）

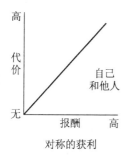
对称的获利

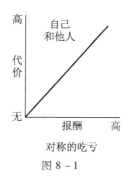
对称的吃亏

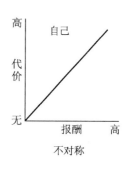
不对称

图 8 - 1

认为人们对人际关系的满意程度是以交往中双方的报酬和代价之比的大小来衡量的。① 可以用下面的等式来表示：

$$自己的报酬/自己的付出 = 对方的报酬/对方的付出$$

当交往双方的收益与付出比率相等时，交往双方对关系的评价最为满意。当交往双方为建立关系所付出的代价和得到的报酬保持平衡时，交往双方最有吸引力。当报酬和代价之比高于对方，会体验到内疚；比率低于对方时，会感到失衡。

## 四、人际交往的不确定性减少理论(URT)

"不确定性"译自 uncertainty，它也可译为"不稳定感"，指"个体对自己的心理和行为无法作出具体而明确的标识和评价时形成的一种游移不定的心理状态"②。不确定性一般具有动力作用，它促使个体通过寻求信息、获得知识来改变现状，以达到一种心理上的确定感。1975 年，在系统科学和心理学理论影响下，查尔斯·瑞·伯格(Charles R. Berger)和理查德·杰·卡拉布雷泽(Richard J. Calabrese)提出了不确定性减少理论(Uncertainty Reduction Theory,简称 URT)。

经典的不确定性减少理论提出了 7 项公设③，认为人际交往的不确定性是与以下关键变量相联系的：语词输出、非语词兴奋、信息搜寻、自我表露、相互性、相似性、喜爱程度等。由这些公设出发，又推导出 21 条定理，如"言语交往的量和非言语表达呈正相关"、"交往的量与相似性呈正相关"，等等。这些公设和定理是条文式的，可以简要概括如下：人际关系中常常充满了不确定性，个

①　Taylor, S. E., Peplau, L. A., Sears, D. O. 社会心理学[M]. 谢晓非，谢冬梅，张怡玲，等，译. 北京：北京大学出版社，2004：283.

②　林崇德，杨治良，黄希庭. 心理学大辞典[M]. 上海：上海教育出版社，2004：88.

③　Berger, C. R., Calabrese, R. J. Some explorations in initial interaction and beyond: Toward a developmental theory of interpersonal communication[J]. Human Communication Research, 1975(1): 99 - 112.

体将通过交往来减少这种不确定性;在最初的相遇中,陌生的交际双方都试图获取相应信息以推断下一步的行为;信息的汇集通常伴随着自我表露,人际关系就随着自我表露和信息的共享而得到增强,这一增强也受制于许多因素;个体有能力通过建立相互作用的模型来减少不确定性。减少不确定性是人际交往的核心动力,正因为如此,减少不确定性能够促进人际关系的发展。

根据理论自身的内容完善情况,可以把 URT 理论的发展划分为两个主要阶段。第一个阶段,是对 URT 的完善和运用。Berger 后来增加了第 8 项公设和第 8 个关键变量——网络共享,最初的 21 条定理增加到 28 条。Berger 认为,要减少不确定性须满足三个先决条件:对进一步交际的期望、诱因价值、与期望行为的差距;他还认为语言是减少不确定性的中介,并进一步将不确定性划分为认知不确定性和行为不确定性。这一归类有助于人们辨别不确定性的起因。后来,Berger 强调代价和回报在人际关系中的作用,并认为减少不确定性是解释社会交换代价的必要条件。Parks 和 Adelman(1983)等人的研究发现,那些经常与伴侣及其亲友进行交往的人感受到与伴侣有更多的相似性,会更多地得到伴侣及其亲友的支持,从而体验到低水平的不确定性。第二个阶段,是 URT 理论的模式化阶段。有学者根据人际关系发展的阶段性,提出了交往不确定性减少的模型。① 从图 8-2 可以看出,在不同阶段,所获得的信息是不同的,交往特点也各不相同。但从趋势来看,信息从少到多,最后又减少到零;交往则从受限制到更加自由自在地发展(Health & Bryant,1999)。

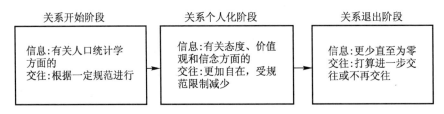

图 8-2 交往不确定性减少模型

## □□□ 第三节 人际吸引

人是社会动物,具有合群性和群居倾向。人际吸引普遍存在于人际交往中。人际吸引(interpersonal attraction)指人与人之间在情感方面相互喜欢和亲和的现象,也是人际关系的一种。可分为合群、喜欢、爱情三个层次。人际吸引的条件

① 周爱保,周鹏生. 人际交往的不确定性减少理论(URT)述评[J]. 心理科学. 2008,31(6):1499-1501.

主要有：（1）相似性；（2）需要互补；（3）外貌美；（4）相互喜欢；（5）熟悉性；
（6）人际距离。人际吸引能促进人的社会性发展和身心健康。①

## 一、人际吸引的因素

### （一）相似性与熟悉性

#### 1. 相似性

人们通常喜欢对与自己有相同观点、态度和特质的人产生好感，这就是我们
所说的相似性。相似是人际吸引的重要因素，它包括年龄、性别、社会地位、经
济状况、教育水平、职业、籍贯、兴趣、信念、价值观、态度等方面的相似。大
量研究表明，态度和价值观的相似性与人际吸引有密切关系。

约翰·塞·图伊（John. C. Touhey）研究表明态度相似性可以预测人际吸引
力，但存在性别差异。女生最喜欢与相同宗教信仰的男生交往；而男生最喜欢与
态度一致的女生交往。② 1997 年，汤姆·皮萨克金斯基（Tom Pyszczynski）和谢尔
顿·所罗门（Sheldon. Solomon）的研究表明，当人们对"死亡"的观点一致时，
会产生相互的人际吸引。研究者利用"恐惧管理理论"（terror management theo-
ry）解释为，当死亡意识被唤起时，人们会寻求与自己有相似行为反应的同伴，
来获得精神上的慰藉。

为什么相似性与人际吸引存在一定的关联呢？社会心理学家给出如下的解
释：首先，对称理论（Newcom，1965；1968）认为，两个人对同一事物持有积极的
态度时，彼此间会产生趋向平衡的拉力，它促使两人相互吸引对方。一旦交往双
方相互喜欢，他们之间的吸引力会拉动彼此对其他事物持有相同的态度，人们也
期望与对方的态度保持一致，获得愉快的情绪情感。其次，从进化理论来看，人
与人之间的社会行为机制，是人类世代的繁衍，通过自然选择保留适合种族生存
的行为模式。这些适合个体生存的行为模式，通过基因遗传给下一代，那些不适
合个体生存的模式则逐渐消退。道格拉斯·特·肯瑞克（Douglas T. Kenrick）和梅
拉妮·瑞·特洛斯特（Melanie R. Trost）提出有相似特质和态度的人们相互吸引可
以从进化论的角度获得解释。③ 人类的交往、生存、聚会，是人类之间配对的方
式，而相似基因特质决定着人类之间的不同配对方式。

#### 2. 熟悉性

---

① 林崇德，杨治良，黄希庭. 心理学大辞典[M]. 上海：上海教育出版社，2003：996 - 1000.

② Touhey，J. C. Comparison of two dimensions of attitude similarity on heterosexual attraction[J]. Journal of
Personality and Social Psychology，1972（23）：8 - 10.

③ Kenrick D T，Trost M R. A biosocial model of heterosexual relationships[M]. //Kelly，K.（Ed.）.
Males，females，and sexuality：Theory and research. Albany：SUNY press，1978.

熟悉本身就可以增加一个人对某种对象的喜欢。在对熟悉性的研究中，人们常常用交往频率和曝光频率来控制熟悉程度。在一个研究中，研究者向学生展示了他人的照片，有的多达25次之多，有些则仅仅被呈现一两次。结果发现被试更喜欢看过次数多的照片（Zajone, 1968）。

熟悉为什么能增加人们对积极对象和中性对象的喜欢程度呢？很显然，熟悉使人们辨别起来比较容易。许多研究表明，不仅人们意识到的熟悉会增加人们对事物的喜爱，甚至我们没有有意注意的对象的重复出现，也可以使我们产生更为积极的体验。

3. 熟悉性与相似性

那么熟悉性和相似性在人际吸引中孰重孰轻呢？佐斌等将二者结合起来，检验相似性与熟悉性对人际吸引的影响。结果发现：相似性比熟悉性更能促进人际吸引；相似性有必要分为外部相似性与内部相似性；在陌生人之间，双方的外部相似性越高，越能提高人际吸引的水平；在熟悉的人之间，双方的内部相似性越高，越能提高人际吸引的水平。[①]

（二）互补性

与相似性吸引相反，互补性吸引是指两个彼此有差异的人所构成的吸引力。一般来说，互补一般分为两种情况：一种情况是，交往中的一方能满足另一方的某种需要，或者弥补某种短处，前者就会对后者产生吸引力，像前面所说的性格外向与性格内向的人结为好友；另一种情况则是，因为别人的某一特点满足了自己的理想，而增加自己对他的喜欢程度。

然而，一些研究者却提出了反对的意见。例如乔纳森·弗里德曼（Jonathan Freedman）认为，多数人会被富有表现力、性格外向的人所吸引。可当一个人情绪沮丧的时候，却非这样。事实上，人们更喜欢与自己有相同需求和人格特征的人作为婚姻伴侣。虽然，相似性和互补性看似矛盾，实则不然。两种因素发挥的领域范围不同。相似性更多表现在兴趣、爱好、思想、观念、态度等方面，互补性更多表现在性格、气质、个性等方面，即在思想观念上强调"志同道合"，在性格气质上更强调"刚柔互补"。这体现了人际交往的复杂性。

（三）邻近性

邻近性主要指个体交往的空间距离邻近。人与人之间由于时间、空间距离接近，彼此可以增加相互吸引，有助于相互间人际关系的建立。

1950年，美国社会心理学家利昂·费斯廷格（Leon Festinger）等人对麻省

---

① 佐斌，高倩. 熟悉性和相似性对人际吸引的影响[J]. 中国临床心理学杂志，2008(6)：634–636.

理工学院 17 栋已婚学生的住宅楼进行调查，深入系统地研究空间距离的临近性与人际吸引的关系。调查结果如图 8 - 3 所示：同一层和不同楼层而造成的空间差异，对人们结交朋友的机会有显著的影响。即居住距离越近的人，交往次数越多，关系越亲密。在同一层楼中，和隔壁的邻居交往的几率是 41%，和隔一户的邻居交往的几率是 22%，和隔三户的邻居交往的几率只有 10%。

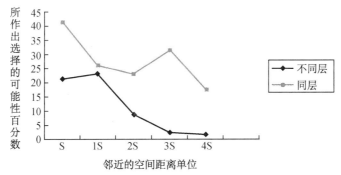

图 8 - 3　空间距离的临近性与人际吸引的关系折线图

　　人际吸引中的邻近性，可以从以下两个方面给予解释：首先，邻近性使人们从人际交往中获得收益。空间距离的邻近性将增加人们之间的交往机会，在相互作用的过程中彼此受益。其次，期待性使人与人的交往更加密切。生活在我们周围的同事、邻居、室友等，因空间距离的临近和特殊的关系，我们期望他们一直居住在我们附近，并能不断地见面来往。而在这种频繁的交往过程中，每个人都希望与这些朋友保持良好的人际关系。在相互交往中，逐渐认识到对方的好处，也会产生摩擦，这些都能加强邻里之间的关系。

**（四）个人特质**

1. 人格

　　一般来说，性格开朗、热情大方的人，总是容易被人接受。人与人之间的吸引归根到底取决于一个人的个人品质与道德修养。在人际交往中高度受人喜爱的个人品质有真诚、诚实、理解、忠实、真实、可信、聪明、有头脑、体贴、可靠、热情、善良、友好、快乐、不自私、幽默、负责、开朗和信任他人；而内向孤僻、言行古怪、过分自卑、过分悲观、武断固执和呆板拘谨等性格特点会妨碍人际吸引。在一项实验中，研究者发现具有幽默感的人更容易吸引人并且找到长期合作的伙伴。①

---

　　① Elizabet, M. G., Mark, S. Effect of Humor on Interpersonal Attraction and Mate Selection [J]. The Journal of Psychology, 2009, 143(1): 67 - 77.

在众多人格品质中，真诚在人际交往中起着特殊而关键的作用。一个人想吸引他人、形成良好的人际关系、获得朋友，真诚是必须的品质和交往原则，这也是获得良好人际关系的一个秘诀。

2. 外貌

个人的容貌、体态、服饰、风度等外在因素对人际吸引发挥着重要作用，尤其在初次见面时，人们容易受到第一印象的影响，仪表因素十分关键。

艾伦·斯奈德等人（Allan Snyder）研究发现，男性喜欢与相貌美丽的女性进行电话交谈（Snyder et al. ,1977）。还有学者选取女性为被试，结果同样表明，女性在告知与帅气的男士交谈时，她们更善谈，表现更为积极（Anderson,1981）。因此，漂亮的容貌、帅气的外表，对任何人都具吸引力，不存在性别上的差异。

为什么我们会对外表美丽的人给予如此肯定的评价呢？第一，心理需求的满足。人们喜欢与外表漂亮的人交往，这样他们能赢得别人的羡慕，提升自己的地位。当自己的同伴被赞扬时，我们自己也会变得更有吸引力，这是获得交往对象吸引力的赏酬效应；第二，外貌使人产生"光环效应"。人们常称赞外表出众的人，容易使人认为他有一系列的优秀品质，如性格开朗、好交际、品德好等；外表在人的不同发展阶段中对人际吸引中的作用不同。青春期后，随着心理水平的发展，人们开始逐渐关注异性交往，更加重视自己的外表，而且把这种变化纳入到人际评价和人际吸引的行为之中。

3. 才能

一般来说，人们喜欢头脑聪明、精明能干的人，而不喜欢愚蠢无能的人。古语有"宁为贤者仆，不为愚者师"，这说明了人们对个人才能的关注。有才能的人善于分析问题和解决问题，遇事有自己独特的见解，不易盲从和轻信，言行得体。与这样的人交往会给人带来愉悦之情，并能获得他们的帮助。但是，并非人越聪明能干就越招人喜欢。在一定限度内，笨拙的行为会导致人际吸引。才能出众却有小错的人最有人际吸引力。为此，埃里奥特·阿伦森（Elliot Aronson）于1969年进行实验研究证实了这一现象的存在。实验中，研究者让被试观看有关"大学生急智杯"竞选的候选人的录像。录像中，分别呈现四个候选人，一名是才能出众而没有任何错误的人，一名是才能出众但有错误的人，一名是才能平庸但没犯错误的人，一名是才能平庸且犯了错误的人。看完录像后，实验者要求被试评价哪一种人最有吸引力，对他的喜欢程度最高。结果表明，才能出众但有错误的人被认为是最有吸引力的。实验证明，小错误会使有才能的人更加具有吸引力。

## 二、人际吸引的表现形式

### （一）亲近

在社会网络中的人，多数时间里都与他人在一起，相互沟通，交换信息。人天生就有一种与人亲近的需求，这种需求可以是不带感情色彩的亲和，只要感到周围有人存在即可。心理学家理查德·阿特金森（Richard Atkinson）等人认为，有两种动机影响人们的社会交往：一是亲和需求；二是亲密需求。前者是指人们希望与他人保持积极的人际交往的愿望，后者是指人们追求温暖、亲密关系的愿望。

美国心理学家斯坦利·沙赫特（Stanley Schachter）做了一个著名的实验，来研究人面对孤独时的忍耐力。研究者设计了一个没有窗户但有空调的房间，在房间里设有一张桌子、一把椅子、一张床、一个马桶、一盏灯。被试的一日三餐通过房门底的小洞口送入。根据实验前的约定，被试在这样的房间里呆上一天就能得到丰厚的酬劳。5名大学生为实验被试，研究结果显示有一人只待了20分钟就退出了实验，有两人在房间里生活了2天，最长的一人也只待了8天。这个研究表明，人对孤独感的忍耐力存在差异，人无法长时间生存在孤独的环境中。从生物学观点解释，人类这种亲和趋向具有生存的价值功能，如婴儿需要得到成人照顾、人类需要分工合作才能实现生产等。

### （二）喜欢

人与人之间形成亲近感后，就会逐渐形成喜欢的情感体验，人们需要和一些喜欢的人维持亲密的关系。和喜欢的朋友在一起会感受到愉快的满足，离开他们会感到留恋和不舍，他们成为对自己有特殊意义的个体，此时，与人们的关系就进入到人际吸引的上一个层次——喜欢。喜欢是人际吸引的一般表现形式，也是中等强度的人际吸引形式。喜欢是由对他人的现实评价唤起的，是一种单纯的情感体验且比较平稳、宁静。它是爱情的基础，影响喜欢的因素也影响爱情。影响喜欢的因素最终决定着一个人选择什么样的人做恋人或婚姻伴侣。佐斌等研究态度确定性中的情感确定问题，得出了"因为喜所以爱"这样的结论。[①]

### （三）爱情

1. 爱情的含义

**爱情**（love）是指男女双方间产生的爱慕思恋的感情，是一种根源于种族延续的本能的对异性之爱。爱情是多种因素的组合体，生理因素、心理因素和社会因素促成了爱的结合。一般来说，爱情包括爱情思想、爱情行为和爱情体验三种成

---

① 佐斌，魏谨. 因为喜欢所以爱[J]. 心理研究，2009，2(3)：49-53.

分。心理学家卡罗·亨德里克（Carolyn Hendriks）等人将爱情确定为情欲之爱、游戏之爱和友谊之爱三种基本形式。他们如同三原色一样，组成不同种类的次级爱情形式。如情欲之爱和友谊之爱相结合，能预测较高的关系满意度；而游戏之爱，则对关系满意度的预测度较低（Hendriks et al.，1993,2003）。

2. 爱情的类型

激情的爱情：是指深情的、富有激情的爱。情绪在激情爱情中起主导作用。因此，当人们爱恋他人，而且感到深陷其中难以自拔时，这种情感感受就可以称之为激情之爱。这种激情之爱受到生理唤醒状态的驱动，即可归结为浪漫中的情绪。当人们处于浪漫的情境中，就可以把这种情绪体验感受称为激情之爱。

伴侣的爱情：这种类型的爱情是一种更实际的爱情，强调彼此间的信任、关心、容忍对方的缺点与习惯。它比激情的爱情更加柔和、温暖，发展得也相对比较缓慢。对于一段恋情来说，激情爱情是恋情的开始阶段，随着关系的发展，情感趋于稳定，新鲜感和惊奇感消退，爱人的理想化形象与人类不完美的现实开始冲突，双方发展呈现固定的交往模式，两人的生活开始稳定下来。在现实生活中，如果一段亲密的感情经受住时间的考验，它就会成为一种稳固而温馨的爱情。但是，第三者的介入会威胁伴侣的和谐关系，易产生嫉妒之情。

1986年美国耶鲁大学心理学教授罗伯特·斯滕伯格（Robert J. Sternberg）提出的**爱情的三元论**（triangular theory of love），成为目前解释人类爱情的重要观点之一。三元论认为：人类的爱情虽然复杂多变，但基本成分都是亲密（intimacy）、激情（passion）、承诺（commitment）。亲密是以彼此的信任为基础的情感表现，激情必然伴随有彼此间性的吸引，承诺是内化为个体心灵需求的一种责任和约定。斯滕伯格根据爱情的三种成分的组合，将人类两性之间的爱划分为7种基本的类型（见图8-4）：

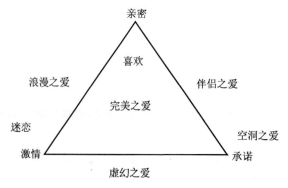

图8-4 爱情的三元结构与类型

（1）喜欢。只有亲密因素。当两性之间的关系在爱情的三因素中，只有亲密因素时，相处的双方在交往中会感觉亲切、轻松、有很强的信赖感，表现在生活中就是两性之间真诚的友谊。严格地说，此种关系还不能纳入到爱情之中。喜欢和爱有时候被现代男女严格区分："你究竟是喜欢我还是爱我？"。当然，这种喜欢关系的稳定性会因为任何一方情感因素微妙的变化而发生改变，这也是人们常常怀疑男女之间是否有真正友谊的原因之一。

（2）迷恋。只有激情因素。当两性之间的关系，在爱情的三因素中，只有激情因素时，双方有强烈的性吸引，但缺乏彼此的了解，缺乏彼此的信任，当然，更没有发展到承诺的阶段。处于迷恋中的个体相信"爱不需要理由"。迷恋可能开始于生活中的一见钟情，但是能否继续发展为稳定的情感，取决于是否会有亲密和承诺因素的形成。

（3）空洞之爱。只有承诺因素。当两性之间的关系，只有承诺，没有亲密和激情时，表明二者只有责任和义务，是高度道德化的或价值高度异化的两性伙伴关系。就爱情而言，是没有爱情成分的空洞的爱。

（4）浪漫之爱。亲密和激情两因素的结合。当两性之间的关系具有亲密和激情两个因素，双方的关系不需要承诺来维系时，就会是一种最轻松、最唯美的浪漫之爱。浪漫之爱若是缺乏承诺的意愿或能力则与婚姻无缘。

（5）伴侣之爱。亲密与承诺两因素的结合。当两性之间的关系有亲密也有承诺，而缺乏性爱吸引时，彼此的关系已经升华为亲情式的信任和依赖，仿佛携手走过漫漫人生的银发夫妇，虽没有青春时的激情，却具有难以描述的情感深度，是不离不弃的黄金伴侣。

（6）虚幻之爱。激情和承诺两因素的结合。当爱情没有以信任为基础的亲密因素时，仿佛大厦没有坚实的地基，是虚幻的空中楼阁，随时有变异的可能。

（7）完美之爱。亲密、热情和承诺三因素的结合。真正的完美的爱情应该以信任为基石，以性的吸引和欣赏为催化剂，以承诺为约束。既具有相对的稳定性，又充满热情和活力。

3. 爱情的测量

对于国内外爱情的测量主要分为几类：爱情观念的测量、爱情成分的测量和爱情类型的测量。

（1）爱情观念的测量

已有的与爱情态度和观念测量有关的量表有鲁宾爱情心理量表（Rubin Love Scale，RLS）、激情爱情心理量表（Passionate Love Scale，PLS）和浪漫信念量表（Romantic Beliefs Scale，RBS）。

鲁宾·齐克（Rubin Zick）最早开始对爱情进行科学的测量。他确定了恋爱中人们思想的三个主题：依恋、关心和信任。用这三个主题编制的爱情心理量表可用来测量一个人对另一个人爱情强度的大小，其中依恋指一种需要及渴望对方的感受；关心是为对方的利益着想，既尽自己最大的努力使对方幸福以及满足对方的需求；第三个主题强调信任及自我展露，即愿意把自己的一切告诉对方。[①]

哈特菲尔德和苏珊·斯普雷彻（Susan Sprecher）的激情爱情量表是测量人们对爱情体验的强度。认为虽然社会文化因素可能会影响到激情式爱情的表达方式，但是体验这种爱情的能力是普遍存在的。PLS是一个包含30个项目的问卷，让应答者去思考对他们所爱的人（或被爱的人）的激情。包括3个分量表：认知、情感和行为。[②]

斯普雷彻和梅茨·桑德拉（Metts Sandra）发展出浪漫信念量表来测量人们所拥有的浪漫爱情信念（如，一见钟情，真正的爱情能克服任何障碍等）的程度。通过调查大学生的浪漫主义、性别和性别角色发现此量表有较好的信效度。RBS由4个信念组成：爱情的方式、专一、理想化和一见钟情。[③]

（2）爱情成分的测量

有关爱情成分测量的工具主要有：斯蒂芬·戴维斯（Stephen Davis）的爱情聚类理论和关系评定表（Relationship Rating Form，RRF）、斯滕伯格的三因素爱情心理量表（Triangular Love Scale，TLS）、耶拉·卡门（Yela Carmen）的四因素模型测量和中国人爱情心理问卷。

戴维斯（1985）对爱情和友谊的要素分别进行了聚类分析，并进一步比较和区分了爱情和友谊的成分。他认为友谊之中的喜欢包括欢乐、互助、尊敬、无拘无束、接纳、信任、理解和交心等8个主要元素；而爱情除这些因素外还包括关爱和激情。其中，关爱是支持对方，包括"在各种争执中永远作为对方的拥护者或首席辩护者"和"极大限度地付出"两种成分；激情包括"为对方所迷恋"、"性的欲望"、"排他性"等3种成分。集束理论使我们认识到什么时候友谊已经转化为爱情关系，或是爱情关系正在逐渐降格为普通的友谊。戴维斯等人还设计出包括58个项目、6个分量表组成的关系评定表，用

① Rubin, Z. Measurement of romantic love[J]. Journal of Personality and Social Psychology, 1970, 16 (2)，265 – 273.

② Hatfield, E., Sprecher, S. Measuring passionate love in intimate relationships[J]. Journal of Adolescence, 1986, 9(4)：383 – 410.

③ Sprecher, S., Metts, S. Development of the "Romantic Beliefs Scale" and examination of the effects of gender and gender-role orientation[J]. Journal of Social and Personal Relationships, 1989, 6(4)：387 – 411.

来区分各种类型的友谊，并预测不同关系所表现出来的特征属于哪种类型的友谊。①

斯滕伯格(1997)通过比较爱情类型的结构模型和评价这些模型中对多种亲密关系的有效性，并且基于爱情三因素模型发展了 36 个项目、3 个分量表的三因素爱情心理量表来评价爱情，同时也证明了三因素模型有良好的内外部效度以及量表的构想效度。②

耶拉推断出最经常引用的爱情维度是：关爱、性欲、激情、亲密、尊重、承诺和依恋，通过实证研究证实了这些维度可以被合成四个成分：性爱激情、浪漫激情、亲密和承诺，并发现了这种模型的一些实证支持度，并据此编制了相应的爱情测验量表。③

国内学者王娟和佐斌(2006)采用问卷法，以中国五个地区的大学生和社会人士为被试，通过开放式问卷收集爱情核心特点的词汇，形成词语评级问卷。之后通过因素分析确定了中国人爱情心理的结构，包括接纳、关爱、激情、爱情价值观和浪漫 5 个维度。他们还编制了包含 26 个项目的中国人爱情心理问卷，通过调查发现了不同被试在爱情心理方面表现出的不同特点。

（3）爱情类型的测量

关于爱情类型的测量主要是爱情态度量表(Love Attitudes Scale, LAS)。美国心理学家苏珊·亨德里克(Susan Hendrick)等依据爱情类型理论(Lee, 1977)，编制了包含 6 个类型，每个类型 7 个项目，共 42 个项目的爱情态度量表，包括浪漫爱、游戏爱、伴侣爱、现实爱、占有爱和奉献爱 6 个分量表。通过因素分析发现结构稳定，并且与 6 个维度内容吻合。④ 根据因素分析结果从完整版 LAS 的 42 个题目中选择 24 个题目的简版(LAS - S)，在美国样本中具有较好的信效度。⑤

---

① Davis, K. E., Todd, M. Friendship and relationships[J]. Advances in descriptive psychology, 1982, 2：79 - 122.

② Sternberg, R. J. Construct validation of a triangular love scale[J]. European Journal of Social Psychology, 1997, 27(3), 313 - 335.

③ Yela, C. The Evaluation of Love：Simplified Version of the Scales for Yela's Tetrangular Model Based on Sternberg's Model[J]. European Journal of Psychological Assessment, 2006, 22(1), 21 - 27.

④ Hendrick, C., Hendrick, S. S. Research on love：Does it measure up？[J]. Journal of Personality and Social Psychology, 1989, 56(5)：784 - 794.

⑤ Hendrick, C., Hendrick, S. S. Romantic love：Measuring cupid's arrow[M]//Positive psychological assessment：A handbook of models and measures. 2003：235 - 249.

## □□□ 第四节 人际沟通

### 一、人际沟通概念及功能

**人际沟通**是指人与人之间传递信息、沟通思想和交流情感的过程。人际沟通的功能主要有：

#### （一）满足交往心理需要

与他人交往是人的需要之一，其中人际沟通是人际交往的重要方式，是人们与外界保持联系的重要途径。通过沟通，保证了个人的安全感，增强了人与人之间的亲密性。一旦这些需要无法满足，个人的身心健康就会受到伤害。因此，人际间的沟通对于个人是不可缺少的，它保持着人与人之间充分的情感和思想交流。

#### （二）自我表露

自我表露（self-disclosure）是指一个人在一定情境中自愿把自己真实的私密性信息展示和表达出来的行为。在亲密性的人际关系中常体现出自我表露，它是发展友谊的关键途径。过度或过少的自我表露均不合适，中等强度的表露水平最适宜，最有利于个体的心理健康发展。

#### （三）协调社会

人际和谐是构建和谐社会的主题和基础。正确认识和处理人际交往关系是构建社会主义和谐社会的关键。在社会活动中，个体之间的行为必须协调，才能保证社会正常运转，这就缺少不了沟通的作用。沟通有利于提供信息、调节情绪、增进了解、增强团结。沟通还可以协调共同的生活需要，使社会成员有秩序地生活，避免各种矛盾和冲突。通过沟通，还可以解决群体内部纠纷和矛盾，防止群体间的涣散、行为上的不一致。

#### （四）促进自我发展

正是人与人之间的不断沟通，才为个体提供了大量的社会刺激如信息、知识、经验、思想和情感等。婴儿一出生就通过与父母的沟通获得生理和心理的满足。随着年龄的增长，个体逐渐接触社会，接受正规教育，扩大与他人沟通的范围，接受各种不同的思想，形成一定的道德体系，完成各个年龄阶段的人生发展课题。特别在老年期，沟通是必不可少的。缺乏沟通，易感到空虚、抑郁。所以，不同年龄层的个体都需要沟通来获得社会功能的支持，促进自我的发展。

## 二、人际沟通能力

由于人际沟通能力的结构较为复杂，心理学家对沟通能力及其结构的探索分别采用自上而下的演绎和自下而上的归纳这两种思路。① 演绎思路是从理论的推演概括人际沟通能力的含义和成分，这种研究思路存在很大争议，有情境论、状态论、特质论、过程论等不同观点。归纳思路主要是通过对实际沟通领域中所需要的能力及其重要性的调查，采用归纳的方法概括人际沟通能力成分。

### （一）人际沟通能力的情境论

凯瑟琳·里尔顿（Kathleen K. Reardon）认为，人际沟通能力水平是人的行为适合情境并有助实现个人或关系目标的程度。沟通能力具有一种对特殊作用情境的评估功能，离开特定的沟通情境变量，人们就无法对这种能力作出适当的评估。

人际沟通能力的情境论认为，评定人际沟通能力的两个指标是沟通目标和沟通质量。沟通目标有个人目标和关系目标两个方面，沟通质量则涉及沟通的适当性和有效性两个方面。

凯瑟琳认为，人际沟通能力的结构包括了认知技能和行为技能。认知技能包括移情、社会期望、认知复杂性、对关系准则的敏感性、情境知识、自我监控；行为技能包括相互卷入、互相管理、行为灵活性、倾听、社会风格。显然，凯瑟琳对沟通能力的理解更注重在沟通情境中人对自己以及对情境变量的理解和控制。

### （二）人际沟通能力的状态论

持状态论的学者罗纳德·阿德勒（Ronald Adler）等人认为，沟通能力是"一种从他人那里以你和他人都可接受的能保持关系的方式得到你所要得到的东西的能力"。沟通技能不是人们有或无的一种特质，而是我们经常或很少达到的一种状态（state），沟通能力具有关系维度。

如何评定人际沟通能力？依据状态论，有效的人际沟通体现在适应性（adaptability）、卷入（commitment）和利益性（profitability）三方面。适应性包括六个特征：（1）能意识到自己与沟通者沟通的有效性；（2）使自己的沟通适应对方；（3）在适当的时间说适当的话；（4）避免使用可能冒犯他人的语言；（5）谈话中的自我揭示；（6）无理解困难。卷入是沟通者对他人、对主题、对被理解的关注。这些关注涉及对他人和对会话的卷入、共享思想或感情、对信息的信奉、对双方利益的渴望、对相互影响和维持关系的渴望、对信息清晰可用的渴望等。利益性则是指沟通当事人对美好结果的交换感兴趣。

---

① 张淑华. 人际沟通能力研究进展［J］. 心理科学，2002：25(4)：503－505.

阿德勒认为，有能力的沟通者应具备以下条件：可供选择的广泛的行为方式、选择适当行为的能力、完成行为的技能、移情或预期、认知复杂性、自我监控、对关系的卷入。

### （三）人际沟通能力的特质论

个体具有反映跨情境和跨内容的沟通能力特质或倾向，这种特质具有指挥个体沟通行为的能力，使不同刺激能导致相似的行为。因此，特质具有预测人的沟通绩效的功能。绍恩·斯卑诺（Shawn Spano）等人以人际沟通的有效性和适当性作为人际沟通能力的评价指标。有效性即完成人际交往的目的和目标，适当性是与情境和关系限制保持一致（Spano et al.，1995）。

斯卑诺提出两种沟通特质：沟通灵活性和修辞敏感性。前者涉及产生和改变沟通信息的行为和策略，使信息改变以适应相互作用的环境。后者是一种在完成沟通目标中适应需要、他人期望及不同情境的能力（Spano，1992）。斯卑诺等的研究结果显示：人际沟通能力、沟通灵活性和修辞敏感性能够解释选拔面试中的沟通绩效（Spano et al，1995）。

### （四）人际沟通能力的过程论

萨拉·特伦霍姆（Sarah Trenholm）认为，人际沟通能力是个体采用有效的和在社交上适当的方法和他人进行沟通的能力。沟通能力可分为表现能力与过程能力两种水平。表现能力反映某人经常表现的实践中有效和适当的沟通行为；过程能力由所有的对产生适当表现所必需的认知行为和知识组成。有效性和适当性是评定人际沟通能力的重要标准。萨拉把人际沟通的过程能力划分为五种：理解能力、角色能力、自我能力、目标能力和信息能力。

### （五）人际沟通能力的归纳思路

归纳思路从活动领域入手，研究不同活动领域中所需要的人际沟通能力。这种研究范式主要采用文献搜索法、问卷调查法和等级评定法，先从沟通理论文献中搜集有关沟通行为的词汇，把它们编入问卷中，让一线工作人员或专家评定它们的重要性，再对调查结果进行统计处理，最后归纳出某一职业所需要的有效沟通技能。

我国学者张淑华通过研究提出，管理者的人际沟通能力由沟通倾向、沟通技能、沟通认知能力三元成分构成。[①] 沟通倾向指沟通的偏好与行为动力，例如，渴望理解和被理解、有通过沟通影响他人的欲望。沟通技能是沟通的行为表现能力，包括非言语表达技能、言语表达技能、倾听技能。沟通认知能力是指在沟通中对自己、对他人、对情境有认知，知道自己的沟通目标、善于体察他人想法和

---

① 张淑华. 企业管理者人际沟通能力结构研究[J]. 心理科学，2004，27（2）：480 - 482.

感受(移情)、知道自己的行为表现在时间、场合上的恰当性。

## 三、人际沟通分类

### (一) 言语沟通

1. 口头沟通

口头沟通是借助口头语言形式实现的沟通,其优点是沟通双方可借助表情、语调等辅助语言增强沟通的效果,即时获得反馈,解答沟通过程中出现的疑惑。口头语言是保持完整信息交流的最好沟通方式。但存在不易被记忆的特点,因口语转瞬即逝,会增加理解上的难度。口头语言可以分为自然语言、辅助语言和类语言三类。

(1) 自然语言

自然语言就是指平时我们所说的话语。在使用自然语言时,我们要做到言之有"理"及"礼"、言之有"物"、言之有"度"、言之有"味"、言之有"体"。即在语言运用上,语言表达要合乎情理、合乎逻辑;表达要有礼貌;说话要有内容;语言要有美感;语体要恰当等。

(2) 辅助语言

辅助语言是未发生的词语,是言语表达的一部分,包括沟通过程中的语调、音量、音质、说话的速度等。它常与人的情绪、情感状态相连。同一个词语如"谢谢",可以真情地说出,表示诚意的谢谢;也可以冷淡地表达,以示轻蔑的意义。通过掌握辅助语言的作用和特点,可以辨别说话者的真正意图。

(3) 类语言

类语言是指无固定发音的语言,如哭声、笑声、呻吟、哈欠、喷嚏或各种叫声等。虽然类语言并不是真正的语言,但在很多情况下,它能起到沟通思想、感情的辅助作用和效果,加强或减少口头语言的力量。但它无确定性,每个人使用表达的含义有所不同,需要沟通者有较高的理解力。

2. 书面语言

书面语言是一种间接的沟通方式,它不受到时间和空间的局限,能更详尽地、丰富地表达叙述者的意见和情感,并可为后人流传。通过书面语言,我们可以反复地阅读、推敲和研究,可以委婉地表达思想感情。特别在书写时,我们可以充分地考虑到词语选择的恰当性,逐字逐句地比较,以达到最佳效果,而这些是口语语言无法达到的。"写"和"读"构成言语沟通,跨越时空,拓展了交往的范围,丰富了人们沟通的内容。

### (二) 非言语沟通

1. 面部表情

面部表情是非语言交流的最佳渠道，有关这方面的研究，历史悠久。1872年查尔斯·达尔文（Charles Darwin）在《人类和动物情感表达》中，对人类面部进行了细微观察和描述，认为能够通过表情正确认知情感。他认为，世界上所有民族，不论是原始的，还是文化的，面部表情实际都是一样的。根据进化论的观点，非语言交流是"物种特性"，而非"文化特性"。面部表情是一种生理反应。

克里斯蒂娜·汉森（Christina Hanson）（1988）等人做了一项关于面部情绪表达的研究。[①] 研究者拍摄了一个人的三种不同的表情，即愤怒、愉快和中性（面部放松）。接着，研究者构造出"人群"的照片，一张照片有许多脸。被试的任务是，在一组人脸中尽快找出与众不同的那一张，并测量他们的反应时间。其中，能迅速找到的人脸是愤怒的脸，这说明人类能准确地对面部表情进行反应，而且对愤怒表情反应时间最快。达赫·凯尔特纳（Dahej Keltner）以白人和黑人大学生为被试进行研究，表明困窘是独特的非言语。研究者认为，困窘具有独特的脸部表情——转头、朝地下看、目光转移、望向别处、抿着嘴唇、或有时摸脸。最近的研究也显示，还有其他的一些面部表情同样具有跨文化一致性。

2. 目光和注视

目光接触和注视是重要的非语言线索。一般认为，在光线不变的条件下，瞳孔放大表示注意、兴趣、兴奋、惊讶、恐惧等；而瞳孔缩小则表示厌恶、不耐烦、不高兴、失望等情绪情感。目光与注视受到文化的影响。如果一个人说话不正视对方的眼睛，美国人会认为是可疑的。如果一个人戴着墨镜和对方说话，会让人觉得不安。在一些国家里，目光直视对方，会被认为具有侵略性或不礼貌。但也有研究发现，说话时，紧盯着或看着别人是专断的、控制的行为，从另一方面来说，却认为它是领导行为的有效因素。总之，眼神的交流能够产生积极或消极感情中的任何一种。与他人交往时，我们应该学会识别视线。

3. 手势和步态

手势、步态等躯体状态是一种动体态。它可以明确表达一个人的思想、情感、心态和性格等，也是判断两个人关系的关键点。如相互爱慕的人，会靠近对方，直视对方，表现放松的姿势。此外，每一种文化都有自己独特的标志。

非语言沟通与语言沟通有各自的作用，在人际沟通中往往是相互依存和补充的。近些年，社会心理学家逐渐强调非语言线索的作用。在多数情况下，人际沟通中传递的非语言信息与语言信息是一致的，只不过一致的程度有所区别。当非语言信息夸大时，就弱化了语言信息，使语言信息打了折扣。在少数情况下，还存在非语言信息与语言信息互不相关的情况。

---

① 史蒂芬·沃切尔. 社会心理学［M］. 金盛华，等，译. 南京：江苏教育出版社，2008：127.

4. 计算机为中介的人际沟通

互联网络空间是一种人类心理过程与心理社会性发展的新型空间，发生在其中的、以计算机为中介的人际沟通(Computer-Mediated Communication, CMC)是区别于面对面的人际沟通(Face to Face Communication, FFC)的一种全新沟通方式，它是人与人通过互联网、并使用文本化的信息及副语言(paralinguistic)来进行的一种人际沟通方式。CMC 正在对人类自身与人类社会产生越来越重要的影响。①

## □□□ 第五节 人际冲突

### 一、人际冲突的概述

#### (一) 人际冲突的含义

人际冲突(interpersonal conflict)指的是相互依赖的个体和群体间互相知觉到的各自既定目标的不一致、出现了干涉行为以及同时伴有消极情绪体验的动态过程。乔恩·哈特威克(Jon Hartwick)等提出了人际冲突中存在的 3 个主题：争执、消极情绪和干涉。3 个主题涵盖了认知、情感和行为 3 个方面，它们独立或者相互组合构成了人际冲突研究的主要特征或重要因素。②

#### (二) 人际冲突的理论模型

人际冲突的理论模型实际上也就是对冲突模式(models of conflict)的研究。学者们主要是通过 6 大途径对冲突进行研究的，分别是：微观层面上的心理学途径、宏观层面的社会学途径、理性经济学分析途径、劳资关系分析途径、讨价还价和谈判、第三方咨询的解决模式途径。这些具有解释力的冲突模式，已经跨越了学科领域的界限，而具有跨学科的普遍性意义。这些有影响力的模式可分为 3 大类：露易斯·瑞·庞迪(Louis R Pondy)的主导范式——组织冲突范式、冲突的描述性模型、冲突的规范性模型(Lewicki et al, 1992)。

1. 庞迪的主导范式

在组织层面上，庞迪提出了一个经典的冲突范式，他试图把冲突的影响因素(如组织结构、人格特质等)、冲突进程和冲突结果等各个方面归入冲突发生的过程中，提出了冲突发生的五步骤观点：(1)前条件；(2)潜在的冲突可能性；

---

① 李宏利，雷雳. 计算机为中介的人际沟通研究进展[J]. 首都师范大学学报，2003(4)：108 - 110.

② Barkih, H. J. Conceptualizing the construct of interpersonal conflict[J]. The International Journal Of Conflict Management，2004(15)：216 - 244.

（3）意识到了冲突的势在必行；（4）发生冲突；（5）产生冲突结果。庞迪的最大发现在于他对冲突前条件的分析上，这些前条件包括：对稀有资源的竞争、个体自由与组织权力控制的斗争、个体差异和目标差异。这其中的每一个前条件都成为相关组织冲突模式中讨论的核心内容。另外根据这些前条件，庞迪进一步把人际冲突的类型分为三类：资源冲突、权力冲突以及人际关系冲突。这在相当长的一段时间里，成为后续研究的理论基石（Pondy，1967）。

2. 描述性模型

描述性模型旨在描述冲突是什么，关注于冲突的基本状态，目的是了解或解释冲突发生的原因、过程或结果等相关内容，而没有为我们处理这些相关事件提供建议。

（1）交战模式。在阿纳托·拉普伯特（Anatol Rapoport）看来，这种模式对冲突的解释来自于人际侵犯。在人际侵犯特别是身体侵犯的时候，斗殴往往是非理性以及非常情绪化的，而相互连续不断的侵犯会使冲突处于一种连锁反应的状态，即所谓的"冲突螺旋"。尽管这种模式经常被用来解释国际社会中的战争现象，但它同样也适用于团体纷争、夫妻关系以及组织冲突。

（2）争论模式。与交战模式相反，拉普伯特认为争论的实质是双方在事物是什么和事物应该是什么上的观点的不一致。按照这种模式，冲突来源于不同的主张、观点、政策以及意识形态（Rapoport，1960）。

（3）步骤模式。当拉普伯特把注意力集中在具体的冲突事件上时，其他学者已经开始用冲突的动态过程来认识冲突，并提出了相关的冲突过程模式。这一模式主要以庞迪的冲突五步骤范式为基础。肯尼思·托马斯（Kenneth Thomas，1976，1992）提出了冲突过程模式（a process model）。这一模式认为冲突要经过五个关键阶段，他们分别是：挫折（一方认识到另一方将会在关心的事情上挫败自己）；概念化（意识到了冲突的产生）；行为（用不同的方式来解决冲突）；交互作用（使冲突升级或化解的因素）；结果（短期的或长期的）。

（4）双向关注模式。冲突模式研究的另一个重要的潮流是对冲突处理—冲突化解方式的研究。

（5）托马斯的结构模式。上文中已经提到了他的过程模式，当冲突过程模式关注进程中纵向的特定连锁事件时，冲突结构模式却着眼于整体的冲突状态。它主要分为4部分：冲突中每一个团体的自我倾向（人格决定的处理问题的方式）；冲突中各自面对的社会压力；激励结构和利益冲突（双方兼容性的程度和对行为结果的激励）；规则制度的限制（现有的规则对行为的限制以及可能的第三方介入）。以往的冲突模式大都着眼于冲突的起因或动态过程，托马斯的结构模式则试图把起因和过程结合起来。

3. 规范性模型

规范性模型致力于为冲突化解和冲突解决提供建议，并为冲突过程中各个环节事态的处理提供操作规范。最早的规范性模型应该追溯到罗伯特·布莱克（Robert Blake）等提出的模型。尽管这一模型在很大程度上是描述性的，但模型的最初目的却是为了给组织中的领导者提供规范性的建议。在他们的冲突网状（conflict grid）的坐标系中，纵坐标和横坐标分别代表关心产量和关心人两个维度，并且每个坐标轴上有 9 个单位刻度（Blake et al. , 1964）。布莱克等第一次将组织内人际冲突解决方式归纳为 5 种类型：强迫（forcing）、退避（withdrawing）、安抚（smoothing）、妥协（compromising）和问题解决（problem solving）。他的 5 种解决方式建立在两个维度之上：对产量的关心和对人的关心。根据不同刻度的组合（也就是基于侧重点的不同）划分了 5 种冲突管理模式：9/1（强迫模式：高度关注产量,很少关注人）、1/9（安抚模式：很少关注产量,高度关注人）、1/1（退避模式：既不怎么关注产量,也不关心人）、5/5（妥协模式：中等关注产量,中等关注人）、9/9（问题解决模式：高度关注产量也高度关注人）。他们觉得最后一种方式能够使冲突双方在最大程度上进行合作以解决冲突，是最有效和最值得推荐的组织冲突处理方式（Blake & Mouton, 1964）。

后来布莱克等又提出了面对面冲突解决模式（interface conflict-solving）。这是一个解决组织内经常共事的不同团体之间冲突的新的步骤模式。这个过程主要需要 6 步：（1）每一方各自独立地提出一个具有良好结合效果的模式；（2）各方聚集在一起，制订一个兼顾各方的模式；（3）每一方描述当前与其他合作方之间的关系状态，并找出问题所在；（4）各方再次聚在一起对现行的各方连接状态的工作关系加以改善；（5）每一方提出需要做改变的地方，并制成一个清单；（6）每一方制定具体的可行性方案并着手改变（Blake & Mouton, 1985）。

4. 人际冲突理论模型的新发展

近年来关于人际冲突的类型（types of conflict）和冲突类型对团体绩效的影响，成为学者们关注的焦点。居茨科·哈罗德（Guetzkow Harold）等首先提出了情感性冲突和实质性冲突的存在。其中情感性冲突指的是人际关系冲突，它主要侧重于个体的情感；而实质性冲突则指的是任务冲突，它主要侧重于各方意识到的基于任务的观点和意见的不同，类似于认知冲突（Harold et al. , 1954）。卡伦·杰恩（Karen Jehn）发现了第三种冲突类型——进程冲突（process conflict）的存在。所谓的进程冲突就是任务完成过程中关于程序或过程上的争执（Jehn, 1997）。

## 二、引起人际冲突的原因

### （一）资源的稀缺

在群体或组织中，受到资源数量的局限，不可能满足所有人的需要，人与人之间极易产生冲突。"公共地"或资源这个概念，就被学者提出来说明其对人际冲突的影响。这些稀缺资源包括空气、水、海洋中的鲸类、罐子里的饼干或是其他任何被共享但是很有限的资源。

### （二）归因的错误

个人对他人行为的归因方式，会影响其对他人的看法和行为，从而造成人际冲突。有时人们碍于面子不会立即发作，但当这种冲突长时间存在，对方的无意指责或批评就会引起个体勃然大怒，激化双方的冲突。由于个体具有不同的价值取向与判断，很容易造成对他人行为的错误归因，因而产生人际冲突。[①]

### （三）缺乏有效的沟通

缺乏有效的沟通是造成群体冲突的主要原因。缺乏沟通的原因较多，如表达不清，使对方误解；中间人误传信息，按照自己的理解删节、简化内容，转变原有表达的意思；按自己的兴趣使信息合理化，成为自己满意的形式等。甚至无沟通现象，即没有传递本应传递的必要信息，遗漏信息。如延误传递信息，或出于某种原因没有主动沟通，等等。这些原因都会造成人们之间的误解或不满，从而产生冲突。

### （四）认知和观念的差异

人的知识、经验、态度、观点等的不同，对于同一事物会产生不同的认识，因此会由于认识的不同而产生人际冲突。个体原有的价值观念影响着他们对其所属群体内部和外部成员的评价，这种影响也被称为"极端性评价"。帕特里夏·林维尔（Patricia Linville）等选取白人大学生为被试，让他们评定法律学院一位黑人或白人申请者。该申请者或者被描述为一位有竞争力的候选人，或者被描述成缺乏竞争力的人。研究结果显示：被试对黑人（所属群体外的人）申请者的评定比白人申请者更极端。具体而言，如果用肯定的语言进行描述，黑人申请者被评定得比白人申请者更积极。如果描述显示申请者的履历缺乏竞争力，那么黑人申请者得到的评定比白人申请者更消极。林维尔认为，与其他群体的成员相比而言，我们更了解自己所属群体的人员，因而外界所提供的信息会强烈地影响我们对其他群体的人员的评价。因此，在人际交往中，我们会对与自己有相同背景的人表现出更多的亲切感（Linville et al,1980）。

---

① 张翔，樊富珉. 大学生人际冲突来源及其处理策略［J］. 青年研究，2003（9）：46.

### （五）相互信任度

信任是人际交往的必要条件。信任度越高，建立的关系越稳定；信任度越低，关系越容易动摇，出现人际危机。一项实验考察了不同文化下"非零—总和"冲突是否存在差异。在研究中，来自日本的被试开始都支付相同数量的钱来种植一片虚拟的森林。在实验中，他们可以通过砍伐虚拟的树木得到现金，实验结果显示，与西方文化背景下得到的结果基本一致，多于一半的树木在生长到最佳的砍伐时间之前就被抢着砍掉了（Chateaugay，1987）。同样，戴维·约翰逊（David Johnson）用类似的事情说明砍伐树木的原因——不信任感。戴维认为在重新装满自己罐子之前要保证罐子不是空的，来保证自己家人每天都能吃到两到三块饼干。但是，缺乏节制和对其他家庭成员的不信任使我们禁不住多吃了饼干，这样每个人都变成一块接一块地吃。结果 24 小时内饼干就全吃完了，这是常见的人际不信任的表现，最终导致家里的罐子空空如也。

□□□ **专栏 8 -1**

#### 人际信任的破坏——杀熟

当今社会，我们面临着人际危机，最典型和集中的反映就是"杀熟"现象。我们往往对人际关系有两种区分，即熟人和陌生人。熟人是我们相互合作和互惠的对象，给予更多的信任感；而陌生人是我们排斥的对象，是非信赖的。但是，我们随处可以看到人们常常受到熟人的欺骗。当老乡、同事、朋友等为自己牟利而骗了我们时，这就是所谓的"杀熟"。其本质是利用熟人的信任而损害熟人的利益，是破坏人际信任的根源。有学者认为，这一现象具有生物学根源和社会历史的渊源。但可以归纳为如下原因：第一，利用熟人关系，是市场经济中理性的推动。很多人，都以获得最大利益为出发点，不断地追求个人价值。因此，一定环境下，促使人们不顾情面地伤害他人利益，为己牟利。第二，熟人关系出现薄弱的趋势。社会的发展，人与人之间的交往增多，但是新生的熟人关系与传统意义上的关系有所区别，抛除了旧有的情感成分，缺乏感情基础，往来间带有浓厚的利益性，这也造成了杀熟的关键。

资料来源：王小章. 中国社会心理学［M］. 杭州：浙江大学出版社，2008：214.

### （六）心理背景

心理背景指交往双方的情绪和态度。它包含两个方面的内涵：其一是沟通者的心情、情绪，在处于兴奋、激动状态与处于悲伤、焦虑状态下，沟通者的沟通意愿与沟通行为是截然不同的，后者往往沟通意愿不强烈，思维也处于抑制和混乱状态。其二是沟通者对对方的态度，如果沟通双方关系很疏远或态度很冷漠，沟通过程很容易出现偏差而产生误解。

### （七）文化差异

文化差异是构成人际冲突的另一个重要的原因。人的出身、受教育的程度、生活或工作的环境、社会政治制度、习俗差异等都是造成文化差异的原因。文化背景是沟通者长期的文化沉淀，也是沟通者较稳定的价值取向、思维模式、心理结构的总和。由于它们已经转变为我们精神的核心部分而为我们自动保持，是思考、行为的内在依据，因此通常人们体会不到文化对沟通的影响。

### （八）角色差异

每个人在社会生活中都会有一个特定的角色位置。不同角色位置上的人，其思想观念和行为方式也会有所不同。如果固守自己的角色，不注重对其他角色观念、角色行为的理解，就会导致角色与角色之间的冲突。工作和生活中常见的角色差异现象有：（1）代沟。所谓代沟，就是"因年龄差异而造成的生活态度、价值观念、行为方式等方面的差异、对立乃至冲突"。（2）行沟。行沟是由于行业不同形成的。因社会分工而产生千差万别的职业，也为从事不同职业的人之间的沟通增加了困难。（3）位沟。位沟是由于职位不同形成的。职位差异通常存在于有地位差异的交往双方之间。这是由两者因职位、地位不同而产生的自我感觉差距而造成的。职位差异影响双方的关系和谐与感情交流。①

## 三、人际冲突化解模型和策略

现代观点认为，冲突本身并不具有价值判断的意义，而不同的冲突解决策略将导致不同的结果，有效地解决同伴间的冲突具有长远的社会意义。② 冲突解决策略作为社会技能的一个重要方面，将直接影响同伴关系的质量、心理健康水平和社会适应的状况。

### （一）人际冲突化解模型

玛丽·帕克·福莱特（Mary Parker Follett）首次发现了冲突解决的 3 种主要方式：控制（domination）、妥协（compromise）和整合（integration）（Follett，1940）。托马斯对布莱克等的模型加以重新解释和提炼，并提出了自负（assertiveness）和合

---

① 蒋丽丽，刘萃. 学校教育情境下的师生人际冲突及其解决[J]. 教育实践与研究，2007(12)：4-6.

② Parker, J., Rubin, K. H. et al. Peer relationships, child development, and adjustment: A developmental psychopathology perspective[J]. Developmental Psychopathology, 1995(2)：96-161.

作(cooperativeness)两个维度,并相应地归纳出影响广泛的 5 种冲突解决方式:竞争(competition)、合作(collaboration)、逃避(avoiding)、忍让(accommodation)和妥协(compromise)。米·阿法泽勒·拉希姆建立了重视别人和重视自己两个维度,也提出了类似的 5 种冲突化解方式:统整(integrating)、忍让(obliging)、支配(dominating)、逃避(avoiding)和妥协(compromising)。这个模式解释了人们在冲突中多大程度上关心自己和多大程度上考虑到别人,并描绘出冲突状态下人的动机取向(Rahim,1979)。同时,托马斯和拉希姆还自制出至今仍用来测量人际冲突化解的两个最重要的量表。

另有学者从不同的视角对冲突的管理模式做了有益的探索。迈克尔·杰·塞克斯顿(Michael J. Sexton)和卡伦·迪尔·鲍尔曼(Karen Dill Bowerman)将冲突管理分为 5 种类型:求成功者、中立者、免失败者、独裁主义者、平等主义者。琳达·普特南(Linda Putnam)和史蒂夫·威尔逊(Steve Wilson)发现,组织中上司与部属间的人际冲突主要源自沟通的过程。沟通过程中的一系列行为表现会产生冲突、反应冲突,甚至决定冲突是否能顺利解决。在此理论基础上,他们于 1982年着手发展出一套以沟通为基础的冲突管理模式,并制定组织沟通冲突问卷,抽取出 3 个因素:逃避、解决导向、控制。事实上,近年来对冲突管理的研究取向已有转变,主要是发现在冲突处理情境中,一般人通常不会仅使用单一的冲突管理风格,而是同时采用几种不同的方式。而且,运用多种冲突管理风格者会比仅仅使用单一方法者更能有效处理冲突。人际冲突是一种复杂的社会行为,其情境性非常强。这就为人际冲突的研究工作带来了极大的困难。尽管西方学者在人际冲突的概念界定、理论模型和化解模式的研究上取得了丰富的成果,但到目前为止,人际冲突的整体理论框架仍然没有完整建立起来。

**(二) 冲突解决策略**

1. 适当管制

在面对资源竞争性的冲突时,我们应制定完备的规章制度。加勒特·哈丁(Garret Hardin)在"非零—总和"的冲突中,总结到"当一个社会中的人们对公共资源的使用享有完全自由时,他们便会一拥而上试图获得最多的好处。这种情况下,这些'公共地'最终必然会成为一堆废墟"。因此,在日常生活中,为了解决这种冲突,要制定强制性法律法规,来确保社会正常运行(Hardin,1968)。

2. 沟通

只有通过沟通才能解决一些问题、解释误会。在大多情况下,沟通可促进成人们的合作。对问题的讨论,增进小组成员的群体意识,关注集体意识。通过沟通,易使人们获得一致的意见和期望。尤其是面对面的沟通,他们可以产生较好的合作意识。

3. 改变激励机制

改变激励机制利于解决实际中遇见的人际冲突问题。当个人行为得到的好处减少时，人们的冲突就会减少，呈现合作趋势。如在一些城市里，私家车在上班高峰期堵塞，每个人为了各自的舒适，认为多一辆车产生的效应微不足道。这样就要改变人们的想法，调整政策，提高私家车使用成本，同时增加公共交通服务，如开辟公交专线等。

4. 增强对他人的责任感

增强对他人的责任感有助于利他行为，缓解人际冲突。大量的研究表明，良好的教育方式对幼儿优良性格的形成会起到积极作用。权威型父母坚定、热情、并考虑孩子的意见，会使幼儿有较多的利他行为。而溺爱型父母允许孩子为所欲为，导致幼儿人格成熟较晚、不会与人合作、利他行为少。[①]

另外，儿童冲突解决策略的选择与儿童的同伴关系类型有关。一般来说，受欢迎儿童往往采用比较积极的冲突解决策略，而被拒绝儿童往往采用最不适宜的冲突解决策略。安德烈·霍普米耶（Andrea Hopmeyer）和斯蒂芬·河舍（Steven Asher）1997 年的研究则表明，受欢迎儿童并不是在任何冲突情境中都有相同的表现，他们在自己的正当权益受到伤害时，既不会表现很高的攻击性也不会表现很高的亲社会性，而是采用大量的言语坚持策略；同伴接纳水平低的儿童则更需要依赖成人的帮助。[②] 有研究发现，与受欢迎的同学相比，攻击性男孩对冲突性社会情境的解决办法较少。他们解决社会性争端的办法往往比攻击性较低的男孩所提出的办法效果要差。因此，或许不受欢迎的个体并不一定缺乏建设性的冲突解决能力，也许正是对他人强制行为的感知阻碍了他们采用建设性的解决策略。儿童人格中的自我意识维度、同伴关系类型都对同伴冲突采用策略有着重要的影响。[③]

## □ 本章小结

1. 人际交往是指人与人沟通、交流，是人们之间相互作用的动态过程。

2. 人际交往按照信息传递有无反馈可分为单向交往和双向交往；按交往对象的关系可分为上行交往、下行交往和平行交往；按照人际交往的渠道有无组织

① Kochska, G. Toward a synthesis of parental socialization and child temperament in early development of conscience[J]. Child Development, 1993, 649(2): 325－347.

② Andrea, H., Steven, R. A. Children's responses to peer conflicts involving a rights infraction[J]. Merrill-Palmer Quarterl, 1997, 43(2): 235－254.

③ 刘文. 创造型人格与儿童气质[M]. 北京：中国大地出版社. 2007：276－296.

系统可分为正式交往和非正式交往；按照信息传递方式的不同可分为书面交往和口头交往；还有一些研究将交往类型分为代际交往、同龄交往和异性交往等传统交往方式和自我交往、阶层交往、网络交往等现代交往形式。

3. 一般来说，人际交往的建立需要经过定向、探索、交流和稳定四阶段。

4. 人际关系三维理论认为，每个人都有包容、支配和情感三种基本的人际需要。

5. 社会交换理论包括报偿理论以及代价和报酬的关系理论，该理论受到经济学的影响，认为交往双方以获得报酬为基础。

6. 公平理论是指人际交往的双方的对等性。采用经济学等式，来衡量关系的满意程度，即以交往中双方的报酬和代价之比的大小作为衡量的指标。

7. 不确定性指个体对自己的心理和行为无法作出具体而明确的标识和评价时形成的一种游移不定的心理状态。不确定性理论认为，不确定性具有动力作用，它促使个体通过寻求信息、获得知识来改变现状，以达到一种心理上的确定感。

8. 人际吸引指人与人之间在情感方面相互喜欢和亲和的现象。人际吸引的条件主要有：相似性、需要互补、外貌美、相互喜欢、熟悉性和人际距离。人际吸引有三种表现形式，即亲近、喜欢和爱情，三者间有程度逐渐增强的趋势，其中爱情是研究的热点话题。

9. 人际沟通是指人与人之间传递信息、沟通思想和交流情感的过程。人际沟通划分为言语沟通和非言语沟通。言语沟通包括口头沟通和书面沟通，自然语言、辅助语言和类语言是三种口头沟通方式；非言语沟通包括面部表情、目光和注视、手势和步态，以及计算机为中介的人际沟通。人际沟通具有满足交往心理需要、自我表露、协调社会和促进自我发展的功能。

10. 人际沟通能力的研究取向主要有：情境论与状态论、特质论，以及过程论。

11. 人际冲突指的是相互依赖的个体和群体间互相知觉到的各自既定目标的不一致、出现了干涉行为以及同时伴有消极情绪体验的动态过程。

12. 引起人际冲突的因素包括资源的稀缺、归因的错误、缺乏有效的沟通、认知和观念的差异、相互信任度、心理背景、文化差异和角色差异。采用以下方法可以有效地解决人际冲突，它们包括制定适当管制、沟通、改变激励机制和增强对他人的责任感。

## ☐ 复习与思考

1. 如何理解人际交往？

2. 人际交往的类型有哪些?

3. 如何理解人际交往社会交换理论?

4. 举例说明人际吸引的因素有哪些。

5. 简述人际吸引的形式。

6. 简述人际沟通的含义。

7. 引起人际冲突的原因是什么?

8. 试述减少人际冲突的策略。

## 推荐阅读资料

1. 卡耐基. 卡耐基人际关系学[M]. 北京: 北京燕山出版社, 2007.

2. 乐国安. 社会心理学[M]. 广州: 广东高等教育出版社, 2006.

3. 牧之, 张震. 社会要读心理学[M]. 北京: 新世界出版社, 2007.

4. 欧阳秀林. 糊涂学[M]. 北京: 地震出版社, 2006.

5. 王小章. 中国社会心理学[M]. 杭州: 浙江大学出版社, 2008.

6. Berger, C. R. Beyond initial interaction: Uncertainty, understanding, and the development of interpersonal relationships [M]. //Giles, H. Clair, R. S. (eds.). Language and social psychology. Oxford: Blackwell, 1979.

7. Taylor, S. E.、Peplau, L. A., Sears, D. O. 社会心理学[M]. 谢晓非, 谢冬梅, 张怡玲, 等, 译. 北京: 北京大学出版社, 2004.

# 第 九 章　人际影响

学习本章内容，将有助于你对以下问题的理解与思考：

➢ 何谓人际合作？何谓人际竞争？

➢ 人际合作与竞争产生的原因是什么？

➢ 决定人际合作还是竞争的因素包括哪些？

➢ 何谓助人行为？何谓侵犯行为？

➢ 有哪些理论可以解释助人行为的原因？

➢ 助人行为的影响因素包括哪些？

➢ 有哪些理论可以解释侵犯行为？

➢ 侵犯行为的影响因素包括哪些？

A君和B君是同一学校毕业的校友，而且毕业以后都来到了某知名民营企业的销售部工作。工作初期，两位新人都经历了很多煎熬的日子，幸运的是在那些日子里两人互帮互助，不仅工作信息上互通有无，情感上也是相互支持，渐渐地两人每月的业绩量都有了很大的提升。五年过去了，新人熬成了老将，最近部门盛传部门主管要晋升，而新的主管将可能在年资和实力均相当的A君和B君两人中产生。于是，不知怎么A君和B君两人间的关系变得奇怪起来，碰到了也假装没看见，并且都开始有意无意地散布一些不利于对方的消息，什么吃客户回扣啊、利用公司资源办私事啊、把公司重要客户及产品信息泄露啊，等等。两个月后新的主管产生了，却是公司高层利用猎头公司从竞争对手公司挖过来的人才。自此以后，A君和B君又恢复了正常的往来，但那看似亲密无间的关系里却再也找不到往昔的真情了。

上面的案例不禁让我们思考以下的问题：现实生活中，为何人与人之间的相互交往与影响有时是积极的有时却又是敌对的呢？人们有时何故会不遗余力地帮助他人，有时却又千方百计地来侵犯对方的利益呢？本章的学习将会让大家一窥人际合作、人际竞争、助人行为、侵犯行为等这些人际影响形式的究竟。

## □□□ 第一节 合作与竞争

### 一、合作与竞争的概念

现实生活中，我们往往会看到这样一些现象：夫妻双方共同努力抚养孩子、科研团队共同攻克一个科研项目、篮球队的成员共同配合赢得比赛，等等，这些现象说明在人们的需要结构中有相当一部分是仅凭自身力量难以实现的，必须借助于相互之间的精诚合作。然而，有些时候，人们彼此之间的需要却会存在强烈的冲突，一方获得需要的满足恰恰会导致另一方需要的满足遇到障碍，此时人们之间的交往行为将必然充满着冲突。例如，感情破裂的夫妻双方争夺孩子的抚养权、学生成绩高低的过度比较、组织成员为晋升有限的职位而展开明争暗斗，等等，我们将前一类行为称之为合作，而将后一类行为称之为竞争。

**合作**（cooperation）是指在人际互动中，不同个体或团体为了共同目标而协同活动，促使既有利于自己又有利于他人的结果得以实现的行为或意向。**竞争**（competition）是指在人际互动中，不同的个体为同一目标展开争夺，促使某种只有利于自己的结果得以实现的行为或意向。从上述的描述可见，竞争与合作可以说是两个相对立的概念。

囚徒两难困境是往往被用来描述与研究合作与竞争的经典情境。在这一情境中，假定警方认为有两个嫌疑犯共同参与了同一项犯罪活动但还没有获得足够的证据，于是将这两个嫌疑犯进行分别审讯。如果两个嫌疑犯都不认罪，则由于证据缺乏，两人都只会被判较轻的罪；如果两人都认罪则都会被判重刑；而如果其中一个嫌疑犯认罪，而另外一个没有认罪，则认罪者会因为协助警方而被释放，而拒绝认罪的罪犯则会受到更为严重的判决(囚徒困境的示意图见图9-1)。

图9-1 囚徒困境的示意图

显而易见，两个囚犯现在面临一个选择上的两难问题，即难以抉择到底是认罪还是不认罪。这种决策的作出很大程度上取决于一个囚犯对另一个囚犯行动的预期：如果他认为同伴会认罪，那么自己最好也认罪；如果他认为同伴不会认罪，那么自己最好是认罪，这样尽管同伙会被判重刑，但自己却会被释放。然而，对两个人而言最好的结果则是联合一致都不要认罪，这样两个人都会获得从轻判决。因此，如果两个嫌疑犯相互信任的话，他们应该选择相互合作，即都不认罪，这样两个人都会获得从轻判决。在这一囚徒两难情境中，囚犯都选择不认罪而共获轻判就是一种合作，而其中一个囚犯在同伴选择不认罪的前提下自己选择认罪，不顾他人的代价，只求自己能够获释，就是选择了竞争的策略。

在这个假设的两难情境中，人们会作出怎样的选择？合作还是竞争？在多达2 000个研究中(Dawes,1991)，研究者对大学生在各种变化了的囚徒困境中的心理进行了研究(不过内容不再是囚禁或释放,而是变成了是否得到筹码、现金和学分等)。研究结果表明，被试在特定的决策上更倾向于选择背叛，即倾向于采取竞争策略。然而不幸的是，虽然这样看似能够保护自己不受他人伤害，但是由于双方都没有选择合作，深陷于彼此的不信任当中，双方都不能得到只有通过相互信任才能得到的共同利益。

## 二、合作与竞争的原因

在各种人际互动中，决定人们选择合作策略还是竞争策略既存在原发原因，也具有现实原因。

### （一）原发原因

为了生存与繁衍，人类也像其他的物种一样，在个体之间和群体之间对有利于生存与繁衍的资料进行着争夺，比如，远古的猿人和其他物种一样为了争夺生存的领地或交配的对象展开了激烈的生存较量，"适者生存、优胜劣汰"的自然法则随时都发挥着作用，只有那些在生存的竞争中获得优势的个体和种族才能将自己的基因传递下去。但是人类个体之间如果只有残酷的相互竞争，那么人类这个物种恐怕早已在地球上消失，因为人类个体所面临的外界生存环境是极其恶劣和多变的，而光凭借个体的力量是无法面临残酷的生存考验的。在远古时代，只有那些紧密合作的群体才能够真正获得更多的竞争优势，一个个体如果追随一个团结合作的群体将获得比他个人努力获得的更多的生存资料，因此人类个体的这种人际合作意识最终也同样可能通过自然选择而保留下来。

### （二）现实原因

日常生活中个体间现实利益的一致或冲突是合作或竞争的直接动因。当合作能够促使利益最大化时，个体往往就倾向于与他人协同努力，共同达成目标。研究小组共同开发一个创新性的技术产品需要各个成员的专业智慧，不是光凭哪一个出色的专家哪一方面的专业知识就能完成的。例如，手机行业的研发工作就需要不同类别的技术人才的组合。以产品研发部为例，需要结构开发工程师、软件开发工程师、手机 MMI 设计师、工业设计师、测试工程师、硬件工程师和生产工程师等多位技术人员，每一岗位在研发过程中都不可或缺。而在某种情境之下，个体利益最大化的追求和试图在社会比较中使自己处于优势的心理倾向却会直接导致广泛的竞争的产生。比如组织中有限的晋职阶梯将导致那些优秀员工之间的关系紧张，因为他人"上"了，就意味着自己没有机会再"上"了，这种现实状况往往使得组织成员不仅通过自身的努力得到上级的认可，还千方百计地干扰最可能的竞争对手的优异表现。这正如本章开篇案例中大家在 A 君和 B 君之间的人际互动中所感受到的，然而这种两强相争的结果要么是必有一伤，要么是出现了所谓"螳螂捕蝉，黄雀在后"的悲惨结果。

## 三、合作与竞争的决定因素

在什么情况下人们会重视合作的价值，又是什么原因导致人们放弃合作而走向竞争呢？人们在达成目标的过程中是选择合作还是竞争取决于多方面的因素，具体而言，这些因素包括目标层面的、个体层面的、人际层面的和社会文化层面的，以下将依次分别选取目标奖励结构、个体竞争价值观、人际沟通与互动、竞争型的社会文化等几个方面展开阐述。

### （一）目标奖励结构

达成目标而获得的不同奖惩结构对于个体是选择人际竞争策略还是人际合作策略具有很大的影响。竞争性的奖惩结构是指个体最终所得是以别人的失去为条件的。比如，很多运动比赛中只能有一位运动员能脱颖而出获得冠军奖杯，其他运动员只能成为其手下败将。在这种奖惩结构的设置之下，运动员之间很难产生合作行为，因为帮助了别人就肯定意味着自己的利益受到损害。

在合作性的奖励结构下，个人利益的获得和提升是需要他人的努力和配合的，因此成员之间必须也能够以积极的方式相互联系。比如，某些部门设置的部门奖金是以整个部门总体绩效和部门各成员的平均绩效来综合衡量的，因此对于某些业绩出众的员工来讲，即使自己的业绩非常好但如果所在部门总体绩效糟糕的话，那么这部分奖金自己也是无法拿到手的。因此这种奖惩结构不仅促进员工努力钻研自己的业务，还将促进员工之间的互帮互助，以求部门整个业绩的改观。

当然，在现实生活中，有些企业制定的绩效奖惩方式是一种"个人主义"的结构，在这种结构中对每个个体工作绩效的评量是相互独立的，因而个体之间不存在直接的竞争关系。比如公司对每个员工单独进行考核，每个员工的成绩只以公司所制定的绩效考核标准为评定依据，不受其他雇员工作绩效的影响。但是我们应该看到，在这样一种个人主义的结构中，个体的独立性被过度强调，成员彼此之间缺乏必要的沟通、认同与合作，结果往往也易于激发成员之间基于社会比较欲望的原发性竞争倾向。

### （二）个体竞争价值观

不同的个体在竞争的价值观上存在着明显的个体差异。具体来讲，不同个体在人际交往中主要受到三种价值倾向的影响，从而形成三类人：（1）合作倾向者，这类人倾向于使包括自己在内的所有成员获得最大利益；（2）竞争倾向者，这类人的目标是比别人获得更多的利益，要比别人做得更好；（3）个人主义倾向者，这类人力求自己所获得的利益最大化而不考虑他人的收益或损失。

不同的价值倾向影响着人们在不同情境之下的思想与实际行动。当人们面临两难选择时，不同的人可能产生不同的归因模式，形成不同的思维习惯，例如合作者倾向于首先选择与别人合作，竞争者则更倾向于选择一种竞争的模式展开与他人的互动。如果他们的选择得到对方相似的回应（自己选择合作,对方也选择了合作,而当自己选择竞争时,对方也选择了竞争,所谓"你一下,我一下"策略），那么这实际上是印证了个体最初对对方行动的预期，因而他们也就会一直以合作或竞争的方式互动下去。需要指出的是，个体价值倾向只是最初决定了个体的合作或竞争倾向，如果另一方对此作出相反的回应，则个体也会相应地调整自己的策略。这也就是中国传统文化中强调"以德报怨"想要达成的积极人际互动效应。

（三）人际沟通与互动

从人际层面上来讲，首先，很多研究都表明充分地沟通会导致更多的合作行为。例如，威克曼（Wichman，1970）在囚徒难题实验研究中设置了四种实验情境：同伴间互相看不见并且无交谈；同伴间可以看见但不可交谈；同伴间不可见但可交谈；同伴间看得见也可以交谈。结果发现，不同的沟通形式对合作比率产生了不同的影响：沟通的形式越直接，沟通越充分，合作行为的比率也就越高。在无沟通条件和无言语交谈的情况下，竞争的水平最高，只有40%的被试选择合作，而当实现了言语沟通后，合作比率上升到了70%以上。言语沟通在促使双方讨论计划、增加彼此的了解、做出承诺和使对方信服等方面产生了一系列积极作用，这其中最为关键的当然是通过沟通双方增强了信任。

此外，人们在人际交往中往往遵循互惠性的规范，如果别人给予我们合作与帮助，我们会感到有偿还对方善意的义务，于是也倾向于与对方合作，相反，如果对方自私自利，用竞争的方式和我们交往，我们也倾向于用同样的方式来回报对方。所谓"人敬我一尺，我敬人一丈"。良好的合作环境的建立需要通过主动的接纳和付出来赢得，如果我们用"人敬我一尺，我敬人一丈"的方式来启动人与人之间的合作倾向将更加有利于合作环境的赢得，阻止恶性竞争的发生。

（四）竞争型的社会文化

不仅不同的个体具有不同的竞争价值倾向，不同的国家文化所体现出来的竞争性也是存有差异的。例如，跨文化研究表明美国文化是世界上最具竞争性的文化之一。这一点在对美国儿童与其临近国家墨西哥儿童的对比研究中表现得非常明显。例如，在一项研究中，一些8岁的儿童在一起玩玻璃球游戏（Madsen，1971），虽然孩子们可以选择竞争或者合作，但是研究者设定的游戏规则使得孩子们只能通过合作才能拿到玻璃球。结果表明，墨西哥儿童在10次游戏中有7次采取合作策略，而美国儿童在10次游戏中仅有1次彼此合作。

这种文化差异是如何形成的呢？研究者指出，文化的价值观不仅在家庭中传递，也通过学校、媒体、体育和游戏传递给个体（Kagan，1984）。例如，研究结果显示，墨西哥裔美国儿童所表现出来的竞争性位于墨西哥儿童和美国白人儿童之间。父母在美国出生的墨西哥裔美国儿童比那些父母在墨西哥出生的儿童竞争性要强（Knight & Kagan，1977）。与此相似，那些只讲西班牙语的墨西哥儿童（因而他们受美国文化的影响较小）比双语儿童具有较少的竞争性。总体来讲，这些结果说明，随着美国文化和价值观影响的增强，儿童的竞争性也随之增强。

## 四、合作与竞争的社会作用

从囚徒困境的系列研究结果可见，人们具有更倾向于竞争的心理特点，这决定了合作是暂时的而竞争是绝对的。首先，竞争是人们的一种原发动机，是人们寻求自身意义的一种方式。在竞争状态下，人们的潜力会被激发，精力更加充沛，从而会取得平时不能达到的成绩。此外，在市场经济条件下，竞争直接导致了人们生产力与创造力的解放和市场的繁荣，竞争迫使人不断进取，为发展做出不懈努力，从而使社会进步有了源源不断的动力。正是因为竞争，人类社会才不断地向前发展。然而，竞争的巨大功用并不意味着合作毫无益处。实际上，合作是一个社会能成为一个整体的基本条件，其积极的社会功能显而易见。如果没有了人际间，甚至群体间的合作，人类个体的生存都将存在问题，更谈不上建立起高度文明与发达的现代社会了。

因此，一个完整的社会结构中，合作与竞争执行着不同的社会功能，二者不能偏废。一个发展正常的人面对各种生活挑战，既要善于赢得支持，促成更大、更广泛目标的实现，也需要有良好的竞争能力，在困难环境中顽强努力，争取超越。因此，可以说合作最终是为了竞争，竞争又促进了更高水平的合作，适度的竞争和有效的合作，对于任何个人、组织、民族和国家都是必要的。

□ □ □ 专栏 9–1

日常人际互动的哲学

人际互动的形式有合作与竞争。但在合作与竞争关系中，不同的人，面对不同的时间和场合、不同的对象，可能会采纳不同的人际互动哲学。

利人利己：助人也利己。助人一臂之力，自己也成长。

损人利己：你死我活，打压他人，获得自己成长的资源。

利人损己：燃烧自己，照亮别人。

损人损己：鹬蚌相争，最终两败俱伤。

不损人利己：无涉他人，独善其身。

利人不损己：举手之劳，济人于急难之中。

除了极端的对抗性的情境，比如战争和部分竞技体育项目，日常的经济和社会生活中，大多数情况下人际互动是可以达到双赢和多赢效果的，我们要多做利人利己的事情，尽可能不做损人利己的事情，绝不做损人损己的事情。

□□□ 第二节　助人行为

### 一、助人行为的概念

在阐释助人行为的概念之先，让我们先来理清两个与之相关的概念：亲社会行为和利他行为。**亲社会行为**(prosocial behavior)泛指一切符合社会期望而对他人、群体或社会有益的行为。它主要包括分享行为、捐献行为、合作行为、助人行为、安慰行为和同情行为等。有些社会心理学家简单地将"亲社会"理解为对他人有积极后果，而忽视了符合社会期望这一重要特征。事实上，对他人有积极后果未必是亲社会的，例如对触犯法律的亲人进行包庇虽然对他人产生积极作用，但这一行为却不是亲社会的而是反社会的。此外，亲社会行为不一定以特定的人或群体为直接对象。例如及时地在丢失井盖的地方竖起警告牌，虽然该行为的对象是物体，但结果却是使个人、群体或社会受益，因而仍然属于亲社会行为。

在很多研究中，研究者都没有严格区分助人行为和亲社会行为。实际上，亲社会行为是比助人行为更为广泛的描述对社会有益行为的概念。**助人行为**(helping behavior)特指以特定的个人或群体为对象的亲社会行为。根据助人行为的动机性质，助人行为可以分为两类：一类是无个人动机，不期望任何回报的助人行为，即利他行为(altruism)。例如，救助不相识的落水儿童，不记名地向山区贫困儿童捐款等行为。另一类助人行为是具有个人意图的、出于自己的利益而发生的行为。比如，某个同学参加青年志愿者协会，去福利院参加活动，目的是为了给外人留下很好的印象，或是充实他的简历以便将来可能获得更多的工作机会。又比如某个企业家为了自己或自己的企业有更好的知名度或美誉度而进行社会捐助，这些行为都属于有个人目的的助人行为。不过，无论哪种助人行为，都属于社会鼓励的亲社会行为的范畴。

从以上的分析可见，亲社会行为、助人行为、利他行为三者之间存在一个包含关系，三者虽然都是对社会有利的行为的描述，但行为越是向利他方向靠拢，个人的目的就越少，社会的目的就越强，三者的关系(参见 Krebs,1994)简图见图 9 - 2。

### 二、助人行为的理论阐释

#### (一) 进化理论
科学家很早以前就观察到一些动物会表现出亲社会行为。例如查尔斯·达尔

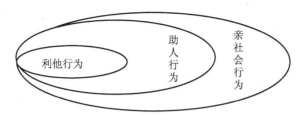

图 9 - 2　亲社会行为、助人行为、利他行为三者关系简图

文（Charles Darwin，1871）指出，大鼠会用后爪制造出声音来警告其他大鼠有敌人存在。另外，在很多动物中，当孩子受到威胁时，父母都会牺牲自己来保护孩子。一个感人的例子是母夜莺，她为了保护孩子免受潜在的袭击，会装作翅膀受伤飞离鸟巢，跌跌撞撞地低飞，最后停在袭击者面前的地方，从而引诱袭击者的注意以使后代避免危险。

　　进化理论家们指出，这些动物为了他者而牺牲了自己，降低了自身的存活性，看似违背了进化的规律，但实则却是真正保存了自身。因为对于个体的基因来讲，这种利他倾向可能具有高度的生存价值，只是这种生存价值并不是针对个体本身而言。试想一下，一只雄鸟有 6 只小鸟，每只小鸟一半的基因来源于父亲，加起来，6 只小鸟是父亲自身基因的 3 倍。如果父亲牺牲自己来保护后代，他特殊的基因库就得到了复制。个体对其他亲属的帮助也可以做类似分析，因为这些亲属也会拥有该个体不同比例的基因数。对此我们可以用一个直观的生活例子加以阐述，假设一个人的手里有一笔钱，现在他的一个亲姐姐和一个表姐均在生活中遇到了很大的困难，而这笔钱刚好只能解决一个姐姐的困难，那么这个人会首先想将钱借给哪位姐姐呢？毫无疑问，绝大多数人的选择一定是自己的亲姐姐。

　　此外，进化心理学还指出母亲通常比父亲更多地给以后代帮助，其原因在于，雄性拥有繁殖大量后代的生物学基础，所以不需要对任何一个后代投入太多，而雌性则只能繁殖出相对较小数目的后代，所以她必须帮助每一个后代以保证自己基因的传递。这一观点也许能与人类社会中对母爱的过度赞扬相契合。

　　综合看来，在进化理论家们看来，对于包括人类的很多物种来说，任何具有高度生存价值（可以帮助个体存活）的从而由基因决定的特征将倾向于被传递给下一代，而个体之间的利他行为即是属于这种特征倾向的。由此看来，自我保护并不是像我们通常所认为的那样，是一个压倒一切的优势动机。自私和攻击的生物倾向可以与助人的生物学倾向同时共存。

**（二）学习理论**

　　与进化理论强调助人行为产生的先天基因基础相反，学习理论强调后天学习对于助人行为产生与发展的重要性。人们不仅通过直接强化而习得了帮助他人的行为，更多还通过观察学习来确立帮助他人的习惯。研究表明，当儿童的助人行为得到奖赏时，他们更倾向于帮助他人和与他人分享。例如，4 岁的儿童，如果他们由于慷慨行为而得到泡泡糖奖励时，他们就更愿意和其他小朋友分享弹珠玩具（Fisher，1963）。此外，研究还表明，某些形式的赞扬比起其他形式的赞扬来讲更为有效，比如人格倾向的赞扬就比一般性赞扬更为有效，这可能由于人格倾向赞扬鼓励儿童将自己看做应该给予他人帮助的那类人。在助人行为的塑造中，行为榜样的作用也是重要的。例如，一项对一年级儿童所进行的研究（Sparfkin，Liebert & Poulos，1975）表明，观看亲社会内容电视节目的儿童显著地比看中性内容电视节目的儿童更爱帮助他人。一项关于献血者的研究（Rushton & Campbell，1977）表明，成人也会因观察到助人榜样而受到影响。此外，人们在成长中还学到了一些关于谁应该得到帮助，以及什么时候应该给予帮助的规则，并逐渐内化为价值观和人生准则。

### （三）社会规范理论

Donald Campbell（1975）以及其他一些心理学家通过研究提出了助人行为的社会规范理论。根据 Campbell 的观点，人类社会有选择地逐步演进某些能够增加群体幸福的信念和技巧。由于亲社会行为通常对社会有益，它就成了社会习俗或规范的一部分。一旦这种规范内化，即使没有外来的奖赏，人们也会自觉地遵从这种规范，并从中得到满足。相反，如果人们违反这种规范就会产生罪恶感和内疚感。有三种社会规范与助人行为特别相关，分别是社会责任、互惠和社会公平。

（1）社会责任规范（norms of social responsibility），指我们有责任帮助那些依赖自己的人，比如作为父母，我们往往意识到自己有责任关心照料自己的孩子，作为老师，我们往往意识到自己有责任关心爱护自己的学生，而作为医生，我们往往意识到我们有责任关怀帮助自己的病人，等等。

（2）互惠规范（norms of reciprocity），指我们应当帮助那些帮助过自己的人。研究也表明，人们的确愿意帮助那些曾经帮助过自己的人（Regan，1978）。如果一个人在社会交往中只是无度地索取别人的帮助而自己不付出相应的回报，那么这样打破互惠规范的欺骗者最终将会被驱逐出人群，被大家孤立起来。

（3）社会公平规范（norms of social justice），指同等的贡献要求获得同等的报酬。大量研究已经证明，由于不公平分配而得到较多利益者会试图重新分配报酬以达到公平的结果（Walster & Berscheid，1978）。我们日常"帮助贫困者"的行为，例如捐款给慈善机构等似乎就是由这种创造更均等的动机所驱动的。社会责任、互惠和社会公平这三个规范为亲社会行为提供了文化基础。通过社会化的过程，个体学习到这些规范，并且表现出符合这些规范的亲社会行为。

**（四）决策理论**

在一系列有关助人行为研究的基础上，拉坦内和达利（Latané，Darley，1968）指出在任何情境中，是否给予帮助的决定都包含了复杂的社会认知和理性决策过程，根据研究结果，他们建立了一个助人行为的模型，如图9-3所示。

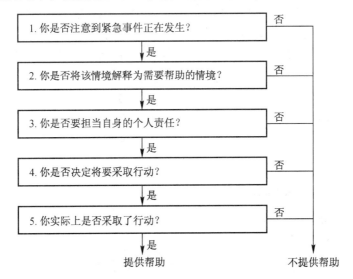

图9-3　Latané 和 Darley 的助人模型

该模型指出，个人介入一个突发事件前要经历如下五个步骤：（1）对紧急事态的注意。一个潜在的帮助者必须首先意识到正在发生一件非常危急的事，在此前提下，他才有可能提供帮助；（2）对紧急事态的判断。大部分潜在的突发事件包含着某种程度的不确定性和模糊性，潜在帮助者需要对所面临的事件作出判断，判断其是否为紧急事件；（3）个人责任程度的决定。把事件判断为紧急事件后，潜在帮助者就要判断和决定自己是否有责任采取行为；（4）介入方式的决定。一经决定介入时，如果不知道该做什么，或者觉得自己没有采取适当行为的能力，潜在帮助者也不会提供帮助；（5）助人行为的实行。有时候潜在帮助者知道采取什么行动，却不一定去做，因为他还要权衡帮助别人的利与弊，如果介入突发事件可能给自己带来某种麻烦，得不偿失，那么他也不会选择介入。以上这五个步骤，每一步都是畅通的，实际的介入才可能发生，否则，若其中任何一步受阻，介入过程就会被阻断。

**（五）社会交换理论**

霍曼斯用社会交换理论来解释人类的全部社会行为。首先，社会交换论强调人与人之间的相互作用本质上是个人试图尽可能获得最大利益，同时又尽可能少地付出代价的社会交换过程。其次，人们之间不仅交换物质性的商品和金钱，而且还交换非物质性的知识、友情、信息、爱、满足，等等。在助人行为上，社会交换理论认为施与者和接受者同样受益。对于接受者而言，他们得到了帮助，而对于施予者而言，他们得到的报偿既有外部的（如帮助行为能获得赞誉或友谊），也有内部的（如帮助行为能提升自我价值感，并减轻内疚感、缓解消极心境等）。

社会交换理论强调助人行为的自身理由，似乎任何助人行为都是带着"自私"的目的，有意无意地想要获得回报。这种观点与人们希望显示自己有好德性的"好人品效应"的倾向是相违背的，更无法解释特定条件下自发救助的利他行为。此外，该理论强调人们的行为是以收益最大化和损失最小化为原则的，但是对于花费和收益，人们很多时候并非有意识地加以监控。但是，社会交换理论观点强调了助人行为是一个双向互动过程，既帮助了别人，也会给帮助者回馈积极的自我观念，这显然是该理论的合理之处。

## 三、助人行为的影响因素

### （一）助人者因素

助人行为存在着个体差异，有些人在环境不能提供帮助的情况下也会做出利他行为，比如纳粹统治期间，一些欧洲国民仍然冒着生命的风险去保护那些可怜的犹太人，而另一些人却即使在环境最适宜的条件下也不会做出举手之劳来帮助他人，比如一些腰缠万贯，花钱如流水的富豪在为灾区捐款时锱铢必较。社会心理学对助人者因素的探讨主要集中在性别、年龄、人格特征、心境以及移情能力等方面。

首先，伊格利（Eagly，1986）等人回顾了涉及近50 000名男女被试的172个研究，结果发现，在陌生人需要帮助而又有潜在危险的情境中，男性更可能提供帮助；但在较为安全的情境中，女性提供帮助的比例稍微大一些。伊格利等人提出，如果从长期照顾和亲密关系着眼，而不只是简单地考察临时与陌生人遭遇的情况，那么结论会是女性显著比男性更愿意提供帮助。

许多实验研究探讨了个人年龄与其助人行为的关系，但结果颇不一致。一般来说，助人行为与年龄呈正比。这是因为随着年龄的增长，一方面个体的道德水平有可能发展到更高的阶段，另一方面个体的人际关系日趋复杂，彼此之间的相互影响也日益增多，更加懂得帮助他人是合乎社会规范的道理。不过，从另一角度来看，年龄的增长不一定使助人行为相应增多。这是因为，随着年龄的增长，个体的心理活动更加复杂，能否向他人提供帮助还取决于很多其他因素。

个人性格特征是助人行为发生与否的最重要的个人因素。如果一个人认为自己具有仁慈、助人、慷慨等特质，或者自认为是一个利他主义者，那么其亲社会倾向就更强。因为一个人一旦形成利他的自我形象后，便会努力保持这种自我形象，并且使自己的行为与之保持一致。此外，有强烈赞许需要的个体很容易提供助人行为（Sarow，1975），但这仅仅在有他人在场的情况下才会更容易发生。

社会心理学研究表明，一个人心情愉快的时候往往容易产生助人行为（Isen，1970）。而消极情绪与助人行为之间的联系更为复杂一些，如果坏情绪使得人们更多地关注自身和自己的需要，那么就会降低帮助他人的可能性。一个抑郁的年轻人可能完全沉浸在对自身的关注之中，而无法对他人施以援手；另一方面，如果我们认为帮助他人会使我们自己感觉好一点，或会减轻我们的坏情绪，我们则更可能提供帮助（Cialdini et al.，1987），如感到内疚的人比没有这种感受的人更有可能产生利他行为（Carlsmith，1969）。

通俗地讲，移情是指个体想象自己处于他人的境地，并理解他人的情感、欲望、思想及活动的能力，即设身处地为别人着想的能力。众多研究表明，个体的移情作用可以明显提高亲社会行为的水平（Batson，1998），高移情条件下的被试显著地比低移情条件下的被试更多地自愿提供助人行为。

**（二）受助者因素**

在日常生活中，我们还会发现一些人比另一些人更容易得到他人的帮助，这就是受助者的个人特征发挥着影响。首先，生理上的吸引力和相似性这些人际吸引的因素会影响到助人行为。那些外貌比较有吸引力、善于打扮的人更可能获得他人的帮助，这在异性之间的影响尤甚。美国一家周刊曾特别邀请22岁的女明星莎莉·穆莲丝以不同的社会形象在高速公路边举起"停车"指示牌，并在路边停着掀起前盖的抛锚汽车。结果表明，当她着装为一新潮少女（贴身背心加迷你裙）时最易于得到驾车人的注意，不到30秒钟，即有热心人将车停到路边试图提供帮助。当莎莉的打扮换成女行政人员套装、架上眼镜、手提公文包时，直到时间过了1分半钟，过去了62辆车才得到帮助。助人者和需要帮助者之间相似性的程度也很重要。例如，20世纪70年代，研究者请他的一位助手走向学生，向他们借一角钱。这位实验的协助者穿戴得像一个"嬉皮士"，或者不像（Emswiller，Deaux，& Willits，1971）。研究者同样使用外表——像不像"嬉皮士"来区分潜在的助人者。结果清晰地表明，人们愿意帮助那些和他们相似的人。嬉皮男性帮助一个潜在嬉皮士的概率是77%，而帮助一个非嬉皮士的概率只有32%。

其次，一个人是否能获得帮助还部分依赖于他人认为这个人是否值得帮助。例如，研究表明，纽约地铁里的乘客更可能帮助一个看起来是因为生病而不是因为醉酒而跌倒的人（Piliavin & Rodin，1969）。还有研究表明，大学生们更愿意借钱给因为生病而不是懒惰而无法付房租的同学（Meyer & Mulherin，1980）。总体来说，我们更可能会对那些无法控制自己不利处境的人予以帮助，因为这不仅让我们感觉他们无法为个人不利处境负个人责任，而且其不利处境还会激发我们的同情心，这都使得我们认为帮助这样的人是值得的。

由上文所述的 Latané 和 Darley 的助人模型（见图 9-3）可见，突发事件中，对正在发生什么以及要做什么的不确定性，将会妨碍一个旁观者的助人行动。因此，很多时候只有受害者明确地发出求救信号，从而会有效地减少现场的不确定性，才会更容易获得帮助。但是一些年龄、性别、经济地位等因素却会使得受害者不愿意求助，因此使得他们得到的帮助会少一些。

### （三）情境因素

个人的利他行为与情境有关。在某种情境下人们可能愿意提供帮助，但是换了另一种情境，同样的人却不大可能提供帮助。社会心理学对情境因素的探讨主要集中在物理环境、他人在场、时间压力以及社会文化因素等方面。

首先，物理环境会影响利他行为。Cunningham（1979）的研究表明，人们更愿意在阳光灿烂和气温舒适的情况下提供帮助。他通过研究还发现，阳光明媚的情况下，人们给小费更加慷慨。Amato（1983）和 Levine 等人（1994）分别在澳大利亚和美国城市进行的研究表明，在帮助陌生人方面，城市越小，或者人口密度越小，人们越愿意向他人提供帮助。

其次，危难情境下的旁观者越多，看似能够提供帮助的人越多，受害者得到帮助的可能性反而越小。这正是由于观看事件的旁观者太多而降低了每个个体提供帮助的意愿，也就是说，如果有许多人看到受害者处境不利或者承受痛苦，那么这个受害者得到他人帮助的可能性反而会减小。

□□□□ 专栏 9-2

#### 责任扩散效应

1964 年的一天，一个名叫基蒂·吉诺维斯的女孩在下班后返回她所居住的皇后大街的一个安静的、中产阶层社区。途中，她遭到了一个持刀男人的恶意袭击。袭击行为共持续了 35 分钟。女孩极力呼救直到最后有人报警。警察接到报警后两分钟便赶到了现场，但可怜的女孩当时已经死了，袭击者也不知去向。警察在调查这一事件时发现，公寓周围共有 38 个人目睹了这一袭击事件，但最终只有一个人报了警。一对夫妇（他们说他们以为已经有人报了警）把两把椅子移到窗前，为的是观看这一暴力事件。而杀人犯也一直没有抓住。

为什么在整个事件过程中，没有一个人向基蒂·吉诺维斯伸出援手？皇后大街的居民们难道真的感情冷漠、缺乏爱心吗？拉坦内和达利分析了吉诺维斯事件中旁观者的反应后，得出结论是由于观看事件的目击证人太多而降低了个体提供帮助的意愿，他们称之为责任扩散（diffusion of responsibility）现象，也就是说，在突发事件中，旁观者越多，人们心里越会萌生一种想法"有人会去帮助他的，我就不必去了"，从而导致引发帮助行为的压力减小。

在一项实验中，达利和拉坦内告诉纽约大学选修心理学课程的学生，他们两人对一些与大学生有关的话题非常感兴趣，想了解大学生是如何在激烈的竞争中适应大学生活、城市环境以及他们正面临着什么样的个人问题。他们要求学生坦诚地与其他学生讨论自己的问题，但为了避免难堪和不愉快情况的发生，学生们单独呆在相互隔开的房间里，彼此之间通过内部通信联系系统进行交谈。

研究者还告诉他们，这种内部装置每次仅允许一名学生讲话。每位学生有两分钟的讲话时间，之后下一位同学的麦克风就会响起。研究者把学生分为三组，诱导第一组的被试相信他们仅仅能与另外一个人交谈；诱导第二组的被试相信他们可以通过内部通讯系统与另外两个人交谈；第三组的被试被告知，他们可以与在线的另外五个人交谈。主试给出指导语后离开现场，讨论开始。事实上，每个被试都是独自一个人，其他的声音都是录音。

当被试们与其他"学生"在内部通信系统开始讲话时，被试听到的第一个说话者是男性。他讲到他的困难主要是学习和适应纽约生活气氛，然后他又羞怯地补充说，自己有时候会犯严重的癫痫病，特别是在压力过大的时候。之后，便轮到下一个学生讲话。在第一组中，被试听完第一个学生的谈话后，就立即开始讲话。在其他两种条件下，被试在讲话之前会听到一个或多个其他学生的说话声。被试说完后，又轮到第一个学生。这时候突发事件发生了。第一个学生一开始声音很正常，不久癫痫开始发作（其实，这完全是录音机里发出的声音）

癫痫发作的全部内容如下："我我……想，我需要……有……如果有人……能给我一点……给我一点帮助的话……，因为我……现在真的有麻烦，如……果有人能帮助……我的话，那……太感激……了。我的癫痫……就要发作……我需……要一些……帮助，如果有人愿意帮助我……（哽咽声）我要死了，帮……助癫痫……（哽咽，然后就无声了）"

从表9-1的实验结果可见，知觉到的旁观者的人数不仅影响到了被试帮助处于危急情境中的陌生人的可能性，而且还影响到了提供帮助前延长的时间，随着被试知觉到的旁观者的人数的增多，他们不仅提供帮助的可能性在下降，而且即使提供帮助，在行动之前犹豫的时间也增加了。

**表 9 - 1 各组帮助癫痫突发者的人数和反应时**

| 知觉到旁观者人数 | 试图帮助陌生人的被试比例(%) | 被试试图帮助前延时(秒) |
|---|---|---|
| 1 | 85 | 52 |
| 2 | 62 | 93 |
| 5 | 31 | 166 |

很多时候，当人们感觉到时间的压力时也会减少自己的助人行为。时间效应的证据来自 Darley 和 Batson(1973)的实验。此研究的一部分是要求男学生走到另一所建筑物去听一个讲座。其中一些人被告知：时间随意，讲座不会立刻开始；另一些人则被通知：尽快行动，他们已经迟到了，研究者正在等他们。当被试离开前往另一个建筑物的途中时，他们看到了一个衣衫褴褛的人跌倒在门口，不停地呻吟。研究后的访谈中，所有的学生都记得看到过受伤者。但是仅仅有 10% 的时间匆忙的学生给予了帮助，而 63% 的没有时间压力的学生给予了帮助，由此可见，时间压力使得这些学生忽视了受伤者的需要。

人们的利他行为还会受当地社会文化价值观与行为规范所影响。斯帝文森(Stevenson,1991)指出东方文化强调群体和谐，因而赞扬利他行为，这与西方的个人主义形成鲜明的对比。例如，有研究者对美国公司和印度公司的软件工程师的助人行为进行了研究，研究表明，美国公司的工程师只会帮助那些他们认为将来可能帮助他们的人，而印度公司的工程师会更愿意帮助一切需要帮助的人。

## 四、助人行为的培养

社会是复杂而多变的，每个人终其一生的成长、成熟乃至衰退的过程中都有需要他人帮助与扶持的时刻。那么如何培养每个人的助人意识，增加其助人行为呢？以下提供几种有效的策略：

### （一）明确责任

从责任扩散的案例中我们可知，只有当我们意识到我们的助人责任时，我们才可能付诸助人行动。因此，要提高助人行为，我们可以帮助人们正确解释事件，增加责任的明确性，从而增加人们助人的可能性。我们经常在一些公众场合看到类似这样的一些标语，其实是在提醒大家注意明确个人对相关事件的责任，如"计划生育，人人有责"、"城市环境靠大家"，等等。

### （二）增加示范

示范作用对助人行为的提高实际上是基于社会学习理论的，即我们的助人行为可以通过观察他人的助人行为而获得。这种示范可以分为两种，一种是现场的示范作用，一种是媒体人物的示范作用。家长和教师在儿童社会化的过程中需要身体力行地给予孩子助人行为的榜样，即如果希望孩子热心助人，那么家长和老师也必须在孩子面前树立热心助人的榜样，否则相关的教导也就成了不具任何影响力的空话。其次，随着各种媒体对大众生活的广泛介入，各种媒体中出现的榜样人物对大众的行为塑造影响力越来越大。因此，各种媒体不能一味地贪图自身利益的满足而不顾及应当承担的社会责任，各种大众媒体需要努力在各种信息中树立主流的价值观，维护社会的道德规范，例如现在一些媒体上所发布的公益广告就具有这样的作用。

### （三）移情训练

移情是人际交往中情感的相互作用，是对他人情绪的觉察而导致自己情绪唤起的一种情感体验。移情可以使一个人把自身投射到他人的心理活动中去分享其情感，也可以受到他人情感活动的引导而产生相应的体验。侯积良（1990）认为，儿童要实施亲社会行为，首先需要能够轻而易举地察觉别人求助的需要或认为当事人需要帮助，即必须具有当事人是否需要帮助的知觉和认识的敏感性。大量研究已表明，移情能提升人们的助人行为。移情训练是培养移情能力的一种方法。常用的训练方法包括：情绪感知、角色扮演、谈话讨论等。

### （四）学习助人技能

心理学家斯陶布（Staub，1978）认为，助人行为有两个关键因素：一是对不幸者的状态进行设身处地的设想和体验的能力，即移情的能力，二是掌握如何帮助别人的知识和技能。由此可见，光有移情能力，敏锐地感受到他人帮助的需要，没有相应的助人技能，最终也很难真正实施助人行为。类似这样标题的新闻我们已经不鲜见了，如，"少年救起落水同学后牺牲，自己不会游泳"，我们当然应该钦佩这样的见义勇为者，然而我们也会为这样的悲剧一再发生而感叹。当然，助人技能不仅指实实在在帮助对方的行动能力，也应该包括行动之前的分析能力与决策能力。因为在不同的情境之下，对于不同的人，所需要的救助方法也是存在差异的，这就需要助人者在实施具体的助人行动方案之前，针对不同情况作出分析和判断。

# □□□ 第三节　侵犯行为

## 一、侵犯行为的概念

**侵犯行为**（aggressive behavior）简称侵犯，是一种有意违背社会规范的伤害行为。这种伤害行为可以是实际伤害的行动或语言，也可能是旨在伤害而未能实现的行为。例如罪犯开枪杀人，即使子弹没有命中目标造成实际的人身伤害，但是因为该行为违背了社会规范且具有造成实际伤害的可能性，所以仍属于侵犯。由此可见，社会评价和伤害意图是判断一种行为是否属于侵犯的两个关键特征。

首先，侵犯行为必定是违反社会规范的。例如，受到攻击时出于保护自身或者他人利益而进行的正当防卫，或警察在必要时制服罪犯，虽是伤害他人的行为，但其目的是为了避免或减少个人或他人可能会受到的伤害以及社会因此所付出的代价，因此不属于侵犯行为。当然，非侵犯性的攻击行动也可能转化为超越社会许可范围的侵犯。例如，防卫过当造成不应有的人身伤害，或警察制服歹徒后又继续施以虐待，这类行为就从社会许可的攻击行动转化成为侵犯。

除了社会规范许可的因素外，伤害意图是侵犯行为的另一个关键特征。例如，因为酒后驾车致人受伤甚至死亡，虽是明显的违反社会法规的行为，但却不是有意的侵犯。此外，不具备刑事责任能力的精神病人也可能在精神状态失常时对他人施加伤害，因为其意识导向是不清晰的，因而其行为同样不被认为是侵犯。相反，如果一个人有目的地伤害他人，那么这个人的行为就是侵犯。例如，劫匪持械抢劫，即使没有真正使用器械伤人，但其行为意向的指向是明显的伤人目标，并且违背社会规范，因而属于严重的侵犯行为。总之，某种行为虽是社会规范不许可的，但如果伤害不是有意造成的，那么依然不能归为侵犯。

人际侵犯行为的形式具有多样性。从侵犯的方式角度，可以分为言语侵犯（verbal aggression）和动作侵犯（behavioral aggression），前者如谩骂、讽刺、诽谤、嘲笑、讥讽等，后者如踢打、撞击、砍杀、枪击等。从侵犯的动机的角度，可以分为报复性侵犯（retaliatory aggression）和工具性侵犯（instrumental aggression），前者的目的在于造成对方身心上的痛苦或是伤害，比如因为人际摩擦怀恨在心而报复等，后者的目的则是通过侵犯对方达到其他的目的，比如抢夺他人财物等。

## 二、侵犯行为的理论阐释

人与人之间相处时，为什么会出现具有伤害性的侵犯行为？对此，不同的理论从不同的角度进行了分析。大体而言，这些理论分别是从内在因素的视角和外在因素的视角进行分析，例如弗洛伊德的本能论、洛伦兹的习性学等属于内在因素的视角，而挫折—侵犯理论和社会学习理论等属于外在因素的视角。

### （一）内在因素论

在目睹第一次世界大战带来的摧毁和死亡后，弗洛伊德发现很难用他的理论来解释社会中各种破坏性的冲动。如果人类行为的基本驱力是遵循快乐原则，那么如何解释战争中的屠杀、痛苦和残害？因此，他在1920年出版的《快乐原则之外》一书中，将原来提出的两种本能，修正为生的本能（性本能）和死的本能（侵犯本能）。按照他的观点，死的本能是一种对内在自我破坏的倾向。但生的本能与死的本能是对立的，死的本能会受到生的欲望的阻碍，人们很少会表现为外显的自毁行为。在大多数情况下，生的本能会把侵犯推离自我，推向他人，把对内的破坏力量转向外部，表现为对他人的攻击。由于人生来具有侵犯本能，人类的侵犯行为不会消失，因此重要的是让人们有机会以非破坏性的方式将侵犯冲动释放出来，比如进行体育竞技、自由搏击等活动，这些社会许可的替代性侵犯方式都是很好的侵犯冲动的释放途径。

和弗洛伊德一样，诺贝尔生物学奖获得者洛伦兹也认为侵犯是一种本能，这种本能在动物身上非常普遍。但同弗洛伊德不同，他不认为侵犯指向毁灭，而是认为侵犯是具有生物保护意义的生的本能的体现，而且同类的侵犯不一定以毁灭为结局，而是以失败者的让步为目的。在动物中，雄性之间的侵犯是最普遍的形式，通常由与雌性进行交配所产生的竞争引起，最强壮的个体才能赢得伴侣，繁衍后代，这种生存竞争一定程度上还能控制动物的过度增长。此外，保护子女免于遭受捕食的雌性攻击也是许多物种所具有的现象，这也是具有适应性意义的，因为存活下来的后代会将亲代的基因传续下去。人类作为一种物种，这种侵犯本能在人类个体身上也是有所体现的，只是可以想象，人类的侵犯行为要比动物复杂许多，采取的形式也更为多样化，并且通常发生于不同社会规范下的截然不同的社会情境中。人类之所以在每个时代都有大规模战争发生，是由于人的侵犯本能发泄的结果。洛伦兹认为，现代社会使人们在日常生活中难以实施侵犯，而战争就成了发泄侵犯冲动的重要途径。与弗洛伊德的观点类似，他建议，人类要想避免战争，就需要多开展冒险性的体育活动，耗散侵犯本能。

## （二）外在因素论

挫折—侵犯理论和社会学习理论的提出使研究者的视角从本能论的小圈子中暂时跳出来，不再在"侵犯是不是一种本能"的问题上转来转去，开始关注侵犯的外部条件，并求诸于实验研究方法，对侵犯行为研究起到了极大的推动作用。

多拉德等人（Dollard, et al. , 1939）认为"侵犯永远是挫折的一种后果"，"侵犯行为的发生，总是以挫折的存在为条件的"。他们认为，侵犯只有一个原因（挫折），挫折只有一个反应（侵犯）。勒温（Lewin, 1941）的研究很好地说明了挫折同侵犯行为之间存在着某种关联。实验者把实验组的孩子领到一个全是玩具的房间前。虽然孩子们非常期待玩那些玩具，但是实验者只允许他们从窗外观看，不许他们进去玩。在经历漫长而痛苦的等待之后，这些孩子最终有机会玩那些玩具。控制组的孩子则一开始就被允许玩那些玩具，没有遭受挫折。结果发现，在玩玩具时，实验组比控制组的行为更具破坏性：将玩具摔在地上，往墙上砸，或是踩踏玩具。这个实验巧妙地创设了挫折情境，使孩子们感到挫折，表现出侵犯行为，它说明了挫折的确会引发侵犯行为。

伯克维茨（Berkowitz，1965）等人则认为，挫折并不必然引发侵犯，而更确切地说，应该是挫折引发了个体做出侵犯行为的预备状态，只有当环境中出现能引发侵犯的适当线索时，侵犯才会出现。因此，他提出了"侵犯线索"（aggression cue）这一概念。侵犯线索被定义为那些经常伴随着引发挫折的对象和侵犯行为出现的刺激物。它可以是任何事物，比如刀、枪、人等。而且侵犯线索具有个体差异性。也就是说，对于某个人来说是侵犯线索的事物，对另一个人来说可能就不是。只有当个体将某个事物与侵犯行为联系在一起时，线索才具有引发侵犯的作用。他们推断并证实了"武器效应"的存在，即某些诸如刀枪之类的武器可能是一种诱发侵犯的主要线索。

相比于挫折—侵犯理论，社会学习理论从更为深入的角度分析了侵犯行为产生的原因。班杜拉认为，儿童的侵犯行为并非生来就有的，而是经过后天习得的，具体来讲，通过直接经验和观察学习，儿童学会了什么时候做出以及怎样做出侵犯行为。首先，儿童可能通过强化而习得侵犯行为。例如，打架打输了的孩子哭着跑回家时，可能得到的只是父母的一顿臭骂，而打赢了的孩子可能反而得到大人的夸奖。另外，孩子由于侵犯行为而受到家长和老师的额外关注，其行为也会被强化。害怕被大人忽视的孩子非常愿意付出这样的代价来赢得由侵犯带来的家长和老师们的关注。其次，另一种侵犯行为的机制是观察学习或者说是模仿。理解这种机制有助于我们在习得的侵犯行为和实际表现出的侵犯行为之间作出重要区分。个体可以通过得到奖励或者观察习得侵犯行为，但是不一定会表现出侵犯行为。孩子观察到因做出侵犯行为而受罚的榜样后就不会做出侵犯行为，这并不是孩子们没有学会侵犯行为，而是其侵犯行为被抑制，在条件允许的情况下，孩子们可能会把侵犯行为表现出来。此外，班杜拉和其同事（Bandura，1963）还发现孩子们除了会模仿真实生活中的人物之外，还会模仿电影中的成年人或者卡通人物，出现攻击玩具的行为。研究发现，不仅是儿童，即使是成年人，也会模仿榜样所做的真实或虚假的侵犯行为。

□ □ □ 专栏 9-3

### 侵犯行为的经典实验

在班杜拉的一项有关侵犯行为的经典实验中，他先让儿童看一部5分钟的电视片，内容是一个孩子用各种侵犯行为惩罚塑料娃娃。看完电影后，研究者将被试分为三组。第一组是奖励组，让被试看到在影片的结尾，进来一个成人，不仅口头赞赏孩子的侵犯行为，而且给予糖果作为实物奖励；第二组为惩罚组，让被试看到影片结尾，进来的成人惩罚侵犯塑料娃娃的孩子；第三组为控制组，只让被试看前一段电视片。实验的最后一个阶段，是让各组被试分别单独与其他儿童游戏，并通过一定方法造成其挫折，看被试如何解决自己同其他孩子的冲突。结果显示，奖励组儿童实施的侵犯行为最多，控制组其次，惩罚组最少。但这是否意味着看到榜样受奖励的儿童比看到榜样受惩罚的儿童习得更多的侵犯行为呢？班杜拉等人又作了进一步研究，结果发现，当以提供糖果为奖励，要求儿童尽可能地回想起榜样的行为并模仿时，三组被试学习到的侵犯行为并没有表现出差异。这说明，榜样受到奖励还是惩罚只是影响了儿童模仿的表现，而并没有影响到实质性的学习。

社会学习理论还能解决挫折—侵犯理论所不能回答的问题：人类侵犯行为的多样性。根据该理论，我们以前的社会经验和学习对表现侵犯的方式起着重要的影响。因此，有的人可能是在打架斗殴的环境中长大的，所以他习惯于使用拳脚的方式处理问题；有的人可能生活在喜爱看枪战片的家庭里，所以他们在愤怒时会开枪打倒对方；还有的人从小父母就会斥责侵犯行为，所以他会忍气吞声，不做出侵犯行为。

## 三、侵犯行为的影响因素

### （一）导致侵犯行为的直接外因

能直接诱发侵犯行为的原因不仅包括上面所提到的挫折，还有一些令人厌恶的体验，例如：（1）身体遭受疼痛刺激以及语言的辱骂；（2）处于高温不适的环境中；（3）处于过度拥挤的环境中，等等。

第一，个体受到他人对其身体的攻击，感到疼痛而无法逃避时，会引起自己的侵犯行为。遭到病痛侵袭的病人也可能由于痛苦万分，而容易发火、骂人、摔东西，甚至伤害自己和他人。第二，有研究者收集了美国 50 个城市 45 年（1950—1995）的年平均温度，与此同时他们还收集了暴力犯罪和财产犯罪以及强奸罪的信息。结果表明，在天气越热的年份里暴力犯罪的比例越高，但是财产犯罪或强奸犯罪并不明显。安德森、戴厄舍和德勒斯（Anderson, Deuser & DeNeve, 1995）则是求助于实验的方法来探究出现热度效应的原因。在研究的第一阶段，被试在一个可调温度的房间内打游戏。房间内可调为适宜温度或是非常高的温度。结果发现，温度越高，被试体验到更多的敌意，并出现更多的侵犯念头。第三，拥挤是一种没有足够空间的主观体验，例如与家中的好几口人生活在一间狭小的房间里、被挤在公共汽车的车厢里、车子被堵在高速公路大塞车的洪流中，等等。拥挤的空间带给个人的不仅是令人讨厌的气味如烟味、浑浊的空气，而且还有个人隐私的侵犯，这些都会激发个体的侵犯水平。因此当我们看到多项调查研究表明人口高度密集的城市里有着更高的犯罪率和更高的精神病率这一类的研究结果也就不会感到奇怪了。最后，各种令人厌恶的体验和外在挫折的综合作用将会产生更高程度的侵犯行为，当个体已经处于糟糕的环境中，生理上感到不适甚至痛苦的时候，此时如果环境中存在侵犯的线索，具体的侵犯行为便可能得到表达。

### （二）影响侵犯行为的个人因素

在生活中我们往往发现有些人的侵犯行为要比另一些人多得多，这种现状使得我们思考是否这些人具有一些个体的特点使得他们在侵犯水平上与别人区分开来呢。下文将从性别、人格和归因偏差三个方面作出一定的分析。

大量研究表明，在侵犯行为上存在性别上的差异。男性和女性不仅在侵犯的数量上存在差异，而且在侵犯方式上也不相同。一般而言，男性比女性更加具有攻击性。有研究者认为这方面的差异是先天因素导致的，例如雄性荷尔蒙较高的男性侵犯性也较高（Christiansen，Knussman，1987）。但其他学者认为后天社会化过程中的学习起着更为重要的作用，例如社会赞许性和社会角色认同可能扮演着关键的角色。的确，在很多社会中从小就对男孩的打架闹事行为不加过多约束和责骂，而却极力要求女孩保持文静和贤淑。另一方面，从攻击的形式上来看，男性的攻击多为身体攻击，而女性的攻击多为言语侵犯和其他的间接性的侵犯行为。

个体的人格特征在攻击的"启动"中发挥着重要作用。有人把性格简单地划分成 A 型性格和 B 型性格两类。A 型性格的人，说话行动节奏快，性子急，缺乏泰然自若的态度，争强好胜，容易发火，常常充满失落感与懊丧情绪，总是迫使自己处于紧张的状态。B 型性格的人正好与此相反，他们的竞争性不是很强，行事从容，不容易发怒。研究表明，A 型性格的人常常有意无意地攻击他人，以此作为达到某种目的的手段。他们常常进行工具性攻击，这种攻击首要的目标不是为了伤害他人，而是为了获得某种目标。有时候他们也会进行敌意攻击，对受害者进行某种伤害。总之，在学习和工作中，由于高竞争性、时间紧迫感和敌意，相比于 B 型性格的人，A 型性格的人更容易与人发生冲突，产生攻击行为。

在具体面对人际冲突情境事件时，个体的归因方式对随后的侵犯行为也具有激发作用。假设你在路上散步时，一个人从小路上横冲过来，撞倒了你，你会有怎样的反应呢？有的人倾向于将这类行为归因为他人的有意行为，比如这个人对自己不尊重，这个人想要挑衅自己，等等；而有的人可能会设身处地为他人考虑，比如他是不是有什么急事，他是不是心情不好，等等。很明显，前一种归因方式将导致更多侵犯行动的激起。

### （三）影响侵犯行为的家庭因素

不论国内还是国外的调查研究均表明，家庭冲突和暴力已经具有相当的普遍性，它所产生的消极影响不仅破坏了婚姻关系，还影响到儿童的社会性发展，特别是导致儿童的攻击行为（Cummings, et al., 1985）。在一项研究中发现，曾看到父母相互攻击的已婚男性，有35%在过去1年中有家庭暴力行为，而从未见过父母相互攻击的人中有家庭暴力的比例只有10%。在女性被试中这两个比例分别是27%和9%。由此可见，无论男性还是女性，儿童期曾受过惩罚或看到惩罚的人，长大后更有可能出现攻击性行为，这可能是父母将其攻击性行为倾向传给了下一代。斯特劳斯（Straus, 1980）形象地称之为"家庭暴力的社会遗传"。

除了家庭暴力的消极影响之外，家庭对儿童过分溺爱，对儿童行为放任不管，都会导致较高的攻击性行为发生率。因为在这种环境下培养的儿童，道德观念薄弱，是非不分，没有正确的行为准则与规范，以自我为中心，自控能力差，为所欲为，社会适应困难，在学校与同学不能建立良好的人际关系，还常常导致学习不良现象的发生。

### （四）影响侵犯行为的社会因素

媒体暴力是引发侵犯行为的重要社会因素。媒体暴力（media violence）是指大众媒体（包括电影、电视、报刊、书籍、杂志、网络等）传达的暴力内容对人们的正常生活造成负性影响的现象。尤其是电影、电视以及网络这些普及率高的大众媒体对暴力概念的重新解释与传播，显然有着其他媒体不可替代的更为直观、形象的作用，逼真的暴力画面对观众更具有蛊惑力。而互联网的不断普及，一方面让人们体验到信息获取的方便快捷，而另一方面也使暴力内容和色情内容随处可见。实验室研究和生活事实都证明了暴力传播的潜在危险性。研究表明，媒体暴力不仅改变儿童对暴力的认知，使儿童对"暴力行为是解决问题的方式"这一观点产生认同，从而改变他们对暴力的态度，降低他们对受害者的同情感，最终还极有可能激发他们产生对暴力行为的模仿。

## 四、侵犯行为的预防与控制

侵犯行为虽然具有危害性，但它是内在因素与外在因素共同作用的结果，某种程度上具有可预测性和可控性。下面将从个人层面、人际层面和社会层面三种角度分析预防与控制侵犯行为发生的策略。

### （一）个人层面

从个体角度来讲，为了避免自己无法控制自己的侵犯冲动而做出"一失足成千古恨"的行为，需要寻求合理渠道来宣泄自己的不良情绪，并努力提升自己的移情能力、培养自己的成熟个性品质。

不论根据弗洛伊德的学说还是洛伦兹的学说，抑或是根据挫折—侵犯理论，我们都可以推导出这样的结论，如果愤怒的个体能以合理的方式发泄愤怒的情绪，将有助于减少其可能的攻击行为。个体可以选择的宣泄方式包括：参加激烈的、大量消耗体能的对抗性体育运动，向无生命的替代品进行攻击等。但有研究者指出宣泄作为减少攻击行为的方式，其效果仅仅是暂时的，并不总是有效的，有时反而会助长攻击性行为。因此，从长远来看，要较好地抑制个体的侵犯动机，光有宣泄是不够的，甚至是有害的，而应当不断提升个人的内在修养。这不仅包括个体移情能力的培养，更重要的是个体成熟个性品质的综合塑造。移情对于侵犯行为的抑制作用已经为犯罪学的研究所证实。例如，研究表明，相比于那些观看了他所侵犯的受害者的痛苦反应的录像的性侵犯者，那些没有观看此类录像的性侵犯者的重犯率明显要高。犯罪心理学家强调的成熟个性特征包括：有道德责任意识和成熟的敏感性；关心别人的福利和得失；不保留敌意与怨恨；不歪曲现实；自我认识客观；对自己的行为负责；懂得自己的角色是权利和责任的统一等。他们指出，个性成熟者的自我意识和控制水平较高，对别人进行侵犯的可能性较小，而个性不成熟者自我意识水平较低，更倾向于运用侵犯方式来达到自己的目的。

### （二）人际层面

人际之间侵犯行为的发生往往来自于之前交往过程中彼此之间所产生的误会与冲突的外在化。而这些误会与冲突则来自双方彼此的认知偏差，比如刻板印象、偏见乃至歧视，以及对他人行为归因的偏差等。因此，为了避免人际侵犯行为的负面结果，交往双方需要共同努力改进双方的沟通，澄清误会，以期最终能够"化干戈为玉帛"。

另外，现实生活中我们还可以看到这样的现象：当由于某种原因，个体的侵犯行为不能直接针对引起愤怒的对象时，就会进行替代性攻击——向一个替代性对象释放侵犯性。一般来说，替代性攻击大多倾向于指向更弱小的和没有风险的对象。例如，面临感情失和时，丈夫有时候会将怒火朝向孩子，折磨和虐待孩子，这时候孩子成了丈夫向妻子实施攻击的一个替罪羔羊。对于类似的人际侵犯现象，不仅需要人际交往的双方——强势一方与弱势一方的共同努力，破解双方的消极互动，更需要社会相关执法机构予以强制性的介入。

## （三）社会层面

大量研究表明，观看暴力榜样可以诱发暴力行为的模仿以及实际的侵犯行为。因此，大众传媒应有社会责任感，尽量控制提供侵犯榜样，减少大众观察和学习侵犯的机会，把传媒的不良影响降到最低。例如，电子游戏开发商应多开发积极的、内容健康的"绿色游戏"，而不应该在血腥、暴力上做文章，寻求感官刺激。

另外，社会资源的分配不公其实是诸多社会暴力行为产生的本质原因之一，生活质量上的悬殊会使得一些处于社会劣势的人群和个体产生巨大的心理落差，使其产生嫉妒、不满及仇恨等不良情绪，导致抢劫、绑架等严重的社会案件急剧增加，继而引发更为强烈的社会动荡。因此，政府及各级机构需要不断努力建构和完善包括公民的权利公平、规则公平、分配公平、社会保障公平等方面的社会公平体系，以期从更为根本的层面消除激发侵犯行为的诱因。

## □ 本章小结

1. 合作是指在人际互动中，不同个体为了共同的目标而协同活动，促使某种既有利于自己，又有利于他人的结果得以实现的行为或意向。竞争是指在人际互动中，不同的个体为同一目标展开争夺，促使某种只有利于自己的结果得以实现的行为或意向。从上述的描述可见，竞争与合作可以说是两个相对立的概念。

2. 人际之间互动时是选择竞争还是合作取决于多种因素，包括：目标奖励结构、个体竞争价值观、人际沟通与互动、竞争型的社会文化。

3. 亲社会行为是比助人行为概念更为广泛的描述对社会有益行为的概念。助人行为特指以特定的个人或群体为对象的亲社会行为。

4. 根据助人行为的动机性质，助人行为可以分为两类：一类是无个人动机，不期望任何回报的助人行为，即利他行为。另一类助人行为是具有个人意图的、出于自己的利益而发生的。

5. 对于助人行为的原因可以从以下五大理论得到较好的理解，包括进化理论、学习理论、社会规范理论、决策理论、社会交换理论。

6. 助人行为的影响因素包括：助人者因素（性别、年龄、人格特征、心境以及移情能力等）、受助者因素（生理上的吸引力和相似性、是否值得相助、是否求助等）、情境因素（物理环境、他人在场、时间压力以及社会文化因素等）。

7. 要更好地培养个体的助人行为可以采用如下策略：明确责任、增加示范、移情训练和学习助人技能。

8. 侵犯行为简称侵犯，是一种有意违背社会规范的伤害行为。社会评价和伤害意图是判断一种行为是否属于侵犯的两个关键特征。

9. 人际侵犯行为的形式具有多样性。从侵犯的方式角度，可以分为言语侵犯和动作侵犯，前者如谩骂、讽刺、诽谤、嘲笑、讥讽等，后者如踢打、撞击、砍杀、枪击等。从侵犯的动机的角度，可以分为报复性侵犯和工具性侵犯，前者的目的在于造成对方身心上的痛苦或是伤害，比如因为人际摩擦怀恨在心而报复等，后者的目的则是通过侵犯对方达到其他的目的，比如抢夺他人财物等。

10. 不同的理论从不同角度对侵犯行为的原因进行了分析。大体而言，这些理论可分为内在因素视角和外在因素视角，例如弗洛伊德的本能论、洛伦兹的习性学等属于内在因素的视角，而挫折—侵犯理论和社会学习理论等属于外在因素的视角。

11. 侵犯行为的影响因素包括：（1）导致侵犯行为的直接外因包括诸如身体遭受疼痛刺激以及语言的辱骂、处于高温不适的环境中、处于过度拥挤的环境中以及其他各种挫折等令人不快及厌恶的体验；（2）性别、人格和归因偏差等影响侵犯行为的个人因素；（3）家庭暴力、家庭不当的教养方式等影响侵犯行为的家庭因素；（4）媒体暴力等影响侵犯行为的社会因素。

12. 侵犯行为虽然具有危害性，但它是由内在因素与外在因素共同作用的结果，某种程度上具有可预测性和可控性，可以努力加以预防与控制，具体而言：（1）从个体角度来讲，需要寻合理渠道宣泄自己的不良情绪，并努力提升自己的移情能力、培养自己的成熟个性品质；（2）从人际角度来看，交往双方需要共同努力改进双方的沟通，澄清误会，化解冲突；（3）从社会角度来讲，大众传媒应有社会责任感，尽量控制提供侵犯榜样，减少大众观察和学习侵犯的机会，把传媒的不良影响降到最低。

## □ 复习与思考

1. 为什么说合作与竞争是两个相互对立的概念？
2. 简述合作与竞争产生的原因。
3. 合作与竞争的决定因素包括哪些？
4. 试分析合作与竞争的社会作用。
5. 试析亲社会行为、利他行为及助人行为三者之间的关系。
6. 请阐述解释助人行为产生的五大理论。
7. 助人行为的影响因素包括哪些？
8. 如何更好地培养助人行为？
9. 试分析侵犯行为产生的原因。

10. 侵犯行为的影响因素包括哪些？如何能够更好地预防和控制侵犯行为？

## □ 推荐阅读资料

1. 金盛华. 社会心理学[M]. 北京：高等教育出版社，2005.

2. Taylor, S. E., Peplau, L. A., Sears, D. O. 社会心理学[M]. 谢晓非，谢冬梅，张怡玲，等，译. 北京：北京大学出版社，2004.

3. 俞国良. 社会心理学[M]. 北京：北京师范大学出版社，2006.

4. 张雷. 进化心理学[M]. 广州：广东高等教育出版社，2007.

# 第 十 章　群体结构与动力

**学习本章内容，将有助于你对以下问题的理解与思考：**

➤ 群体具有什么特征？它具有什么功能？

➤ 如何对群体进行分类？

➤ 群体的结构有哪些特征？它们是如何起作用的？

➤ 群体对个体的行为有哪些影响？

➤ 什么是社会助长效应？有哪些理论可以用来解释这种效应？

➤ 你能举出生活中社会懈怠的例子吗？有哪些方法可以避免这种现象的
　发生？

➤ 什么是去个性化现象？产生这一现象的原因是什么？

➤ 群体决策的过程是怎样的？什么是群体极化以及群体思维现象？

➤ 解释领导行为有哪些理论？

三个和尚费尽心思终于解决了吃水的问题，可是新的问题又来了：粥如何分？三个小和尚虽说都是天性善良，但毕竟没有得道成佛，不免自私自利，一锅粥三人吃，怎么分才能让大家都满意呢？这确实是个让三人头疼的问题。

第一个月，三个小和尚抽签决定一个分粥的人。二师兄抽到了签，获得了分粥的权利。可是出现一个问题，二师兄的碗里的粥总是最多最好，三师弟的粥却总是清汤寡水的。熬到月末，厚道的大师兄说话了："不能再这样了，得换个法子。"第二个月，三个小和尚商定轮流坐庄。三师弟鉴于上个月二师兄的不良表现，每当轮到自己坐庄，就给自己分得最多，以至于吃饱了还有剩余才给二师兄象征性地分一点点。熬到第三个月，大家公推最厚道的大师兄主持分粥，开始半个月大师兄还算公平，可是三师弟倚小卖小，分粥的时候总是说吃不饱，大师兄于是就给他多分了一些，二师兄不免有些不满。熬到月底终于爆发了，二师兄强烈抗议大师兄的不公平。第四个月，还是大师兄分粥，但是其他两位小和尚有监督的权利，可是每天二师兄都要和三师弟吵个没完，都觉得对方的粥多了，直到吵到没有力气再吵的时候，粥已经凉了。

为了彻底解决这一问题，他们向如来佛祖求救。佛祖给三个小和尚出了一个主意：三个和尚每人一天轮流坐庄，但是分粥的人必须最后一个领粥。令人惊奇的是，这样下来每个人分的粥都是一样多，因为每个分粥的人都认识到，如果三个碗里的粥不一样多，他自己无疑将拿到最少的那一份。于是乎，三个小和尚分粥的问题就这样解决了。

两人成双，三人成群。三个清心寡欲的小和尚尚且如此，那些为着自己设定的目标而努力的社会群体是如何解决他们的权利和利益分配、如何形成最终决策的呢？这就是我们本章所要探讨的问题：群体的结构和动力。

## □□□ 第一节 群体及其形成

### 一、群体的概念及特征

#### （一）群体的概念

从图 10-1 的两幅图中，你很容易就能判断出左边图中的人们是一个群体，而右图仅仅是一堆人聚在一起罢了。你为什么会这样判断呢？很显然，你与社会心理学家对**群体**（group）使用了相似的定义：一群以某种方式紧密相连的人（Das-

图 10 - 1 群体与非群体

gupta，Banaji & Abelson，1999；Lickel et al. ，2000）。[1]

日常生活中，凡是多数人的集合体我们都习惯称之为"群体"，实际上我们生活中所接触到的社会单元并不一定是社会心理学家所研究的群体。社会心理学研究的群体译自"group"，又叫团体，它是一个狭义的专业性的术语，指那些由相互依赖的、相互影响的两个或两个以上具有共同目标的个体按照一定的方式结合在一起的集合体。它既不同于偶然的聚合体也不同于统计集合，因为后者的成员不存在依附关系，不发生互动。而群体中，成员之间有面对面的接触，群体成员之间互相依赖、互相影响，这是群体的核心特征。

按照相互关联的紧密程度，群体可以分为不同的类型：有联系非常紧密的群

---

① R. A. 巴伦，D. 伯恩. 社会心理学［M］. 上海：华东师范大学出版社，2004：609.

体，比如家庭、乐队；也有非常松散的群体，比如邻居、一起等车的人。另外，还有研究者按照成员的尽职程度把群体分为四种类型：亲密群体（如家庭、情侣）、共同任务目标群体（如工作团队）、社会群体（如妇女、湖南人）与弱联系群体（如邻居、歌迷）。

### （二）　群体的特征

关于群体的特点应从以下几个方面进行把握[1]：（1）有一定数量的成员。群体必须由两个或两个以上的个体组成，通常为不超过50人的较小群体，许多研究集中在3—20人的小群体中，关于小群体的最低限度是2人还是3人，在社会学家和社会心理学家中至今没有一致见解。赞同2人的认为："最小的可能性群体包括两个人，叫做'两人组合'。两个人能够建立起来的纽带是独特的：两人组合的成员能产生一种在许多更大的群体中所找不到的一致性和亲切感。"但也有人认为，群体的最低限度应是3人。如社会学家齐美尔指出，两人组合无法构成群体，因为在两人组合中双方都会积极努力来维持这种互动关系，任何一方的退出都会导致关系的破裂，所以双方只有维持一致才能使这种联系持续下去。3人组合则不同，3个成员无须总是保持一致，正所谓："两人为伴，三人为群。"（2）有一定的组织结构。群体是按照一定的规范建立起来的有机的组织系统，它不仅有一定的组织结构，并且每个成员都被按照一定的要求组织起来，在群体中每个人都处于一定的地位，充当一定的角色，有一定的权利和义务。（3）有一定的共同目标和行为规范。群体成员是否具有共同的行为目标，是维系群体生存的必要条件。为了实现共同目标，群体成员的行为可以高度一致。群体行为规范是保证群体成员行为一致、实现群体目标的重要条件。群体的组织纪律、作风、传统、守则、活动目标、操作规程等，都是群体规范的体现。（4）成员心理上有依存关系和共同感，并产生一定的相互作用和相互影响。群体成员之间不仅能在生活、学习、工作方面相互帮助、团结协作，而且在思想、感情、观念上都趋于一致，对群体产生责任感、依恋感、荣誉感、自豪感等肯定的情感体验。

## 二、群体的形成与发展

### （一）　群体的形成

美国心理学家谢里夫（1961）采用自然实验法，研究了群体的形成过程，以及群体之间由对立到合作的过程，揭示了群体形成的一些基本条件。[2]　研究请了

---

[1]　郑雪. 社会心理学［M］. 广州：暨南大学出版社，2004：202.

[2]　郑雪. 社会心理学［M］. 广州：暨南大学出版社，2004：204-206.

22 名 12 岁的互不相识的男孩参加为期 3 周的夏令营。整个研究分为以下三个阶段：

第一阶段：建立两个互不相关的群体。把参加实验的被试分为两个独立人群，互相不知道对方的存在。分别安排两个人群进行一系列的活动，如整理游泳池、安排郊游、野餐等。通过活动和交往，两个人群形成了自己的规范，有了非正式的领导者，成为组织化的群体。至第一阶段结束，群体每个成员的角色已发生了明显分化，并且稳定下来。

第二阶段：开展两个群体之间的竞赛。安排两个群体相遇，并组织橄榄球、垒球等各种比赛，这些活动必然导致一方胜利另一方失败，于是双方的纠纷也接踵而来，攻击言行明显增多，引起对另一群体的敌意。两个群体形成了明显的"我们"意识，以与"他们"区分。这一阶段结束后，研究者让每个人在两个群体中择友，结果两组中绝大部分成员都选择了本族成员作为自己的朋友，比例分别为 92.5% 和 93.6%，说明群体内部成员关系较好，而群体间关系紧张。

第三阶段，开展两个群体间的合作。开始时，两个群体对立情绪严重，研究者创造机会，使双方多加联系与接触，安排他们一起活动，如共同劳动、看电影、进餐等，但并未减轻双方的敌对情绪，冲突时有发生。后来，研究者安排了必须由双方成员分工合作、齐心协力才能完成的活动，例如，营地的蓄水池坏了，必须由双方投入大量人力才能修复；卡车陷入泥潭，必须很多人去拉；看电影钱不够，必须把所有成员的零钱凑起来等。经过一系列合作，两个群体的敌对情绪明显缓解。野营生活结束后，再次进行择友选择，结果选择对方群体成员作为朋友的比例达到三分之一，与第二阶段的选择相比，有了明显的变化。

这一实验揭示了在群体形成的过程中，直接交往、共同活动、目标一致都是非常重要的条件。

**（二）群体的发展**

一般认为，群体的发展要经过五个阶段：形成阶段、震荡阶段、规范化阶段、执行任务阶段和中止阶段。随着群体从第一阶段发展到第四阶段，群体会变得越来越有效。

第一阶段：形成。其特点是群体的目的、结构、领导都不确定。群体成员各自摸索群体可以接受的行为规范。当群体成员开始把自己看做是群体的一员时这个阶段就结束了。

第二阶段：震荡。这是群体内部的冲突阶段。群体成员接受了群体的存在，但对群体加给他们的约束，仍然予以抵制。而且对于谁可以控制这个群体，还存在争执。这个阶段结束时，群体的领导层次就相对明确了。

第三阶段：规范化。在这个阶段，群体内部成员之间开始形成亲密的关系，群体表现出一定的凝聚力。这时会产生强烈的群体身份感和友谊关系，当群体结构稳定下来，群体对什么是正确的成员行为达成共识时，这个阶段就结束了。

第四阶段：执行任务。在这个阶段，群体结构已经开始充分发挥作用，并已被群体成员完全接受。群体成员的注意力已经从试图相互认识和理解转移到完成手头的任务。

第五阶段：中止。对于长期性的工作群体而言，执行任务阶段是最后一个发展阶段，而对暂时性的委员会、团队、任务小组等工作群体而言，还有一个中止阶段。在这个阶段，群体开始准备解散，成员的注意力放到了群体的收尾工作。

不过，上述五阶段模型只是理想假设。现在不少研究认为，群体并不总是明确地从一个阶段发展到下一个阶段。有时几个阶段同时进行，比如震荡阶段和执行任务阶段就可能同时发生，群体甚至可能回到前一阶段。

## □□□ 第二节　群体的类型与功能

### 一、群体的类型

群体的类型纷繁芜杂，根据不同的标准可以划分为不同的类型。每一种群体都有自己的性质、结构、作用和活动方式。常见的划分有下面几种①②：

#### （一）初级群体和次级群体

由美国的社会学家库利（C. H. Cooley, 1909）最先提出了**初级群体**（primary group）的概念，又叫**首属群体**，是指个体直接生活在其中，由面对面直接互动所形成的、具有亲密的人际关系的群体。家庭、邻居、同伴群体等，都属于初级群体。初级群体不仅能满足人们的情感需求，而且对个体的社会化起着重要作用。相对于初级群体，一些学者提出了**次级群体**（secondary group）的概念，又称次属群体，即有目的、有组织、有明确社会结构的按照一定规范建立起来的群体。最常见的次级群体是社会组织，如学校、工厂、政府机关等。

初级群体主要具有以下几个特点：（1）初级群体的形成一般是一个自然的过程，不是基于某种社会需求；（2）初级群体通常没有严格的群体规范；（3）初级群体成员之间的互动是经常的、直接的、面对面的，彼此之间是情感联系，而不是规定性的角色关系；（4）正因为有强烈的情感联系，所以初级群体的成员一般是不可替代的。

---

① 屠文淑. 社会心理学理论与应用[M]. 北京：人民出版社，2002：160－161.
② 郑雪. 社会心理学[M]. 广州：暨南大学出版社，2004：204－206.

初级群体的社会功能主要体现在以下两个方面①：首先，初级群体承担着重要的社会化的任务。个体的社会化内容有很大一部分是在初级群体中进行的，特别是在未成年期，基本的社会化场所都是初级群体，诚如库利所说："家庭和邻里群体在人的儿童时代对处于空白和可塑阶段的心理发挥着决定性的影响作用。这一事实决定了家庭、邻里的影响作用是其他群体所无法比拟的。"其次，初级群体还担负着满足人们感情需求的任务。这是其他任何一种社会组织所不能代替的功能。研究证明，初级群体与人们的感情活动密切相连，1971年社会心理学家所罗门在调查中发现，在对人生活影响最大的前十位事件中，属于初级群体的有7件。

次级群体的主要特点有以下几个：（1）其形成源于一定的社会需要；（2）有严格的组织结构、规章制度和行为规范；（3）成员之间的联系以社会分工为基础，主要是角色关系；（4）具有较大的规模，人数较多，因此不能直接接触。次级群体对人们的心理及行为都有重要影响。人们通过次级群体的途径更广泛地介入社会之中，承担某种社会角色，在观念、态度和行为上接受群体观念、规范的训导。

### （二）正式群体和非正式群体

根据群体构成原则和方式的不同，可以把群体分成**正式群体**和**非正式群体**。这种划分法最早是由美国心理学家梅约（E. Mayo）在霍桑实验中提出来的。正式群体是指具有正式社会结构，成员有明确的社会角色，并有相应权利与义务的群体，如军队里的营、团，学校的班级，机关的处室等。非正式群体指那些自发产生的，没有明确社会角色分化和权利、义务规定的群体，往往以共同的利益、观点为基础，以情感联系为纽带，有较强的凝聚力和较高的行为一致性，如同乡会、班级中的朋友群等。我国心理学家林秉贤在他的《管理心理学》中这样论述非正式群体："非正式组织是在满足需要的心理推动下，比较自然地形成的心理团体，其中蕴含着浓厚的友谊和感情的因素非正式组织中的成员关系也可能是基于某些个别需要，从别人反应那里获得社会与心理的满足。非正式群体的最大特征是感情的联系和信息的传播速度。"

屠文淑（2002）等认为非正式群体的形成原因主要有以下几方面：（1）由于某种利益或观点的相似。人们由于共同的利益或者观点上的一致性，彼此相互支撑、相互同情，交往密切，逐渐形成群体；（2）由于共同的价值观和共同的兴趣、爱好，在此基础上交往增多，自发形成，如文学沙龙、美术协会等；（3）经历或背景相似，主要指同乡、同学、工作中的好朋友，大家有共同的生活经历、体验和感受，容易产生心理相容。非正式群体不同于正式群体的稳定状态，是不

---

① 周晓虹. 现代社会心理学[M]. 上海：上海人民出版社，1997.

断变化、不断重复组合的。①

非正式群体可以在正式群体之内，也可以在正式群体之外，或者跨几个正式群体。有时一个正式群体之内有许多非正式群体。当正式群体的目标与成员的要求不一致、正式群体不能发挥正常功能时，非正式群体更容易产生。在正式群体的目标和规范与其成员的个人需要不一致的情况下，在非正式群体具有反社会倾向的情况下，非正式群体会破坏正式群体的目的，成为正式群体发挥作用的障碍。张红卫（2006）等对大学生非正式群体的形成原因作了深刻探析，认为原因有三方面：大学生自身的需求、校园生活的特殊性和社会大环境的特殊影响。

### （三）隶属群体和参照群体

**隶属群体**又叫**成员群体**，是个体实际参加或隶属的群体，而参照群体是指个人作为行动标准和指南，加以模仿和效法的群体。参照群体的概念最早由美国社会学家海曼（H. H. Hyman, 1942）提出。参照群体不是人们所属的群体，而是个人心目中想要加入或理想中的群体，个人把该群体的价值、规范、目标作为自己行动的指南，努力按照群体的规范约束自己。参照群体在个体的内心得到确定以后，就会对其心理和行为产生明显的导向作用。因此，了解人们心中的参照群体，有助于分析和把握社会动向。例如以留学生为参照群体的大学生会发奋学习外语，目标指向明确；以黑社会势力作为参照群体的青少年，容易表现出越轨或触犯法律的行为。现实生活中，个体所属的群体往往并不一定是心目中的参照群体，而是一些伟人、名人、科学家等容易成为个体的参照群体。

H. 凯利为参照群体提出了两种功能：即比较功能和规范功能。前一种功能在于建立一定的行为标准并迫使个体遵从这一标准；后一种功能在于它是个体借以评价自己和他人的比较标准和出发点，或如 C. W. 谢里夫所说，是个人生活之舟的"社会之锚"。

使参照群体理论闻名遐迩的经典研究有两项：其一是美国社会心理学家 T. 纽科姆 1939 年起历时 4 年完成的有关美国贝宁顿学院经验与其社会政治态度关系的调查。他发现，尽管同学和家庭都是学生的隶属群体，但左右学生态度的却是参照群体：高年级的学生因和同学交往多而在个人生活风格和政治趋向上趋向于自由，而和家庭联系密切的低年级学生则偏向保守。其二是第二次世界大战期间斯托夫等人对美国士兵的调查。他们发现，只有极少晋升机会的兵种（宪兵）比晋升机会较多的兵种（空军）对晋升有着更强的满足感。对这一现象的唯一合理的解释是，使人们感到满足（或被剥夺）的是与其同伴相比的心理上的"相对值"，而不是物理上的绝对值。这种"相对满足"或"相对剥夺"现象揭示了参

---

① 屠文淑. 社会心理学理论与应用[M]. 北京：人民出版社，2002：160-161.

照群体对个人的态度和行为取向的影响作用。

### （四） 大群体和小群体

根据群体的规模大小不同，可以将群体划分为**大群体**和**小群体**。大群体指人数众多、成员间只是以间接的方式联系在一起、没有直接社会交往和互动的群体，如阶级、民族等。大群体相对小群体成员而言，成员比较抽象。

小群体指人数较少、成员间关系比较密切、交往比较频繁、心理感受比较明显的群体，如班组、社团等。社会心理学对小群体的讨论比较深入，研究成果也比较丰富。小群体是现代社会心理学的兴趣中心。由于小群体的成员之间有直接的面对面的互动，从而容易建立起心理上和情绪上的联系，因此，在小群体中心理因素的作用比社会因素大。小群体一般具有这样一些特点：（1）人数不多；（2）群体成员之间有直接的个人交往和接触；（3）群体成员是由共同的社会活动结合在一起的；（4）群体成员之间具有浓厚的感情关系；（5）他们的行为受群体中形成的规范所调节。由于小群体构成了个体和复杂社会之间的过渡单元，所以小群体的研究具有相当的重要性。

### （五） 内群体和外群体

有关内群体和外群体的划分是社会学中有关群体互动的最早论述之一。1906年，美国社会学家威廉·G. 萨姆纳在《民俗论》一书中创设了**内群体**（ingroup）和**外群体**（outgroup）两个概念，用以描述群体成员对自己和他人群体的感情。群体成员将他们自己的群体称为"内群体"，对它怀有特殊的忠诚感；同时，他们以怀疑的眼光看待其他群体，将其视为"外群体"，并认为它没有自己的群体那样有价值。

群体成员的资格是通过群体界限给予定义的。没有界限，就难以将群体成员和非群体成员区别开来。有些群体界限是有形的，并能够为符号和礼仪习俗所强化。比如，现代艺术家的披肩长发就是其群体界限的符号，我们据此可以确定他们所属的群体；而教授这种专业化的职业也是有明显的群体界限的，那就是他们的高学历以及在专业性协会中的地位和成员资格。

### （六） 假设群体与实际群体

根据群体是否真实存在，可把群体划分为**假设群体**与**实际群体**。假设群体是指实际并不存在的，只是为了研究和分析的需要，把具有某种特征的人在想象中组织起来的群体。如青年群体、老年群体（按年龄分），女性群体、男性群体（按性别分），工人群体、教师群体（按职业分）等。

实际群体是指在一定时间和空间存在的群体，成员间有着实际的交往和相互关系，是有目的、有任务的联合体，如班委会、女工程师联谊会等。

## 二、群体的功能

群体由不同个体组成，个体的特征与状态也会直接影响到群体的状态与特点。不过，群体一旦形成，它就有了自己不能简单用个体来解释的新的特征和新的气质。整体大于部分之和。个体组成群体后出现的群体影响、群体心理气氛、士气、群体极化与群体思维等现象，都是个体所没有的现象。一个群体的效能，也绝不是其成员的简单算术之和。

### （一）社会功能

群体是个人和社会的中介，其功能也表现在社会和个人两个方面。从社会功能来看，群体是社会存在的基本单位，它在实现社会组织目标，完成社会各项任务，维护社会秩序，促进社会发展等方面，都发挥着重要作用。美国社会学家帕森斯曾提出群体具有四项功能[①]：

（1）适应环境，即群体与外界进行资源交流，并且保持与外界的平衡。

（2）实现目标，即确定群体的目标，并使群体成员为达到目标而一起努力。

（3）统一内部，即调整群体成员之间的关系，制定规范，使群体组织成为一个整体。

（4）维持价值，群体往往形成一种潜在的价值形式，给成员的行为以动机和活力。

### （二）个体功能

群体生活对个体来说是极为重要的，因为群体给人们提供了重要的心理保障，群体对个体的功能主要体现在以下几方面。

（1）归属感。是指个体自觉地归属于所参加群体的一种情感。譬如民族情感、国家情感，甚至家庭情感。表现为，个体有了这种情感就会以群体的规范为行事准则，自觉维护内群体的利益，与群体内的其他成员在情感上发生共鸣，以及相互作用时行动上的协调，行为上的一致。归属感在一定的情境中会表现得特别强烈。如中国的抗日战争全面爆发以后，不计其数的海外侨胞纷纷捐款、捐物，或回到祖国，直接奔赴抗战前线，就是怀着一种对祖国的强烈的归属感。群体的归属感与群体的内聚力呈正相关关系，即群体的内聚力越高，其成员的归属感就越强。一般来说，一个人一生中要参加许多不同的群体，哪一个群体对他的生活、工作和其他方面的影响越大，他对哪一个群体的归属感就越强。

（2）认同感。指群体成员对一些重大事件和原则问题的认识与群体的要求相一致，个体往往把群体作为自己社会认同的对象。尤其是当情境不明确的时

---

① 郑雪. 社会心理学[M]. 广州：暨南大学出版社，2004：202.

候，群体的认同感对个体的心理与行为具有更大的影响。比如大学生对恋爱问题的观点往往受同伴群体的影响，同伴群体对恋爱的态度是自己认同的对象。

（3）社会支持。当个体的思想、行为符合群体的要求时，群体往往会加以赞许与鼓励，从而强化这种思想和行为，得到群体的社会支持是个体心理得以健康发展的重要条件。当我国运动员在奥运会上获得金牌，为祖国争得荣誉的时候，他们常常把13亿中国人的社会支持放在首位，群体所提供的社会支持对任何个体来说都是必不可少的。

□ □ □ 专栏 10 - 1

### 个体为什么加入群体

我们每个人都属于好几个群体，那么一个人为什么要加入某个群体呢？显然，群体有着吸引人们加入的特定原因。

（1）人有一种基本的需要，即从属的需要，群体能满足这种需要。此外，群体还可以满足我们的其他一些重要的社会和心理需要，例如安全的需要、社交的需要、尊重的需要、自我实现的需要。

（2）群体是知识和信息的来源。在生活的各个方面，我们常常要靠他人提供有关生活事件的知识和如何执行任务的信息，而在群体中我们可以方便地获得这些知识和信息。

（3）群体能给予我们奖励。从社会比较过程来说，个体对群体是否满意，主要基础是他把从该群体中所得的奖励与他认为从该群体中应该获得的奖励进行比较。换句话说，个体是否愿意留在某个群体中，决定因素是把从该群体中所获得的奖励与他人能从其他群体中可能获得的奖励进行比较的结果。

（4）群体帮助我们达到那些单凭个人不可能达到的目标。加入各种群体有助于我们完成个人不可能完成的任务。

（5）群体的成员资格有助于建立积极的社会认同。为某些群体所接纳，这本身就是对个体价值的一种肯定，个体会体会到这种价值。这种社会认同将成为自我概念的一部分。一般而言，个体被接纳的群体的威信越高，其成员资格越有限制，个体的自我概念便越受到支持和肯定。

资料来源：郑全全. 社会心理学[M]. 杭州：浙江大学出版社，1998：7.

## □□□ 第三节　群体的结构

同一群体中的不同群体成员在群体中所扮演的角色是不同的。他们都有各自的任务、各自的角色。研究发现，一个儿童群体在接触三四次后，便会形成一些不成文的规则：每个孩子应该坐什么位置，谁能玩所有的玩具，当大家一起参与游戏时顺序如何安排，等等。这些便是群体的结构。可以从以下五个方面把握群体结构。

### 一、规则

为了保证群体目标的实现，群体本身必须有制约其成员思想、信念与行为的准则，这就是**群体规则**（group norms），即关于群体成员如何做的共同的规则和期望。正是由于规则的存在，群体才表现出某种程度上的一致性。有些情况下，规则既详细又清楚。例如，由政府颁发的各项法律、法规和红头文件；体育比赛项目也都有明确的规定；而公共场所的指示牌，如"禁止吸烟"、"限速60"等也可以看做是社会公共规范，都是大家需要遵守的。还有些规则是不成文的。比如"不能迟到""公共场所不能穿着暴露"等。

不同群体的规则是不同的，同一群体的不同发展阶段规则也是不同的。个体可以根据规则来判断自己的特定行为和信念是否被社会群体所支持。朋友间的社会规则是非正式的，通过面对面的交流产生的。而在其他群体结构是预先确定的情况下，群体社会规则也是事先确定的。如刚参军的新兵和刚加入妇女联谊会的妇女都会遇到一个事先存在的社会结构；一家计算机软件公司有四种职位：创办公司的老板、程序员、销售代表和文秘，每个职位都有特定的规范，以及该职位上的任职者被期待做什么、责任是什么等的规定。

### 二、角色

回想一下你所归属的群体，在一个群体里，是不是所有人都做同样的事情呢？答案一定是否定的。群体中不同的人被安排了不同的任务，也就是说，他们扮演着不同的**角色**（role）。有时这种角色是被任命的，例如一个企业的领导人。而有些情况下，个体的角色也可能是逐渐形成的，比如在家庭里，由谁洗碗、由谁做饭。不论角色是如何获得的，人们都倾向于内化它，将所扮演的角色与自我概念联系起来。这时，无论他或她是否处在该群体里，都会在其行为中体现角色的特征。例如，一位在政府机关做领导的人，可能回到家里也喜欢对家人发号施令。

角色在明确群体成员的责任和义务上有着积极的作用，但同时也可能给人们带来困扰，比如角色冲突的问题。当一个人扮演多种角色，而不同角色的期望行为不一致时，就可能导致**角色间冲突**（conflict between roles），比如刚刚为人父母的年轻人就常常苦恼于新的父母角色与在父母面前的孩子角色之间的冲突与转换。另外，当同一个角色面临不同群体的不同期望时，也可能发生**角色内冲突**（conflict within a single role），例如教师同时面对校长与家长的不同要求时所导致的冲突（Horton & Hunt,1976）。①

## 三、地位

试想一下，如果有一天省长来学校视察，走进我们正在上课的教室，大家会怎么做？我们一定会全体起立，表示尊敬。为什么会这样？其中一个解释就是群体中存在着地位差异。群体中不同的角色或职位就意味着不同的**地位**（status），在这里省长当然地位显赫了。由于地位与各种利益（比如薪水、权力）紧密相连，所以人们对地位非常重视（Buss,1998）。

任何一个群体其成员的社会地位都是有差异的。在大部分社会系统中，不同的职位具有不同的声望和权威。例如在一个软件公司里，老板有最高的地位、最高的薪水，对公司决策最有决定权；而文秘地位最低、薪水也最低，在公司决策或群体活动中影响力也最小。在一些群体中，地位相同的成员，他们的影响力有可能不同，如朋友群体或陪审团成员。

哪些因素会影响人们对地位高低的知觉呢？Buss（1998）曾讲到身高对男性领导地位的作用：一般高个子的男人更占优势，比如大公司的主席或领导的身高一般高于平均水平（Gillis,1982）。而最近澳大利亚经济学家安德鲁·利在《经济纪录》杂志上发表的研究表示，高个子的人不仅地位高，也更容易赚钱，如果一个人的身高达到 1.83 米，他每年就能多挣接近 1 000 美元。其原因可能是身材高大的人往往从年幼时就充当"领导者"的角色，由于身材的关系，同龄人都把他或她看成哥哥或姐姐来依附。另外，长得高也会增加一个人的自信，而自信会让他们在与人沟通时占有优势。主张进化论的心理学还认为，高大的身材通常是力量的象征，在进化上占据更多优势。

## 四、凝聚力

**凝聚力**（cohesiveness）是维持群体团结的所有力量或因素，比如喜欢其他成员、愿意归属于这个群体等（Festinger,et al.,1950）。对于一个群体而言，凝聚力

①　徐光国.社会心理学［M］.台北：五南图书出版社，2004：201.

的高低有着重要的影响。首先，群体凝聚力越大对成员的吸引力越大，其成员越不愿离开该群体，因而群体越稳定。其次，群体凝聚力高的群体对成员的影响力也越大，导致人们对群体更高的从众性。再次，群体凝聚力也影响着人们的咨询，高凝聚力群体的成员有着更高的自尊心，同时表现出更低的焦虑。最后，群体凝聚力会影响群体的绩效。凝聚力强的群体中，如果群体目标指向高绩效，那么生产效率就会提高（Zander，1977）。[1]

影响凝聚力的因素有：（1）群体成员的地位（Cora，et al.，1995），群体中地位越高的人凝聚力越高；（2）进入群体所付出的努力，付出努力越多，凝聚力越高；（3）为界的威胁和激烈竞争，这种威胁会提高成员对群体的亲和力和责任感；（4）群体大小，小群体比大群体凝聚力更高。

### 五、规模

从我们对群体的定义上，可以看出群体的大小可以小至夫妻二人，大到全体13亿中国人。许多研究者试图找到一个有效群体的理想人数。这个问题也具有重要的应用意义。例如美国、英国和加拿大的陪审团过去都是由12人组成，判决必须得到12人的一致同意才行。到了1966年，英国改变政策，12人中只要有10人意见一致便可以了。1970年，美国最高法院认为6位陪审员就足够了。

那是不是6个人的群体一定比12个人的群体要好呢，这个问题并不那么容易回答，早期的研究也没有得到一致的结果（Hastie，Penrod & Pennington，1983；Wrightsman，1991）。首先，群体大小与群体目标有关，小群体容易满足成员，成员有机会充分表达自己的意见与需要；而大群体的生产力更高，更容易完成复杂任务。其次，群体结构也与其规模有着交互作用。如果群体结构合理，大群体便有可能比小群体更有效率，又不会减少士气。[2] 比如 P. E. Slater（1958）通过研究发现，如果在完成需要收集、交换以及处理信息等智力任务时，5人的群体最为有效。

## □□□ 第四节　群体对个体的影响

### 一、社会助长

最早研究社会助长现象的学者是诺马尔·特里普莱特（Normal Triplett），他

---

①　侯玉波. 社会心理学［M］. 北京：北京大学出版社，2002：199.

②　Kay, D., Francis, C.D., Lawrence, S.W. 90年代社会心理学［M］. 台湾：五南图书出版公司，1998：515.

注意到自行车选手的骑车速度在有伙伴的情况下，比单独一个人骑车时要快。1898年他完成了一系列关于竞争条件下操作成绩的实验，这不仅是第一个研究社会助长的实验，也是第一个用实验的方法来研究社会心理学问题的研究，从此标志着实验社会心理学的开始。在实验中，他要求儿童将钓鱼线缠绕在卷轴上，并比较他们单独工作以及有其他儿童在场时的表现。特里普莱特报告说：在竞争的环境下，个体的操作成绩比独处环境下的成绩要好。后来，研究者们还发现这种效应不仅仅出现在竞争的情况下，只要有别人在旁观看，就会提高个体的工作成绩。这种工作成绩因为观众在场而得到促进的现象被奥尔波特（Allport，1920）等学者称作"**社会助长**"（social facilitation）。**社会抑制**（social inhibition）是指他人的出现对于个体表现所产生的抑制作用。

20世纪60年代，罗伯特·扎琼克（Robert Zajonc，1965）的研究为人们深入理解社会助长作用提供了更多的理论。他认为，社会助长可以分为两类：**观众效应**（audience effect）和**共事效应**（co-action effect）。前者指个体行为在观众在场的情况下所发生的社会助长，典型的例子是独角戏或单口相声演员在台上的表演。而后者是指个体行为在参与同样活动的其他个体在场的情况下所发生的社会助长，在河边一起钓鱼的陌生人就是例子。通常而言，社会助长作用都发生在这两种情境之中。①

**（一）关于社会助长的研究**

在特里普莱特提出"社会助长"的概念之后，大量研究者开始了相关的跟进研究。特拉维斯（Travis）于1925年开展了一项关于运动反应对社会助长作用的研究。他为大学生被试布置了追踪旋转物体的任务，要求他们使用手中的记录针来追踪一个旋转的目标。开始时，他让被试连续几天接受训练，直到他们的成绩达到稳定水平。训练结束后，研究人员把被试叫往实验室，先单独进行10次追踪测试，然后在4~8名同学面前再进行10次追踪测试。结果发现，当被试面临观众进行操作时，他们的成绩得到了显著改善。

那么，当观众不仅在场，而且还一起参加操作时，他们的参与对个体的操作是否具有社会助长作用呢？奥尔波特早在1920年就开展过类似的研究。他将被试分成两个小组，一组被试在分隔的小房间里单独完成任务，另一组被试则围坐在一起完成任务。完成的任务有连续单词联想、元音删除、模棱两可图形的视角方向颠倒、乘法运算、哲学问题解决以及重量判断等。一起操作的小组中，被试的条件与单独操作小组被试的条件一样，并且研究人员还尽量减少竞争的倾向。例如，会告诉被试不会对他们的操作成绩进行比较，也不会把他们的成绩告诉给

---

① 李维. 社会心理学新发展. ［M］. 上海：上海教育出版社，2006：488.

其他成员。研究结果表明，对于连续单词联想、元音删除、模棱两可图形的视角方向颠倒和乘法运算等任务来说，以小组形式完成任务的被试成绩好于单独完成任务的被试。而哲学问题解决与重量判断两类任务没有出现社会助长效应。

然而，也有一些研究发现，观众在场反而导致操作成绩的下降。例如，赫斯班德（Husband,1931）发现，观众在场会干扰手指迷宫的学习。单独状态下的被试尝试 17.1 次后学会手指迷宫，而面对观众的被试则需要 19.1 次尝试才能学会。此外，单独状态下的被试平均错误数为 33.7，而面对观众的被试平均错误数为 40.5。

毫无疑问，这与观众在场导致社会助长的假设是相违背的，而佩辛（Pessin,1933）的研究使得情况更加复杂化。佩辛要求大学生在两种情境中学习无意义音节：一种情境是单独学习，另一种情境是在观众在场的情况下学习。结果发现，当被试面对观众时，他们平均需要 11.27 次练习才能学会 7 个无意义音节，而当他们单独学习时，只需要 9.85 次练习。看似观众在场的情境导致了被试平均错误率的提高。可是有趣的是，几天之后，当研究人员再次要求被试回忆他们学过的无意义音节时，那些面对观众回忆词汇的被试要比那些单独回忆词汇的被试成绩更好。

### （二）优势反应强化说

为什么他人在场有时可以促进个体的成绩，有时则抑制个体的发挥呢？对此，扎琼克的解释是，如果被试面对的任务是自己过去已经掌握好的，那么他们的操作成绩会因为观众在场而得到促进；如果被试面对的任务是要求他们学习新动作，那么他们的操作成绩会因观众在场而得到阻碍。换言之，观众的存在可以使已经习得的操作得到促进，而使新的学习受到损害。用更为学术的语言进行概括，即观众在场增强了占支配地位的反应的发生。在学习新技能期间，占支配地位的是错误反应，因而观众在场导致错误反应成为最有可能发生的反应。随着个体掌握了这种新技能，正确反应逐渐占据支配地位，因而观众在场会促进正确反应的发生（见图 10-2）。

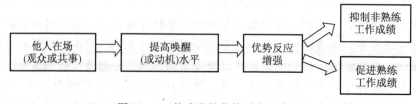

图 10-2 扎琼克的优势反应强化说

回到上面奥尔波特的那个研究。这个研究结果就符合扎琼克的优势反应强化说的解释。当被试完成单词联想、元音删除等任务时，这些任务都是被试已经充分建立起来的行为模式，那么他人的存在就会提高这些占优势的正确反应的发生，或者说他人的存在对个体的操作成绩具有社会助长作用。而相比之下，哲学问题解决这类任务不是被试占据支配地位的行为反应，被试在完成这类任务时他人的存在反而会抑制其正确反应。至于重量判断任务，结果表明，被试的判断极其容易受到在场其他被试误判的影响，出现从众现象。

### （三）评价恐怖理论

评价恐怖理论从害怕被人评价的角度解释社会助长或抑制现象。Cottrell（1972）认为，在有他人存在的环境中，人们由于担心他人对自己的评价而引发了唤醒，并对任务表现有所影响。Cottrell 设置了三种工作情境来验证这个理论。在第一种情境中，他让被试单独从事一项工作；第二种情境是被试与实验助手同时完成工作；第三种情境是双盲设计，被试与实验助手作同样的工作，但却不清楚他们的实验目的。研究结果发现，在第二种情境中，表现出社会助长作用；而第三种情境下，虽然也有他人在场，但被试的反应与第一组没有差异。这说明，如果他人仅是出现在旁，没有对其表现进行关注与评价，那么他人的出现不会造成社会助长现象。

### （四）注意力分散—冲突理论

对于人类而言，他人在场可能意味着社会评价，那么对于动物，比如蟑螂，应该不会存在社会助长或者社会抑制作用了吧？但实际并非如此。Zajonc，Heingartner 和 Herman（1969）设计了一个精巧的实验来考察昆虫是否具有和人一样的社会助长效应。在实验中他们将蟑螂置于简单、复杂两种迷宫中，在迷宫旁别的透明盒子里还有 4 只旁观蟑螂，逃跑的蟑螂可以看到它们。结果表明，在简单迷宫中，旁观蟑螂对逃跑蟑螂具有社会助长效应，而复杂迷宫则有抑制作用。

Robert S. Baron（1986）将这种生物本能式的社会助长或抑制效应解释为注意力的分散与冲突。他认为他人在场，无论是观众还是共事者，都会使人分心，分心又带来认知超载，从而影响任务表现。如图 10-3 所示，如果个体对于分心源过于在意，那么表现会因受到干扰而抑制；而如果个体将注意力直接指向工作表现上，那么增加的唤醒会助长优势反应的表现，并削弱非优势反应的表现。

分散—冲突理论让我们认识到认知过程在社会助长中起了重要的作用，而不单单是唤醒水平的高低。他人在场确实可以提高唤醒水平，但也可以造成注意力的分散，从而影响任务的完成。

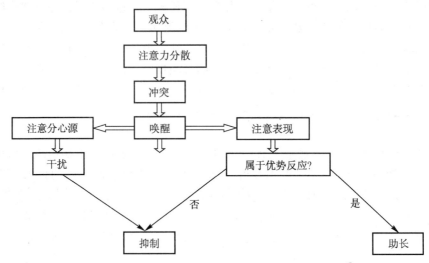

图 10 - 3　社会助长和抑制的注意力分散—冲突模型①

## 二、社会懈怠

俗话说得好："一个和尚有水吃，两个和尚抬水吃，三个和尚没水吃。"实际上，群体并不总是会提高生产力。当人们一起工作时，一些人很卖力，而另一些人却在偷懒，出的力比同伴少，也比自己单独做时少。这种现象被称做**社会懈怠**(social loafing)，即与单独工作时相比，个体在群体任务中其工作动机和努力程度的降低(Karau & Williams,1993)。

法国工程师 Max Ringelmann(1913)最早提到这种效应。他在评量人类、公牛和机器推拉重物的相对效能时，发现在群体条件下的工作者表现最差。后来，Latane 与同事们通过多个研究证实了这种效应的存在(Harkins,Latane,& Williams,1980;Latane,Williams,& Harkins,1979)。他们的经典研究是要求学生尽可能大声地鼓掌或者喝彩，人数从一人到六人不等。被试都戴上耳机并且蒙上研究，因此他们并不知道其他人的做法。研究无一例外地发现社会懈怠效应：当群体成员数量增加时，个人的表现成绩会下降。后面的研究证明这种效应的发生范围很广泛，无论是认知活动还是体力活动，也无论男女老少(Weldon & Mustari,1988;Williams & Karau,1991)。

为什么会发生社会懈怠呢？有什么方法可以降低它的出现呢？

　① Baron, R. S. Distraction-Conflict theory: progress and problems[J]. Advances in Experimental Social Psychology, 1986(19):1 - 40.

在解释社会懈怠的众多说法中，最具说服力的是 Karau 和 Williams(1933)提出的集体努力模型(collective effort model)，简称 CEM。他们认为社会懈怠效应可以用期望—效标理论来解释。期望—效标理论认为个体努力工作的条件有三：(1)相信努力工作会有好的成绩(期望)；(2)相信好的成绩会得到认可和奖励(工具性)；获得的奖励是他们所期望的(效标)。但在群体工作中，这三种条件都会打上折扣。首先，因为群体工作不依赖于某个个体，个体的努力并不能代表群体的成绩；其次，即使取得好的成绩，如何分配奖励往往也不是个体所能决定的，哪怕是比较公平的均分方法，也可能因为自己付出比他人多而变得不公正。

因此根据 CEM 理论，如果要防止社会懈怠的发生，我们可以注意以下方面：(1)群体规模不宜过大；(2)工作任务对于成员而言要具有价值或有意义(Karau & Williams,1993)；(3)成员之间的关系良好；(4)使成员相信个体的贡献非常重要，不可替代(Weldon & Mustari,1988)；(5)对同事的工作表现有着良好的评价；(6)减少社会倦怠最有效的方法就是让每个人的努力和成果得到区分(Williams,Harkins & Latane,1981)，将工作重点放在个体的努力与结果上，而不是用集体取代个体。

## 三、去个性化

### (一) 去个性化的概念和实验研究

**去个性化**(deindividuation)现象是群体影响个人行为的又一例证。它是指个体丧失了抵制从事与自己内在准则相矛盾行为的自我认同，从而做出了一些平常自己不会做出的反社会行为。去个体化现象是个体的自我认同被团体认同所取代的直接结果。例如，当某一球队的球迷因为自己的球队输球而聚集在一起闹事的时候，他们往往做出自己平时想都不敢想的事情：烧汽车、砸商店甚至杀人放火；在一群暴徒中，一个人的情绪会迅速扩展到整个群体。

最早对去个性化进行研究的是法国社会学家 Le Bon(1896)，他发现激动的群众倾向于有相同的感受和行为，因为个体的情绪可以传染给群体其他成员。在这种情况下，即使一个成员做了一件大部分人反对的事情，其他人也会效仿他。Le Bon 把这种现象叫做社会传染(social contagion)。Le Bon 是这样解释社会传染的，个体的正常控制机制的崩溃，即道德意识、价值系统以及社会规范不再能够约束人们的行为，自私、侵犯及性冲动随便发泄，从而导致了暴力和反道德行为。

另一个研究也证明了去个性化的存在(Zimbardo,1970)。招募四位年轻妇女组成一个群体，看她们对一个陌生者的情感移入反应。实验包括两种情境，一种是被试被用他们的名字称呼，并戴有自己名字的标签，且能很容易辨认。另一种条件下，被试穿上白色的衣服和头巾，不用名字称呼她们，并且很难区分。每组都有机会给组外的一个陌生人施加电击（实际上电击是假的，而"受害者"实际上是实验助手）。结果发现，不能被辨认的被试施加电击的数量几乎是他人的两倍。

### （二）去个性化的理论解释

Zimbardo 认为去个性化的产生基于三个原因：激起（arousal）、匿名（anonymity）以及责任分担（diffused responsibility），而其他心理学家则认为去个体化主要来自两个方面：

（1）匿名性：匿名性是引起去个体化的关键，群体成员越匿名，他们就越觉得不需要对自我认同与行为负责。在一群暴民中，大部分人都觉得他们不代表自己，而是混杂与群众中，即没有自我认同。相反如果他们具有某种程度的自我认同，并且保持着个体存在之感觉，就不会出现不负责任的行为。上述 Zimbardo 招募被试电击的实验支持了这一观点。

Diener 等人（1976）对儿童偷窃行为的研究也证明了这一点。实验开始的时候，主试询问了有些孩子的名字并记下，对另一些儿童则无这样的处理。实验的情境是当大人不在场时，孩子有机会偷拿额外的糖果，结果也支持了匿名性的效果：那些被问及姓名的小朋友不大会去多拿，即使他们知道自己不会被抓住，他们也不去做这样的事情。[①]

（2）自我意识降低：Diener（1980）认为引发去个体化行为的最主要的认知因素是缺乏自我意识，人们的行为通常受道德意识、价值系统以及所习得的社会规范的控制。但在某些情境中，个体的自我意识会失去这些功能。比如在群体中个体认为自己的行为是群体的一部分，这使得个体觉得没有必要对自己的行为负责，也不顾及行为的严重后果，从而做出不道德与反社会的行为。比如在有关儿童违规偷着多拿糖果的研究中，Diener 对实验情境做了小小的改变：有些情况下，他在孩子们拿糖果的旁边放了一面镜子，镜子可以提高被试的自我意识，从而对自己的行为标准也有更清醒的认识，所以违规行为的比例下降，只有 12%；而其他组孩子同样行为的比例为 34%。实际上，人们大多说的去个体化都是因为自我意识的能动作用丧失而引起的。

## 四、从众

### （一）从众的概念及其经典研究

从众（conformity）指个体在群体情境中，改变自己的观念或行为，使之与群

---

① 侯玉波. 社会心理学（第二版）[M]. 北京：北京大学出版社，2007：158.

体的标准相一致的一种行为倾向。

从众有多种表现形式。个体或者没有自己的见解,抱有无所谓的态度跟大多数人走;或者因群体的压力而放弃自己原有的意见,改变态度和立场;或者个体虽表现出了与群体规范一致的行为,但内心仍坚持自己的意见,这也是态度—行为的不一致性问题。

关于从众的实验研究有很多,都是建立在 Sherif 和 Asch 的经典研究基础之上的。

1. Sherif 的研究:黑暗中的猜测

Muzafei Sherif(1936)的研究是就似动现象进行了一个旨在探讨个体反应如何受群体中其他人反应的影响的研究。实验中让被试坐在暗室里,观察一个单个的光点,然后报告光点移动的距离,当被试单独估计光点的移动距离时,各个被试报告数值差异很大,当把被试分为三人一组进行报告时,在同一个房间里共同观察和判断,每个人还是自己报告自己的估计,但他们之间很快就会发生影响,彼此的判断逐渐趋于一致。在研究结束后,当主试询问他们的判断是否受到别人的影响时,被试都予以否认。

2. Asch 的研究:清晰条件下的从众

Sherif 的实验是在一种模糊的情境中进行的,是一种错觉现象,从众容易发生。那么,当情境很明确的时候,个体是不是仍表现出从众现象呢,Asch 的经典的线段判断实验很好地回答了这一问题。

实验程序是这样的,让 5 名大学生一起参加一项知觉实验,他们围着一张桌子坐下,主试告知他们将要判断一些线段的长度。首先向被试呈现一张图片,上面画有三条长度不同的线段。接着呈现第二张图片,上面只画有一条线段,是标准线段。被试的任务是从第一张图片的三条线段中选出一条与标准线段长度最为相似的一条线段。比较线段中有一条和标准线段长度完全相等,而另外两条与标准线段的差异较大。共 18 套卡片,每套 2 张。

5 个被试当中有 4 个是实验者的助手,真被试被安排在倒数第一个回答。18 套卡片共呈现 18 次,前 2 次大家都作出了正确的选择,从第 3 次开始,假被试都故意作出错误的选择,观察被试的反应是独立的还是从众的。结果表明,所有被试的平均从众行为是 34%,75% 的被试至少有一次从众行为发生。Asch 先驱性的工作引发了大量关于从众的研究,对于其他不同的物理刺激、意见陈述、事实陈述和逻辑三段论推理等都发现了从众现象。[1]

---

① Taylor, S. E., Peplau, L. A., Sears, D. O. 社会心理学[M]. 谢晓非,谢冬梅,张怡玲,郭铁元,等,译. 北京:北京大学出版社,2004:223.

（二）从众的理论解释

对于从众的原因解释，学者一致认为有两个。

1. 渴望正确、相信他人的心理

人们越相信群体的信息，越重视群体的观点，就越容易与群体保持一致。例如，一个在巴黎的美国旅行者在他想知道如何乘地铁时，他会更愿意模仿那些看起来像是经常乘坐地铁的人，而不会去模范那些看起来和自己一样迷茫的旅行者。

个体对自己所持观点的信息也会影响从众现象。由于个体所掌握的知识信息和实践经验都是很有限的，他人就往往会成为个体所需信息的一个重要来源。研究发现刺激情境越模棱两可、任务越困难，人们就越容易从众于群体的判断。

2. 规范性影响：渴望被接受和喜欢

人们通常希望别人能够接受自己，喜欢自己，友好地对待自己，并避免其他人的反对，这就是规范性影响（normative influence）。当人们为了获得群体的接纳而改变自己的行为方式，使其符合群体的规范和标准时，规范性影响便起了作用。例如，假如你与一个非常关注健康的朋友一起用餐，你可能会假装对沙拉和新鲜的鱼感兴趣，尽管在一个人独处时你不喜欢这些东西。此时你无需改变自己的个人观念但却表现出了从众行为。如果促使个体改变的标准来源于群体时，个体就有改变自己态度的倾向性。认知失调理论就解释了这种态度的改变。

（三）影响从众的原因

研究发现，影响个体从众的具体因素可以从四个方面来考查：群体因素、个体因素、刺激因素和文化因素。

1. 群体因素

（1）群体的一致性。如果群体中只有一个人持不同意见，那么他要承受巨大的压力。如果还有一个人和他持相同意见，前者的从众压力大为缓解，从众率明显下降。Asch 在进一步的研究中也发现，当有一位假被试做出不同于其他多数人的反应时，即使这个假被试的意见与被试并不相同，被试的从众行为减少了四分之三。

（2）群体规模。Asch 的系列实验研究发现，当改变小组成员的数量（1～15）时，从众的发生会有所变化，群体成员不超过 3～4 人时，从众随人数的增加而更容易发生。超过这个范围，从众行为并不随人数的增加而增加。

（3）群体的凝聚力。群体的凝聚力越强，成员之间的依恋性及对群体规范的从众倾向也越强，个体会为了群体的利益与群体意见保持一致。

（4）个体在群体中的地位。个体在群体中的地位越高，越具有权威性，就越不容易屈服于群体的压力。相反，地位高的成员经验丰富、能力较强、信息较多，他们的观点和意见能对群体成员产生较大影响。

2. 个体因素

（1）年龄和性别。研究表明，女性更容易从众。一项元分析的结果表明（H. Cooper, 1979），不同性别的从众性在各个国家略有不同，但基本一致，女性比男性更易从众。从年龄来讲，儿童比成人更易从众。

（2）知识经验。人们对刺激对象越了解，掌握的信息越多，就越不容易从众。如果一名医生和一群教师讨论教育问题，他往往不会反对教师们的意见，如果讨论营养方面的问题，他可能会反对教师们的一致意见。

（3）个性特征。个人的能力、自信心、自尊心、社会赞誉需要等都与从众行为密切相关。能力强、自信心强的人不容易发生从众。有较高社会 赞誉需要的人，特别重视他人的评价，常以他人的要求与期望作为自己的行为标准，所以从众的可能性更大。性格软弱、受暗示性强的人，也容易表现出从众。

3. 刺激因素

（1）刺激物的清晰性。刺激物越模糊不清，人们越可能表现出从众行为。在 Sherif 的似动错觉实验中，由于刺激物是高度模糊的，被试只好以他人的判断作为自己的参照系。在 Asch 的实验中，如果三条线段的长度相差无几，则从众会增加。后来有人重复 Asch 的实验时，先把线段给被试看几秒钟，然后拿开，再让被试判断，结果发现，单凭记忆，刺激物在他头脑中已经比较模糊了，被试更容易表现出从众行为。

（2）刺激物的内容。如果刺激物的内容是无关紧要、不涉及原则问题的，人们较易从众；而如果涉及伦理、道德、政治等原则问题，人们不太容易丧失立场。实验也支持了这一观点，实验以一些四年级、七年级和九年级的学生为被试，先让他们填写一张问卷，上面有几条关于道德问题的判断，被试可以根据公认的准则作答。一段时间后，再把包括这些问题在内的但问题数量更多的问卷发给被试，在他们回答之前予以暗示，指出其他人都赞成的错误判断。结果发现，只有极少数人接受暗示，而绝大多数人都不改变原来的意见。可见，在伦理道德等问题上，被试不易从众。

4. 文化差异

从众与文化背景有关。S. Milgram（1961）对法国和挪威的大学生进行了对比研究，发现挪威人比法国人更趋于从众。他认为部分原因可能是法国文化鼓励独立与个性，而挪威文化则鼓励忠诚于集体，重视社会责任。在最近的研究中，邦德和史密斯（R. Bond & P. Smith, 1996）用 Asch 的方法在 17 个国家做了 133 次实验，结果发现在集体主义社会里比在个人主义社会里，人们更容易从众。可见，文化差异对从众行为确实存在影响。

## □□□ 第五节    群体决策

### 一、群体决策

#### （一）群体决策的过程

群体活动可以有很多主题，但重要的一项就是群体决策（group decision），即集体合作整合信息，以从备选方案中择一执行。政府、企业、军事机构，几乎所有重要组织都相信群体决策的方式。大部分人认为群体决策比个人决策更准确。这个观点正确么？

让我们来看看群体决策的过程。在群体决策过程中，虽然人们的背景、观点都不一致，但经过一番讨论之后，通常都能取得一致，那么这些决定是怎么产生的呢？根据社会决策理论，有三个原则可以用来预测群体最终的决策结果。

原则1：少数服从多数。在很多情况下，群体最终会选择最初大多数成员所支持的决策（Nemeth et al. ，2001）。这时讨论的意义就是进一步稳固、强化这些多数人的看法，使少数人的意见不再考虑。

原则2：真理必胜。一般而言，正确的解决方法或决策最终会被越来越多的人所接受。

原则3：先入为主。这种情况是指群体决策会倾向于群体中最先提出的方案的方向发展。

很多研究证实，无论决策多复杂，这些简单的原则具有非常好的预测性，预测的准确度高达80%（Stasser，Taylor & Hanna，1989）。

#### （二）群体极化

正如前面所言，大部分重要的决策很少交给个人来决定，多数情况都会交给一个群体。也就是说，人们相信群体决策不会像个体决策那样容易犯错误、以偏概全、走向极端。但果真如此吗？研究结果令人出乎意料：大量研究发现群体决策比个体决策更容易走极端（Burnstein，1983；Lamm & Myers，1978）。这就是**群体极化**（group polarization）效应，即无论最初意见倾向于哪个方向，群体决策都会使最初倾向得到进一步的强化。

为什么会这样呢？有两个因素可能在此很重要。首先是社会比较（social comparison），每个人都希望自己能够优于平均水平，也就是说，如果大部分人主张自由，你就希望自己能够"更自由"；如果大部分人主张保守，你便要"更保守"。因此，在经过比较之后，每个人都将自己的观点夸大了，结果就是群体极化的发生（Goethals & Zanna，1979）。第二种可能是，群体之间的讨论发生了说服（persuasion）作用，为了使持有异议的成员也接受大多数人的观点，成员们增强了对原来观点的支持力度，最终也导致了群体极化（Vinokur & Burnstein，1974）。

## 二、群体思维：群体决策的潜在危险

群体极化使许多群体在决策时遇到了严重问题，它会妨碍群体做出正确的决策。但不幸的是，还有一种更为严重，有可能导致重大失误的群体决策效应，就是群体思维。所谓**群体思维**（group think）是指群体成员在努力达成共识的过程中选择那些不顾现实的行为或动机的一种思维方式（Janis，1972，1982）。一旦这种集体意向表现出来，群体成员就不可能改变决定，哪怕有迹象表明这个决策是错误的，这种思维让人们不愿意去尝试其他的可能性，因而便可能造成连锁性的悲剧发生。

□□□□ **专栏 10 - 2**

### "挑战者"号航天飞机失事事件

1986 年 1 月 28 日，美国国家航空航天局（NASA）的官员们不顾科学家和工程师的强烈反对，决定在寒冷的天气发射航天飞机。那天早上的温度只有华氏 20 度，远远低于航天飞机发动机接受测试时的温度。"挑战者"号航天飞机从肯尼迪航天中心发射升空后 73 秒便发生爆炸，7 名宇航员全部遇难。这一航天飞行史上最为严重的灾难，使得美国全国上下为之震惊，被美国民众看做是 20 世纪下半叶美国最为惨烈的事件之一。

总统调查委员会随即对这一事件进行了调查。调查报告指出，错误的决策过程是导致事件发生的主要原因。在飞机发射的前一个晚上，决策人员召开了一次名为"一级飞行准备回顾会"（Level I Flight Readiness Review Meeting）。心理学家格雷高里·穆尔海德（Gregory Moorhead）采取詹尼斯的分析思路，仔细揭示了群体思维的特征以及尽可能的决策失误。而这次会议的原始资料被作为群体思维与群体决策的经典分析材料。

穆尔海德等人指出，"一级飞行准备回顾会"是在 1986 年 1 月 27 日中午 12:36 开始的，一直持续到午夜 12:00。会议的主要议题涉及由于发射场所的交叉风力太大，是否推迟发射的决定。当时火箭助推器发动机私人供货商莫顿·迪考尔的工程师认为，如果火箭上的〇圈封口温度低于华氏 53 度，那就应该停止发射，因为这个温度是以前飞行测试中的最低温度了。但是，随之而来的讨论却做出了发射航天飞机的决定。总统调查委员会的报告指出，当莫顿·迪考尔的工程师提出反对发射的意见后，另外两名莫顿·迪考尔的高级管理人员却积极赞成发射。而最高决策层没有把真正掌握社会功能的专业技术人员当一回事，没有直接与不同意见者见面，也不去关注他们的数据和担忧。也就是说，他们用权力代替了专业。

资料来源：李维. 社会心理学新发展.［M］. 上海：上海教育出版社，2006：488.

### （一）群体思维的特征

1. 不会出事的幻想。在发生群体思维的时候，成员都抱着一种不会出事的幻想，这种幻想使他们忽视了危险的警告信号，心理变得乐观起来。这种情况对于一个以往常常取得成功的群体而言，更为常见。

2. 合理化。为了使偏好的决定更加站得住脚，或者为了彻底排除其他方案，群体思维中的成员会努力使决策合理化，有时这种方式甚至可能是完全没有道理的。比如，"皇历上说诸事大吉，应该没有问题的！"

3. 道德感的压力。群体成员在发生群体思维时，常常混淆人与事，会认为提出反对意见就代表着反对该群体的其他成员，或背叛群体。他们宁愿与群体同生共死，也不愿意自己出现道德上的偏差。

4. 对异议者的刻板观点。对于那些提出异议的人，成员对其有着不好的刻板印象，认为他们要么居心不良，逃避有可能的责任；要么就是小题大做，其意见不足以考虑。

5. 压制不同意见。根据少数服从多数的原则，通常而言，那些少数不同意的声音最后都会被打压下去，或者置之不理。

6. 自我压抑。即使那些抱有怀疑态度的成员，在经过群体思考或者说在其他成员的说服下，也会改变态度，或者将自己的想法压抑下去。

7. 一致性推断。一致性推断是指成员会错误地认为那些保持沉默的人也同意大多数人的看法。因此夸大了群体中决策的一致性。

8. 捍卫者的角色扮演。有些成员之所以强力坚持群体决策的最后方案，并不是因为决策本身的合理性，而是因为他们认为他们有责任保护这个方案。就像"服从是军人的天职"一样，不论决策本身对错，他们要做的就是捍卫。

### （二）发生群体思维的条件

为什么会发生群体思维的现象呢？Janis 指出了六种可能发生群体思维的条件（见图 10-4）。第一是群体成员之间的凝聚力。强大的凝聚力一方面使成员之间彼此欣赏、相互信任，另一方面又强调成员之间的同一性。高凝聚力群体的成员比低凝聚力群体的成员更有可能遵循其他成员的意见（Back，1951；Lott & Lott，

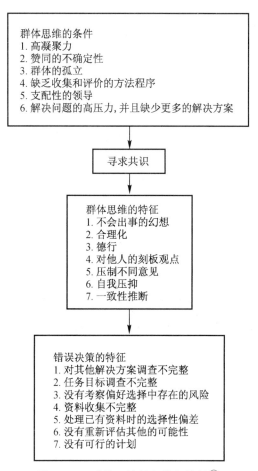

图 10 - 4　群体思维的条件与结果①

1961）。Clark McCauley（1989）认为单凝聚力不足以产生群体思维，他提出了群体思维的第二个必要条件：赞同的不确定性（uncertainty of approval），它指成员不清楚群体中其他成员的赞同程度（Longley & Pruitt，1980；Steiner，1982），因而只好保守地做出默许行为。另外，还有其他几个因素也可能造成群体思维，比如一位专制型的领导（Courtright，1978；Flowers，1977；Leana，1985）。

---

① Janis，I. L. Mann，L. Decision making：a psychological analysis of conflict，choice，and commitment [M]．New York：Free Press，1977：132．

为了避免群体思维的发生，一种有效的方法就是魔鬼鼓吹技巧（devil's advocate technique）（Hirt & Markman，1995），这时群体会任命一个组员扮演"魔鬼"角色，他可以否决任何一个不成熟的计划或决策。这种策略的有效性在于强迫成员仔细斟酌每一个方案的细节与可行性。另一种方法是邀请外来专家，由他对群体计划提供意见与指导（Janis，1982），也可以一定程度上减少群体思维的发生。

### 三、提高群体决策的正确性

那么如何克服群体极化以及群体思维带来的危害，提高群体决策的正确性呢？下面几种方法值得大家借鉴。

1. 去除"先入为主"。先入为主的决定代表群体在进行讨论或决策之前，便事先存在的一种倾向性。比如案例中说到的"挑战号"事件，在会议讨论之前群体的决策基调就是发射它，会议不过是为了将这个决定拍板而已。

2. 重视时间因素。时间因素往往也是造成群体思维的一个关键因素，如果时间充裕，可能会使成员更多地讨论其他方案，以及更加仔细地审视决策的每一个细节问题。

3. 领导风格。在群体中领导扮演着举足轻重的作用，他们可以获取比较全面的信息，有权筛选信息并下达最终的决定。领导风格在群体决策中起着决定的作用。专制、支配型领导所在的群体中，群体决策的极化现象以及群体思维现象更容易发生。

4. 群体成员的参与意识。作为群体成员，要发挥好参与作用，不能袖手旁观或者保持沉默，而是应该帮助决策者分析各种不同的意见，有责任提醒决策者所作决定的失误之处。

## □□□ 第六节　领导行为

### 一、领导及其产生

**领导**（leadership）是群体或组织中特定的人在一定的环境条件下，为实现既定目标，对所在群体或组织和所属成员进行的引导和施加影响的行为过程。[①] 领导要与**领导者**的概念进行区分，领导是一种行为过程，而领导者是起主导作用的

---

① 中文"领导"一词在不同的语境下既可以代表领导者，也可以代表领导者的领导力，还可以代表领导过程。

人物。除了领导者之外，群体特点、成员特点等方面也是影响领导的重要因素。

关于领导的产生，历来就有两种看法：一种是"伟人创造历史"，一种是"时势造英雄"。在第一种观点看来，凡能成为领导者的人，具有一些与众不同的特征或性格。因此这些理论集中研究领导者的先天品质和个性特征。而第二种观点认为领导者是造就出来的，领导的产生要依赖于各种因素的配合，比如群体的性质和目标、成员的能力和个性、群体所处的环境与自身发展程度等。

那么领导者到底是怎么产生的呢？社会心理学研究表明，领导者的产生主要受以下几个因素的影响：（1）个体在群体活动中表现出来的才智、良好的人际关系、优秀的个人品质以及对他人的影响力。（2）要成为领导者，必须能够代表群体成员的利益。（3）领导者要掌握大部分的信息。一般说来，在群体中交流信息最活跃，能发出并接受大量信息的人，在沟通上也占据有利位置，最有可能成为群体的领导。（4）信息交流的内容。领导者与普通成员的区别不仅在于交流信息数量的多少，还在于他所交流信息的内容。那些更多谈及群体生存、发展大事的人才能成为领导者。（5）领导者不仅交流的信息多，还对信息有控制权。

## 二、领导风格

20 世纪 40 年代，美国著名社会心理学家勒文（K. Lewin）在爱荷华大学进行了有史以来第一次有关领导行为的研究，他们通过研究归纳出 3 种领导风格：专制型、民主型和放任型。**专制型的领导风格**指群体里所有事物都由领导者决定；成员无法选择工作的方式及搭档；领导者完全凭个人喜好来评价成员的工作；领导者与成员保持一定距离，缺少人情味。**民主型的领导风格**，成员共同讨论决定群体决策，领导者尽力避免干涉或指挥，只在旁给予鼓励与支持；领导者平易近人。**放任型的领导风格**，领导者对群体中的事物基本不作任何主动干预，处于放弃领导，放任自流的状态。

日本广岛大学的几位学者研究了领导方式与生产率、士气之间的关系。结果发现，民主型的领导与生产率有比较高的正相关，领导方式越民主，生产率越高，群体士气越高涨，领导者也越受大家的欢迎；放任型领导与生产率呈负相关；专制型领导风格下的生产率虽然与民主型结果相当，但会造成群体士气的下降。综合看来，民主型的领导风格比较有优势。

俄亥俄州立大学的海姆菲尔（J. Hemphill）和他的同事们提出了领导行为的 9 个基本维度：主动、成员身份、代表、统筹、组织、支配、信息沟通、认可和生产。这 9 个维度汇聚成两大维度：**创立结构**（initiating structure）与**关怀**（consideration）。前者指领导者在追求群体目标时，关注于自己与属下的角色，包括组织任务、职位关系和目标行为。高创立结构的领导者可能希望下属保持一定的绩效成绩，强调工作任务的完成。而关怀则是指领导者愿意与属下建立相互信任的关系，尊重下属的想法，关心他们的需要。高关怀的领导者常常会帮助下属解决个人问题，慈爱可亲。

与之相似，贝尔斯（R. Bales，1970）把领导分成两种类型：一是**任务型领导**（task leadership）：通常这种领导关心群体目标的实现；另一种是**社会情绪型领导**（socioemotional leadership）：这种领导关心群体成员的情绪和人际方面。另外，密西根大学的调查研究中心也将领导行为分为类似的维度：生产导向（production oriented）与员工导向（employee oriented）。这两种类型的领导各自有自己的优势，Zaccaro、Foti 和 Kenny（1991）认为如果一个领导者知道自己在什么时候应该把精力放在完成任务上，什么时候放在人际关系上，那么他将是一位成功的领导者。

□ □ □ **专栏 10 -3**

### 华人本土的领导风格——家长式领导

中国台湾社会心理学家郑伯埙通过研究台湾企业家的领导风格，提出"家长式领导"的概念，并推动了一系列相关研究。郑伯埙他们发现，家长式领导是华人组织领导的一种普遍形式，它具有 3 种重要的成分：威权、仁慈和德行。

威权领导者强调其权威是绝对不容挑战的；对部属则会进行严密控制，而且要求部属毫不保留地服从，有时会故意漠视部属的建议与贡献。这种威权领导，可能来源于中国传统遵循"尊尊法则"的父权主义，即所有人都必须依据一套角色关系（如父子、君臣、夫妇）来限定其权力与服从的行为。一个群体就像一个家庭，而领导者就扮演着类似父亲的角色，部属则扮演着类似子女的角色。因此，领导者必须保护与照顾部属的福祉，而部属就得忠于领导者，甚至完全服从领导者的指导。

仁慈领导是指领导者对部属个人的福祉做个别、全面而长久的关怀，包括对部属"个别照顾"和"体谅宽容"的施恩行为。华人社会仁慈领导的文化根源，来自儒家对仁君的理想。仁慈往往也是威权领导者所展现的另一面。针对领导者的施恩，部属会表现感恩与回报两类行为。但是，领导者并不是一视同仁地对待所有的部属，而是习惯性地将部属区分为自己人和外人。对自己人而言，领导者表现出较少的立威与较多的施恩；而对外人则反之。至于部属是否被归类为自己人或外人，则有三项标准：第一，关系，即领导者与部属之间的情感与社会连带，比如亲戚、同乡、师生、同学等；第二，忠诚，即部属愿意效忠、服从领导者及为领导者牺牲个人利益的程度；第三，部属的工作胜任能力。

德行领导在华人社会和组织中历来就非常重要。在儒家思想中，领导者的基本条件就是展现与其角色合宜的行为，来证明其高超的品德。中国人评价领导者首先看的还是他的品德，品德高尚的领导者会表现出高超的个人操守、修养，并能够公私分明，其中有两个核心品德：不徇私（特别指不滥用权力为自己牟利）和以身作则（即要求部属做到的，自己会先做到）。

资料来源：郑伯埙，樊景立，周丽芳. 家长式领导：模式与证据[M].
台北：华泰文化公司，2006.

## 三、领导者的人格特征

早期对于领导者的研究集中于什么样的人能成为领导者？换言之，即领导者要具备什么样的人格特质？研究结果虽有差别，但经常被提到的有：身强力壮、聪明、自信、外向、有支配欲、有良好的适应能力等（比如，Gibb，1969）。

随着人们对领导特质研究的深入，伯恩斯（Burn，1984）提出**改革型领导者**（transformational leader），豪斯（House，1971，1993）提出**魅力型领导者**（charismatic leader），这种领导者可以依靠自身的影响力改变群体成员的行为，就像印度的甘地、美国的林肯，以及中国的毛泽东。

巴斯（Bass）和艾沃里奥（Avolio）于1993年用调查和访谈的方法总结出魅力型领导者的四个特征：

（1）魅力（charisma）：指被下属信任、崇拜，并看做楷模加以模仿的特征；

（2）激发动机（inspirational motivation）：领导者利用各种手段激发下属的热情和对预期目标的理解；

（3）智力激发（intellectual stimulation）：鼓励下属重新审视自己的信念和价值观，发展创造性方法；

（4）个别关怀（individualized consideration）：可以公平地对待下属，给下属提供更好的条件以及学习的机会。

而 McClelland 通过自己几十年的研究，提出优秀的领导者，应该具备以下能力：

（1）成就和行动（achievement and action）。领导者应该有高的成就动机和抱负，对环境的变化有较强的自我检控能力，能够创新并且不断寻找新的信息与机会。

（2）服务意识（helping and human service）。能够满足他人的需要，使自己适应他人的兴趣与要求，包括有较强的人际理解力，有为他人服务的意识，有较强的组织意识，能够与他人建立起亲密又牢固的关系，能够对他人有较大的影响力。

（3）管理才能（managerial ability）。能够为他人创造条件，以使他人有成长的机会，包括对群体的领导、与群体的合作、对他人提供指导等。

（4）认知能力（cognitive ability）。包括分析与抽象思维能力，以及知识面的广度和深度等。

（5）个体效能（personal effectiveness）。包括对自我的控制、自信和工作中的灵活性、高的组织承诺等。

## 四、领导与情境

### （一）领导权变理论

菲德勒（F. Fiedler）提出了领导的权变模型（contingency model of leadership）。他认为领导的效果取决于领导者个人因素与情境因素之间的相互作用，即领导者人格与环境的匹配程度决定着群体绩效。菲德勒的权变模型由 4 个部分构成，其中一方面与领导风格有关，另外三方面与情境特征有关。

与早先关于领导风格的理论相一致，菲德勒也把领导风格分为：**任务取向**（task-oriented）与**关系取向**（relationship-oriented）。但无论是哪种取向的领导，其领导效果都取决于情境中允许领导者对成员施加影响的水平，即领导者对情境的控制程度，这与三种情境因素有关：（1）领导者与群体的关系；（2）任务结构，指团体目标与任务的明确程度；（3）领导者的职位权力。

菲德勒认为没有哪种领导风格总是有效的，关系取向的领导在中等控制条件下效果好；而任务取向的领导在控制低或者控制高的情况下效果最好。在控制程度低的情况下，成员需要更多指导，任务型领导刚好愿意提供指导，所以群体绩效会比较好；而当控制程度很高时，意味着任务型领导占有更多有利的资源，所以群体绩效也会比较好。

### （二）情境领导理论

赫西（Hersey）和布兰查德（Blanchard）提出了情境领导理论（situational leadership theory），他们认为没有最佳的领导方式，领导者必须视下属的成熟程度来采取不同的领导方式。所谓**下属成熟度**是指个体完成某一具体任务的能力和意愿的程度。

与菲德勒的划分相同，赫西和布兰查德也把领导行为分为两个维度：任务取向与关系取向。根据每个维度的高低不同，可以组成4种具体的领导风格：**指导型**(高任务—低关系)、**推销型**(高任务—高关系)、**参与型**(低任务—高关系)和**授权型**(低任务—低关系)。

而下属的成熟度可以分为四种：

(1) 下属对执行群体任务既无能力又不情愿。此时需要指导型的领导。

(2) 下属缺乏能力，但愿意做。此时需要高任务—高关系的推销型领导风格。

(3) 下属有能力，却不愿意做。此时如果运用支持性、非指导性的参与风格可以有较好的效果。

(4) 下属既有能力，又有意愿。此时领导者完全授权了。

## □ 本章小结

1. 群体是由相互依赖的、相互影响的两个或两个以上具有共同目标的个体按照一定的方式结合在一起的集合体。

2. 一般认为群体的发展可分为五个阶段：形成、震荡、规范化、执行任务、中止。

3. 根据不同的标准可以将群体划分为不同的类型，常见的划分有初级群体和次级群体、正式群体和非正式群体、隶属群体和参照群体、大群体和小群体、内群体和外群体、假设群体和实际群体。

4. 群体规则是关于群体成员如何做的共同的规则和期望。不同群体的规则是不同的，同一群体的不同发展阶段规则也是不同的。

5. 凝聚力是维持群体团结的所有力量或因素。影响凝聚力的因素有群体成员的地位、进入群体所付出的努力、为界的威胁和激烈竞争、群体大小。

6. 工作成绩因为观众在场而得到促进的现象就是社会助长，社会助长可以分为两类：观众效应和共事效应。观众效应指个体行为在观众在场的情况下所发生的社会助长，共事效应指个体行为在参与同样活动的其他个体在场的情况下所发生的社会助长。因他人在场对个体表现所产生的抑制作用就是社会抑制。

7. 与单独工作时相比，个体在群体任务中其工作动机和努力程度有所降低的现象被称为社会懈怠。

8. 去个性化现象是指个体丧失了抵制从事与自己内在准则相矛盾行为的自我认同，从而做出了一些平常自己不会做出的反社会行为。去个体化现象是个体的自我认同被团体认同所取代的直接结果。

9. 从众指个体在群体情境中，改变自己的观念或行为，使之与群体的标准相一致的一种行为倾向。

10. 群体决策就是群体成员集体合作整合信息，以从备选方案中择一执行。群体决策时很容易发生群体极化现象，甚至导致群体思维。群体思维是指群体成员在努力达成共识的过程中选择那些不顾现实的行为或动机的一种思维方式。

11. 群体中占有最高地位的是领导者，而领导是群体或组织中特定的人在一定的环境条件下，为实现既定目标，对所在群体或组织和所属成员进行的引导和施加影响的行为过程。

12. 解释领导行为有不同的角度，如领导风格、领导人格、情境理论等。并不存在唯一的好的领导方式，有必要考虑特定领导方式与群体特点、任务特点之间的匹配。

## □ 复习与思考

1. 谈谈自己所属的群体，这些群体分别属于本章中的哪些群体类型。

2. 谈谈你对群体的结构、功能以及二者关系的看法。

3. 在群体工作时，你出的力与其他人相比更多还是更少？你原来怎么看待这个问题？学习完本章内容之后，你现在如何看待这个问题？

4. 你如何认识去个性化现象？你周围发生过这一现象吗？

5. 你认为群体决策与个体决策之间有哪些不同之处，在生活中，你更相信群体决策还是个体决策？

6. 当你发现你所在群体中出现群体思维的时候，你应该怎么做？

7. 考察一下你所在的某个群体或团队，其领导者的领导风格是什么样的？

## □ 推荐阅读资料

1. Janis, I. L., Groupthink: psychological studies of policy decisions and fiascoes[M]. 2$^{nd}$ ed. Boston: Houghton Mifflin, 1983.

2. 乔恩·L. 皮尔斯, 约翰·W. 纽斯特罗姆. 领导者与领导过程[M]. 北京: 中国人民大学出版社, 2003.

3. R. A. 巴伦, D. 伯恩. 社会心理学[M]. 杨中芳, 等, 译. 上海: 华东师范大学出版社, 2004.

4. 杨宜音, 张曙光. 社会心理学[M]. 北京: 首都经济贸易大学出版社, 2008.

5. Sherif, M., Harvey, O. J., White, J., et al.. Intergroup conflict and co-

operation：the robber's cave experiment［M］. University of Oklahoma, 1961.

6. 李维. 社会心理学新发展［M］. 上海：上海教育出版社, 2006.

7. Janis, L., Mann, L. Decision making：a psychological analysis of conflict, choice, and commitment［M］. New York：Free Press, 1977.

8. 郑伯埙, 樊景立, 周丽芳. 家长式领导：模式与证据［M］. 台北：华泰文化公司, 2006.

# 第十一章 社会群体心理

学习本章内容，将有助于你对以下问题的理解和思考：

➢ 社区心理学研究的目的和特点是什么？

➢ 如何理解社区心理研究的生态学观点？

➢ 什么是阶层？什么是阶层意识？

➢ 不同阶层的人们有哪些心理方面的差异？

➢ 什么是民族认同？民族认同是如何形成的？

➢ 世界各民族的心理特征更具普遍性还是更具差别性？为什么？

### 乡镇阿姨进入国际社区

西庭俱乐部坐落于上海闵行区诸翟镇。这个社区的住户 90% 是皮肤白皙的欧美人。徐阿姨在一户法国人家里做钟点工，时间从上午 9 点到晚上 6 点。住户们入乡随俗，管这些钟点工叫"阿姨"。这个占地 462 亩的国际性社区正在改变徐阿姨们的生活。镇上大量的阿姨开始为社区里的外籍住户服务。徐阿姨是一年前经朋友介绍才到这里工作，之前她在镇上的一个棉纺厂做事。

初来这里时，徐阿姨很紧张。和其他阿姨一样，她也就初中毕业，不会英语，和老外交流更多的是通过肢体语言。"刚来时，还要被门口保安严格盘问。"而社区里的异国景象让徐阿姨手足无措。阿姨们常穿着粗布碎花的衣服，长发扎成马尾，脸色黝黑而粗糙。她们推着精致的婴儿车——里面是一个个金发碧眼的孩子，走在小桥泳池边。"一开始，推车的姿势也别扭，后来就好了。"时间久了，徐阿姨发现自己有些变化，和镇上的其他人有了距离。徐阿姨渐渐觉得自己不像镇里的人了。

不过，5 月 10 日社区颁布的新班车条款又让徐阿姨觉得糊涂。她更分不清楚，自己是离镇上生活近一些，还是离社区生活近一些。新出台的住户班车规定了 3 条内容：要求阿姨乘车时必须出示乘车证；在班车的最后几排入座；如果驾驶员要求留出位置满足会员，阿姨需听从驾驶员的安排。

最早对这个条款提出异议的是这个社区的住户。西庭俱乐部有 100 户美国学校的外籍教职员工。"他们对种族歧视很敏感。"之后几天，社区管理者 Russell 的邮箱里不断收到住户会员的投诉。5 月 15 日，歧视性条款被人公布于网络，事态进一步扩大。

徐阿姨始终置身于争论的外围。"我有电瓶车啊，买东西，上下班都不用坐车。"介绍她这份工作的刘阿姨则坐过住户班车。徐阿姨、刘阿姨却没有网上的中国人、外国人那般愤怒。她们知道条款后，有一些隐隐的不舒服，但这些不舒服很快烟消云散。

……

案例中的徐阿姨是一位家政服务人员，来自中国传统的乡镇，工作在一个与自己生活环境完全不同的社区，与语言不通的外国雇主打交道。而徐阿姨只是中国现在庞大的家政队伍中的一员，"徐阿姨们"如何理解他们所处的地位和环境？如何看待周围的各种人？社区中的管理者、业主、参与网络论战的人，他们的社会地位、经济地位不同，所受到的教育不同，甚至来自不同的国度和民族，他们对待事物的态度、思维方式、心理特征以及行为习惯有什么不同呢？这一章我们就来讨论这些社会群体的心理。

## □□□ 第一节　社区心理

### 一、社区与社区心理

#### （一）社区

**社区**（community）一词由德国社会学家滕尼斯在其著作《共同体与社会》（1887）中最先提出。对"社区"一词有多种定义。一般来讲，"社"是群体，"区"指地域，社区就是具有互动关系和共同文化维系力的生活群体及其活动区域。从这一概念上讲，社区包括以下四个构成要素：地域、人口、边界感和组织。（1）地域：社区占有一定的地表空间，包括土地、资源和环境。但社区并不是指纯粹的自然地理分区，而是强调与共同空间有关的社会联系。（2）人口：社区的存在离不开居民。人口的数量与质量、人口组成结构（如年龄、性别、职业、地缘性等）、疏密程度、人口迁移流动情况等都是描述社区的重要指标。（3）边界感：社区有实在或假想的边界，社区成员也可以觉察这样的边界，即心理上的归属范围。（4）组织与管理：社区组织可以由政府机构派出、具有行政权力，也可以由成员和志愿者自发组成、没有行政权力。社区组织的主要任务是引导社区成员的行为规范、开展各种福利工作、举行各种公益和休闲活动、培养社区成员的归属感、推动社区建设。

社区按照不同的划分标准可分为不同的种类。

按照空间特征可分为法定社区与职能社区。法定社区，即地方行政区，它的界限可以明确标定，即人类生产、生活自然形成的定居区，如农村、乡镇、城市。职能社区是人们因从事某种活动而形成的有一定地域空间的聚集区，比如大学、厂矿、军营等。

按照是否占有空间可分为显性社区与隐性社区。法定社区和职能社区都占据一定的空间并有一定的形态，因此可以统称为显性社区。隐性社区即精神社区，是指其中的成员具有共同感和隶属感、有着共同价值观念及生活方式。比如宗教团体和职业团体。

按照社区人口的组成状况，可以分为同质社区与异质社区。

按照居住人口的富裕程度，可分为贫民社区、中产者社区和富人社区。

以上所提及的"社区"都是存在于现实生活中的现实社区，随着互联网的发展，网络中自发组成了不少与社区性质相似的网络社区，即"虚拟社区"。

#### （二）社区心理

**社区心理**作为社会心理的重要组成部分，是某一特定社区内与人们的日常生活相联系的低水平、低层次的社会意识，社区心理是社区成员对社区内客观存在的一种不自觉、非理智、不系统的反映形式。具体地说，社区心理是指同一社区中绝大多数成员共同具有的心理特质和行为方式。社区心理研究与一般的群体心理研究相比，更突出地域性特征，强调社区背景对心理的影响。社区居民心理上具有某些相似性和社区意识。共同的生活使人们面临共同的问题，形成共同的利益和需要，并由此产生共同的行为规范和心理特点。

## 二、社区心理学的形成及特点

### （一）社区心理学的形成

20 世纪 60 年代以来，西方心理学家开始重视研究社区背景下的心理现象，从而逐步形成了以社区为背景的社区心理学。

社区心理学的出现与临床心理学的实践和社会需求有密切关联。60 年代的美国，解决心理问题的主要途径是由职业心理医生对个人或小团体进行咨询和治疗。这种心理服务模式的主要缺陷是：从事心理治疗的专业人员数量有限，难以满足社会的需求；同时，这种模式也并不能很好地解决人们的心理问题，专业心理咨询或临床精神科医生的治疗主要是一种补救措施，对心理问题的预防工作涉及较少。许多临床心理学家发现，诸如酗酒、药物成瘾等心理问题的解决往往与社会政策、生活方式、政治因素等联系在一起，即临床心理治疗的效果受社会、经济、文化等众多社会因素的影响和干扰，而社区氛围、社区亚文化、邻里、同伴群体等都是人们最直接可感受的社会因素，因此，社区在预防心理问题方面的作用逐渐引起心理学家的重视。1965 年，在美国马塞诸塞州的 Swampscott 市举行了首次社区心理学会议，与会者提出了不同于临床心理学的心理卫生知识和服务方式，这次会议被看做是社区心理学诞生的标志。次年，美国心理学会成立了社区心理学分会。70 年代之后，拉丁美洲、欧洲也相继展开了社区心理学研究。

### （二）社区心理学的主要特点

社区心理学关注的焦点是各种影响个体所处的团体和组织的社会问题、社会制度及社会环境，其目标是促进社区和个体的最大福利（Duffy，Wong，2007）。而社区心理学的主要特点如下：

（1）预防重于治疗。社区心理学认为"一两预防胜过一磅治疗"，对可能发生的心理问题进行初步的预防是促进心理健康最有效的措施。比如，发挥教育的作用，选择适宜的环境、改革公共政策等。

（2）注重生态学观点。社区心理学认为人与环境是相互作用的，当面临某些问题时，个人需要做出调整去适应环境，同时，环境也需要进行调整以使个人能力得到充分发展。我国学者佐斌在对西方社区心理学的发展进行述评时曾指出，社区心理学主张"情境人"的观点，即个体行为的经验和形式深刻地受到他们所处的背景的影响，同时人们也通过自己的行为创造和塑造着他们所处的背景。[1]

（3）尊重人的差异性。社区心理学认为个人有权利和其他人表现得不同，正是由于这些不同，世界才丰富多彩。而且，表现不同并不意味着"次等"或"异常"。因此，社区心理学也特别关注对弱势群体、少数群体的研究。

（4）促进能力的发展。社区心理学中有一个关键的概念——授权（empowerment），指用来提高个人更积极地控制自己生活的可能性的一种方法。授权意味着社区心理学者扮演的角色是研究者—通信员、合作者—教育者、倡导者—行动者，他们授权给个体，使个体不仅仅能够控制和掌握自己的生活，而且能够主动参与到社区活动中去。

（5）提倡有计划的变革。社区心理学者相信可以通过制定公共政策、开展社会和政治行动来预防社会和心理问题、促进心理健康。

（6）寻求多学科的合作。社区心理学者为了获得理想的变革效果，积极地与其他学科合作，如社会工作、公共卫生、精神病学、政治学、社会学、人类学等。也可以说，社区心理学是建立在众多相关学科基础上的一门综合性应用学科。

## 三、社区心理研究的生态学视角

传统的心理学理论在社区心理研究中都有所体现，如精神分析、认知理论、社会学习理论、毕生发展观，等等。但社区心理研究特别重视社区背景的影响，强调人与环境的相互作用，这一观点集中体现于社区心理研究的生态学理论上。

### （一）Bronfenbrenner 的生物生态模型

Bronfenbrenner（1979，1993）的生物生态模型（bioecological model）认为，人与环境构成一个生态系统，个体的成长和发展受他们所处的现实生态系统的影响，而生态系统中又包含四个相互嵌套的子系统，由内到外分别是微观系统（microsystem）、中观系统（mesosystem）、外系统（exosystem）和宏观系统（macrosystem）。

微观系统指对个体产生最直接影响的环境，例如，家庭、学校、同伴群体等。中观系统指个体与其所处的微观系统之间的联系以及多个微观系统之间的联系。比如，家庭与学校之间的关系、医院与病人家庭的关系等。外系统是指那些

---

[1] 佐斌. 西方社区心理学的发展及述评[J]. 心理学动态，2001（1）：71-76.

个体并未直接参与但却对个体有影响的环境，例如，邻居、大众传媒、交通运输部门、社会福利制度等。宏观系统涵盖了社会的宏观层面，比如，社会制度、意识形态、风俗习惯、法律法规等。以青少年为例，影响其成长发展的微观系统、中观系统、外系统都在宏观系统中运行，从微观到宏观，对个体的影响也从直接到间接(见图 11 - 1)。

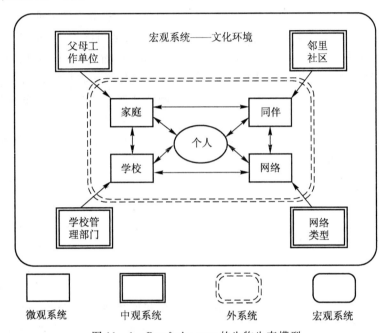

图 11 - 1　Bronfenbrenner 的生物生态模型

资料来源：桑标. 社区青少年心理研究[M]. 上海:华东理工大学出版社,2006:21.

### (二) Dalton 等人的五层次生态水平分析模型

与 Bronfenbrenner 的观点相似，Dalton，Elias 和 Wandersman(2001) 提出了五层次生态水平分析模型。在这一模型中，共有五个层次的分析水平：个体水平、微观系统水平、组织水平、社区水平和宏观系统水平，它们相互依存，由里向外形成嵌套关系。

个体水平位于最里层；微观系统是与个体直接相互作用的环境，两者之间的联系是通过人与人之间关系的创建、社会角色的分担、共享任务的完成来实现的；组织由多种微观系统组成，如学校中的班级；社区又由多种组织或多种微观系统构成；宏观系统则既包括社会和文化，也包括政府和经济机构，宏观系统涵盖并影响其他四个层次的系统。

生态学的视角将个体置于更广阔的社会背景和系统中进行研究，同时关注各系统之间的相互联系和影响，这一观点与社区心理学的价值取向和目的不谋而合，因此被社区心理研究者广泛接受，成为社区心理学区别于以往其他心理学分支的一个重要特点。

## 四、社区性格

### （一）社区性格的界定

**社区性格**是指某社区特定空间中聚居着的各种群体或大多数人所表现出来的一种共同的、比较稳定的对现实的态度倾向和与之相适应的、习惯性的行为方式。因为社区的实质在于人的集合、人的互动和人的共同生活，那么社区成员在共同的社会生活之中，在相互作用和相互影响之下，必然会形成共同的心理及行为模式。① 社区性格是社区成员集合与互动的必然结果。

社区心理学者认为，社区的区域性为社区成员的彼此接近和相互影响以及加强社区成员之间的互动提供了有利的地理区位条件，而社区成员在相互影响与相互作用之中，通过模仿、感染、暗示等社会心理活动，自然形成人们的一些共有价值观、共有情感体验和共有行为习惯。社区社会生活实践的共同性，为社区成员形成对客观事物的共同态度或看法，形成某些共同的生活与工作知识技能，获得社区内若干重要事件的共同经历与体验，也提供了十分重要的社会条件。社区成员生活的长期性使得社区成员不仅共享同一种文化，而且在接受社区文化教化的同时，又保持、发展和创造着新的社区文化，因此，同一社区成员的心理、行为必然带有社区文化的共有特征，这就为社区性格的形成奠定了基础。一个社区愈成熟，其文化愈定型，愈有自己的特色，则社区性格愈鲜明；反之，一个正在形成之中的社区，其社区性格往往亦处于正在形成之中。可以说，社区性格是否形成及其鲜明的程度，是一个社区成熟度的反映，它与社区发展水平成正比。②

### （二）社区性格的结构

社区性格是一个由各种特征所构成的多系列、多层次的复杂结构系统。

从横向来看，社区性格包括了四个特征要素，这四个要素也可视为社区性格的静态成分。第一，社区成员对现实的态度特征。社区中的现实事物及现实生活具有多样性，因此社区成员对现实的态度也是多种多样的，如社区成员对社会及所在社区、集体、他人的态度可能是热情的、守纪的、乐群的或诚实的，等等，对劳动工作或学习的态度可能是勤劳的、懒惰的、认真的或进取的，等等。对现实的稳定态度集中反映出社区性格的倾向性和社会价值，因此是社区性格的基

① 佐斌，何静. 论社区性格[J]. 华中师范大学学报（人文社会科学版），1998，5(37)：60－67.
② 佐斌，何静. 论社区性格[J]. 华中师范大学学报（人文社会科学版），1998，5(37)：60－67.

调。第二，社区成员的情感特征。社区性格的情感特征主要表现在社区成员在情绪的敏感性、强度、速度、持久性及心境等方面的总体特点上，如暴躁、温和、乐观、悲观等。第三，社区成员的意志特征。它标志着社区成员控制自己行为的方式和水平，主要表现为社区成员行动的目的性、独立性、果断、勇敢或相反的盲目性、依赖性、优柔、怯懦等。第四，社区成员的理智特征。即在总体人群分布上，社区成员在感知、记忆、思维、想象等认知活动中所表现出的方式与特点，如主动观察与被动感知、整体概括与详细分析、独立思考与模仿从众等。理智特征与社区成员的知识水平和智力活动习惯有关。

从纵向上，社区性格区分为社区意识、社区精神、社区生活方式、社区形象四个方面(佐斌,何静,1998)，社区意识是社区性格的最基本方面。社区意识是社区成员对所处社区及其活动的关注、认同、参与等方面的心理感受。社区精神是社区性格的第二层次，是社区性格的核心部分，它是在社区意识的基础上形成的。社区精神作为社区成员共有而又稳定的主导价值观或体现价值观的理想和信念，是社区成员行动的内在动力。不同的社区有不同的价值取向，其社区精神也相应不同。社区生活方式是在社区意识和社区精神的支配之下，社区性格在社区成员社会生活中的具体化的结果。社区成员的活动包括劳动(各种职业活动)、消费、闲暇、婚姻家庭、社交等，从这些活动中相应地凝结出劳动方式、消费方式、闲暇方式、婚姻家庭方式、社交方式等，社区生活方式是社区成员共有的上述活动方式的总体特征和模式。不同的社区由于其地理环境、物质形态以及风俗、伦理、道德、宗教信仰、语言、民族等方面的差别，会有不同的社区生活方式。社区生活方式作为社区性格的社会活动层面，受社区成员价值观的指导。社区形象是指得到社区内外认可的社区文化的典型反映和外部表现，是社区性格的浓缩和提炼。社区性格的四个层次之间的关系如图 11 - 2 所示。

图 11 - 2　社区性格四层次之间的关系

资料来源：佐斌，何静. 论社区性格 [J]. 华中师范大学学报

(人文社会科学版)，1998，5(37)：64.

### 五、社区不同人群的心理研究

社区心理学的主要研究内容是预防心理和行为问题、发掘个体社会能力、探索社区的力量及资源、最终促进社区成员的心理健康和幸福。由于社区心理学最初源于临床心理学，因此，促进社区成员的心理健康一直是社区心理研究的基本问题，从研究涉及的社会群体来看，主要集中于儿童、青少年、老年人及弱势群体。以下我们简要介绍对几种社会群体的研究。

#### （一）社区青少年研究

社区青少年一般是指年龄在 14 ~ 25 岁、没有就学、没有就业或没有固定工作、缺少或没有家长监管的青少年。社区青少年的概念是一种较为客观、中性的描述，有别于以往的"问题青少年"、"边缘青少年""不良青少年"等概念，后者包含价值评价和负面标签色彩。社区青少年作为一个游离于学校或家庭之外、处于社会控制边缘的特殊群体，其面临的心理健康问题较为突出。社区青少年常见的心理问题表现有：情绪问题（抑郁或焦虑）、网络过度使用、暴力、药物滥用、逆反、自卑、猜疑、自伤或自杀、性心理问题、人际关系不适等。由此往往导致青少年多种危险行为的发生，不仅影响到他们自身的成长和发展，也给家长、社区和社会带来诸多困扰。

据上海市的一项调查显示：从总体上看，上海市社区青少年在性别分布上男多女少（男性约占总数的 63%，女性约占总数的 37%）；文化程度普遍较低，以高中、中专学历者为主；父母社会地位较低、收入少；绝大多数与父母同住，但缺损家庭较多。[①] 社区青少年具有一般青少年的共性，但由于他们的特殊经历，又具有这一特定群体的特殊性。

近几年有关社区青少年的研究发现：

（1）社区青少年心理健康水平偏低，具有更强的敌意性，对社会的态度也更加消极，拥有较少的社会支持（徐静平，方鹍，2004）。

（2）社区青少年容易对客观事物及自我产生不合理的认知，易于陷入孤独、自卑、抑郁等消极情绪中，甚至出现偏执、强迫、依赖等人格障碍（桑标等，2006）。

总之，社区青少年的心理问题应该引起社会各界的高度重视，对他们的心理和行为的矫正也是刻不容缓的。由于家庭、社会支持系统、个体的成长体验、信息网络等因素都会对社区青少年的心理和行为产生影响，因此对社区青少年的矫

---

① 姚强，曹礼平，沈昕. 上海市社区青少年现状及其对策分析[M]. 上海：华东理工大学出版社，2005.

正也必须立足于生态观。①

在美国，没有"社区青少年"这一提法，用的更多的是"at-risk youth"。美国对于青少年心理问题的干预主要基于以下方面：完善的社区发展基础，美国每年大约有30～50万志愿者加入到社区工作当中，其中不少人员参加社区青少年的心理矫治工作；针对性强的社区青少年矫治项目，包括依据其特点设立专门的青少年辅导中心、咨询室、训练中心等机构，辅导人员必须具有学士以上学位和丰富的专业经历；丰富多彩的团体活动，包括集体观摩富有趣味性和教育意义的影片，或听榜样讲座、角色扮演活动、团体训练等。

### （二）社区老年群体研究

社区老年群体是社区心理研究的另一个重要对象。众多研究表明，社区老年人的心理健康状况与社会因素有关。具体来说，有以下几个方面：

（1）良好的健康状况和生活调适能力可以明显提升老年人的心理健康水平；而对生活环境的满意度可以影响其生活质量，从而直接或间接地改变其心理健康状况（张卫东，2002）。② 也就是说，身体健康、行为调适以及家庭—社区养老环境对老人心理健康具有重要意义，在社区开展疾病预防、倡导健康生活方式、建立和谐互助的家庭及邻里人际关系、改善居住条件和社区生活环境均可成为维护和促进老年人心理健康的有效措施。

（2）生活满意度对老年人的心理健康水平起着决定性的作用。影响城市老年人生活满意度的因素有老年人的年龄、婚姻状况、个人活动能力、夫妻关系、亲子关系、朋友交往状况、孤独感及医疗状况，其中医疗状况是影响老年人生活满意度的最为重要的因素（刘永策，林明鲜，2009）。采取切实措施，解决城市老年人尤其是企业退休职工医疗中存在的一系列问题，是提高其生活满意度的最重要途径之一。

（3）人际活动的参与对老年人的心理健康也有重要的作用。是否参加体育锻炼、购物便利性、外出频次、邻里交往、心理倾诉、群体活动等因素都显著影响社区老年人的生活质量，进而影响到他们的心理健康状况（陈志霞，2001）。③ 经常参加体育活动、生活水准较高、经济收入有保障以及与家人的人际关系良好

① 桑标. 社区青少年心理研究［M］. 上海：华东理工大学出版社，2006.

② 张卫东. 社区老年人的生活质量与心理健康：SEM 研究［J］. 心理科学，2002，25（3）：307 - 309.

③ 陈志霞，城市老年人的生活满意度及其影响因素研究——对武汉市 568 位老年人的调查分析［J］. 华中科技大学学报（社会科学版），2001，15（4）：63 - 66.

的老年人心理健康水平比较高。①

随着我国迈向老龄化社会，社区中的"空巢家庭"也在增加。"空巢家庭"最大的问题可能还是老人们心灵上的寂寞。目前已经有不少社区努力地创设有利环境来维护老年人的生理和心理健康，取得了一些成效。如根据老年人的兴趣爱好组织老年大学、开展适宜的社区活动等等都能有效促进老年人之间的交流和沟通、建立友谊，使老年人的心灵得到满足。另外，来自配偶、子女或其他亲人的情感和慰藉会对居家老年人的生活满意度产生重要影响（同钰莹，2000）。

### （三） 其他人群研究

以社区为背景的群体研究还涉及儿童、妇女、亚健康群体、心理疾病患者、社区心理健康服务人员，等等。

张晓冬等（2008）探讨了社区更年期妇女的团体心理干预模式及干预效果。研究者采用随机对照试验的方法，对 29 名社区更年期妇女进行为期 2 个月的团体心理干预，对照组不做任何干预。干预前后采用症状自评量表（SCL‐90）对更年期妇女进行评价。结果团体心理咨询后，干预组妇女匹兹堡睡眠质量指数（PSQI）得分和 SCL‐90 量表总分及躯体化、强迫症状、抑郁、敌对、精神病性、其他 6 个因子得分与对照组比较均有显著差异，说明团体心理干预可改善社区更年期妇女的睡眠质量，对于提高社区更年期妇女的心理健康水平有显著效果。研究者认为，团体心理咨询为参加者提供了一种良好的社会活动场所，创造了一种温暖的、相互支持的团体气氛，使成员学会了一些改善人际关系、获得社会支持的方法，帮助成员在组内建立亲密、持久的关系，并使她们在以后的日子里能够相互鼓励和支持。

面对当今社会离婚率的不断上升，离异女性逐渐受到研究者的关注。她们经历了强烈的情感挫折、心理冲突和家庭解体，又往往面临生活中一系列新的问题和压力，她们的心理健康状况往往比普通人群差。离异女性常伴有自卑感、焦虑、抑郁、孤僻、仇恨等负面心理状态，对其进行社区心理干预可以取得明显的积极效果（俞文敏，2007）。

对社区心理疾病患者的研究本质上是探讨社区心理健康服务的模式和效果。社区心理研究者认为，患者及其家庭成员构成的支持性的自我组织（如：社区中的互助团体、俱乐部）对进一步治疗和康复具有工具性的作用。因此，国外一些心理健康服务协会致力于向精神分裂症患者和其他心理异常病人提供社区心理健康服务的经验。例如，澳大利亚有一个面向具有心理疾病（如精神

---

① 翟群. 澳门老年人生活满意度及其影响因素研究［J］. 中国临床心理学杂志，2005，13（3）：285‐287.

分裂症) 的青年人提供训练和支持服务的社区生活技能中心, 该中心的训练方案主要着眼于基本的生活技能、与劳动有关的行为能力、交流能力、个人发展、休闲或社会活动能力。其目的是通过改善患者的生活和社会技能, 来提高他们的自尊和自信心, 进而适应社会。根据患者的反馈和职员的观察, 该中心颇获好评。①

另外, 社区儿童心理健康服务中心的服务对象主要是具有情绪和行为问题的学龄前儿童的家庭, 以及家庭中存在社会心理问题或做父母有障碍的家庭(Davis, 1997)。研究者通过对该中心的 87 个家庭案例的分析发现, 通过促进和支持父母亲自己探索所存在的问题、帮助他们确定努力的目标和解决问题的策略、提供现场心理咨询与服务等方式, 在社区工作中提供心理健康服务是切实可行的。②

### (四) 社区心理研究的发展趋势

我国社区心理学的研究刚刚起步, 人们对社区、社区心理等概念还缺乏明确的认识。不少人将"社区"等同于"居委会"。目前, 社区心理学的研究主题主要集中在心理健康问题的探讨上, 且以预防和干预为主, 侧重社区对个体的影响。研究对象大多是青少年和老年人群体。对青少年的研究主要偏重于青少年犯罪, 对老年人的研究主要偏重于主观幸福感, 对其他社区心理层面涉及较少, 比如社区心理在社区建设中的作用、社区的维持、社区规范、社区文化的形成、个人对社区的影响、虚拟社区中的心理现象和问题等。研究方法比较单一, 大多使用问卷调查法和心理测量法。

西方的社区心理学正逐步发展、走向成熟, 可以为我国的社区心理研究提供有益的启示。西方社区心理学的研究范围超越了早期的心理健康和心理卫生主题, 涵盖从微观到宏观各个层面的问题, 如, 社区感或社区意识、社区氛围、涉及人们心理和行为问题的公共政策、社区的组织和领导、有计划的社区变革, 等等。研究对象除社区背景中的儿童、青少年、各种成人群体外, 还有邻里关系、学校社区、亚健康群体、少数族裔、社区服务人员、残疾人以及各种弱势群体。在研究方法上, 除了相关研究、准实验、经验研究等传统方法外, 越来越多的研究开始运用质化研究和行动研究, 这与社区心理学的生态学观点、实践取向和多学科交叉的特点相一致。可以预见, 未来在研究方法上将出现多种方法整合的趋

---

① 陈传锋、武雪婷、严建雯. 国外社区心理健康服务研究综述[J]. 宁波大学学报(教育科学版), 2007: 05.

② Davis H, Spurr P, Cox A, et al.. A description and evaluation of a community child mental health service[J]. Clinical Child Psychology & Psychiatry, 1997, 2(2): 221 –238.

势，特别是质化研究和量化研究的结合。量化研究应注意流行病学调查、随机化现场实验、非等组比较设计和时间序列设计等研究方法的恰当选择和结合；质化研究则要注意参与观察、个案访谈和焦点组访谈等方法的恰当选择和结合；若能够将量化研究与质化研究有机结合起来，则对社区心理现象及其本质的揭示将达到一个新的水平（Dalton 等，2001）。

## □□□ 第二节　阶层心理

### 一、阶层与阶层的划分

**阶层**也称为社会阶层（social class），是指以一定的社会属性为标准划分的高低有序的社会群体。比如，社会学家 Daniel Rossides（1997）将美国社会划分为五个阶层：上层阶级、中上层阶级、中下层阶级、工人阶级和下层阶级。而我们日常生活中常常提及的上流社会、中产阶级、下层社会等词语，即体现了社会分层的观点。

学者们普遍认为，社会分层与社会不平等或社会差别有关，马克思的阶级分析理论和德国社会学家马克斯·韦伯的多元社会分层理论是其中两个最有影响的观点。这两种理论都是探讨在不平等的制度框架下各种社会群体之间的关系，二者都认为：（1）经济因素在阶层划分中有基础性的作用；（2）社会成员都隶属于一定的阶级或阶层；（3）阶级或阶层之间的利益冲突是客观存在的。尽管两种理论有一些共同之处，但二者用于阶层划分的标准不同。马克思强调经济因素的重要性，其划分阶层的最重要的标准是对生产资料的占有。而韦伯则主张同时采用收入、权力、声望三个标准来划分阶层。韦伯的分层体系引入了对身份地位的主观评价标准，体现了文化差异、生活方式以及社会主流意识等因素。吉登斯（A. Giddens）继承和发展了韦伯社会分层的基本观点，并把它加以细化。吉登斯认为阶层是由享有同样的市场能力的个人组成的，市场能力包括三个方面：生产资料的占有状况、教育和技能资历的拥有状况、体力劳动能力。由此构筑了资本主义社会里阶层的基本体系：上层阶层、中层阶层、下层阶层（或称工人阶层），这个基本体系内部还可能进一步分化。目前，大多数学者用多维度作为阶层划分的标准，如：财产、教育程度、技术能力、职业、权力差异、消费模式等。

我国学者虽然对当前阶层的划分结果不尽相同，但基本上都采用多元的分层标准。因为自改革开放以来，社会各阶层的利益得失在各方面都有不同的差别，采用单一的标准已不能准确反映社会各阶层的社会地位和状况。职业是人们利益的主要来源，职业对个体在社会中的地位具有重要决定作用，而中国社会阶层的职业分化倾向也越来越明显（陆学艺等，2002）。以职业分类为基础，以组织资源、经济资源和文化资源的占有状况为标准，我国的社会职业结构可以划分为十大阶层：国家与社会管理者阶层、经理人员阶层、私营企业主阶层、专业技术人员阶层、办事人员阶层、个体工商户阶层、商业服务业员工阶层、产业工人阶层、农业劳动者阶层和城乡无业、失业、半失业者阶层。对中国社会阶层结构分层状况进行分析发现，中国原有的阶层结构已发生了显著的分化，一些新的社会阶层逐渐形成，各阶层之间的社会、经济、生活方式及利益认同的差异也日益明显。①

综上所述，阶层的划分通常是以一些客观标准加以确定，比如依据收入、职业等客观指标划分阶层，但是这种方法划分出的阶层是否具有共同的群体意识？是否具有相互的群体认同？是否具有相同的社会政治态度？是否具有一致的动机和行为？这既是阶层研究中的一个重要领域，也是社会心理学家关注的问题。下面，我们简要介绍有关阶层的心理层面的一些研究。

## 二、阶层意识与身份认同

### （一）阶层意识

**阶层意识**（strata consciousness）是指居于一定社会阶层的个人对社会不平等状况及其自身所处的社会经济地位的主观认知、评价和感受。这一概念强调的是由于经济、文化、权力、教育等资源的不平等分配而产生的个体的心理和意识状态。阶层意识包括人们是否意识到自己所处的社会存在着不平等的地位结构，人们观念中划分阶层地位高低的主要依据及是否把自己归属于不同的社会阶层。

大多数居民意识到自己处在一个不平等的社会（刘欣，2001）。城市居民观念中用于区分阶层地位高低的主要标准是：收入、权力和教育。其中，经济因素是最主要的标准，其次为权力因素，教育因素位居第三。但与前两项相比较，教育的重要性要小得多。可见，在城市居民的观念里，社会阶层不但是一个经济地位高低的概念，同时也是一个权势大小的概念。而西方普遍用来区分阶层的重要标准——职业，却并不是当时（1996）武汉城市居民衡量地位高低的核心指标。②

### （二）阶层身份认同

人们的群体身份认同并不完全取决于经济地位，同时也会受到其种族、民族、宗教信仰、性别等社会属性和生活方式、消费行为等实践因素的影响。因此，以经济指标划分的客观阶层归属与主观认同之间的关联程度，在不同社会、

---

① 陆学艺. 当代中国社会阶层研究报告[M]. 北京：社会科学文献出版社，2002.
② 刘欣. 转型期中国大陆城市居民的阶层意识[J]. 社会学研究，2001(3)：8-17.

不同时期、不同文化传统和不同社会政治背景下会有所不同。

　　农业劳动者是主观身份认同与客观阶层归类一致性最高的阶层；其次是失业、半失业、无业者阶层；国家与社会管理者、专业技术人员的身份认同程度也较高；个体工商户和产业工人具有中等程度的身份认同；经理、办事人员的身份认同较低；而私营企业主和商业服务业员工的身份认同最低，身份边界也比较模糊(李春玲,2004)。研究者认为，阶层认同程度的高低取决于该阶层所处的状态，处于社会顶层的阶层和处于底层的阶层内部身份认同率相对较高。对于顶层阶层的成员来说，地位优越感和维持既得利益的动机会强化其阶层内部的身份认同并强化与较低阶层的区别。对底层阶层的成员来说，极度的失落和强烈的不满情绪会增强阶层内部的身份认同和对于较高阶层的仇视心理。与此相反，社会中间位置阶层(如办事人员阶层)的多数人希望通过各种方式(如:职业和职位晋升)进入更高的社会阶层，因此他们不会强化同类人之间的共同意识，其成员的内部身份认同感较低。从另一个角度来看，较为稳定的阶层(如农业劳动者阶层、专业技术人员阶层)，其成员的身份认同程度较高，而流动性、变动性较大的阶层和新生阶层(经理人员阶层、商业服务业员工阶层)，成员的身份认同程度较低。

## 三、阶层的相关研究

### (一) 阶层与价值取向

　　同一阶层的人们往往有相似的价值观念和价值取向。例如，企业家群体在工作与成就方面有强烈的价值取向，普遍认同"靠知识技能成功的人应该受到尊重"、"学习、工作中取得成绩是让人快乐的事"、"只有在工作和事业上取得成绩，人活着才有意义"、"最大的快乐是从工作中得来的"等观点。另外，企业家的权力与金钱价值取向的关系比较复杂，绝大多数企业家反对"人活着就是为了挣更多的钱"、"有钱什么都能买到"、"崇拜权力"等说法，但同时又有70%以上的人同意"有权就有一切"、"有物质享乐生命才有意义"、"选择工作的最重要因素是工资待遇"，表现出企业家在金钱和权力价值取向上的矛盾和冲突。而且企业家的这些价值取向存在年龄、学历、所在地区方面的差异。[①] 这一方面说明这一新兴阶层内部存在较大的个体差异，或是个体本身面临价值冲突，另一方面也可能是由于这一阶层本身是变动性较大的群体，成员的背景和变动性也可能使价值取向趋向多元化。

### (二) 阶层与教育和成就动机

　　早在 20 世纪 40 年代，美国心理学家 Havighaust 及其同事就对不同阶层的儿

---

　　① 金盛华. 社会心理学[M]. 北京：高等教育出版社，2005：186－187.

童教育进行了研究。他们将美国社会分为五个阶层并测量每个阶层的下一代成员（10 岁儿童和 16 岁青少年）的智力，结果发现，上层家庭的儿童智力分数比下层家庭儿童的智力分数普遍要高。按照现在的观点，这一结果并不能证明各个阶层在先天禀赋上有什么差别，只能说明上层家庭因为收入高、社会资源丰富，使得孩子受教育的机会增多，而良好的教育使儿童潜在的能力转变为现实。他们的研究还发现，上层和中层阶层的父母比下层阶层的父母对孩子的要求更为严格。日本 1955 年起实行的"社会阶层和社会移动的全国调查"（SSM 调查）也提供了大量数据，证明社会阶层与教育具有关联性。在当今的教育或儿童的发展研究中，父母的职业、学历、收入状况等划分阶层的重要标准已成为普遍要考虑的研究变量。

总而言之，父母的受教育状况会对子女的受教育状况产生影响。父母的学历越高，其子女接受的正规学校教育越多，学业成绩越好，辍学的可能性越小，接受高等教育的意愿越强烈，就读学术性学校的可能性越大，就读职业学校的可能性越小，选择职业前景更好的专业学习的可能性越大。而且父母的教育背景对子女在高校的学业成就有正向预测作用，对子女在校担任学生干部的行为也有促进作用（李峰亮，等，2006）。此外，父母对孩子的教育期望还与父母的职业有关，高职业层（需要较高的学历）的父母比低职业层的父母对孩子的学历期望更高；父母对孩子的教育期望与父母的职业有关，随着父母自身学历的增高，对孩子学业的期望值也在上升。① 另外，中间阶层父母在传递文化观念时，有一种社会和他人的导向，即寻求一种基本的社会赞同。中间阶层以其自身所感受到的社会需要来决定对子女的教育和培养方向，他们除了重视子女的学业成就外，还普遍重视孩子将来的社会适应能力。②

### （三） 阶层与政治态度

阶层地位的差异导致人们利益需求不同，进而又会产生不同的政治态度，影响人们的政治参与行为。

西方最早对政治态度进行研究的是美国心理学家奥尔伯特（Allport，1929）。他认为政治态度是由政治认知、政治情感和政治行为倾向三种成分构成的一种心理结构，用以引导或影响个人对有关政治目标、政治情境的反应。政治认知是人们对各种政治对象的认识与理解；政治情感是人们对于政治人物、政治事件、政治活动等方面所产生的内心体验，如：对某个政治对象的喜欢或厌恶；政治行为

---

① 杨春华. 教育期望中的社会阶层差异：父母的社会地位和子女教育期望的关系[J]. 清华大学教育研究，2006(4)：71–76.

② 陈曙红. 中国中间阶层教育与成就动机[M]. 中国大百科全书出版社，2007：159–160.

倾向是人们对于上述政治对象采取某种政治行为的心理准备。也有学者将政治态度理解为一种信念组织，是一种持久的而非短暂的倾向，"当态度产生后，就会促进态度持有者按照某种方式对态度对象采取行动。"①

学者们很早就注意到社会经济水平高的人与社会经济水平低的人在政治态度上有所不同。一般来说，社会经济地位较高的人更为保守，而社会经济地位低的人比较激进（Jones，1941；McConnell，1942）。对这一现象的解释是：社会经济地位较高的人拥有较高的社会地位，是既得利益者，倘若激进就可能会失去其优越的地位，因此倾向于维持现有秩序；而社会经济地位较低的人若想在现有社会秩序中获得更优越的地位很困难，往往只有通过变革才有可能，因此这部分群体更倾向于采取激进的态度和行为。

社会阶层的政治态度有自己的形成和发展过程。我国的社会阶层、特别是一些新兴阶层仍处于发展和变化中，他们的政治态度也随着时间的推移而改变。以中国私营企业主群体为例，这一群体正作为社会的一个新兴阶层日益形成。随着这一阶层的成长，私营企业主们对政治的参与积极性也日益明显。这可以从意识和行动两个层面的指标得到证实。如果以入党意愿作为主观指标，1997 年、2000 年的非党员企业主中分别有 19.9% 和 14.2% 表示希望入党，而 2002 年、2004 年提交入党申请书的非党员企业主比例分别为 26.6% 和 18.1%。从行动指标上看，1990 年以后，开办企业后入党的企业主人数逐年递增，2002 年的全国私营企业抽样调查表明，有近 20% 的党员企业主是在开办私营企业后入党的。越来越多的私营企业主通过"人大"与"政协"参政议政，2004 年，担任各级人大代表和政协委员的私营企业主分别占调查对象总数的 18.2% 和 30.6%。同时，也有越来越多的私营企业主在地方党政机构中任职，这一比例从 1997 年的 7.5% 上升到 2004 年的 33.5%。②

不同的阶层之间，政治态度的总趋向是一致的，但是各个阶层所关心的具体问题是不同的。比如各阶层都关心政治体制改革问题，但各阶层关注的具体问题和出发点都与自身利益有关，工人阶层最关注"人大代表选举制度"的完善，农业劳动者阶层最关心"基层干部选拔制度"的改革，企事业单位一般员工最关注"国家公务员考试制度"的完善，其他三个阶层则最关注"国家干部选拔制度的改革"。③ 从中可以看出，社会各阶层因处于相同的大环境中，对政治对象有一些共同的认识和感受，但由于各自的需求和利益不同，因此具体的政治态

① 威廉·斯通. 政治心理学[M]. 哈尔滨：黑龙江人民出版社，1997：85.
② 李拓. 和谐的音符：中国新兴社会阶层调查与分析[M]. 中国方正出版社，2008：104－111.
③ 孙永芬. 中国社会各基层政治心态研究[M]. 北京：中央编译出版社，2007.

度和行为仍有差异性。

### 四、不同阶层对贫富差距的感受

随着我国经济制度改革的不断推进，社会结构也在经历巨大的变革，市场经济本身具有的分拣机制，把市场中成功的人群推向富裕阶层，把失败者推向下岗和失业状态，伴随成功的新兴阶层出现的还有由下岗失业人员、城市贫困人口、农民工等构成的贫困阶层。阶层之间的经济收入差异急剧扩大是近年来中国社会的一个社会现象。据统计，2000 年我国居民收入的基尼系数为 0.41，已超过国际公认的 0.40 的警戒线，2003 年上升为 0.452，2004 年继续上升到 0.465，2005 年则迅速逼近 0.47。中国 8.6% 的最富有户占有 60.47% 的金融资产。这种收入差距悬殊会产生许多严重后果，如仇富心理、敌对心理、对政府的不信任等，这些都有可能进一步激化社会矛盾。就贫富差距所造成的心理感受来说，不仅仅是贫困阶层的体验，富裕阶层也会因感受到贫富差距的悬殊而产生"不安全感"。

一些研究者认为，贫富差距并非我国当前仇富心理的真正原因，人们并非仇富，而是仇不公。一项对全国 28 个省市 7 000 余人的调查显示：33.05% 的人认为收入差距过大、贫富分化是一个重要的社会问题，人们对于富人致富的归因中包含了积极肯定的因素，如承认努力、能力以及教育程度在富人致富中的作用，但也有相当多的人把富人致富的原因作消极归因。而这些消极归因使人怀疑富人致富的合法性和合理性，进而在社会比较时更容易产生不公平感，成为贫富阶层冲突和矛盾的隐患。①

有关阶层心理的研究除上述几个方面外，还涉及阶层的需要和情感、生活方式、阶层的互动关系、阶层的利益冲突和矛盾，等等。研究的内容和方法都具有明显的多学科交叉性质。已有的研究成果多数还处在现象描述和理论分析阶段，即便是实证研究也多数是大规模的问卷调查，缺乏对这些群体心理现象的深层解释和实证检验。在我国社会阶层形成和发展的大背景下，社会心理学应从自身的视角做出独特的贡献。

## □□□ 第三节 民族心理

在社会心理学、文化人类学和社会学等的研究过程中，人们发现，同一民族的成员往往会有着相似的行为模式，他们在艺术、文学、日常行为甚至思维方式

---

① 王俊秀，杨宜音，陈午晴. 中国社会心态调查报告[J]. 民主与科学，2007：2.

上都表现出高度的一致性。这是因为在长期的发展与演变历程中，各个民族都形成了带有自己文化特色的心理模式和行为方式，即民族心理。而社会心理学对民族心理的研究内容正是聚焦于一个民族的社会文化因素对该民族成员的认知、情感、思维、性格和社会行为的影响。

## 一、民族与民族心理的概念

国内学者对民族的界定大都来自于斯大林的有关论述。斯大林认为，"民族是人们在历史上形成的，一个具有共同语言、共同地域、共同经济生活以及表现在共同文化上的共同心理素质的稳定的共同体。"① 这一定义从多个角度对民族的重要属性进行了概括，提出了划分民族的四个基本条件，因而被认为是对民族的较为全面的定义。

但是，随着民族的形成和历史变迁，民族一旦形成后，共同的语言、地域、经济生活这三个条件就不再是民族存在的必要前提，有时仅仅是有共同文化和心理素质就可以维持一个民族共同体的存在。比如，散居在世界各地的吉普赛人既无共同的地域又无共同的经济生活，但共同的文化（生活方式）和共同的心理素质，使吉普赛民族的存在成为事实。犹太民族也有类似的特点。因此，有些学者认为，表现在共同文化上的共同心理素质不但是划分民族的重要标准，有时还是唯一的标准。"从这个意义上说，共同的文化和由共同的文化长期积淀而成的共同的心理素质，是民族最重要也最为基本的特征。"②

还有学者提出，如果把民族看做一个多层面的实体，它至少包含四个深度不同的层面：第一个层面是最外面的表层，是民族特有的、可见的物质层面，包括衣食住行；第二个层面是民族特有的制度层面，包括政治、经济、社会、法律制度等；第三个层面为行为层面，包括语言、文字、符号、宗教、习俗等；第四个层面，即最深层，就是民族特有的心理层面，包括民族意识、民族认知、民族情感和民族性格等。而这一层面正是民族心理学研究的主要内容③。

从对民族的界定可以看到，无论用多少标准来界定民族，民族心理都是最根本、最核心的标准。那么，什么是民族心理呢？民族心理主要指一个民族作为一个大群体所具有的典型心理特点，也包括该民族的成员个体身上所体现的这些心理特点。同一个民族，由于其民族文化的长期积淀以及在该民族成员心理上的投射，通常有着共同的精神结构和行为方式。

① 斯大林. 斯大林选集(上卷)[M]. 北京：人民出版社，1979：64.
② 周晓虹. 现代社会心理学[M]. 上海：上海人民出版社，1997：277.
③ 李静. 民族心理学教程[M]. 北京：民族出版社，2006：1.

## 二、民族心理学的形成与发展

对民族心理最早的研究始于 19 世纪末的德国民族心理学派，但对民族心理现象进行系统研究的，当属现代心理学之父冯特（W. Wundt）。冯特晚年花了近 20 年时间（1900—1920）致力于民族心理学的研究，并完成了 10 卷本的《民族心理学》巨著。在他的著作中，"民族"被解释为种族共同体。冯特认为，民族心理是人的高级心理活动的体现，它与语言、神话和风俗等联系在一起。而语言、神话和习俗不是个体创造的现象，是社会的产物。因此，用于研究个体心理的实验方法并不适用于研究人的高级心理活动，民族心理学应采用自己的研究方法（如：观察法、因果分析法、内省法等）来对这类人类共同的文化产品进行分析。他主张通过对语言的分析去理解每一个社会群体，认为一个民族的语汇和文法本身就能揭示该民族的心理气质。

20 世纪初，民族心理学研究在西方迅速发展，弗洛伊德的精神分析理论、文化人类学的功能学派都极大地推动了民族心理学的发展。弗洛伊德的民族心理研究涉及的内容非常庞杂，他将个体精神分析理论中的力比多、俄狄浦斯情结、本能、认同作用等概念用来解释社会文化现象，如图腾崇拜、外婚制、文明的产生与发展、群体及其领袖，等等。这些研究和观点不但拓展了民族心理学的研究领域，也在研究方法上给后人以启迪。

以马林诺夫斯基为代表的文化人类学家的研究则让心理学家们认识到了文化对民族心理学的重要影响。1910 年以后，弗洛伊德的精神分析理论传到英国，引起了马林诺夫斯基的兴趣。1913 年，马林诺夫斯基对新几内亚一个处于母系社会的氏族进行了田野调查，以验证弗洛伊德的俄狄浦斯情结是否具有文化普遍性。结果发现，由于这一氏族仍保留着母权制，管教儿童的责任是由舅舅来承担的，因此，儿童表现出亲近母亲、憎恨舅舅的心理，而不是弗洛伊德所说的儿童亲近母亲、憎恨父亲。据此，马林诺夫斯基认为俄狄浦斯情结不具有文化普遍性，与其说它是先天的本能，不如说是家庭结构、教养方式等文化因素的产物。[1] 另一位文化人类学家玛格丽特·米德（Margaret Mead）对新几内亚的三个原始部落进行了现场研究，并出版了《三个原始部落的性别与气质》一书。米德认为，男性和女性的心理特征并不取决于生理解剖学上的差异，而是特定社会文化的反映。[2] 文化人类学家的这些工作对民族心理学的发展产生了深远的影响，在某种程度上帮助社会心理学家克服本能论和研究中的个体倾向，开始将文化或环

---

[1] 马林诺夫斯基. 两性社会学[M]. 北京：中国民间文艺出版社，1986.
[2] 米德. 三个原始部落的性别与气质[M]. 杭州：浙江人民出版社，1987.

境作为一种重要的研究变量。

## 三、民族心理的研究途径——跨文化研究

社会心理学的研究方法在对民族心理的具体研究中都有运用，但在运用这些不同的具体方法和技术的背后，几乎都会进行跨文化的比较。跨文化的比较研究（cross-coulture comparative study）不是特指某种具体的方法，而是一种研究途径和研究原则。跨文化研究要求研究者在运用各种方法和技术进行民族心理研究时，要把被研究者置于特定的文化背景中，并对此进行比较研究。一般来说，凡是对两个或两个以上的民族或文化所作的比较研究都可称为是跨文化的研究。跨文化的比较研究有助于避免单一文化范围狭窄带来的研究结论的局限性，还有助于人们发现人类行为的普适程度。

值得注意的是，民族心理学的跨文化研究不是将不同文化下获得的资料进行简单的对比，因为世界上不同民族的行为只能根据他们自己所处的文化来解释。换句话说，相同的行为在不同的文化下可能表达不同的心理或具有不同的意义。因而研究者必须承认文化的相对性，当面对陌生的民族及其文化现象时，应摆脱研究者自身文化背景的制约，从该民族文化内部的逻辑上去进行理解和解释。

要正确地理解特定民族及其文化下的心理和行为并进行有效的比较，必须首先确保这种比较是有意义的，即要保证"研究等值"。研究中的等值性包括：概念等值、功能等值、语言等值和测量等值。

概念等值是指在所研究的不同民族或文化中，人们对特定概念的理解是一致的。比如，我们想通过调查一个人是否吸烟来了解他的态度或人格面貌。据统计，在 20 世纪 70 年代的美国，肯定的回答表明这个人受到较少教育并很可能是工人阶级的一员。而在其他一些国家（如墨西哥），吸烟在穷人中并不普遍，由于花销太大，吸烟可以作为一个人属于上流社会并具有特权的象征，因此在这些文化中，吸烟者很可能受过高等教育并且是上流社会的一员。在这个例子中，吸烟这一概念就是不等值的，不能对数据进行直接比较，因为没有比较的基础。功能等值是指问题让不同文化背景中的人产生同样或相似的反应。比如，问加纳人"你经常去拜访教堂吗？"相当于问美国人"你有自己的心理咨询师吗？"虽然问题的提法不同，但这两个问题在功能上是等价的。还有学者在研究民族自豪感时发现，问英国人"你对英国君主立宪制的感受"与问德国人"你对德国宪法的感受"在功能上也是等价的。语言等值是指如果研究中用到两种或两种以上的语言，调查、访谈、测验中所用的书面和口头语言要在语义上相等。比如，中文中的"关系"、"面子"等词与中国文化密切相连，尽管英文中有"relationship"、"face"等词，但其内涵和外延都与中文差距很大，因此目前翻译成英文

就使用汉语拼音"guanxi"、"mianzi"，以此来保证语言等值。测量等值是指在不同文化中的测量过程要标准化，使测量数据能够进行比较。有时即使测量内容一样，但各部分的顺序不同，也可能影响结果。比如有研究者发现测试顺序会影响苏格兰和赞比亚儿童在模式复制任务(pattern-copying task)中所得的分数。苏格兰儿童使用纸和笔临摹比他们使用铁丝做模型时的效果好，而赞比亚儿童正好相反。

## 四、民族心理研究的主要内容

### (一) 民族认同

现代心理学意义上的"认同"一词最早由弗洛伊德提出，指"个人与他人、群体或模仿人物在感情上、心理上趋同的过程"。但在使用中，"认同"衍生出另一种含义，即指社会成员对自己某种群体归属的认知和感情依附。每一个民族的成员在其社会化过程中会逐渐地意识到自己隶属于一个民族、产生对本民族成员的认同感。

关于"民族认同"(ethnical identity)目前还没有一个被研究者普遍接受的定义。Phinney 认为，民族认同是一个复杂的结构，它不但包括个体对群体的归属感，还包括个体对自己所属群体的积极评价，以及个体对群体活动的行为卷入等。Cross 认为民族认同是一个随着时间和情境变动的过程，是在探求过程中实现的。Carla 等认为，民族认同是指个体对本民族的信念、态度以及对其民族身份的承认。Valk 和 Karu(2001) 则认为民族认同是个体对自己所属群体的态度和文化习惯的结合体，是个体对群体的依恋。我国学者王希恩也认为："民族认同即是社会成员对自己民族归属的认知和感情依附。"这些看法虽有差异，但从中可以看出民族认同与群体长远的态度、价值观有密切关系。概括来讲，"**民族认同**"就是指某一民族共同体的成员将自己和他人视为同一民族，并对这一民族的物质文化和精神文化持亲近态度。

西方关于"民族认同"的界定或研究大多关注的是狭义的民族认同，即指个体对自己所属少数民族的认同。对于多民族国家而言，民族认同还应该包括个体对自己所属国家的认同。对于中国各少数民族成员来说，民族认同即是指对本民族和中华民族两种民族身份双重承认的和谐统一。

民族认同在功能上表现为正负两个方面。"从正功能方面看，民族认同可以产生和加强民族内部的凝聚力，促进民族内部的一体化，保持民族成员团结协作，弘扬民族优秀文化传统，促进民族的整体发展，能获得精神和物质上的安全感；从负功能方面看，民族认同兼有对内自识和对外排他的性质，既可能含有公正客观的因素，又可能含有非理性和盲目的因素。"①

关于民族认同的结构，学者们普遍认为，民族认同是一个多维的结构。Phinney(1992)认为民族认同包括四个维度：民族自我认同(对自己民族身份的认知)、民族认同的实现(个体探索自己民族身份的过程)、民族行为(参与本民族的事务)和归属感(对自己民族群体的积极依恋)。

民族认同是在民族互动基础上形成的，从未与外民族接触过的人是不会在头脑中形成民族认同的。对于个体而言，民族认同是一个具有阶段性的动态发展过程。Phinney(1996)提出了民族认同的发展模型，将民族认同的发展过程分为三个阶段。第一阶段是弥散的民族认同，个体在这一阶段对本民族的问题关注很少，也缺乏兴趣，常常按照主流文化的价值观及态度看待自己的民族。第二阶段是寻求民族认同，处于这一阶段的个体一方面开始积极地关注本民族的发展，另一方面逐渐停止了对主流文化的一味追求。这一过程不仅是一个认知过程，而且是一个反省性的元认知过程，个体经历着强烈的情绪体验。第三阶段是民族认同的实现，即正面评价自己的民族。在这一阶段，个体把对自己母文化的积极态度内化、整合进认知结构，产生民族自豪感和民族归属感，同时也提升了民族自信心。经过这三个阶段的发展，个体克服了消极的民族认同，获得了积极的民族认同，这种积极的民族认同是个体抵制偏见和歧视的缓冲器。

中国的 11～20 岁青少年的民族认同包括两个层次：中华民族认同和本民族认同。两个层次的认同都包括认知、评价、情感和行为四个维度；11～20 岁的青少年有较强的民族认同，在四个维度中，评价维度和情感维度得分较高(秦向荣,佐斌,2005)。

□ □ □ **专栏 11 -1**

### 中华民族认同量表

秦向荣、佐斌(2005)编制的 11～20 岁青少年中华民族认同量表，共 27 个项目，对各项目进行 6 点评分(1 表示十分不符合,6 表示十分符合)。

1. 我认为自己是典型的华人。
2. 我知道中华民族的一些传说故事和象征(比如:龙)。
3. 中华民族有很多值得骄傲的地方。

---

① 王沛，赵国军，喇维新. 回族大学生的民族认同与心理健康的关系[J]. 西北师大学报(社会科学版)，2006，43(5)：38-41.

4. 我庆祝中华民族的传统节日，比如：春节，中秋节等。

5. 我希望我的朋友都是华人。

6. 我对中华民族的历史不了解。

7. 我为自己是华人感到自豪。

8. 我觉得中华民族很优秀。

9. 如果我在国外遇见华人，我会感到亲切。

10. 我没有刻意去保持中华民族的一些风俗习惯。

11. 我愿意和其他外国民族的人做朋友。

12. 我知道中华民族的含义。

13. 我从心里感到自己和其他的华人是一家人。

14. 我很看重自己是华人这一点。

15. 没有中华民族的将来就没有我的将来。

16. 假如与外国人生活在一起，我会有距离感。

17. 我知道中华民族的一些典型的风俗习惯。

18. 我的中华民族身份对我没有什么价值和意义。

19. 我喜欢吃中国菜。

20. 我的华人身份会妨碍到我将来的发展。

21. 我愿意和其他外国民族的人居住在一起。

22. 我愿意了解和学习外国民族的文化。

23. 假如我远离华人群体，我会感到不踏实。

24. 我不做违背中华民族文化的事情。

25. 如果听到他人说中华民族的坏话，我不会感到生气。

26. 我愿意帮助外国民族的人。

27. 如果有来世，我还愿意成为华人。

### （二）民族认知差异

认知活动是人的全部心理活动的开端和基础。人们通过认知活动接受外界的各种信息、加工各种信息并对周围环境做出相应的反应。各民族生活在不同的社会条件和文化背景中，其认知和思维方式必定受其生活环境和生活经验的制约，从而表现出独特的特点。

有关文化与认知的关系很早就引起了人类学家的关注。英国人类学家里弗斯（W. H. R. Rivers）在 20 世纪初前往新几内亚沿海的托列斯海峡的一次考察中发现，居住在该地区的默里岛民和英国人相比，更容易出现"横竖错觉"，但不容易出现"缪勒—莱依尔错觉"（见图 11 - 3）。

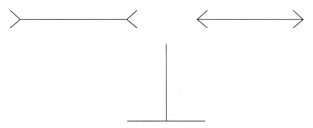

图 11 - 3　缪勒—莱依尔错觉和横竖错觉

　　20 世纪 60 年代，心理学家 Segall、Campbell 和 Herskovikts 等人（1966）对错觉问题进行了一次历时 6 年的大规模跨文化研究。研究样本来自 14 个非洲文化、一个亚洲文化（菲律宾人）和一个欧洲文化（美国人），共计 1878 人。这项规模宏大而又设计精密的研究不仅取得了和里弗斯相似的结果，同时也发现了造成不同文化成员视错觉差异的一些规律：（1）居住在"木器化"世界中、具有理解三维图形的二维表象能力的民族（如美国人），比住在"非木器化"世界中的民族（如住在圆形环境中的人）更容易产生"缪勒—莱依尔错觉"；（2）居住在广阔平原上的人比居住在浓密丛林中的人更容易产生"横竖错觉"，因为环境要求前者做出更多的距离知觉，而环境提供给后者观察平面和距离的机会较少。西格尔等人进一步指出，人们的感知并不是由神经系统的先天机制决定的，而是由后天的文化因素决定的；学习或经验决定着我们的感知深度、运动和空间关系的方式。

　　民族认知的差异不仅仅表现在错觉现象上，深度知觉、知觉模式、思维方式等方面都受到民族文化的影响。

　　近些年来，社会心理学家注意到文化对归因的影响。Morris 和 Peng（1994）的一项研究发现，归因中的一致性偏差存在文化差异。他们比较了中文和英文报纸对于两起大规模谋杀案的报道。一起案件的罪犯是爱荷华州的一名中国研究生，另一起案件的罪犯是密歇根州的一名白人邮政工人。研究者发现，使用英文的记者比使用中文的记者更多地进行性格归因。比如，美国记者将其中一个谋杀犯描述成"邪恶的、被黑暗蒙蔽心智的人"，而中国记者在描述同一名谋杀犯时，更多地强调了情境原因，比如"与他的导师相处不快"以及"他与中国社团没有沟通"。

　　西方文化强调个人自由和自主，个人被认为是独立的、自制的，个人的行为反映了其内部特点（如动机、价值观）。因此西方文化中，个体更倾向于做内归因。而东方文化强调群体成员身份、相互依存以及对群体规范的服从，儿童从小就被教育成要从情境而不是个人角度来解释行为。另外，自利偏见也带有很强的文化因素。例如，中国传统文化重视谦逊和人际和谐，不鼓励突出个人自己；而美国和其他西方国家则鼓励将成功归因于自身的聪明才智或天赋。研究结果也证实了这一点：与美国被试相比，中国被试较少将成功归因于自己，而是更多地归因于情境中的某些方面（如父母、学校、教师）。当失败时，情形正好相反，中国被试更多地将失败归结于内部原因而不是外部原因。① 可见，社会认知的某些方面反映了个体所属文化的价值观念。

长期以来，来自不同领域的许多学者都认为东西方有不同的认知传统和思维方式。这种观点得到了来自实验心理学研究的支持：中国被试喜欢辩证式谚语，而美国被试喜欢非辩证式谚语；中国被试喜欢使用折中的方法解决冲突，而美国被试喜欢不折中的方式；中国被试喜欢对科学命题和精神命题的辩证式论证，而美国被试喜欢逻辑的论证；在面临针锋相对的立场时，中国被试会调整观点以更加适中，而美国被试会变得更加极端。②

### （三）民族性格

**民族性格**，也有学者称为基本人格、国民性、群体人格、众数人格，实质上都是指一个民族在共同的文化背景和特定的社会历史条件下形成的、社会成员普遍具有的稳定的态度和习惯化了的行为方式。

社会心理学对民族性格的研究可追溯到冯特及其十卷本的《民族心理学》，但对这一领域的大量研究始于"一战"之后。20 世纪 30 年代，勒温受到德国法西斯的迫害移居美国，成为一个"文化边际人"。这种身份使他对德国人与美国人的差异尤为敏感。勒温指出，德国人人格的表层与深层领域的界限在较表面的地方，因此德国人给人的感觉是不够直率，甚至难以接近；美国人人格的表层与深层领域的界限在较深处，所以他们比较开放，与人交往的范围也大（见图11-4）。但是，正因为德国人的界限在较浅的位置，所以比较脆弱、容易打破，一旦打破德国人的内心防线便可长驱直入，成为知己或死对头；而美国人的心理防线因在最深处，防守较牢，所以虽然容易相处却不易成为至交。

与此同时，文化人类学家对世界各地原始民族展开了研究，试图找出具体社会中由文化所决定的、占主导地位的、具有典型性和代表性的人格。二次世界大战爆发后，出于战争的迫切需求，研究者将目光从落后的原始民族身上转向现代国家，因为战争需要了解敌人，也需要反省自己。这一时期，几乎世界上所有重要的现代国家的国民都成为学者们研究的对象，由此形成了现代"国民性"的研究领域。战后，这一领域的研究继续延续下来，一方面是出于对战争的反省需

① Aronson, E., Wilson, T.D., Akert, R.M. 社会心理学(第五版)[M]. 侯玉波, 等, 译. 北京：中国轻工业出版社, 2005：102-104.

② 彭凯平, Nisbett, R.E. 文化、辩证与推理[M]. //中国社会心理学评论(第四辑), 北京：社会科学文献出版社, 2008：63-92.

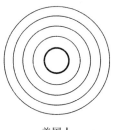 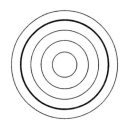

美国人　　　　　　　　　　　德国人

图 11-4　勒温对于美国、德国民族性格的比较

（图中粗线表示人格的表层与深层领域的界限）

要，另一方面是试图通过对国民性的了解和改造来促进社会的发展。

与早期的研究相比，现代对民族性格的研究呈现出一些明显趋势[①]：

（1）由静态研究到动态研究。与早期重视民族性格的静态结构研究相比，研究者们更加关注社会文化变迁所引起的民族性格变动和行为模式的改变。

（2）研究方法由印象描述转向定量分析。现代对民族性格的研究对于样本、工具、研究设计都提出了更为严格的要求。

（3）从单一层次的研究转向多层面的文化研究。早期民族性格研究主要是想找出与每一种文化相对应的"基本人格"或"主导人格"，但在同一个国家或民族中又往往有各种亚文化，同一个民族或国家内部也存在民族性格上的差异。比如，我国有 56 个民族，民族之间既有很多共性也存在独特性，并非只有一种"基本性格"。

（4）研究目的的转变。早期的国民性研究是为了寻求对不同民族的社会行为的解释，现代的研究还关注民族性格与经济发展乃至整个社会现代化的关系。

对于中国人民族性格的研究可以追溯至 1840 年前后。美国传教士阿瑟·史密斯 1849 年出版了《中国人的性格》一书，列举了中国人有"知足常乐"、"有公无私"、"爱脸面"、"保守"等 26 种性格特征。国内学者梁启超、梁漱溟、鲁迅、林语堂等人也对中国的国民性进行了深入的剖析。他们的观点虽充满真知灼见，但并不是心理学意义上的实证研究。从 20 世纪 70 年代开始，一批中国心理学家开始对来自西方的心理学进行深刻反省，同时致力于建设中国人的心理，其中有关中国人性格和文化的研究引起了众多学者的兴趣。

以人格结构的研究为例。近年来以"大五"为代表的特质论日趋成熟并得

---

①　周晓虹. 现代社会心理学[M]. 上海：上海人民出版社，1997：486-488.

到了广泛的应用。比如，心理学家用由"大五"人格理论发展出的问卷测量了 50 余个国家和上万人的性格，并根据"大五"的平均得分勾勒出每个国家或地区的性格轮廓(McCrae 和 Terracciano,2005,2006)。研究发现，不同国家和地区中的人在"大五"人格量表上得分有差异，比如，欧洲人和美洲人比亚洲人更外向，这可能与他们在基因、历史、价值观念上的差异有关。

而国内学者则认为"大五"模型最初建立在西方理论和人群样本基础上，可能只有部分普适性，他们从理论和实证角度提出了中国人的人格理论和测量工具。比如，用《中国人人格测量表》(简称 CPAI)发现了中国人群中人格的"六因素结构"。其中有 4 个因素分别与大五人格问卷(NEO PI)中的"情绪稳定性"、"外向性"、"宜人性"和"责任性"相包容；CPAI 中的"人际关系性"则可能是中国人特殊的人格特质，反映了中国文化的独特性，在西方人群中并不十分典型；而"大五"中的"开放性"更可能是西方人的典型人格特质，在中国人中可能不具有突出的价值。[①] 王登峰等人使用中国人人格量表(QZPS)得到了七个维度：外向性、善良、行事风格、才干、情绪性、人际关系和处世态度。这一结果与西方的"大五"及五因素人格模型无论在因素的数量还是因素的内涵上都存在显著差异。这些研究结果表明，中国人与西方人的人格结构既有共同的部分，也有各自独特的成分(见图 11 - 5)。

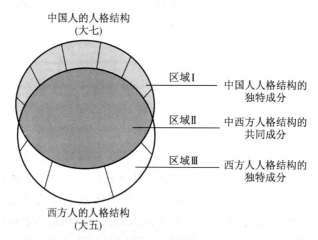

图 11 - 5 中西方人格结构对应关系示意图
资料来源：王登峰、崔红. 中西方人格结构差异的理论与实证分析[J].
心理学报,2008,40(3):330.

---

① 张建新，周明洁. 中国人人格结构探索——人格特质六因素假说[J]. 心理科学进展,2006,14(4):574-585.

## □ 本章小结

1. 社区就是具有互动关系和共同文化维系力的生活群体及其活动区域。从这一概念上讲，社区包括以下四个构成要素：地域、人口、边界感和组织。

2. 社区心理是指同一社区中绝大多数成员共同具有的心理特质和行为方式。共同的生活使人们面临共同的问题，形成共同的利益和需要，并由此产生共同的行为规范和心理特点。社区心理研究与一般的群体心理研究相比，更突出地域性特征，强调社区背景对心理的影响。

3. 社区心理学的出现与临床心理学的实践和社会需求有密切关联。社区心理学的主要特点是：预防重于治疗、注重生态学观点、尊重人的差异性、促进能力的发展、提倡有计划的变革、寻求多学科的合作。

4. 生物生态模型认为，人与环境构成一个生态系统，个体的成长和发展受他们所处的现实生态系统的影响，而生态系统中又包含四个相互嵌套的子系统，由内到外分别是微观系统、中观系统、外系统和宏观系统。

5. 五层次生态水平分析模型将影响个体的环境因素分为五个相互嵌套的层次：个体水平、微观系统水平、组织水平、社区水平和宏观系统水平。

6. 社区心理学的主要研究内容是预防心理和行为问题、发掘个体社会能力、探索社区的力量及资源、最终促进社区成员的心理健康和幸福。从研究涉及的社会群体来看，主要集中于儿童、青少年、老年人及弱势群体。

7. 关于阶层划分的标准，马克思强调经济因素的重要性，而韦伯则主张同时采用收入、权利、声望三个标准来划分阶层。目前，大多数学者用多维度作为阶层划分的标准，如：财产、教育程度、技术能力、职业、权力差异、消费模式等。

8. 阶层意识是指居于一定社会阶层的个人对社会不平等状况及其自身所处的社会经济地位的主观认知、评价和感受。这一概念强调的是由于经济、文化、权力、教育等资源的不平等分配而产生的个体的心理和意识状态。

9. 人们的群体身份认同并不完全取决于经济地位，同时也会受到其种族、民族、宗教信仰、性别等社会属性和生活方式、消费行为实践因素的影响。因此，以经济指标划分的客观阶层归属与主观认同之间的关联程度，在不同社会、不同时期、不同文化传统和不同社会政治背景下会有所不同。

10. 不同阶层的成员因受社会地位、经济状况、利益角度的影响，在价值取向、政治态度、教育与成就动机等方面都有一定的差异。

11. 民族心理指一个民族作为一个大群体所具有的典型心理特点，也包括该民族的成员个体身上所体现的这些心理特点。同一个民族，由于其民族文化的长期积淀以及在该民族成员心理上的投射，通常有着共同的精神结构和行为方式。

12. 跨文化的比较研究是一种研究途径和研究原则，要求研究者在运用各种方法和技术进行民族心理研究时，要把被研究者置于特定的文化背景中，并对此进行比较研究。跨文化的比较研究有助于避免单一文化范围狭窄带来的研究结论的局限性，还有助于人们发现人类行为的普适程度。

13. 民族心理学的跨文化研究必须确要保证研究中的等值性，包括概念等值、功能等值、语言等值和测量等值。概念等值是指在所研究的不同民族或文化中，人们对特定概念的理解是一致的。功能等值是指问题让不同文化背景中的人产生同样或相似的反应。语言等值是指如果研究中用到两种或两种以上的语言，调查、访谈、测验中所用的书面和口头语言要在语义上相等。测量等值是指在不同文化中的测量过程要标准化，使测量数据能够进行比较。

14. 民族认同是指某一民族共同体的成员将自己和他人视为同一民族，并对这一民族的物质文化和精神文化持亲近态度。Phinney 认为民族认同包括四个维度：民族自我认同、民族认同的实现、民族行为和归属感。

15. 对于个体而言，民族认同是一个具有阶段性的动态发展过程。Phinney 将民族认同的发展过程分为三个阶段。第一阶段是弥散的民族认同；第二阶段是寻求民族认同；第三阶段是民族认同的实现，即正面评价自己的民族。

16. 民族性格是指一个民族在共同的文化背景和特定的社会历史条件下形成的、社会成员普遍具有的稳定的态度和习惯化了的行为方式。

## □ 复习与思考

1. 社区与我们熟悉的"居委会"有何区别？你是否意识到自己属于某个社区？

2. 观察一下你所在的社区成员，他们有哪些共同之处？

3. 从生态学的视角分析社区中的老人或青少年的生活受到哪些环境因素的影响？

4. 划分阶层的客观标准有哪些？由客观标准划分出的阶层成员是否也认同自身的阶层身份？

5. 举例说明不同阶层的成员在心理上有何差异？为什么会有这些差异？

6. 什么是民族心理？民族心理是如何形成的？

7. 用跨文化的比较研究对各民族的心理特征进行研究时，为什么要保证研究的等值性？如何才能做到研究等值？

8. 你怎样理解中国人与其他文化背景下的人的心理和行为差异？

9. 你对个体心理、小群体心理和社会群体（大群体）心理间的关系是如何理解的？

## □ 推荐阅读资料

1. Dalton, J. H., Elias, M. J., Wandersman, A. Community psychology：Linking individuals and community[M]. Belmont：Wadsworth/Thomson Learning, 2001.

2. Aronson, E., Wilson, T. D., Akert, R. M. 社会心理学（第五版）[M]. 侯玉波，等，译. 北京：中国轻工业出版社，2005.

3. 桑标. 社区青少年心理研究[M]. 上海：华东理工大学出版社，2006.

4. 王登峰、崔红：中西方人格结构差异的理论与实证分析[J]. 心理学报，2008，40（3）：330.

5. 张建新，周明洁. 中国人人格结构探索——人格特质六因素假说[J]. 心理科学进展，2006（4）.

6. 周晓虹. 现代社会心理学[M]. 上海：上海人民出版社，1997.

7. 佐斌. 西方社区心理学的发展及述评[J]. 心理学动态，2001（1）：71-76.

# 第十二章 大众心理与行为

**学习本章内容，将有助于你对以下问题的理解和思考：**

➢ 流行有何意义？流行形成的原因是什么？

➢ 什么是模仿？人为什么会发生模仿行为？

➢ 何谓感染？感染形成的基本条件及其运行机制是什么？

➢ 什么是社会舆论？舆论的发生过程包括哪几个阶段？

➢ 谣言产生的原因是什么？

➢ 如何制止谣言的传播？

➢ 请分析有关群众运动的理论观点。

2009 年 7 月 17 日，河南开封杞县上演了一出现代版的"杞人忧天"。在杞县出城的各个路口，小轿车、拖拉机、大客车、摩托车等各式交通工具排成了长龙，争相出城"避难"。没有车的居民，则带上点简单行李，步行出城。亲身经历了"大逃亡"的一名杞县居民说，这就像好莱坞灾难大片中的画面一样。制造这场"大逃亡"的不是地震、不是怪兽，而是谣言。"发生了钴 60 泄露"、"发生核泄漏"、"核泄漏造成多人死亡"，等等传言，通过互联网、手机短信在坊间疯狂传播，最终促使了杞县县城"十室九空"。杞县政府部门事后称这是小题大做，杞人忧天。而老百姓却质疑政府为何不及时公布信息，让老百姓心头无忧……

谣言的危害可见一斑，但是人们为什么对它深信不疑？它是如何产生的？这就是本章要讨论的主题：大众心理与行为。

## □□□ 第一节 流行

**流行**(fashion) 作为一种大众心理现象，代表着一种文化。它是由时尚、时髦、消费文化、休闲文化、流行生活方式、流行品位、都市文化、次文化、大众文化以及群众文化等概念所组成的一个内容丰富、成分复杂的总概念。这个总概念所表示的是按一定节奏、以一定周期，在一定地区或全球范围内，在不同层次、阶层和阶级的人口中广泛传播起来的文化。

### 一、流行的定义

**流行**又称时尚，是一种群众性的社会心理现象，是对一种外表行为模式的崇尚方式。《中国大百科全书·社会学卷》将流行与时尚做了相同的解释：流行是一种普遍的社会现象，指社会上新近出现的或某权威人物倡导的事物、观念、行为方式等被人们接受、采用，进而迅速推广以至消失的过程，又称时尚。[①] 国内学者周晓虹认为，时尚是在大众内部产生的一种非常规的行为方式的流行现象。具体地说，时尚是指一个时期内相当多的人对特定的趣味、语言、思想和行为等各种模型或标本的随从和追求。时尚的传播、普及和发展所依靠的主要手段是流行。因此，时尚与流行实际上是同一事物不可分割的两个方面。离开了流行，时尚便不会成为时尚，时尚是流行的必然结果；离开了时尚，也就没有什么东西得以流行，因而流行也就不会发生。正是由于流行和时尚的关系如此密切，在日常

---

① 沙莲香. 社会心理学[M]. 北京：中国人民大学出版社，2006：252.

生活中乃至在社会学和社会心理学的研究中，人们对这两个概念往往是混用的。在英语中是同一个词 fashion。①

流行一般表现为突然迅速地扩展与蔓延，又在一个相对较短的时间内消失。这种转变的过程是一个缓慢的、逐步变化的过程。国内学者时蓉华认为，流行包括三个方面的含义：（1）流行是对某种生活模式或标本的随从和追求，他们涉及的范围非常广泛，有各种各样的流行形象，例如歌曲、词语、色彩、行为，等等；（2）流行是有相当多的人去随从和追求的某种生活方式；（3）流行是一个时期内的社会现象，过了这个时期之后就不再流行。若长时间持续，就会转化为人们的习惯，成为社会传统。

根据表现的热情程度和持续时间的长短，可以把流行区分为时髦和时狂。**时髦**是流行的一种典型表现。它在一定时间内受人赞许，而且经常发生变化。它也包含了对某些被认为有待于改进的行为规范的叛逆。因此，人们对时髦的追求乃是偏离传统行为而倾向于当前新颖入时的生活方式。**时狂**是流行的一种特殊的、狂热的表现，是热情追求某些生活方式而缺乏理智的倾向。当流行达到高潮时便成为"狂热"、"时狂"。例如 17 世纪在荷兰曾发生过的"郁金香热"以及我国的"返城风"、"下海热"、"君子兰热"等等都可以说明时狂的特点。时下许多青少年对歌星、影星、球星等的痴迷同样也是一种时狂的表现。

## 二、流行的特点

流行的内容虽然各不相同，但它们有一些共同的特征。

### （一）新奇性

流行的内容必定是新近发生的新奇样式，这是所有流行项目的最显著的特征。流行项目本身是否新奇主要取决于人们的认识，只要这种项目在当时被人们所接受，并被认为是新奇的样式，就可能流行起来。

### （二）现实性

开始追求新奇、时髦事物的总是少数有一定社会地位的人，只有他们崇尚的样式才会成为众多的人追随的对象。也就是说，社会上某些有地位的人往往处于流行的领导地位。如果一种风尚发生在权威身上，则流传速度就比较快。一般说来，流行只要不违反社会规范，就可以允许人们自由地去选择，如女青年穿吊带衫、超短裙等，完全可以由人们任意选择，社会并不禁止。流行的内容往往突出反映了当时的社会和文化背景，从而具有现实性的特点。

---

① 周晓虹. 现代社会心理学[M]. 上海：上海人民出版社，1997：412 – 413.

### （三）短时性

流行的整个过程在社会生活中显得非常短暂，流行着的东西可以在短时间内消失。例如，社会上曾流行过开发儿童智力的玩具——魔方，一时间在全国各大城市十分流行，发展得特别快，但时间不长，红极一时的魔方就在市场上销声匿迹了。在现代社会，电影、电视、杂志，尤其是互联网等传播工具日渐普及，通过大量的宣传媒介，人们可以了解国内外最时兴的东西，从而加速了流行的兴衰。

### （四）周期性

流行的变化具有周期性。今天作为时髦的事物，几个月之后也许变成陈旧的东西；今天是陈旧的事物，若干时间以后往往又被看做是新式的。美国学者A. L. 克鲁伯曾经研究过妇女时装的变迁，发现 1844 年至 1919 年这段时间里，时装的变化大约每 5 年到 25 年出现一个循环。流行的变化符合人们追求某种生活方式呈"常态曲线"的特点，流行项目的变化总是从一个极端走到另一个极端。"喇叭裤"和"健美裤"的流行，就是流行周期性变化的一个实例。

### （五）规模性

流行要有一定数量的社会成员参加。在人们的周围，存在着各种各样的生活样式。但流行一旦发生，便只对多种样式中的一种盖上切合时宜的印记，促使人们采用它，追随它。因此，流行的东西可以在心理上诱发人们的共同反应。反过来说，只有众多的人追随某种流行样式，这种样式才得以流行。

## 三、流行形成的原因

### （一）社会因素

1. 流行受社会文化的制约。在封建社会之中，人们的地位、身份、职业大都是世袭的、固定的，而且等级森严，人们的服装、衣饰、房屋、娱乐等都有严格的规定，旧的秩序与思维模式禁锢着人们的头脑，人们思想保守，大都不去追求新奇的事物，故流行不易形成。而现代社会对于新的技术、新的设想总是持一种宽容开放的态度，流行较容易形成[1]。

流行最容易形成于两种社会形态交错时。当社会存在着阶层，而且阶层间流动的可能性很大时，流行容易形成。人们总是希望借助于某种流行项目，使自己和其他人区别开来。在阶层流动成为可能的条件下，人们更会设法使自己接受上层社会流行的生活方式，产生认同感，借以提高自己的社会地位。

2. 流行依靠大众传播工具的宣传。现代交通和大众传媒的快速发展，为流

---

[1] 时蓉华. 社会心理学[M]. 杭州：浙江教育出版社，1998：541-545.

行的传播提供了可能性，尤其是电影、广播、电视的发展与普及，使人们不出家门就能及时了解社会上流行的服装、歌曲等，从而很快地追随流行。流行和商业网络相呼应，这有助于提高流行的周转率。例如，1893 年的芝加哥博览会，把东方艺术格调和东方美引入了欧洲的建筑和服装界，1924 年的巴黎博览会，同样在相当大的规模上交流了各国的技术发展和制品的方式。

3. 流行需要一定的经济基础。流行的实现必须以一定的经济条件为基础。如服装、乐器、手机、照相机的更新，前提取决于人们的消费实力。因此，一定的物质条件为人们追求流行提供了基础。没有一定经济基础的人，就无法追求流行。另外，流行的现实性特点决定了流行必须给社会带来益处，才会得到人们的追随与支持。如果流行的东西没有任何实用价值，则会受到人们的抵制，即使一时流行起来，也会在很短时间内消失。

**（二）心理因素**

流行并不具有社会的强制力，它与风俗不同，违反风俗往往会遭到社会的反对，而不追随流行并不会遭到人们的指责。人们追求流行是基于心理上的种种需要。

1. 从众与模仿。对于多数人来说，被人视为怪癖、孤独是不能忍受的。于是，人们就要努力去适应周围环境，以保持心理上的平衡。最简单而又可靠的方法就是从众与模仿。既然这么多人这样做，一定是合乎时宜的，一定是正确的，自己与他们一样，也不会错，此即从众（conformity），于是流行项目便成了引导人们如何行动的模特儿。模仿（modeling）乃是再现他人的一定外部特征和行为方式、姿态、动作和行动，这些外部特征、行为方式、姿态的特点还同时具有一定的合理的情绪倾向性。社会上许多人竞相模仿某种新奇事物时，就逐渐形成一种社会风尚。

2. 求新欲望。社会生活的内容若缺乏变化则会变得陈旧，人们的精神面貌也就会缺乏生气。人们企图打破这种趋向的动机与流行的追求有着密切关系。人有一种基本欲望，即想要从自己周围环境中寻求新刺激的欲望，来满足自己的好奇心。而流行之所以能够存在，正是本身具有新奇性的缘故。

3. 自我防御与自我显示。有些人感到自己社会地位不高，承受着种种束缚，希望改变现状，避免受到心理上的伤害与压抑。他们往往认为追求某种流行可以实现自我防御与自我显示。于是，他们或者是为了发泄自己被压抑的感情而追求流行，或者是为了克服自己的劣等感而采用华丽的流行的项目。例如，经济条件不宽裕的青年，他们结婚时特别讲排场、摆阔气；学习成绩不好的学生，总想用些流行的新奇词汇，以求消除自己的劣等感。这些都是为了自我防御（ego defense）。

有些人往往喜欢"标新立异"。他们有意无意地向他人表现和主张自己与众不同，以此来显示自己的地位与个性，表明自己的嗜好与欲望。他们追求流行时为了自我显示（或自我展现）（self - expression）。

4. 追随流行存在个体差异。人们是否追求流行，在流行的哪个阶段追求得最积极，往往表现出很大的个别差异。人们追求某种生活方式呈常态曲线（normal curve）分布，罗杰斯（Rogers,1971）以革新性为标准把人们分为先驱者、早期采用者、前期追随者、后期追随者和落伍者五种类型。①

先驱者（pioneer）一般都是属于财力雄厚、富有冒险精神、有勇气、经常希望尝试新的构想的人。在生活中他们有时会被认为是"怪人"。早期采用者（early adopter）是有见解的、有眼力的人，也往往是为周围人所信赖而起着舆论指导者作用的人。这种人能够成功地预见新事物的发展趋势，果断地去采用新的构想。前期追随者（early follower）是那些很少自己带头前进，对于新的构想比较慎重，但却能相当积极地追随流行的人。后期追随者（late follower）对于新的构想抱十分慎重的态度，直至占压倒多数的人都采用时，才决心加以采用。落伍者（drop - out）对于新的构想经常保持戒备，倾向于旧传统，对于人们追随流行的倾向十分不满，并看不惯。他们和先驱者一样，在很多场合下都比较孤立。

流行与个体的年龄、性别、人格特质有关。一般讲，女性比男性更倾向于追求流行，青年比老年更倾向于追求流行，脾气容易变化的人、喜欢华丽的人，对流行特别敏感。此外，虚荣心、好奇心、好胜心强的人也都比较追求流行。

## □□□ 第二节　模仿和感染

### 一、模仿

#### （一）模仿的概念及特征

模仿（imitation）是指个体在没有外界控制的条件下，受到他人行为的刺激影响而引起的自主地仿照他人的行为，使自己的行为与之相同或相似的活动过程。通过模仿，人类可以直接吸取别人的经验以充实自己。在个体社会化的过程中，人们为了掌握语言以及其他各种技能，必须要借助于模仿。模仿是社会学习的基础，借助于模仿人可以对各种社会经验规范取得一定的了解。一个人的行为举止、思维方式、情感取向、风俗习惯以及个人性格等，无不带有模仿的痕迹。因此，在早期的社会心理学研究中，模仿常常被视为人类的一种基本而普遍的本能。

---

① 时蓉华. 社会心理学[M]. 杭州：浙江教育出版社，1998：540 - 541.

模仿具有以下几个特征①：（1）非控制性。模仿不是由他人或社会所控制的行为，有时是对榜样无意的仿效。（2）表面性。模仿是针对他人外显行为的模仿，而不是对榜样内心世界的模仿。实际上，内心世界、个人体验是无法模仿的。对他人气质、性格的模仿，也是通过模仿他人的一系列行为体现出来的。（3）主动意识性。在模仿过程中，模仿者是主动的，在很多场合之下是有意识的、自觉的，他们往往很清楚自己的行为目的。（4）相似性。模仿是对榜样外部行为的仿效，所以，模仿者的行为就要与榜样的行为相同或类似。尽管这种相似不可能做到完全一样，但总会存在某种程度或行为某一部分的相似。

**（二）　模仿的种类**

模仿的形式多种多样，我们可以根据模仿的自觉意识性程度以及被模仿对象的不同，把模仿划分为不同的类型。

1. 根据模仿的自觉意识性程度高低，可以把模仿分为有意模仿和无意模仿

有意模仿是指模仿者自觉地学习他人的行为，是一种有动机、有期望的模仿。一般情况下，有意模仿者会了解他人行为的意义，了解自己行为与他人行为的差异，从而不断调节自己的行为以与他人的行为相仿，这是人类学习的一条重要途径，也是社会影响的主要形式之一。例如，一个人到一个陌生的人家作客或者去参加一个比较正式的宴会，总是会担心自己举止失当，因此就会格外注意模仿他人的行为。有时模仿者并不十分了解他人行为的具体意义，但感到模仿这种行为对自己有好处，也会产生有意模仿行为。

有意模仿又分为适应性模仿和选择性模仿。适应性模仿，即人们为适应新的生活而模仿他人的行为。如城里人到乡下或乡里人到城里，都要尊重并学习当地的风俗习惯和生活方式，不管这种方式和风俗是否合理。选择性模仿，则是人们经过思考而有选择地模仿。人们的行为和思想多种多样、纷繁复杂，其中有合理的，也有不合理的。如果模仿者经过思考择其善者而从之，即学习和模仿有利于个人的发展和社会进步的行为或思想，我们称之为合理的模仿。反之，如果模仿者经过思考择其恶者而从之，即学习或模仿有损于个人发展或社会进步的行为或思想，我们称之为不合理的模仿。

无意模仿是指模仿者在没有意识到自己行为意义的情况下，不知不觉地仿照别人的行为。这种模仿大部分是由于生活在一个特定的环境中耳濡目染而形成的一种不自觉地模仿他人的行为。无意模仿并非完全无意识，只是意识程度比较低而已。

2. 根据被模仿对象的不同，可以把模仿分成对个人的模仿和对群体的模仿②

---

① 孙时进. 社会心理学 [M]. 上海：复旦大学出版社，2003：214.

② 孙时进. 社会心理学 [M]. 上海：复旦大学出版社，2003：215.

对个人的模仿是模仿者将某个人的行为作为自己的榜样，把被模仿的对象当做自己的榜样。这种模仿大都是有意的，是希望自己的行为类似于榜样的行为。因此，对个人的模仿常常会变成对榜样的崇拜。

对群体的模仿是模仿者将群体的某种共同行为作为自己模仿的对象。对群体的模仿也可分为对群体规范和群体特定行为的模仿。如一个新的队员会模仿球队其他球员上场时划十字架的动作，办公室的一位新成员会改吸其他办公室成员都吸的那个牌子的香烟，等等。

**（三）影响模仿的因素**

1. 年龄因素。一般来说，儿童的模仿性大于成年人，这是比较容易观察得到的。儿童的模仿行为是个人社会化不可缺少的环节。儿童关心、喜欢、接触多的人和事物，往往首先成为他的模仿对象。所以，一般而言，父母总是儿童模仿的榜样，年龄越大，模仿的行为就越少。

2. 地位因素。无意识模仿不受许多客观因素的影响。有意识的模仿则有一些基本规律可循，一般而言，子女模仿父母，学生模仿教师，下级模仿上级。父母、教师、领导在模仿者眼中具有权威性，模仿他们的行为，容易得到社会的认可与好评。因此，模仿者常常将地位比自己高的人作为模仿的榜样，希望由此走上成功的捷径，或者减少由于盲目行为造成的各种失误。

3. 相似特质。在社会交往中，人们容易模仿那些在某些方面胜过自己，却又与自己有某些相似的人格品质、心理特质或外表特点的人。对于与自己相似的人，人们在易于接纳的心理影响下，会产生行为上的模仿。

**（四）模仿的理论**

1. 模仿的"本能论"观点。亚里士多德认为，模仿是人的一种自然倾向，是人的本能之一。达尔文对这一观点也持肯定态度，不同的是，他认为模仿不仅是人的本能，还是高等动物的本能。在《人类的由来及性的选择》一书中，他列举了很多人类与高等动物在心理上的相似性和连续性的特征，其中就包括模仿在内。

上述有关模仿的"本能论"观点对社会心理学领域产生了巨大的影响。在20世纪初，塔尔德（G. Tarde）和麦独孤（McDougall）等人都把模仿看成是一种先天的倾向，尤其是塔尔德的"模仿论"更是著名。在他看来，模仿是社会发展和社会存在的基本原则，由于模仿的结果而产生了群体的规范和价值。模仿是社会进步的根源，这种进步主要表现在两个方面：一方面是个人的创造，即发明；另一方面是社会的同化即模仿。在社会生活中，发明不断地涌现，大家纷纷效仿以便这些发明和发现进入社会结构之中。塔尔德在其名著《模仿律》中，把模仿视为犯罪的基本规律，并用模仿来说明社会现象。他制定了这样三条亚定律：（1）下降律，即下层阶级具有"模仿上层阶级的倾向"。比方说，像流行这种社会现象就是一种自上而下的越来越广泛的瀑布式传播。(2)几何级数律，即在没有干扰的理想状态下，模仿行为将以几何级数的速度增长。流行、谣言无一不是以这种滚雪球的方式扩散的。(3)先内后外律，即个体对本土文化及其行为方式的模仿与选择一般总是优先于外域文化及其行为方式的。

塔尔德的这些观点在对模仿的解释中可以借鉴的东西确实不少，但是他把模仿当成人类的本能，再以这一本能来解释整个社会的进步的观点却是错误的。普列汉诺夫就曾经指出，如果以模仿来解释社会生活的话，那么，这是对历史过程的庸俗化。事实上模仿在人类社会的历史发展中只是具有相对的作用。

2. 社会学习理论。这一观点最初以米勒(N. E. Miller)和多拉德(J. Dollard)为代表，他们以"强化理论"来说明人类模仿行为的产生。

米勒曾以动物实验来证明模仿是后天习得的。在米勒的实验里，他让一只已经熟悉了环境并具有引导功能的白鼠在"T"型迷津中学习辨认白与黑的刺激，然后将该鼠置于出发点，而将另一只不熟悉环境的白鼠放在其后。如果后者跟从前者行动并获得酬奖，后者就会一直跟从前者而行动。相反，如果得不到酬奖的话，后者就不再跟从前者而行动了。因此，米勒认为，模仿是后天通过强化习得的。他曾将模仿行为分为三类，即同一行为、翻版行为和仿同行为。

20世纪60年代以后，班杜拉(A. Bandura)结合人类的认知过程来研究人类的模仿行为，认为和人类的许多其他行为一样，模仿不是先天的、本能的，而是在后天的社会化过程中逐渐习得的。但他不同意米勒的简单说法。他认为，先前理论的许多缺失之处在于忽略了重要的社会性因素，亦即人和人之间的相互影响过程。他指出强化与行为有关，而与学习无关。他通过实验发现，成年人的攻击行为如果受到奖赏，小孩就会模仿这个成年人，这就是说强化与小孩的模仿"行为"有关。实验者后来告诉这些小孩说，如果他们能表现出成年人那样的攻击行为，就可以得到很高的奖金，于是，所有的小孩都成功地再现了成年人的攻击行为，这就是强化(对成年人的奖惩)，与小孩的"学习"无关。

班杜拉等人还通过一项有趣的实验发现，孩子们还倾向于模仿有权威的成人。实验者把被试一个个地组成3人群体，3人中一个是上幼儿园的小孩，还有一男一女两个成年人，构成类似一个核心家庭。两个成年人中的那个男人(或者女人)有权利决定另外两个人谁能玩那些诱人的玩具。这种关系就造成了两个成年人的不同地位：一个有权威，一个没有权威。实验表明，无论是男孩还是女孩，他们都倾向于模仿那个有权威的人，而不管这个人是男的还是女的。此外，班杜拉对侵犯行为、性别角色差异、亲社会行为进行了深入的研究，在模仿研究领域作出了自己的突出贡献。

## 二、感染

### （一）感染的概念和特征

**感染**(influence)是个体的情绪反应受到他人或群体的语言、表情、动作及其他方式的影响，引起个体无意识的、不由自主的相同情绪反应和行为遵从。感染是一种群众性的模仿。感染有两种，一种是行为方面的感染；另一种是情绪方面的感染。个人迫于群体的压力而采取与其他成员相一致的行为反应属于行为方面的感染。它能使一个人暂时放弃行为的社会约束而激动起来，群体的参加者都用一种相同的态度、观点和价值定向，促进个人之间的模仿过程。情绪感染可以分为个体间的情绪感染、大型开放人群中的情绪感染以及典型事件的情绪感染。中国成语"一人向隅，举座不欢"表达的就是比较典型的个体间的情绪感染，而集会游行中和运动会场中常见的群情激荡场面就是比较典型的开放人群中的情绪感染。文学作品、艺术形象对人的情绪的影响则是典型事件的情绪感染。情绪感染容易引起循环反应。"这是一种由别人的情绪在自己身上引起的同样的情绪过程，它反转来又加剧别人的情绪。"① 这种被加剧了的情绪可以传遍整个人群，在个体与个体之间、个体与群体之间激起他们更为强烈的反应。

与模仿比较而言，感染具有这样三方面的特征：② （1）感染影响的实现不是使感染者接受某种信息或行为模式，而是传递某种情绪。感染是在一种无压力、不自觉的情境中所激起的情绪反应。（2）感染不同于暗示和模仿等单向性的影响。人们相互之间的感染、情绪的传递交流，是双向乃至多向的相互影响。例如，一个戏剧演员全身心地进入了自己的角色，其杰出的表演，使观众受到了强烈的感染，而观众雷鸣般的掌声又传递了观众的热烈情绪，从而又加剧了演员的情绪，使他激动得不能自已。人与人之间的感染影响，就是这样的一种相互强化反应。（3）感染是一种群众性的模仿，利用这种方式能够对大量的人群产生一定的整合作用。人们相互之间靠感染达到情绪的传递交流，使情绪逐渐趋向相同，进而引起比较一致的行为。

### （二）感染的心理特征

感染实质上是情绪的交流传递过程，易受感染的个体在感染发挥作用时总会表现出一些共同的心理特征。

1. 情境引起的共鸣性和个体心境的相似性。情境既包括自然的和社会的环境，也包括个体的心理状态。当你与朋友到塞外观光，面对茫茫草原，朋友放声

---

① W. 巴克. 社会心理学[M]. 天津：南开大学出版社，1984：178.
② 屠文淑. 社会心理学理论与应用[M]. 北京：人民出版社，2002：191－192.

高歌，即使你平时很少唱歌，此时由于置身于同一情境，也会随声附和以抒情怀；当你置身一个追悼会的时候，逝者亲人悲痛欲绝的身影一定会让你"痛由心生"。至于我们常说的同病相怜等状况，皆可以说明相似的情境会引起情感上的共鸣，致使人与人之间相互感染现象的出现，个体的心理状态的相同也易于相互感染现象的出现。总之，相似的自然条件和社会环境，以及个体心理状态的相同，是感染发生的一个重要条件。

2. 态度的趋同与价值观的同一。对某一事物持相似态度的人，彼此容易产生感染。在剧场里你常可以见到这样的情景：当摇滚歌手上台演出时，上了年纪的人或有一定社会地位和身份的人或一脸严肃，或一言不发，或拂袖而去，而与此同时，场内的年轻的"摇滚迷"们却会跟着"呼天喊地"，一派过节的景象。这种区别与年长一代和年青一代的价值观与生活态度的不同极有关系。

3. 社会地位的差异导致心理感受的差异。社会地位相同或相似，心理距离也比较接近，在涉及个体的利益方面也有相近之处，因此，容易产生相同的态度，彼此较少戒备和反感，最容易相互感染。社会地位差距很大，就很难在情绪和行为方面相互感染。比如，近几年，有人提出"让女人回家"的说法，并列举女人回家相夫教子的种种好处。这遭到女性特别是知识女性的强烈反对，引起女性一致的愤慨。但在男性中却引不起激烈的情绪反应。①

4. 理智水平的高低程度决定感染的程度。个体自我意识的水平越高，越有理智，就越能控制自己的感情，也就会较少地受到情绪感染。理智与情绪感染是负相关的关系，即理智水平越高，接受他人感染的几率就越低，程度就越浅。但是，理智对感染产生的作用不是绝对的、始终如一的。当个体受到群体强烈情绪感染时，也会发生不受理智控制的情绪感染现象。再者说来，一个人不可能始终保持高度的自我控制，其自我控制意志一旦放松时，情绪感染就容易产生。

□ □ □ 专栏 12 – 1

### 警惕自杀的模仿与传染

在有关自杀的研究中，自杀的传染是一个受重视的现象。不少研究都介绍过因影视、广播等媒体详尽报道一些自杀事件而使社会上自杀者或企图自杀者增加的事实。日本曾出现一位走红女演员跳楼自杀事件，此后的几个月中，连续不断出现采用类似方式而自杀的事件，其中女学生居多；筑波大学发生过一男性教师从理工大楼 7 层跳楼自

---

① 屠文淑. 社会心理学理论与应用[M]. 北京：人民出版社，2002：193.

杀，一年中在同一地方先后以同样的方式自杀 3 人。研究表明，自杀的模仿性现象及潜意识引导确实存在。对 1973—1979 年美国电视报道自杀事件的研究报告指出，电视报道自杀事件确能导致青少年自杀率上升，越多媒体报道，内容越详尽，则引致自杀率上升幅度也越大。青少年女性自杀率上升约 13%，男性上升 5%。学者们认为最容易引发模仿性自杀的新闻报道有以下特征：详细报道自杀方法；对自杀而引致的身体伤残很少提及；忽略了自杀者生前长期有心理不健康的问题；将引发自杀的原因简单化；自杀者知名度高，社会影响大；使人误认为自杀会带来好处等。为减低自杀的传染现象，学者们强调大众传播媒介应注意在报道自杀事件时持谨慎态度，应尽量指出自杀者实际有很多其他可以选择的途径，自杀不是唯一出路，以便尽量减少那些有自杀意念的人认为自杀是一种正确处理困难的方法以及自杀是一种可以理解的选择。

资料来源：http://health.21cn.com/suicide/2007/09/10/3465806.shtml

## □□□ 第三节　舆论

舆论是一种语言化了的大众心理现象，它是在人们意见分歧情况下出现的多数人意见的总和，反映了人们普遍的要求和共同的希望，或对某个事件的一致评价，代表了人们对社会重大事件的一致态度。舆论作为一种社会力量能对人们的心理与行为进行控制与引导。

### 一、舆论概述

#### （一）舆论的概念

舆论即众人之论，也就是公众的意见，舆论也称为社会舆论。由于舆论是一种语言化了的大众心理现象，政治学家、社会学家和社会心理学家都有不同的解释。[1] 政治学家 J. 普莱士指出："舆论一词是指有关影响于社会事项的意见的集合。这是一切不同见解、信仰、想象、成见与渴望等的综合体。"社会学家 R.E. 派克等人指出："舆论不是公众全体或大多数人的意见，也不是特殊群体个人的意见，而是代表公众全体一般倾向的综合意见。""舆论必须包含公开讨论。任何事情一旦到达公开讨论时期，就有舆论表现。"社会心理学家 F. 奥尔

---

① 时蓉华. 社会心理学 [M]. 杭州：浙江教育出版社，1998：556.

波特在其所著的《社会心理学》一书中指出："舆论一词指全体或大多数人的共同信念或情操。""舆论仅是个人意见的集合。"舆论乃是"社会上普遍的见解"。可见，他把舆论理解为社会上普遍的、一致的看法与意见。

社会心理学家对舆论已经形成一致的看法。沙莲香在《社会心理学》中指出："舆论是指大家共同关心的有争议的问题上多数人意见的总和，是社会上的众人对某些社会事件的一致反应和判断，是具有代表性的综合性的意见。"社会舆论具有群体的性质，通过自由表达和传播（口头传播、网络传播、新闻传播）来反映民间的观点和态度，能产生一定的影响。社会舆论发表的意见往往是有针对性的，带有明确的目标，期望对于事态的发展给予一定的影响。因此，社会舆论是公众的意见，是形成公众看待问题的"正常的"价值规范和行为规范，并有意识地形成相应的社会风气，产生一定的行为导向，对社会产生一定的压力。

我国学者孙本文（1946）在他的《社会心理学》一书中曾经指出不同的舆论定义存在四个共同点[①]：（1）舆论若是社会上许多人共同的意见，则具有社会力量，可以制约个人行为。（2）舆论既是共同的意见，则必有一致的看法，但此种一致的看法由不同意见最后演变而来，它是各种意见的综合体。（3）舆论有时是一种合理的判断，有时则纯粹为感情的表现。这须视具体情况而定。有的情境可以引起人们冷静的思考、充分的讨论，以形成一致意见；有的情境可以引起人们感情的冲动，因而形成共同看法。（4）舆论是属于全体的意见、多数人的意见或少数人的意见，主要根据这种意见本身的力量。有力量的意见即使是少数人所主张的，也可以成为舆论。一般舆论的形成，开始往往来自少数人的意见，经互相讨论，然后得到多数人的赞同，所以某种意见只要经过社会上有力量、有影响的少数人的号召，无形中就会成为社会上的主要意见。

**（二）舆论的特征**

舆论的特征可以从静态和动态两方面进行讨论。

1. 舆论的静态特征包括公众性、公开性、指向性、评价性和集合性。舆论的公众性包括两层含义，一是舆论的客体是公众所关心的现象、事件、人物等带有公共性质的事务；另一层是有一定数量的社会舆论主体参与舆论的表达、传播。这两者是辩证统一、相辅相成的。舆论的公开性也有两层含义，第一层是个人向社会公开，即个人把自己的意见传达给别人；另一层是社会向公众公开，即社会赋予公众以知情权和言论权。舆论的公开性是衡量社会进步的尺度。舆论的指向性，或称针对性，是指舆论针对现实有着自己特殊的指向，并针对特定的舆论客体。舆论是现实社会的监测器、时代的晴雨表、公众心理的显示器。舆论的

---

① 孙本文. 社会心理学[M]. 北京：中国商务出版社，1946：207.

评价性是指人们对舆论客体的评价、评议，其态度具有鲜明的倾向，或赞扬或批评，或肯定或否定，或支持或反对，或拥护或抗议，等等。舆论的集合性是指人们不同意见的一致性与集合趋势。"人的本质并不是单个人所固有的抽象物。在其现实性上，它是一切社会关系的总和。"人是社会的存在，他不能脱离社会群体独立生活或独立思想。人们总是在社会中形成、交流、传播思想观点，总是力争以自己的态度和意见去影响他人，同时自己发表意见时又受到他人态度和意见的影响。这样在一定的社会环境下，各个人对现实问题看法的这种相互折射、相互影响，逐渐形成多数人的一致意见，表现出一种集合的趋势。

2. 舆论的动态特征包括自发性、灵敏性、流动性、惯性和实践意向性。舆论的自发性针对舆论的形成过程而言，真正意义上的舆论形成，是人们自发地对某一公共事务或突发事件发表、传播、交流意见的结果。舆论的灵敏性是指舆论对舆论对象的迅速反映。正因为社会舆论具有反应现实灵敏度高的特点，人们常把对舆情的观察作为观察、测度社情、党心、民意的一块晴雨表、温度计。社会舆论的惯性是指已有的观念在新的历史条件下表现出来的作用延续性。历史文化沉淀所形成的传统观念不但成为人们观察、评判现实的基点，而且还制约着人们的思维方式，表现为积极维护旧观念的动机和保持旧观念的思维习惯。社会舆论的实践意向性是社会舆论主体共同意志的外化、社会舆论的力量之源。

## 二、舆论的形成及其影响因素

### （一）舆论的形成过程

舆论的形成过程受主观因素与客观因素的制约。形成舆论的整个过程可以相对地划分为三个阶段：

（1）问题的起因。舆论总是起因于社会发生的特殊事故或超越社会规范的特殊行为，这些特殊事故或特殊行为引起了人们的关注，成为人们注意的中心，作为一个社会问题被提出来。这是舆论形成的最初阶段。例如，近年来报纸连续报道了高级官员腐败落马的消息，从而引起社会上许多人的关心，于是舆论将我国高级官员的腐败问题作为一个社会问题提出来。

（2）引起社会讨论。可以说越是引起人们注意的问题，与人们切身利益关系越密切。如我国中年知识分子健康问题，最关心的乃是知识界，尤其是知识界的中年人，他们议论最多，而其他阶层则很少关心，也较少发议论。又如，放假问题，由于它牵动社会上千家万户的生活，差不多人人都会发议论。这是舆论形成的一个重要阶段。

（3）意见的归纳。在议论纷纷之中，凡是符合人们心愿的意见，会逐渐成为一种主流，为社会上层少数人所采纳，并加以宣传、扩散，使之家喻户晓，最终成为舆论。

### （二）舆论形成的影响因素

舆论为什么容易被人们接受与传播呢？首先是舆论代表了群众的倾向性意见和综合观点，它本身具有许多客观的合理因素。除此之外，还有其心理上的原因。

群众主观上早就有了心理感受与心理准备，只不过还不很清楚，不很明确。这种心理倾向遇到了舆论信息，个人原先的心理状态就被唤醒而转变为个人意见。群众的激烈情绪是无法压抑的。他们一旦接受了舆论，就很快会把它加以扩散，以致舆论的形式与传播带有浓厚的情绪色彩。

当个人生活受到挫折与困难不能解决时，最容易接受某种舆论。例如，关于下岗人员待遇低的舆论，最易接受的当然是广大的下岗人员。可见，个人对舆论的接受、扩散与传播，同个人的需要与愿望有关。当舆论和个人的需要、愿望相接近时，舆论传播的速度与广泛性就可增强，如果两者有距离或矛盾很大时，个人对舆论就会置之不理，不作反应。

## 三、舆论的作用

舆论作为一种公众的意见，具有一种巨大的精神力量。

### （一）认识和评价功能

首先要有舆论客体，舆论才有可能产生。人们只有在知道"发生了什么"，才能对所发生的事表明态度，发表看法和意见。舆论是由知情引起，并以自身引起更多的人去知情。这就是舆论的认识功能。但是舆论并不旨在引起更多的人知情或进一步了解客体，告知他人或舆论主体自己要求知道"世界怎么样"，而是旨在评价世界，阐明"世界应当怎样"。舆论评价是舆论主体把自己的主观"内在尺度"投射到舆论客体身上，再通过言语、符号、行为等外化出来，以期反作用于现存世界，使世界，包括人类本身，按舆论主体的意愿、理想运行、发展，从而不断地超越现实、超越自我，创造新世界。这就是舆论的评价功能。

### （二）预测和指导功能

舆论弥漫于社会各个角落，舆论主体遍布社会各阶级阶层、各行各业，从微观到宏观的整个社会的运行状况，都能迅速地为公众所感受，并存活在他们的口头上。舆论是社会的耳目和感应的神经，是权威的预测器。从舆情可以探测出舆论的发展势头和趋势；从小规模的舆论可以感受到大规模的舆论的逼近；从舆论的强烈意志可以预测到舆论客体和相关方面会作出怎样的反应；从社会传闻、民谣等畸变形态的舆论可以预示世界将会发生什么样的变化，所有这些都显示了舆论的预测功能。

### （三） 沟通与调节功能

舆论活动实际上就是一种意见交流和人际沟通过程。沟通是调节的基础，调节是沟通的延伸。舆论对社会基本矛盾的调节有两种基本的途径：当社会基本矛盾还没有达到激化程度时，主要通过影响权力决策来实现调节；当社会基本矛盾达到激化程度时，主要通过唤起民众奋起抗争，推翻现政府，打破现存国家机器来实现强力调节。

### （四） 激励与监督功能

舆论能够激励舆论主体积极地"申张自我"，激励未参与舆论的人们打破沉默，主动地参与舆论活动。舆论又可以促进舆论民主，激励舆论的"百花齐放、百家争鸣"。舆论监督是社会意志的道德法庭，是法律的最好补充。公众通过批评检举、揭发控告、游行示威、媒体"曝光"而发挥舆论监督作用。舆论监督对象和内容极其广泛，涵盖整个社会的方方面面，上至国家元首，各级领导干部、公务员，下至平民百姓。在舆论中，每一个社会成员既可以成为监督主体，监督别人，又有可能随时成为监督对象，被别人监督。

舆论的作用和重要性显示出，在群体、组织和社会的各个领域，形成一种正确、健康的舆论，反对和抵制错误的、负向的舆论是非常重要的。舆论不是一成不变的，它随着社会的发展而不断地变化着。作为群体的领导人必须经常研究当前的舆论，并给群众以正确的指导。

## □□□ 第四节 流言与谣言

### 一、流言与谣言的概念及特征

**流言**（gossip）是一种语言化了的大众心理现象，一般发生在和人们的社会生活有重大关系的情境中，它是广泛传播的有关社会现实问题的无依据的不确切消息。与流言意思相近的**谣言**（rumour），是指利用各种渠道传播的对公众感兴趣的事物、事件或问题的未经证实的阐述或诠释。简单地说，流言与谣言均是在社会大众中相互传播的关于人或事的不确切信息。

### （一） 流言与谣言的概念

"流言"一词始见于《尚书·金縢》，其文曰："武王既丧，管叔及其群弟，乃流言于国曰，公将不利于孺子。"蔡沈注云："流言，无根之言，如水之流自彼而至此。"这就是说，流言是一种无根据的假消息。谣言是指没有事实据的传闻，捏造的消息或恶意的传播失真，它包括含有蓄意欺骗因素的流言。

流言的传播方式一般是口头的、非正式的、非官方的，而且其传播一般来说是单线的、匿名的，很难最终寻访到它们的最初来源，也就无法判定"制造者"的目的、意图。流言与谣言有一定的区别，虽然两者都是缺乏事实根据的相互传播的不确切消息，但是谣言具有故意捏造、恶意攻击、有意蛊惑人心的性质，而流言一般出于无意的讹传所致。

流言一般不是故意去伤害某人，它在动机和目的上与谣言是有区别的，故意散布的"流言蜚语"则属谣言的范畴。如果说流言是基于好奇而产生的一种没有明确目的的社会心理现象，那么谣言则有其实质的目的。根据流言产生的动机，可以把它分为四种：（1）反映社会公众对于某人某事的一种强烈的共同愿望的流言。（2）由于对某事物的好奇而产生的流言。（3）因不安、恐惧而产生的流言。（4）为发泄对某人某事的妒忌、憎恨以至敌视情绪而产生的流言。

社会心理学家奥尔波特认为，流言和谣言是一种通常以口头形式在人群中传播，目前没有可靠证明标准的特殊陈述，"当事件对个人的生活有重要影响而又缺乏有关该事件的消息，或即便有有关该事件的消息但使人在主观上产生分歧的时候，流言和谣言便开始流传"。流言和谣言的一种定义是希布塔尼 1966 年的著作《即席创造的新闻》中提出的社会学解释："流言和谣言由认识活动和交流活动两部分组成，是一种集体性的交际行为，当处在模糊情境中的人们，试图调动他们的全部聪明才智，对这一情境作出有意义的解释时，流言和谣言就会传播开来。"因此，"流言的传播是发挥集体性批判能力以解决问题的交际行为。它是适应情境变化的一种手段，在现有秩序得不到维持时，它将促使社会实行控制"①。

**（二）流言与谣言的特征**

流言与谣言虽有区别，但它们具备一些共同的特征。

1. 流言与谣言的基础是不确切的信息。这里的"不确切"首先指的是，流言和谣言可能是不准确的。绝大部分的流言和谣言是建立在这个基础上的。因此，流言和谣言常常受到人们的强烈贬抑，而"流言"、"谣言"这两个词本身就代表了对这类言论的蔑视。但在有些情况下，被称之为流言或谣言的东西也可能是准确的，但它们是未经证实的。

2. 流言与谣言开始容易停止难。由于种种心理因素和社会因素，流言和谣言不仅在传播速度上非常之快，而且在传播范围上也非常之广。它们是极易在一般大众中流传的消息，因为它们常常是人们茶余饭后的闲聊资料，是"耳语运动"的主要内容，好事之人常常对此津津乐道。所以，一旦传播开来其影响就很难彻底消除。有些传闻往往会经历一种反复出现与消失的过程，只要形成它的社会环境因素没有改变，"辟谣"就难以最后成功。还由于人们往往会对"辟谣"形成一种

---

① 吴江霖，戴健林．社会心理学［M］．广州：广东高等教育出版社，2000：372－374．

"逆反心理"，在有些情况下，越是辟谣，信谣、传谣的人就越多。

3. 流言与谣言既是一种信息的传播过程，同时也是这一过程的产物。某种消息一旦进入大众流通渠道，它就会形成一种信息传播过程。即这种信息就会经过信息持有者的编码、解释、传递直到输送到其他信息接受者那里。而又经这些信息接受者的译码、加工、解释之后再传递到其他人那里。这样就形成了一个循环往复、连续不断的信息传递链条。很明显，在这个传播过程中，由于某种信息被不断地加工、改造、补充、丰富，流言和谣言也就会不断地滋生、助长。

## 二、流言与谣言的产生原因

从流言与谣言产生的原因来看，流言与谣言的产生既有某些人类固有的心理基础的影响，也有其他一些实际的心理、社会因素的影响。

流言的产生往往具有特定的社会背景，并与社会个人、群体的某些特点有关。一般来说，当认知的客体信息含糊不清的时候，容易产生流言；当人们心情焦虑或者存在认知偏差的时候，容易产生流言；当社会处于危机状态的时候，容易产生流言。流言的产生是人们的好奇心理、恐慌心理以及发泄心理的社会表现形式。

谣言的产生既有制造谣言者认知因素的影响，也有一定的心理社会因素的作用。谣言的产生常常缘起于人们在观察、记忆、理解等等方面的不足或偏差。由于人与人之间在信息加工方面存在着客观差异，各人的感受能力、分析综合能力、判断能力等实际能力强弱不一，于是当传递某一信息时，常常会出现遗漏、颠倒和错误，甚至进行任意的增补或加工。这是制造谣言者认知因素的影响与作用，也有一些人出于自圆其说的考虑，呈现出这样的心理倾向，即希望自己的话在别人听来是真实的、合理的，为了达到这个目的，发言者便可能有意无意地增补、删改事实，最后终成流言蜚语。一般而言，社会突然发生事故时是谣言的易发时期。一旦社会上突然发生某类事故，各类传闻会随之发生，谣言也易于传播。另外，社会突然面临某种危机状态，即使尚未发生重大事故，但有发生的可能或征兆时，流言、谣言也容易发生。因为一个社会每当酝酿着某种重大变故时，人们都极力地对环境作出种种猜测，这最容易以讹传讹，致使一些无根据、不确切的消息不胫而走。

## 三、流言与谣言的传播过程

### （一）流言与谣言的传播①

社会心理学家曾经认真研究过流言与谣言在分散的社会大众中传播的具体过

---

①  周晓虹. 现代社会心理学［M］. 上海：上海人民出版社，1997：427－432.

程。他们发现，流言与谣言是一种自发性的、扩张性的社会心理现象。随着一传十、十传百，其内容越传越失真。经过一段过程之后往往会自行消失。

从流言与谣言的扩散来看，它的传播渠道总的走向是一种链式信息网络，但在其间的诸多分支上，又采取了其他的诸如"集聚式"、"偶合式"和"单串式"等信息传播的网络形式。在链式网络传播过程中，流言与谣言的接受者与传递者的增加最初较为缓慢；到了一定程度时，它的传递速度加快，分支也更加繁芜；再往下便达到鼎沸期，接受者与传播者人数大增，传播网络纵横交错，从而使流言与谣言的传播达到饱和或接近饱和状态。达到鼎沸期时，流言与谣言便开始走向落潮阶段。

从流言与谣言的内容变化来看，这种越传越失真的变化取决于传闻的内容、在传播的链式信息网络中所涉及的人数，以及这些人对传闻本身所持有的态度。我们可以从信息的始发者和信息的接受者与再传播者这两个方面，来看传闻的内容为什么会变化以至歪曲。

从信息的始发者来看，常常是由于前面我们提到的那些原因，如对事物的观察有偏差、记忆有出入而造成了对信息的歪曲，这种无意的歪曲就造成了他发出的信息是不准确的或不真实的。

信息的接受者与再传递者又会如何对待他所听到的信息呢？按美国社会心理学家 G. 奥尔波特和 L. 波斯特曼的观点，原来本身就不确切的信息在接受者再传播的时候，常常会因为这样三个原因加以夸张和歪曲：（1）削平，即再传者会把给他的信息中的不合理成分削去，重新安排某些情节，使之"变得更短、更明确、更容易被理解和传告"。经削平之后，传闻的故事性加强，既易于向人传授，也易于吸引他人。（2）磨尖，即接受者再传播时一般总会对原有的信息断章取义，他留下的往往是符合自己的口味与兴趣的，其他的就被舍弃了。"磨尖无疑是削平的互补过程。这两者中任何一个都不会脱离另一个而存在，因为经过削平以后的谣言所剩下的不多的内容正好不可避免地被突出了。"比如，原先传播者使用一些不确切的词汇如："可能"、"大概"等，再传者便成为"一定"、"确实"了。（3）同化，即再传者往往会把给他的信息，根据自己的日常生活经验加以"添油加醋"、"添枝加叶"，这样就使传闻更带有传播者的个人特点。

经过上述阶段，一个真实可信、能够引人入胜的流言或谣言就产生出来并不胫而走了。

**（二）造谣、传谣和信谣的特定心理**

1. 造谣心理

造谣可分为有意造谣和无意讹传。无意讹传的流言和谣言是在传播中产生的，由于个体固有的一些心理特点，如认知能力的差异、记忆能力的变迁、心理活动"合理化"倾向等所致。信息本身受到一定的增删、改造、修饰，发展到一定程度，是可能成为流言和谣言的。但纵观造谣者的心理动机和心态，可分为以下几种：

（1）娱乐心态。抱有这种心态的人从造谣和流言和谣言的传播中得到快感，而与其自身的利益并没有显著关联。例如，在网上就有名为"流言和谣言中心"的空间，其中发表的都是一些荒诞不经的文章。版主"会飞的猪"公开宣称："我绝对不会批判在网上造谣的人们，因为我也是其中一员，并且有些乐此不疲。因为在网上造谣的人本身没有什么动机，所造的谣对自己来说也没什么利害关系，讲白了也就是图个乐，编造天衣无缝的谎言，并使他人深信不疑，广泛流传，能给这种人一种成就感和满足感。"

（2）发泄心态。这种心态是指通过谣言发泄自己对某人、某事、组织和社会的不满。例如因为公司效益不好，有的企业负责人对其他同行业嫉妒和不满，进而散布对其他企业不利的流言和谣言，败坏对手的形象，损坏对手的信誉。发泄心理驱动的造谣传谣例子，很容易在网上传播开来。

2. 传谣心理

传谣者并非像我们想象的一定相信流言和谣言，他也可能根本不相信流言和谣言，或者对流言和谣言将信将疑。相信流言和谣言的人，往往在流言和谣言与自己利益相关时，表现出巨大的传谣热情，寻找与自己"站在同一条壕沟里的战友"，准备用公众的力量捍卫自己的利益。或者在流言和谣言与己无关时，表现出一种幸灾乐祸的心理。不相信流言和谣言的人，在流言和谣言对自己有利的情况下，即使明知是谎言，也会参与流言和谣言的传播，甚至会添油加醋，使流言和谣言更为"合理化"，以达到自己的某种目的。

3. 信谣心理

人们的眼睛和耳朵都会有选择地接收他们想要的信息，或者更倾向于接受他们相信和愿意相信的东西。这叫做人类选择性认识的特点。流言和谣言的形成往往得从社会心理，特别是集体心理上找根源。那些因某种心理原因要相信流言和谣言的人会一字不漏地吞下流言和谣言。认为手机双向收费不公平或不必要的人，比之认为这种制度公正、必要的人更多地相信手机单向收费的流言和谣言。这些人对双向收费制本来就不满，他们抓住一切能够使他们的敌视态度具体化的理由。同时流言和谣言使他们能够大声地表达他们的怨恨：他们由此便能完全正当地攻击他们所批评的目标。人是社会的动物。从众心理也往往会带给人们相信流言和谣言的压力。当周围的人都相信某个流言和谣言时，一个人很难不随波逐流，以证明自己与周围人的一致性。这种从众心理往往导致流言和谣言的猖狂得势。

### 四、如何制止流言和谣言①

流言和谣言是集体行为的产物。普通公众是流言和谣言传播和被传播的主要对象。流言和谣言的威力来自于公众，流言和谣言威胁的也往往是公众的利益。那么，如何有效地应付、制止流言与谣言呢？最常见的防范措施有法律制裁、明令禁止以及消息审查。比如，为了防止传播在北婆罗洲有猎人头族出没的谣言，马来西亚政府曾以政府总理的名义宣布，严惩传谣者。

从社会心理学的角度出发，根据前面的种种分析，我们可以就制止流言和谣言的问题提出以下几条参考意见：

（1）在流言与谣言刚开始传播时，就须准确地评估传闻的性质，即传闻会给社会或个人带来何种结果以及程度如何。古语云："流言止于智者"，大多数人面对流言和谣言，往往只是被动地接受或抵制。而聪明人却能冷静理智地对待流言和谣言，用理性的分析抵住从众心理带来的传谣与信谣的压力。只要官方信息通道和大众媒介向人们提供确切的消息，就可以彻底制止流言的传播。

（2）如果流言与谣言已经广泛传播开来，那么最首要的工作是如何选择适当的渠道向人们披露真情。政府相关部门要完善自身的运作机制，尊重公众的利益，建立定期的新闻发布会制度，保持行政透明，与公众保持畅通的沟通渠道。对于网络上的流言和谣言，可以通过发展相应的网络技术来消除流言和谣言。

（3）要从根本上消除流言与谣言产生的基础与种种动因，首先要保持社会的安定、民主渠道的畅通，并且应该用各种方法提高公众的成熟度和抗干扰能力。现代公关理论中，对危机中的信息披露方式有三个原则，首先是"以我为主提供情况"，掌握信息发布的主动权，积极发布信息并提供解释；其次是"尽快提供情况"，赶在流言出现和爆发之前，把信息公布出来；最后是"提供全部情况"，显示透明度和诚意，这样才能把流言与谣言对公众的伤害降到最低。

 专栏 12-2

#### 有关谣言的强度

社会心理学家奥尔波特列出的谣言强度公式为"$R = I \times A$"。其中 R（Rumor）为谣言的能量，I（Importance）为谣言所涉及的问题对于传播人群的重要性，A（Ambiguity）为谣言证据的含糊性。也就是说，越重要、越难求证的谣言，其传播的能量越大，流布越广。后来克罗斯在这

---

个公式后面加了一个变量"1/C"，C（Criticize ability）即公众对谣言的批判能力。也就是说，谣言强度与公众批判地接受事物的能力成反比。

例如，在"非典"期间，广州市民对第一次听到该疾病传言时的反应就说明了这一点，其中半信半疑占56.1%，而确信不疑的占20.3%，基本不相信和毫不相信的分别占10%和7.9%，一共不到20%的比例，低于确信不疑的人数。在传言的归因方面，一半以上的人们将原因归结为事实不清，即模糊性。原因按照比例高低分别为：政府没有及时发布病情的真实情况（32.1%），新闻媒体没有及时报道病情的真假（23.2%），两者相加达55.3%；其余分别为奸商故意造谣，以便哄抬物价（23.2%）；市民素质低，不能明辨是非（19.2%）。由此可见，一方面是生命对人们的重要，而疾病正威胁着人民的生存和健康是一个客观事实；另一方面是没有及时而确切的信息或事实，使人们无法形成正确的判断。于是，就形成了广州"非典"期间流言传播非常严重的现象。

## □ 本章小结

1. 流行是一种群众性的社会心理现象，是对一种外表行为模式的崇尚方式。它具有新奇性、现实性、短时性、周期性和规模性等特点。

2. 时髦与时狂是流行的两种表现。时髦是流行的一种典型表现，它在一定时间内受人赞许，而且经常发生变化；时狂是流行的一种特殊的、狂热的表现，是热情追求某些生活方式而缺乏理智的倾向。

3. 流行形成的原因有社会因素、心理因素。其中心理因素包括从众与模仿、求新欲望、自我防御与自我显示及追随流行存在个体差异。

4. 模仿是指个体在没有外界控制的条件下，受到他人行为的刺激影响而引起的自主的仿照他人的行为，使自己的行为与之相同或相似的活动过程。模仿具有非控制性、表面性、主动意识性、相似性等特征。

5. 心理学家们对模仿的看法不一，本能论认为模仿是种自然倾向，是人和动物的本能之一；而社会学习理论则认为模仿是个体通过后天的社会化过程逐渐习得的。

6. 感染是个体的情绪反应受到他人或群体的语言、表情、动作及其他方式的影响，引起个体无意识的、不由自主的相同情绪反应和行为遵从。感染具有三方面的特征：（1）感染传递的是某种情绪；（2）这种传递交流是双向乃至多向的相互影响；（3）感染是一种群众性的模仿。

7. 舆论即众人之论，也就是公众的意见，它也称为社会舆论，是一种语言化了的大众心理现象。

8. 舆论的特征可以从静态和动态两方面进行讨论。其静态特征包括公众性、公开性、指向性、评价性和集合性；其动态特征包括自发性、灵敏性、流动性、惯性和实践意向性。

9. 舆论形成的整个过程可以相对地划分为三个阶段：问题的起因、引起社会讨论、意见的归纳。

10. 流言与谣言是在社会大众中相互传播的关于人或事的不确切信息。谣言和流言有一定的区别，虽然两者都是缺乏事实根据的相互传播的不确切消息，而谣言具有故意捏造、恶意攻击、有意蛊惑人心的性质，而流言一般出于无意的讹传所致。

11. 流言与谣言具有以下几个特征：(1)流言与谣言的基础是不确切的信息；(2)流言与谣言开始容易停止难；(3)流言与谣言既是一种信息的传播过程，同时也是这一过程的产物。

12. 从社会心理学的角度出发，就制止流言和谣言，可以从以下方面着手：(1)在流言与谣言刚开始传播时，就须准确地评估传闻的性质；(2)如果流言与谣言已经广泛传播开来，那么最首要的工作是如何选择适当的渠道向人们披露真情；(3)要从根本上消除流言与谣言产生的基础与种种动因，首先要保持社会的安定、民主渠道的畅通，并且应该用各种方法提高公众的成熟度和抗干扰能力。

## □ 复习与思考

1. 举例说明流行对人们的生活造成的影响。

2. 简述社会心理学家对模仿的研究。

3. 感染在社会互动中有很大的作用，其作用机制都有哪些？

4. 请你运用本章所学的相关知识对"近朱者赤，近墨者黑"作出解释。

5. 在日常生活中，怎样发挥舆论的作用？

6. 分析现实生活中的一个具体的谣言的事例，并给出消除这一谣言的方法。

7. 你认为哪个心理学家对谣言的产生机制解释得更加合理，给出你的理由。

8. 运用本章相关理论，试对"5·12"地震后引发心理危机的原因进行分析。

## ☐ 推荐阅读资料

1. R. A. 巴伦，D. 伯恩. 社会心理学[M]. 杨中芳，等，译. 上海：华东师范大学出版社，2007.

2. 周晓虹. 时尚现象的社会心理分析[J]. 社会科学战线，1994，5.

3. 周晓虹. 模仿与从众——时尚流行的心理机制[J]. 南京社会科学，1994，8.

# 第十三章 社会发展心理

**学习本章内容，将有助于你对以下问题的理解与思考：**

➢ 何谓人的现代化？现代化的人具有哪些特征？

➢ 互联网对人际交往有着怎样的影响？

➢ 社会和组织改革有怎样的心理动力？

➢ 社会和组织改革有怎样的心理阻力？

➢ 人类如何适应社会和组织的改革？

➢ 何谓社会公平？古今中外的学者们是如何看待社会公平的？

➢ 社会的和谐需要有怎样的心理基础？

"其实生活也和吃饭一样，要靠自己调整，不能依赖别人。"

在山东省济宁市任城区南张镇刘前村，四户移民的大瓦房紧靠路边一溜儿排开，白墙面、红屋顶，在阳光下煞是好看。

漂亮、热情的张兰英今年 30 岁，是两个孩子的母亲。2002 年 8 月 17 日，一家四口从重庆开县镇安镇丰太村迁到这里。一晃快三年了，张兰英重庆妹子的性格中又添了几分山东女子的豪爽。

"来了一看，房子漂亮，屋子里沙发、床啥都有，连窗帘都挂好了，厨房里还有辣椒。一进家门就能过日子。"

"现在家安在这儿了，对象在这儿搞装修，孩子在这儿上学，我的心也就落在这儿了。"

记者开玩笑："你还真是山东人了，连'对象儿(山东人夫妻之间的称呼)'都会说了。"

"那当然，入乡随俗呗！"

和张兰英正聊着，隔壁的周品英急火火地把记者往她家里让。今年 45 岁的周品英，家里家外都是"一把手"。村里人说起她都夸她勤快，肯在地里花工夫，地种得比"老山东"还好。

周品英家里四口人按政策分了 4 亩承包田，山东都是机械化种植，即使农忙时一两个星期也就足够了。她是个闲不住的人，又包了别人家的 4 亩地，玉米、小麦接茬儿种。还学着种了两亩地的甜叶菊。一年下来，收入就有近 2 万元。

"到这不久，我看到村里人都种甜叶菊，也动了心思，因为那叶子摘下来就是钱啊。我那结拜姐妹看出来我的心思，就帮我把甜叶菊的苗子养好，再教我种。两亩地赚了 1 万多块。"

"这里的人对人实在，有事你一叫他，他就帮忙。他们帮我，我也帮他们，大家好好处呗。"

说起移民后的生活是否还有些不适应，张兰英说："出来前，亲戚们说山东人爱吃面食不吃辣，你去了肯定受不了。到这儿发现没什么大改变，自己想吃什么就做什么。其实生活也和吃饭一样，要靠自己调整，不能依赖别人。"①

三峡大坝的修建是社会发展的需要，这一事件对于人们的生产、生活，尤其是对三峡坝区的移民有着巨大的影响。社会的发展是一个动态的过程，如同周晓虹所说的，"我们甚至可以说人一次都踏入不了同一条河流。因为'踏入'是一个过程，而在这一过程中的开始和结束之间，我们这个变动不居的社会可能已经

① 朱隽. 他乡日久成故乡[N]. 人民日报, 2005 - 08 - 07(5).

面目全非"①。人们生存在社会文化变迁中，必然会受到其影响，从而表现出一定的心理特征，甚至会出现某些心理问题。同样，人们的社会心理和行为也会影响到社会的发展和变革。在本章中，我们将从宏观的层面，来探讨社会发展与人的现代化、社会改革中人们的心理状态、人类对公平社会的看法和期待，以及和谐社会与和谐心理。

## □□□ 第一节　社会发展与人的现代化

　　社会正在从传统向现代转变，生活方式、价值观念发生着翻天覆地的变化，这必然会促使人们的心理与行为方式的改变，并需要适应和迎合社会的变化。信息化是我们时代的标志，发达的数字技术、通讯方式正在改变着我们的生活方式，也在改变着我们的深层次价值观、世界观。人和社会总是处于一种相互影响的关系中。社会的现代化带动人的现代化，而人的现代化又会促进社会的现代化。从社会发展的实践来看，现代化的人既是实现现代化社会的前提，现代化社会需要现代化的人去创造和建设，同时，现代化的人又是现代化社会实现的成果，现代化社会的人是现代化的。因此，人的现代化是社会现代化的关键。正如樊富珉所说："一个国家，只有当它的国民从心理和行为上都获得了与现代化发展相适应的素质，这样的国家才可真正称为现代化的国家。"②

### 一、人的发展与社会发展的协调一致

　　人的发展与整个人类社会发展是协调一致的。首先，人的发展是社会发展的前提。人是社会存在和发展的主体，是社会有机体的第一要素。社会是由个人组成的，任何一个社会的存在和发展，都是所有个人及其集体努力的结果，一切个人活动的总和构成社会的整体运动及其发展。人类的历史就是个体自身力量发展的历史。社会的运动和发展是由人的活动所驱使的，可以说社会的发展就是人类不断地提高自身素质、开拓自身能力、争取自身自由、获得自身解放的过程。需要是人类最原始的动因，它提供了人们发展的可能性，由于需要的存在，人类必须去适应、改造自然，从而在这一过程中形成了社会，并且促进了社会的不断进步。

　　其次，社会发展会制约或促进人的发展。从原始社会、奴隶社会到封建社会，社会生产力水平低下，自给自足的经济形势决定了人的社会关系的相对封闭

---

① 周晓虹．现代社会心理学［M］．上海：上海人民出版社，1997：514．
② 樊富珉．社会现代化与人的心理适应［J］．清华大学学报(哲学社会科学版)，1996(4)：43－48．

性。近代社会，随着工业革命的出现，社会大生产提供了更为丰富的物质资料，使得劳动者有了接受一定教育的可能；机器生产也促使劳动者要接受更多的教育，智力因素在社会生产中发挥了越来越多的作用。更加融合的社会形势和交流方式，决定了社会关系的更加开放和多变。

因此，人的发展与社会发展是相互依赖、相互依托的，具有内在的协调一致性，正是这种协调性和一致性，才促使了二者的共同进步和发展。

## 二、人的现代化

美国现代化专家阿历克斯·英格尔斯(A. Inkeles)在《人的现代化》一书中认为："国家落后也是一种国民的心理状态。"他指出："人的现代化是国家现代化必不可少的因素。它并不是现代化过程结束后的副产品，而是现代化制度与经济赖以长期发展并取得成功的先决条件。"①

不同的学者对人的现代化有不同的理解，郑永廷(2006)认为将其概括起来大致有如下几种类型：(1)"类"的现代化和个体现代化。"类"的现代化是指整个人类的现代化状况，或是指国民或是族群的现代化，它包括人口素质现代化和人的主体意识现代化两方面。个体现代化，顾名思义即指个人的现代化，主要包括个人生存方式和发展方式的现代化。(2)过程现代化和素质现代化。过程现代化，是从人动态发展的角度来看待人的现代化，它强调人从传统向现代的转化过程，这一过程也是人发展的过程。素质现代化通常是指与现代社会相联系的个人的种种素质水平。(3)综合界定和关系界定。很多学者在界定人的现代化时综合了以上几个方面，有学者认为人的现代化"是人的生存方式和发展状态的历史转型"②；还有的学者则从人的现代化与其他现代化关系中来对其进行界定，通常与社会现代化相联系。在此，我们认为，**人的现代化**就是在社会现代化建设中，人的素质的和谐健康发展。

## 三、人的现代化的指标

人的现代化就是人的素质的现代化，但素质的现代化包括了什么内容，则是争议较多的话题。

英格尔斯认为"现代人"并不是一种单一特质，而是很多素质的综合体或复杂结合物，个人的现代性可以通过各种各样的背景表现出来。他认为，现代人有以下几方面特征：具有效能感，认为自己有能力将事情做好；变迁取向，对社

---

① 吴寒光．社会发展与社会指标[M]．北京：中国社会出版社，1991：15.

② 郑永廷，等．人的现代化理论与实践[M]．北京：人民出版社，2006：6.

会的变迁有足够的思想准备，乐于接受这种变化；开放性，愿意接受新的生产生活方式；乐观主义，生活乐观积极，相信自己可以取得成功；时间取向，现代人的时间观念要强，严格遵守时间；技术技能，重视技术技能，认为按照技术熟练程度分配酬劳是公正合理的；普遍主义，即平等地对待每个人；计划性，事前要有明确的计划，并且严格按照计划行事；尊重他人，尊重弱者；信任感，认为世界是可靠的，他人是可信赖的；对教育和职业的期待，期望自己和子女获得现代的职业；意见的增加，现代人对事情往往有自己的看法，乐于表达自己的看法，并且尊重他人的不同意见；信息，现代人会主动寻找各种信息；理解，努力去尝试解决生活中的问题（孙立平，1983）。

我国台湾学者杨国枢等人将个人的现代性特点归纳为 5 个方面：一是平权开放即上下平等，人民可以批评官吏；二是独自生活和行为上的独立自主，尽量少受别人影响；三是乐观进取，即乐观的态度、信任的胸怀与进取的精神；四是尊重感情，即强调人际关系应以真实的感情（包括爱情）为主要依据；五是两性平等，即男女两性在教育、任职、社会地位等方面平等。

周晓虹（1997）对现代人的社会心理和行为取向也进行了归纳，得出七个方面：情感素质开朗求新，乐于用新的方式和态度对待生活；思维方式越来越趋向于多元化；个性化和理性化的高度整合；人际互动模式"从亲密性的首属关系转向暂时性的次属关系"[①]；生活节奏加快，同步性、标准型等行为模式出现，社会成员的空间距离和心理距离逐步缩小。

李萍、钟明华等（2007）将人的现代化划分为"现代意识"与"现代化状况"两个维度。其中，人的现代意识包括：开放意识、竞争意识、效率意识、创新意识、自主意识、责任意识、平等意识和公正意识。人的现代化状况包括经济状况、知识储备、能力状况、思维先导性、心理健康、人际交往协调性、道德水准、法律常识、人生乐观态度。

现代与传统是复杂地纠缠在一起的，孤立地从二元的角度来看待社会和人的时代属性是不妥的，把现代性的研究引向深入，就必须在现代与传统的对比中进行。基于以上理解，我们认为人的现代性由以下五个要素构成：（1）生活方式，传统的生活方式以消极的依赖、较低层次的满足、在人与人的关系上血缘关系至上、孤独封闭为特征；现代的生活方式以人的高度的主动性、高生活水准、快节奏、在人与人的关系上的广泛性、开放性为特征。（2）行为方式，传统的行为方式被动保守、不出头、过分谦虚、片面追求秩序的稳定、行为的价值取向单一——政治、伦理原则高于一切为特征；现代的行为方式应该体现出较强的主动

---

[①]　周晓虹．现代社会心理学［M］．上海：上海人民出版社，1997：549－550.

性、改革创新精神，已形成了开放的价值体系，行为的价值取向多样化，因而行为比较注意反馈，方式灵活。(3)思维方式，传统的思维方式在价值观念上表现为政治伦理取向，思维活动局限于一个封闭的范围内，倾向于和过去保持一致，知识陈旧、僵化，思维过程是静态、直线式的，导致思维方式过于定型；现代的思维方式在价值取向上注重开放性、多元化，注重发展，思维过程系统全面，保持着开放性、灵活性，注意汲取新知识、新思维，富有创造性。(4)情感方式，传统的情感方式认同传统的价值观念，在情感体验上追求平静、稳定，表现方式比较被动，且多借助于物质手段，在情感满足方式上，要求即时或过分压抑等不健康方式；现代的情感方式确立了以主体性为核心的价值系统，注重用自己的内心体验来评价事物、认识自我，情感表现比较主动、明快，更多地用非物质的方式，能延迟情感的满足及采取其他的健康的情感满足方式。(5)现代意识，现代意识的内容十分广泛，几乎包括社会生活的各个方面，如民主意识、法制意识、发展意识等，与其他方面相比，现代意识具有较高的自由度，可以超前也可以滞后于现实生活。

## 四、互联网与社会心理

2009 年 7 月，中国互联网络信息中心发布了第 24 次《中国互联网络发展状况统计报告》，报告中指出，截至 2009 年 6 月 30 日，中国网民规模达到了 3.38 亿人，普及率达到 25.5%，中国网民的规模仍保持着快速的增长。互联网络这一信息时代重要产物的飞速发展，势必给人们的社会生活带来巨大的影响。网络的存在，正在悄然改变着人们的生活方式、改变着人们的交往模式。虚拟时代，人们迎来了发展机遇，同时也面对着危机。

### (一) 互联网中的人际交往

互联网中的人际交往与现实中的人际交往相比拥有自身的一些特点，这些特点有积极的，也有消极的。(1)网络具有跨时空性，因此网络中的人际交往具有开放性。网络既是一种交往的工具，同时也提供给人们一个开放的交往环境。不论你在何地、在何时，只要有一台电脑，一个网络接口，便可以与全球各地的人交往互动。网络提供给人们一个广阔的交往环境。(2)网络中的人际交往具有匿名性。现实的互动中，社会关系在很大程度上是"熟人型"的，交往的双方彼此都会知晓对方的身份。然而在网络这个虚拟的空间中，人们可以隐匿自己的真实身份，可以随意扮演自己希望的角色。美国的一项调查表明，46% 的男性在互联网上扮演过淑女角色(王晓霞,2002)。(3)网络交往具有平等性。网络社会中的人际交往基本不受现实信息的干扰和影响，没有过多的限制，没有明显的特权，交往中不依赖于权威，人们更多地以自我为中心，自主地发起和结束一段交往，可以自由地选择交往的对象。各阶层社会成员能够抛弃现实中的骄傲和自卑，轻松自在地进行互动。(4)网络交往更加个性化。个人可以在网络中随意地塑造自己的形象、自己的特点，表现自己的兴趣和爱好，张扬出现实中所压抑的个性。(5)网络交往往往会暴露出其失范性。现实交往中，由于"熟人"效应的存在，更多的社会规范会体现在交往中。然而在网络交往中，由于"熟人"模式的消失，交往中的规范性越来越薄弱，甚至会出现失范的现象，网络欺骗、网络暴力随处可见。

**（二）网络使用对现实中人际交往的影响**

已有研究表明，网络的使用对现实中的人际交往也存在着影响。几十年前，当电视刚刚进入普通大众家庭时，人们开始讨论电视对人们生活的影响。大多数事实经验表明看电视减少了人们的社会参与程度。究其原因，应该要归咎于时间的占用或者称为转移。当人们观看电视的时候，所花费的时间便不能用来从事社会活动了。尽管大多数人观看电视的时候是和别人一起，但是在这种场景下，人与人之间的互动是很少的，效果也很差。

互联网的使用对人际交往的影响，也类似于电视的作用。运用网络往往也意味着限制了人与人面对面交流的机会和时间。当人们使用电脑或网络的时候，往往会造成独处时间的增加。有研究表明，网络正在逐步替代电视对人们社会生活的影响，它同样使得个体与家庭成员交流的时间减少。[①]

## □□□ 第二节 社会改革心理

改革，是指将旧事物趋近完善的过程。社会改革的目的是将现有社会制度、社会体制中的一些弊端进行局部的修缮。改革是社会发展的必然结果，也是社会进步的动力之一。人是社会改革中的最主动、最积极、最重要的因素，是改革的主体。人的心理、心态，既可以成为改革的动力所在，也可能会阻碍改革的前进。此外，社会改革必然会导致社会环境的改变，这种改变甚至是巨大的，改革浪潮中的人们势必面临对新环境的适应。在本节中，我们将主要探讨社会改革的心理动力、改革中可能的心理阻力，以及人们在改革中的承受力和心理适应问题。

### 一、改革中的心理动力

人是改革的主体，改革的动力归根到底还是在于人本身。我国学者易法建

---

① 陈朝阳. 网络对人际交往心理的影响［J］. 心理科学，2006，29(4)：1019 – 1021.

（1997）曾对改革的心理动力进行了阐述，他认为主要体现在五个方面：首先是人的社会需要，需要是人的根本动力，而人的社会需要则是所有社会行为的动力所在，其中包括社会改革这一社会层面的变化；第二是忧患意识，它是一种对国家、民族前途的危机感和责任感；第三是竞争意识，新型人才需要发挥自身的特长，就希望通过平等竞争来打破旧的分配制度；第四是民主意识，民主意识是人的积极主动性的体现，是人们积极参与创造历史的内在动力；第五是创新精神，创新精神是人类社会不断进化的内在依据。

　　人类的需要，不仅仅是社会需要，还是人类行为的根本动力所在，因此，改革这一社会行为，也是由人类的需要所驱使的。我们认为主要有以下几种需要。(1)生理需要，生理需要是人最原始、最强大的行为动力；满足生理需要，是人类得以生存的最基本的条件。如果当前社会的生产模式无法满足社会大多数成员的基本生理需要的时候，如无法使民众解决最基本的温饱问题、安全问题的时候，变革往往也会开始。(2)自尊需要，社会认同理论认为，群体成员需要在与其他群体的积极比较中来获得自尊的提升，也就是说群体是个体获得自尊的一个重要来源。宏观方面，国家、民族也是一个群体，在与他国或他民族进行比较而无法获胜时，自尊需要便会驱使社会成员对社会进行改革，以期自己的群体能获得有利的位置。当然，如果外群体的强大已经威胁到本民族的生存时，生理需要也便参与到改革的推动中。(3)发展的需要，人是追求发展的，而人的发展与社会的发展是紧密联系的，这在前文中已经探讨，这也是社会进步的动力之一。发展的需要，包括满足人们的求知欲、创造欲，实现自我潜力等高级的心理需要。

## 二、改革中的心理阻力

　　改革往往既有动力也有阻力。历次改革往往都会存在两种声音，一方面是赞成，一方面是反对。这种矛盾现象，源自于群体成员的对立需要，一方面希望社会或组织更加完善，人们的生活条件、工作环境得到进一步的改善，另一方面人们又往往对改革存在着一丝恐惧，对原有制度还有一丝眷恋，改革还可能会伤害到一部分人的切身利益，这都会成为改革进行的阻力。

　　人们对改革的阻抗同样来自于成员的多种需要。(1)对不确定未来的担心。改革一般来说都会涉及对原有制度、行为模式的改变，而这种改变最终会带来怎样的后果，是积极的还是消极的，改革前甚至是改革中的人对此可能会有所顾虑，害怕改革会带来比之前更坏的结果，害怕改革失败。(2)保守心理。在旧的体制下，人们已经形成了一套较为完善的行为模式，这种行为模式可以使人们处于当前最佳的生活状态，而改革则意味着要改变现有体制，那么已经形成的行为模式也要改变。(3)逆反心理。逆反心理,是指个体对客观事物存有与一般人相反的一种非理性的情绪体验和行为倾向。逆反心理的产生可能是由于对改革者厌恶的情绪导致,根据情绪性条件反射原理,当中性刺激与厌恶刺激同时出现时,人们往往会对中性刺激也抱有厌恶情绪。

社会层面,甚至个体层面,改革中的动力和阻力都会是共存的。上世纪90年代三峡移民,对于当地百姓来说不啻于一场改革。佐斌(1997)在对三峡移民的心态变化分析时发现,大多数移民的心态变化主要呈现出"期盼—高兴—迷惘—失落—反感—矛盾—平静—喜悦"(如图13-1)[①]的一般规律,这一规律充分体现了人们在面对变革时的心理动力和阻力的共存。

### 三、改革中的心理适应

改革,意味着改变,而改变则往往会关系到民众的心理健康。影响改革中人们心理健康的因素是多种多样的,在此我们主要探讨下改革中人们的心理承受力。

**心理承受能力**是指一个人对某种事物在心理上的接受程度。心理承受能力可以分为个体心理承受能力和社会心理承受能力。社会心理承受能力是指国民对某种事物所带来的压力的心理适应和调节能力,它是社会成员个体心理承受能力的综合,但又不是简单加和。

易法建(1997)认为,社会心理承受能力可以分为四种。(1)理解能力,即社会成员对改革的认识程度,一般来讲理解得越深刻,心理承受能力便会越强。(2)应激能力,是人们处于压力下的一种全身心能量调动以应对压力的能力,成功的应激可以帮助民众应对压力,适应改变。(3)耐压能力,它是指社会成员在改革中所能承受的压力范围。(4)平衡能力,是指人们在认识和情感反应等方面的平衡能力,一方面适应困难可以从另一方面进行调节的能力。

社会改革要关注民众的心理承受能力,只有这样才能让民众更好地适应改革的进程,才能尽可能地降低改革对民众心理造成的负面影响,才能更好地避免民众对改革产生心理阻力。要了解民众对某一改革事件的心理承受能力,需要社会心理学者运用科学的工具、系统的手段来获得民众的心理承受能力指标。例如,有学者调查了上海民众对医疗保险制度改革的心理承受能力,不同社会群体对待医疗改革的必要性、方向性、可行性和分寸度等方面的认识和承受能力显示出上海市民对于已经出台和将要推出的医保制度改革,在总体上是理解和支持的,对于改革的一些具体措施也是十分关注的。这对进一步推进改革具有重要的意义。

---

① 佐斌. 迁移者的心灵——三峡库区移民的社会心理研究[M]. 武汉:华中师范大学出版社,2002:28

期盼:未决定建三峡时,想三峡、盼三峡;盼国家早作决策,三峡工程早日上马;自己可以早日脱贫致富。

高兴:国家决定建三峡工程后,感到兴奋和骄傲;国内的三峡宣传热,使移民感到三峡美梦似已成真。

迷惘:兴奋之后,想到自己是移民了,要搬迁了,对怎么搬、搬往何处心里没底,感到惘然。

失落:迟迟得不到搬迁的具体政策;三峡美景迁移好处离自己太遥远,补偿经费与自己期望值有一定的反差,滋生失落感。

反感:认为政府对自己关心得太少;觉得补偿费偏低;有些移民对工作人员态度粗暴。

矛盾:认为搬迁有利有弊,既想搬,又不想搬;为自己应该走哪条移民路(进厂、分地、外迁等)而犯难;想换环境又眷恋故土。

平静:反正要搬,所以觉得要现实一点;别人怎样我就怎样;对移民政策更了解,能配合相关工作;力争自己的迁移利益。

喜悦:一部分移民随着对移民政策的更全面了解,认识到搬迁不仅对国家有利,迁移的地区一般比本地富裕,对自己未来的生活和工作也有利,因而乐于搬迁。部分外迁移民对迁移后的生活感到满意。

图 13-1 三峡移民的心路历程

## □□□ 第三节 社会公平心理

公平和公正是人类社会所追求的永恒主题。根据主体的不同,公平包括社会公平和个体公平。在人类社会的不同历史时期,不同的公平和公正思想指导着人们形成了不同的社会规范,通过合理的社会安排,使社会成员受到公平的对待,这样能够减少公众的不满和矛盾，保证社会的稳定，可见，公平是社会发展和稳定的首要条件。

## 一、社会公平的界定

### （一）相关概念的辨析

无论是在汉语还是英语中，都有许多与公平相近的词。在汉语中，与公平相关或相近的词有公正、平等、平均、正义等；在英语中，表达公平含义的词有 justice、fairness、equity、equality、parity 和 righteousness 等。这些近义词一方面反映出人们对公平研究的普遍关注，另一方面，也导致了公平的概念至今仍模糊不清，歧义丛生。因此，有必要对公平的相关概念进行界定与辨析。

1. 公平与公正

公平也叫公正，虽然从字面上感觉两者仍有差异，但大多数学者都认为两者具有很高的相似性，并将这两个词当做一个来使用。《辞海》中便提过"公正，亦称公平"；在《辞源》中，对公正与公平的解释也都是"不偏私、不偏袒"。《辞海》（1989）对公正的解释为："人们从既定的概念出发，对某种现象的评价。亦指一种被认为是应有的社会状况。反映社会生活中人们的权利和义务、作用和地位、行为和报应之间的某种相应关系。公平观念和标准受社会历史条件的制约，具有时代性和阶级性。"这一解释包括两层含义：（1）认为公正是一种"评价"。涉及评价，就必然涉及评价者。可见公平、公正带有感受的含义。（2）认为公平是一种"应有的社会状况"，这种"应有的"状况给人们以标准，便于他们进行评价。因此，公平还有规范、准则的含义。

2. 公平与平均、均等

"平均"、"均等"的概念比较容易与公平区别开来，它主要是指人们在利益的分配上应享有完全相同的份额（王一多，2005）。《辞源》（1983）对平均的解释是"齐一"，即相同、同等的意思。

平均是公平很重要的一部分，但公平在很多时候并不等于平均，对劳动成果一味地平均分配会严重影响人们劳动的积极性。

3. 公平与平等

一般情况下，"公平"涉及的对象是利益的分配，而"平等"的对象是权利，《中国百科大辞典》对平等的解释是："人们在社会中处于同等的地位，在政治、经济、文化等方面享有同等的权利。"

从一般意义上来讲，平等的含义要比公平宽泛，公平是从属于平等的，它是一种特殊的平等。吴涌汶（2008）认为公平的观念实际上是平等观念的异化，它所要解释的是不平等的合理性问题。公平是在一定历史条件下对平等的认同，平等是公平的理想境界，是最高意义上的公平（朱冬英，2002）。

### （二）社会公平与社会公平感

**社会公平**即以社会为主体的公正，指社会公平地对待个人，恰当地分配社会成员之间的权利和义务。它包括两层含义：一是宏观层面，社会制度和社会结构安排的公平合理，二是个体所感受到的社会在结果分配、程序执行等方面的公平。无论在西方社会还是在中国，社会公平都是国家的一种美德。

**社会公平感**是个体对社会公平程度的感知和评判。即人们以"应有的社会状况"为标准，对社会是否符合这一标准而做出的"公平与否"的判断。这是一种主观的感受和判断，而"应有的社会状况"反映的是处于相同文化背景的人们对公平社会的共识。人们通过将现实与这种共识进行对比，判断两者的符合程度，从而得到对社会公平程度的感知和判断，即社会公平感（张媛，佐斌，2009）。

## 二、社会公平的理论

### （一）西方的社会公平理论

1. 古代社会公平理论

早在古希腊，思想家们就开始了对公平的讨论，亚里士多德的分配正义理论就是其中之一。在分配方面，亚里士多德提出两种公平："数量公平"和"价值公平"。"数量公平"即不考虑不同分配者的能力和贡献，每个人分到的东西是完全相同的，这是一种平均主义的分配方式；"价值公平"即根据不同个体的能力、贡献和需要，分配与之相称的东西。亚里士多德认为，第二种分配方式是公平合理的。他认为，分配的公平就是"给予平等者平等的分配，给予不平等者不平等的分配"（原宗丽，2008）。[1] 虽然，亚里士多德对个体进行价值评判的标准带有明显的不公平色彩，如血统、财富、身份等。但他对分配公平的关注具有进步的意义。

柏拉图对公平正义的贡献在于他对人们权利的探讨和论述。具体观点体现在《理想国》一书中，他在书中将人们分为统治者、军人、商人和平民。决定一个人成为统治者、军人还是平民的是神在铸造他时在他身体中加入的金属元素，被加入黄金的极少数人可以成为统治者，被加入白银的个体则能成为军人，而被加入了铜、铁元素的人只能成为商人和平民。不同类别的人们拥有不同的职责，享有不同的权利，人们只有遵从自己与生俱来的职责，各得其所，不要越位，才是

---

① 原宗丽. 试析亚里士多德分配正义理论及其启示[J]. 内蒙古民族大学学报（社会科学版），2008（6）：92-94.

最大的社会公平。

2. 近代社会公平理论

（1）功利主义的分配公平理论

功利主义的分配公平理论，主要由其创立者边沁提出，他将多数人的幸福和利益作为社会公平的最高指标和最基本的原则，优先考虑将社会的整体福利做到最大的方案。这是一种为了经济效益而放弃通常意义上的"公平"的做法，它更加关注的是分配后带来的利益结果，因此，为了使利益结果最大化，可以放弃通常意义上的均分、扶弱等原则。这也是该理论被称为功利主义的主要原因之一。

（2）罗尔斯的正义论

罗尔斯是公平理论的集大成者，他于 1971 年提出的正义原则不仅肯定了自由、机会平等的重要性，还谈及了如何处理分配差异的问题。他的正义原则有两条：第一条是"最大平等自由原则"，他认为，社会的公民首先应享有最大程度的自由，包括参政自由、言论自由、良心自由以及人身自由等；其次，每个人享有的自由应该是完全平等的。[①] 第二条正义原则又分成了"机会平等原则"与"差别原则"。机会平等原则涉及人们权利的分配，他提出人们所从属的公职和职位应该在机会平等的条件下对所有的人开放，有同样才能的人应该具有同等的从政机会。"差别原则"体现了罗尔斯理论的独到之处，这一原则具有强烈的平等主义倾向，其意图在于从分配上保护受益较少者的利益。根据差别原则，当社会和经济出现不平等时，如果这种不平等是有利于"最少受惠者"的最大利益的，这些不平等就是允许的。例如，学校教育的进程应该以那些后进生的学习情况来安排，这才是公平的。

（3）诺齐克的权利正义理论

罗尔斯的公平理论提出之后，引起了学术界关于社会公平和正义问题的激烈讨论，其中就有作为新自由主义代表之一的诺齐克，他于 3 年后发表了《无政府、国家和乌托邦》一书，对罗尔斯的公平理论做出了评价，针对罗尔斯的正义二原则，提出了自己的正义三原则。他的三原则由两条主要的原则"获取原则"、"转让原则"以及为了弥补前两条原则的不足而存在的"矫正原则"组成。

获取原则是用于定义人们获得无主事物的权利的原则，诺齐克提出只要他人的利益或状况没有因为个体对无主事物的占有而遭受损失或恶化，个体便被赋予了对这个无主事物的占有权利。转让原则的提出源自于社会中的大部分事物都是

---

① 成谢军. 马克思公平观与罗尔斯正义论的比较研究——兼论二者对我国市场经济发展的启示与借鉴[J]. 广西社会科学，2008，（2）：90-94.

有主的，事实上人们对事物的占有来自互相之间的转让，而什么样的转让是公平正义的？诺齐克认为是"自愿"的转让。他对于什么是"自愿"也有定义，即个体的利益没有受到他人行为的损害，且这种行为也没有给个体的选择带来约束和限制。根据前两个原则，可以说只要个体具备对事物或物品的持有权利，他的这种占有就是公平正义的。然而，现实中总有一些不公平的情况，矫正原则就是用于对不公平结果的修补和矫正，可惜，诺齐克本人对此并无清晰的界定，由于缺乏实际的操作性而没有起到太大的作用。

可以看出，诺齐克的权利公平理论实际上也是对分配过程的一种强调，他更加重视的是程序上的公平而不是实际结果的公平。

（4）米勒的社会公平理论

牛津大学的戴维·米勒教授将人们的相互关系分成三个基本类别，并分别对每种关系模式提出相应的公平正义原则。这三个基本关系模式以及对应的公平原则分别是：

模式1：团结的群体。这种群体一般拥有相同的文化背景和稳定的群体认同。对于这种模式的群体，满足他们的"需要"便是社会公平。米勒对这种"需要"也有相应的定义，即"使得人们在他们的社会中过上一种最低限度的体面生活的那些条件。"①

模式2：工具性联合体。这种群体常见于处于经济关系中的人们。对于这部分人，按照"应得"原则进行分配便是公平正义的。而"应得"分两种，分别是"主要应得"，即根据个体的实际行为和工作绩效做出应得利益的判断；"次要应得"，即根据个体潜在的、具有预见性的、但未转化成现实的才能进行应得利益的判断。根据这两种判断进行结果的分配就是公平正义的。

模式3：公民身份。除了前面说的两种群体外，人们是以公民的共同身份而联系在一起的。对于这种身份，平等原则是社会公平和正义的体现。米勒对平等有两种定义，第一种是对某种利益如金钱、权利等以人人均等的方式进行分配；第二种是一种社会理想，在这个理想中人与人之间完全没有地位、等级的差别。

米勒的社会公平理论根据人们的人际联系方式进行了针对性的论述，使得社会公平的实现更具可行性。

**（二）中国的社会公平思想和理论**

1. 古代社会的公平思想

中国古人对社会公平的思考最早起源于战国末期，身处乱世的思想家们面对

---

① 王广、杨峻岭. 基于"人类关系模式"的正义考量——戴维·米勒社会正义理论述评[J]. 河北大学学报(哲学社会科学版)，2006(2)：61-65.

各种社会矛盾开始了寻因性质的思考，同时也表达出了对理想公平社会的向往。

　　墨子的社会公平理论源于对两种"乱"的思考。墨子口中的"乱"其实就是人们之间的利益冲突，他认为世间有两种乱：第一种乱源自于人的天性，人们各自执著于保证自己的利益而排斥他人，由于没有统一的正义观念而产生了相互之间各执己见的混乱情况，进而演变为人与人相互的矛盾和冲突。墨子认为解决这种"乱"需要通过统一思想或者说规则的方式来实现。他提出"上天"是大家统一的标准，人们应该根据"天"的指示，建立相应的社会规范和制度，并严格遵守，各司其职，才能使社会不乱，才是公平和正义的。第二种"乱"，表现为"国与国相攻，家与家相篡，人与人相贼，君臣不惠忠，父子不慈孝，兄弟不和调"①，事实上，是一种社会阶层之间的矛盾。墨子认为，这主要是因为人与人之间没有相爱、相容之心，因此，需要通过"兼爱"的方式来解决。

　　墨子的社会公平思想体现了他对社会规范和制度的重视程度，试图通过一种分类的方式将不同的人性进行整合，使人们达成共识、服从统一的社会规范，进而达到解决社会问题、维护国家稳定的目的。这种在权利方面的各安其分的思想还出现在荀子的社会公平思想之中。

　　荀子在《王霸》中两次提到："然后农分田地而耕，贾分货而贩，百工分事而劝，士大夫分职而听，建国诸侯之君分土而守，三公总方而议，则天子共己而止矣。出若如若，天下莫不平均，莫不治辨，是百王之所同，而礼法之大分也。"②就是说，如果农夫、商贾、百工、士大夫、诸侯、天子都能够各安其分的话，那天下就是一个稳定、太平的理想社会。

　　此外，荀子的社会公平思想还体现在对弱者的人性关怀。他希望统治者能够成为圣明之君，懂得体恤和关怀社会中的弱势群体，他在《王制》中提出："五疾，上收而养之，材而事之，官施而衣食之，兼覆无遗。才行反时者死无赦。夫是之谓天德，王者之政也。"③ 即对社会中的弱势群体，政府和国家应该予以照顾，使这些人民能够得到休养生息，这样才是天德之政。

　　对弱势群体的关照事实上体现的是对人民的重视，中国各大思想家都表达了利民、惠民以及富民的主张。孟子反对征收过重的赋税与徭役，于是提出"制民之产"，希望建设一个财富均平的社会，以使所有的社会成员，都能够得到温暖的供养。韩非子则是第一个使用了"均贫富"的概念的人。他在《韩非子·六反》中有记载："故明主之治国也，适其时事以致财物，论其税赋以均贫

　　① 张红安．墨子正义理论探析[J]．职大学报，2008（3）：10.
　　② 王先谦．荀子集解[M]．台北：华正书局，1988.
　　③ 杨豹．荀子的社会正义理论及其现代意义[J]．江汉大学学报（人文科学版），2009（4）：69.

富，……使民以力得富，以事致贵，以过受罪……次帝王之政也。"① 韩非子明确提出"均贫富"是"帝王之政"需要关注的重要方面之一。

孔子在他的《礼记·礼运》中描述了一个大同社会："大道之行也，天下为公，选贤与能，讲信修睦。故人不独亲其亲，不独子其子，使老有所养，壮有所用，少有所长，鳏寡孤独废疾者，皆有所养，男有分，女有归，货，恶其弃于地也，不必藏于己，力恶其不出于身者，不必为己；故谋闭而不兴，盗窃乱贼而不做，是故，外户而不闭，是谓大同。"这个大同社会实际上就是一个无处不均匀、无人不温饱的平均主义社会。它主张的不仅仅是分配方面的公平，还有对政治、人性道德方面的讨论。因此，也成为被后世人所推崇、经常被引用的理想社会模型的理论之一。

2. 社会主义社会的公平理论

社会主义的社会公平理论，基本上是建立在马克思理论的基础之上，将马克思的经典理论与我国的具体国情结合起来，形成了我国特有的公平观，并从理论到实践都发展了马克思主义的社会公平理论。

毛泽东的公平理论便是这方面的良好典范。在政治领域，他主张人民应当具有基本的权利，如生存的权利、劳动的权利、接受教育的权利以及言论、出版、集会、信仰、居住、自由的权利等。他还根据当时的历史背景，有针对性地提出了"性别平等、妇女解放"的具体号召。在分配领域，他既反对两极分化，也不支持不现实的平均主义。他指出："反对平均主义，是正确的；反对过头了，会发生个人主义。过分悬殊也是不对的。我们的提法是既反对平均主义，也反对过分悬殊。"②

邓小平继毛泽东提出的"共同富裕"的基础上，进一步提出了它的实现途径应该是先富带后富，而不是同时、同步、平均富裕，并提出共同富裕的实质应是使人民普遍地、共同地富裕起来，贫富差距不大。他的理论更加贴合中国的国情，从某种程度上平衡了公平与社会发展效率的问题。从实践来讲，中国的快速发展也验证了他的理论的正确性。

作为党的现任领导人，胡锦涛在十六届四中全会中强调"注重社会公平，合理调整国民收入分配格局，切实采取有力措施解决地区之间和部分社会成员收入差距过大的问题，逐步实现全体人民共同富裕"。

他还提出建立"四位一体"的社会公平保障体系。突破了仅从分配领域谈公平问题的狭隘视野，认为要综合运用多种手段"依法逐步建立以权利公平、

---

① 陈奇猷．韩非子集释[M]．上海：上海人民出版社，1974.
② 毛泽东．毛泽东文集(第八卷)[M]．北京：人民出版社，1999：130.

机会公平、规则公平、分配公平为主要内容的社会公平保障体系"。

### 三、我国关于社会公平的实证研究

史耀疆和崔瑜(2006)的研究探讨了公民的个人特征和个体对个人状况的主观感受对个体的社会公平感的关系。结果显示，个体的民族和受教育年限对社会公平感有显著的影响，其中，少数民族的社会公平感更高；而受教育程度较高的个体，社会公平感则较低。个体在同与自己受教育程度相同的个体比较时，若认为自己不如他人，会产生不公平感。该研究还探讨了社会公平感对个体生活满意度的影响，结果显示，机会公平对个体的生活满意感有显著的影响作用。

张香萍等人(2007)采用内容分析的方式，探索了大众传媒对人们的社会公平感的影响。结果显示，大众媒体由于在信息渠道方面扮演的重要角色，其内容的偏差会极大地影响人们的社会公平感受。陈成文和张晶玉(2006)以社会公平感为影响因素，探讨了个体的社会公平感对公民纳税行为的影响。结果发现性别、政治面貌、过程不公平感、分配不公平感对公民的纳税行为有显著的影响作用。

张媛和佐斌(2009)进行了青少年社会公平感的结构与测量的研究，结果发现，我国青少年的社会公平的认知和评价包括 5 个维度，它们分别是：制度公平、权利公平、弱势公平、互动公平和分配公平。研究还发现，社会公平感和生活满意度有相关。

## □□□ 第四节　和谐社会心理

和谐社会，是社会发展的必然，也是社会成员发展的需要。"和谐"的含义主要有两个方面，一是指事物之间存在差异性，二是存在差异的事物能够协调地整合为一个整体。由此，和谐社会的典型特征就是，"构成社会的各个团体及个人、他人之间存在一定的差别(可以表现为社会地位、经济收入的水平、个人行为方式以及个性特点等方面)，但彼此之间又能够和谐相处"。①

和谐社会的构建需要和谐的社会心理为基础，和谐社会需要社会成员有和谐的社会行为，而社会行为的产生在很大程度上是由社会心理所决定的(邓遂，2008)。构建和谐社会的社会心理需要处理好各种各样的关系。林崇德提出，

---

① 王登峰，黄希庭. 自我和谐与社会和谐——构建和谐社会的心理学解读[J]. 西南大学学报(人文社会科学版)，2007，33(1)：2.

"和谐社会的三个空间是自我关系、个人与他人的关系和个人与社会关系"①，心理学应该探讨"以下六大关系的相关课题，即人与自我的关系、人与人的关系、人与社会的关系、人与自然的关系、人与机器的关系、中国与外国的关系"②。我们将探讨和谐社会心理的几个方面，包括自我和谐、人际和谐、群际和谐和人与自然的和谐。

## 一、自我和谐

人本主义心理学家罗杰斯提出了真实自我和理想自我的概念，真实自我是指个体对自我经验的公正反映，对自我的客观的观察和评价，理想自我则是个体认为自己应该成为的样子。罗杰斯将真实自我与理想自我之间的差距，作为衡量个体心理健康的重要指标——真实自我和理想自我的差距越小，个体会体现到更多的满足，相反，如果二者差距较大，则个体会体现到较多的失落。

根据前文中提到的和谐的界定，自我和谐应该是指个体对自己的满意。罗杰斯的自我理论对理解和塑造自我和谐有着积极的作用。自我和谐，就是个体的真实自我与理想自我之间拥有合理的差距，它是心理健康的重要标志。要实现和谐自我，就需要个体能够清醒客观地认识自我，拥有合理的理想自我，要能够悦纳自己，塑造自立、自强、自信和自谦的人格。

王登峰和黄希庭（2007）总结出了自我和谐的六个方面：（1）能够从过去的经历中总结经验以应对未来，能够平衡过去、现在和未来的比重，能够最好地利用生命；（2）自由的选择经常会给人带来烦恼和心理的冲突，自我和谐的人能够妥善地处理选择和心理冲突；（3）悦纳自我，自我和谐的人能够体验到自身存在的价值，能够恰当地评价自己的能力，能够清楚地认识自己的性格和优缺点，并且能够接纳自己的优缺点；他们拥有合理的自我目标，不会过分苛责地要求自己，从而经常能够实现目标，而对自我感到满意；（4）心理和谐的人不仅能够悦纳自己，还能够善待他人，能够接受他人；（5）能够面对和接受现实，能够寻求多方面信息，把握真相，实事求是地去面对和接受现实的考验；（6）人格完整和谐，气质、性格、能力、价值观、兴趣等人格因素能够平衡发展。

与罗杰斯同属人本主义学派的心理学家马斯洛认为，自我实现的人就是心理健康的人（刘华山,2001）。马斯洛提出了具有层次递进性的人的需要层次理论，认为人具有生理需要、安全需要、归属和爱的需要、自尊需要和自我实现的需要。个人需要的层次和满足状况会影响到其心理健康。要实现和谐自我，就需要

---

① 林崇德．"心理和谐"是心理学研究中国化的催化剂[J]．心理发展与教育，2007(1)：1.
② 林崇德．"心理和谐"是心理学研究中国化的催化剂[J]．心理发展与教育，2007(1)：1.

尽可能地满足个体的各层次的需要。有的地区治安环境差，有的地区仍未能解决温饱问题，还有的地区不能解决住房问题，这些都是人最基本的需要，这些需要都无法满足，人们如何才能实现自我，达到自我和谐？

## 二、人际和谐

人际和谐，包括两个方面，第一是个体与他人关系的和谐，即人己关系和谐；第二是个体和群体关系的和谐，即群己关系和谐。人己和谐的人，能够与他人保持适宜的人际关系，不仅能够理解、包容、接纳他人，还能够被他人所理解和容纳，被他人所尊重。群己和谐的人，能够在群体规范下实现自我的潜能、满足自身的需要，能够从集体中获得归属感和认同感，能够从集体中认识自我。

### （一）人己关系

人与人之间可以形成多种关系。家庭中，包括夫妻关系、亲子关系、亲属关系等。中国文化中，家庭在人们的生活中占据着最为重要的位置，家庭也是组成社会的最基本群体单元，因此和谐的家庭关系对社会和谐有着重要的意义。家庭关系是建立在亲情的基础上，正是由于血缘的存在，使得家庭关系格外的稳定和牢固，但是家庭关系仍面临着种种问题。当今社会的发展和进步，也伴随着离婚率的逐步升高、父母与子女之间的代沟加重等问题，这些都是和谐社会建设中需要重视的家庭关系问题。

朋友之间的关系遵循人情法则。中国是一个重视"关系"的社会，关系取向是中国人社会行为的一个重要特点。[①] 该"关系"已经超出了关联的含义，而是包含着资源，包含着人情。朋友关系，既饱含着情感，同时还具有工具性。中国人的关系，是中国文化的一部分，应该尊重它的存在，要发挥它积极的一面，培养人与人之间的情感联系，构建和谐的人际关系；但是也要注意它的消极一面，人情绝不能凌驾于法律和社会公平之上，否则必然会阻碍和谐社会的实现。

### （二）群己关系

群体是由不同的个体组成的，个体与群体之间的关系，也是个体与多个他人之间的关系。和谐的群己关系，可以促进群体内的和谐，有利于提高群体凝聚力，促进群体的和谐进步。群体有其自身的规范，这些规范是群体得以存在的前提条件，和谐的群己关系，是建立在个体遵守群体规范的基础上的。群体规范给个体一定的限制，个体需要在群体规范的限度内活动，个体要为群体贡献自己的能量，个体的利益不能凌驾于群体利益之上；但是，个体并不应该是被动的，群

---

① 佐斌. 中国人的关系取向：概念及其测量[J]. 华中师范大学学报(人文社会科学版)，2003.

体必须能够给成员提供足够的发展空间，群体要能够满足个体的需要，无论是最基本的生理需要、安全需要，还是更为高级的尊重和自我实现的需要。个体和群体之间应该是平等互利的关系，个体需要为群体奉献乃至牺牲自身的利益，但群体也不能总是一味地强调成员的奉献，只有这样才能更好地维护群己的和谐关系。

### 三、群际和谐

社会中存在着不同的群体、不同的阶层，群际之间的关系也许是社会和谐的最直接影响因素，群体行为往往更加顽固，更加不受控制。不同群体之间的冲突，大到国家、民族、宗教团体，小到不同的社区、社团，都在世界各地不断地发生。例如，种族矛盾、不同族群间的仇恨、不同宗教信仰者之间的冲突。中国也存在着群体之间的不和谐音符。例如，长久的城乡二元制导致的城市人与农村人两个群体，随着城市经济的快速发展和政策的放宽和鼓励，大量农村人口涌入城市，出现了"民工潮"，农村人口在城市中贡献着自己的能量，促进了城市更快地发展，但是"城里人"和"乡下人"的关系并不和谐。管健（2006）在对天津市农民工的社会表征研究中发现，城市居民对农民工持有消极态度，将农民工与肮脏、随地吐痰、偷盗、不礼貌、不文明等消极特征联系起来；而农民工群体也能感知到城市人对他们的偏见。此外，地域偏见和歧视、性别歧视、艾滋病污名、乙肝歧视也都是当前社会中存在的群际矛盾。

和谐的群际关系，是建立在社会公平的基础上的。不同群体之间的差异是客观存在的，由于很多客观的因素，导致群体之间在社会经济水平、群体所处的自然环境，甚至健康因素上会产生一定的差异。如同个体关系中所阐述的，各群体都应该正视和接纳这种差异，只要这种差异是在社会公平的条件下产生的。社会公平，就是要保证群体之间在群体人格上的平等，即社会要能够提供给不同的群体成员平衡的发展空间，要能满足不同群体的成员各方面的需要。

和谐的群际关系，要使得不同群体之间的边界具有渗透性。群体边界的渗透性，是指群体成员根据自己的意愿，凭借自己的努力可以实现群体之间的跨越。社会认同理论认为，如果群体之间的边界不具有渗透性，那么弱势群体很可能会采取极端的行为来对待强势群体，而强势群体也会采用政治或军事行为来维护自己的群体地位，这势必会导致社会的不稳定。

和谐的群际关系，需要群体之间进行有效的沟通。长久以来，群际之间的接触被认为是改善群际关系最有效的策略之一。群际之间实现有效沟通，群体之间要在平等的地位下为共同的目标而合作。

## 四、人与自然的和谐

人是自然的产物，自然是人赖以生存的物质基础。人和社会若要能够长久地、可持续地发展，就必须要尊重自然，尊重自然规律。之前人类社会的发展，很大程度上是一种"自私"式的模式，单纯为了满足人类自身的需要，而忽略了自然的需要。和谐社会，是一种可持续性发展的社会模式，因此和谐社会必须要处理好人与自然的关系。

人与自然的和谐，需要对人和自然的关系有正确的认识，改变"人类中心"的观念。人类是自然的一部分，仅仅是自然发展到一定阶段的产物，人类不可能跳出自然之外。只有改变"人类中心"的思想，人类才能真正地尊重自然、尊重自然规律，才能将人类发展与自然发展相协调，实现在自然规律的基础上可持续地发展。

人与自然的和谐，需要提高人们的环保意识。自然是人类赖以生存的环境，人必须要提高保护自然的意识和态度。绝对不能为了暂时的发展和成绩而破坏自然，否则自然必定会采取"报复"。恩格斯曾经在《自然辩证法》中告诫人们："不要过分陶醉于我们对自然界的胜利。对于每一次这样的胜利，自然界都报复了我们。每一次胜利，在第一步都确实取得了我们预期的结果，但是在第二步和第三步却有了完全不同的、出乎预料的影响，常常把第一个结果又取消了。"

## □ 本章小结

1. 人的现代化就是在社会现代化建设中，人的素质的和谐健康发展。

2. 人的现代性主要体现在生活方式、行为方式、思维方式、情感方式和现代意识五个方面。

3. 互联网中的人际交往具有开放性、匿名性、平等性、个性化和失范性等特点。

4. 改革究其根本是由人的需要所推动的，改革的心理动力主要有生理需要、自尊需要和发展需要三方面。

5. 改革的阻力同样是源自人的需要，主要的阻力来自于对未来不确定性的担心、保守心理和逆反心理。

6. 心理承受能力是指一个人对某种事物在心理上的接受程度，可以分为个体心理承受力和社会心理承受力。

7. 社会公平即以社会为主体的公正，指社会公平地对待个人，恰当地分配社会成员之间的权利和义务；社会公平感是个体对社会公平程度的感知和评判。

8. 和谐社会的心理基础，主要包括四个方面，即自我和谐、人际和谐、群际和谐和人与自然的和谐。

9. "和谐"的含义主要有两个方面，一是指事物之间存在差异性，二是存在差异的事物能够协调地整合为一个整体。

10. 自我和谐是指个体对自己的满意。

11. 人际和谐，包括两个方面，第一是个体与他人关系的和谐，即人己关系和谐；第二是个体和群体关系的和谐，即群己关系和谐。人己和谐的人，能够与他人保持适宜的人际关系，不仅能够理解、包容、接纳他人，还能够被他人所理解和容纳，被他人所尊重。群己和谐的人，能够在群体规范下实现自我的潜能、满足自身的需要，能够从集体中获得归属感和认同感，能够从集体中认识自我。

## □ 复习与思考

1. 现代化社会给人们带来了怎样的影响？

2. 互联网络对人们的人际交往有着怎样的影响？你如何看待当前青少年中存在的网络成瘾问题？

3. 社会和组织改革会对人们的社会适应产生怎样的影响？如何更好地适应改革？

4. 和谐社会建设中，社会心理学可以作出怎样的贡献？

## □ 推荐阅读资料

1. 郑永廷，等. 人的现代化理论与实践[M]. 北京：人民出版社，2006.

2. 易法建. 组织改革心理学[M]. 开封：河南大学出版社，1997.

3. 叶南客. 边际人[M]. 上海：上海人民出版社，1996.

4. 赵玉芳，张庆林，等. 西部大开发的社会认知研究[M]. 北京：新华出版社，2006.

5. 林崇德. "心理和谐"是心理学研究中国化的催化剂[J]. 心理发展与教育，2007，(1)：1–5.

6. 黄希庭. 构建和谐社会呼唤中国化人格与社会心理学研究[J]. 心理科学进展，2007，15(2)：193–195.

7. 王登峰，黄希庭. 自我和谐与社会和谐——构建和谐社会的心理学解读[J]. 西南大学学报(人文社会科学版)，2007，33(1)：1–7.

8. 佐斌. 迁移者的心灵——三峡库区移民的社会心理研究[M]. 武汉：华中师范大学出版社，2002.

9. 薛洁. 关注公民公平感——我国部分公民公平感调查报告[J]. 吉林大学社会科学学报，2007(5)：87-95.

10. 陈成文，张晶玉. 社会公平感对公民纳税行为影响的实证研究[J]. 管理世界，2006(4)：57-65.

11. 管健. 身份污名的建构与社会表征——以天津N辖域的农民工为例[J]. 青年研究，2006(3)：21-27.

# 第十四章 文化心理与行为

**学习本章内容，将有助于你对以下问题的理解与思考：**

➢ 文化及其心理结构是怎样的？

➢ 文化心理学的基本观点是什么？

➢ 怎样理解跨文化心理学？

➢ 本土心理学的主要观点和方法是什么？

➢ 中国人的心理与行为研究有哪些重要意义？

➢ 中国人具有怎样的家庭、群体观念？

➢ 中国人特有的社会心理与行为主要有哪些？如何进行研究？

　　个人主义是公认的西方文化的精髓，它强调个人的独立、个人的意志、个人的追求，将人生的最高目标定义为自我实现。与个人主义相反的是集体主义，它意味着在某种程度上个人的行为是由集体的目标来决定的，这个集体的目标可能是家庭、社会或朋友。美国的大众文化特别强调个人主义的精神，例如麦当劳的广告叫做"我就喜欢它"（I am loving it）。而中国的餐饮广告肯定会说"大家"都吃我的菜。从这个角度，很容易看到中国文化跟美国文化是不太一样的。

　　心理学家做过一个研究，给不同文化的人看鱼的互动，然后让他们回答鱼在干什么，为什么这么做。结果发现个人主义和集体主义对人们的判断有很大的影响。比如说在一种情况下，一条鱼领先，鱼群紧随其后，问被试"领先的鱼是高兴还是不高兴？"中国被试大概有75%以上的人认为"这条鱼很高兴，因为大家都来了，有伴了"。而在美国得到的结果正好相反，75%的美国人认为"鱼不高兴，因为我本来一个人挺自在了，你们怎么都来了"。①

　　虽然不同文化背景中的人在心理和行为特征上的差异是客观存在的，但只是随着文化心理学（cultural psychology）的兴起，人们才越来越认识到文化（culture）和社会因素对人的心理与行为的影响。人们发现，个人的动机兴趣、价值体系、思想观念等无不打上了文化的烙印。美国心理学家米德对文化与国民性关系的研究发现，一个国家的国民性是社会传统和文化模式通过社会化塑造的产物。这种观点也得到了著名文化心理学者许烺光的支持，许烺光通过对中国人生活与社会关系的分析，进一步证明了文化对人的社会心理与行为的广泛影响。

　　20世纪的最后20多年中，社会心理学家开始从不同的层面上探索文化对心理和行为的影响。例如，霍夫斯泰德通过对来自60多个国家的11 600名IBM员工的研究，从个人主义—集体主义、权力距离、不确定性规避和男性化—女性化四个维度对文化加以分类。此外，马库斯对东西方人自我的文化心理分析、尼斯比特和彭凯平等人对东西方思维方式的研究等等，进一步拓展了理解文化心理和人的社会行为的关系的思路。文化已成为国内外社会心理学愈来愈重视的研究视角。

---

① 彭凯平. 文化与心理：探索及意义. 2009年3月21日在北京大学的演讲。参见 http：//www. sociologyol. org/yanjiubankuai/tuijianyuedu/tuijianyueduliebiao/2009－05－18/7977. html.

## □□□ 第一节 文化及其心理结构

### 一、文化的界定

#### （一）文化的定义

很久以前人们就已经有了"文化"的概念，在当代社会"文化"已经成为人们日常生活中使用频率相当高的词，每个人对它都有自己独特的理解。因此给文化下一个贴切的、人们可以普遍接受的定义是十分困难的事情。在近代，给文化一词下明确定义的，首推英国人类学家爱德华·伯奈特·泰勒（Edward Burnett Tylor），他认为"文化或文明是一个复杂的整体，它包括知识、信仰、艺术、伦理道德、法律、风俗和作为一个社会成员的人通过学习而获得的任何其他能力和习惯。"（Tylor，1871）。在《现代汉语词典》中"文化"一词的解释为：（1）人类在社会历史发展过程中所创造的物质财富和精神财富的总和，特指精神财富，如文学、艺术、教育、科学等。（2）考古学用语，指同一个历史时期的不以分布地点为转移的遗迹、遗物的综合体。同样的工具、用具、制造技术等是同一种文化的特征，如仰韶文化、龙山文化。（3）运用文字的能力及一般知识：学习文化、文化水平。我国学者田汝康曾分析了人们使用"文化"一词的三种含义：一指一个国家或是民族长期积累下来的精神财富——实际指的就是思想史。二指与物质文明相对的精神文明——简言之也就是教养问题，包括了语言、社会风气、道德规范等。三指区别于经济、科技、教育的文化艺术活动。这三种内容常常被重叠交互使用。①

综上而论，文化意味着人所创造的一切。**文化**是特定群体的人在历史的发展过程中积累下来的物质财富与精神财富总和，它包括科学技术、语言文字、价值观、艺术、宗教信仰、道德伦理、风俗习惯、生活方式、法律制度等。

这个定义包括以下含义：首先，文化是某一群体的人类共有的，具有社会性。文化可以属于一个很小的群体，如一个社区或一个学校，也可以属于一个很大的群体，如一个民族，或者多个民族的融合，甚至一个国家。其次，文化的传承性或积累性。文化是人们在长时间的探索与改造世界的过程中一代一代累积下来的，通过不断的学习与传授延续下去。并且这一过程是动态的，也就是说，文化会不断地发展与更新。再次，文化包括物质财富与精神财富。一个民族的文化不仅包括文学艺术、宗教信仰等精神内涵，也包括这个民族改造自然过程中创造

---

① 庄锡昌，顾晓明，顾云深，等. 多维视野中的文化理论[M]. 杭州：浙江人民出版社，1987：1.

出来的物质成就。然而，我们也注意到在很多时候，文化的物质与精神方面很难区分，例如中国的造纸与印刷技术，在技术的层面，它是物质的；同时无可否认的是，它极大地促进了精神文明的发展与传播。

### （二）文化的类型

与文化概念的多样性类似，关于文化的类型，许多学者都有不同的认识。从总体来看，公众所了解的文化类型大体有以下几种：

1. 物质文化与精神文化

**物质文化**是指人们在从事以物质生活资料为目的的实践活动过程中所创造出来的文化。物质文化主要体现了人与自然的关系，是人们在征服自然对象的过程中所取得的文化成果。物质文化主要包括生活资料、生产资料、生产能力及在此基础之上的科学技术等。

**精神文化**指的是规范人们行为、帮助人们认识世界、表现人类情感的事物和现象。它通常包括四方面的内涵：一是与人们行为有关的文化因素，如礼仪、价值观、风俗习惯、道德规范等；二是指在历史的发展过程中，人们为了规范行为、分配物质利益所形成的社会关系，包括各种经济关系、阶级、党派等；三是指人们对世界的认知与改造成果，如宗教信仰，以及哲学、数学等自然科学与社会科学成果；四是指人们用形象来反映现实的文化要素，它反映人们情感和对现实世界的理解，它更多地表达了人们对美的追求和向往，如绘画、音乐、雕塑等艺术形式。

我们必须看到，物质文化与精神文化是紧密联系、互相影响的。精神文化有其物质形式，例如各民族的服饰、手工艺术品；精神文化反映了物质文化的发展。同时物质文化的发展又极大地促进了精神文化的进步。

2. 主流文化与亚文化

**主流文化**是指在社会上占主导地位的，被大多数人所接受并实践的文化。**亚文化**是指社会一部分成员或群体特有的文化，又被称做集体文化或副文化。如校园文化、某一民族的文化甚至同性恋文化。虽然亚文化是与主流文化相对应的概念，它在某一方面与主流文化有差别，但并不一定与主文化格格不入。亚文化的确反映了某一群体独特的价值观与信念，同时我们必须注意到，亚文化的存在背景是主流文化，它与主流文化息息相关，并且相互作用。如，美国社会是一个多种族、多民族相融合的社会，每种亚文化都相互影响，共同作用形成了非常独特的"文化大熔炉"。

### （三）文化的差异

一个外国人和一个中国人一起去公共墓地拜祭同一位伟人，外国人手里只有一束鲜花，中国人却带了许多水果点心。外国人惊讶地问中国人："你觉得他什么时候才会出来吃这些东西呢？"中国人答："在他出来赏花的时候。"这是一个反映文化差异的幽默故事。

地球上不同的人类创造了丰富多彩的文化体系，尽管从一个更高的角度来说，这些文化都有其相似之处，然而我们自己却常常被异族文化体系之间的差异深深震撼。文化的差异有各种不同的表现方式，文化的差异主要表现为以下形式：

1. 时代差异

正如前面文化的定义提到的，文化是一个动态的、不断发展完善的范畴。同一个民族在不同的时期也会产生不同的文化观念、风俗习惯。即使文化的同一内涵，在同一民族的不同时代也有很大的发展变化。例如中华民族的语言文字，在不同的历史时期经历了甲骨文、大篆、小篆、隶书、楷书等不同的发展变化，直到今天被大陆地区广泛使用的简化字。

在经济实力迅速发展的当代中国社会，我们都强烈地感受到了古代传统文化与现代文化的差异。建国后，我们建立了新的社会化大生产模式，我们建立了完全不同的社会政治制度，与此同时，我们的观念也发生了翻天覆地的变化。中国古代以自给自足的自然经济为基础的、以家族和血缘关系为纽带的伦理等级制度遇到剧烈冲击。如何在新的时代背景下保持与发展我们传统文化中先进的一面、如何使我们的传统文化与时俱进，始终保持旺盛的活力，不仅为社会学、伦理学所关注，也是心理学研究的重要课题。

2. 群体差异

文化的群体差异包括由种族、民族、地域、国家、经济社会地位等因素造成的不同人类群体之间的文化差异。

在提到文化的群体差异的时候，给人最深印象的往往是东西方文化之间的差异，正如上文提到的中国人和西方人对拜祭祖先的不同看法。事实上，东方人和西方人在交往中也常常产生误解。例如，美国人和日本人在交谈后产生不满，美国人认为日本人很狡猾，因为日本人在交谈的时候眼光游移，或朝地面，或朝左右，就是不对视。如果说"眼睛是心灵的窗户"，日本人不让你看到他的眼睛，岂不是心里有鬼么？可同样是在这种交谈后，日本人对美国人也产生不满，认为美国人太粗鲁，因为美国人在交谈的时候眼睛直勾勾地盯着自己看，这不是完全不懂礼貌么？其实，这类文化上的误解不仅发生在大的文化区域之间，就是同一大类文化内部也会存在地域性的文化差异。第二次世界大战期间，驻扎英伦三岛的美国军人与当地居民发生了一些摩擦，美国著名心理学家米德（M. Mead）受命前去调查。米德最后发现，造成摩擦的原因是文化因素。美国大兵在与英国姑娘的交往中抱怨她们太保守，而后者则觉得美国大兵很放肆，大家都在个人层面上找问题而没有关注文化层面。米德指出，即便是说同一种语言，即便是同一种文化来源，大家在分离一两百年之后，也会发展出不同的文化风格来。

### 3. 个体差异

人的个性千变万化，即使生活在相同的文化背景中，人们也会由于不同的生活经历、教育条件、遗传等因素的影响形成不同的世界观、价值观。科学研究已经证实，生活在同一家庭中的同卵双生子虽然十分相似，但其性格特征、行为方式、生活态度等并不会完全相同。

鲁迅是我国近代史上著名的文学家、思想家、革命家和教育家，他文笔犀利、忧国忧民，是我国反封建、反侵略文化战场上最勇敢的斗士。而他的兄弟周作人，虽然拥有与他相似的文化方面的成就，却有一种淡然看待民族、国家利益的思想，这使他拒绝了革命志士的召唤，选择留在北京，甚至担任伪职。

强大的个体差异，不仅可以解释许多心理、生理、社会现象，还为个人成就提供了无限可能。在完全相同的文化背景下，一个人可以成为游手好闲、无所事事的浅薄之徒，也可以成为忧国忧民、鞠躬尽瘁的国家栋梁。因此，个体对文化的学习不仅包括对文化本身的吸收与理解，还包括对文化的选择与辩证性的思索。一个好的学习者应有博大的胸襟、开阔的视野，通过艰苦、深入、广泛的学习，选择性地吸收自己认同的文化内涵，并在这一过程中形成自己独特的文化气质。最终达到为丰富人类文化作出自己的贡献，为人类精神和物质文明添加自己的一笔。

## 二、文化的心理结构与模式

文化是具有心理意义的，它不仅仅是一座建筑、一首歌曲，它更是人们心理的沉积和传统。

### （一）文化的心理结构

对于文化心理的结构，李炳全（2004）曾做过细致的分析①，他认为文化可以分为三个层面，即表层（物质文化）、中层（制度与行为文化）和深层（意识文化）。与此相对应，文化心理也可以分为表、中、深三个层次。

文化心理的表层所反映的是物质文化层面的内容。物质文化是人们日常生活中满足自身物质需要的文化产物，例如器物、建筑、服饰等。物质文化与社会经济发展有着密切的联系，它是由特定历史发展时期的生产力水平所决定的；从青铜器具到铁制工具的演变，就体现了这一特征。此外，不同的自然环境也会造就

---

① 李炳全. 人性彰显和人文精神的回归与复兴——文化心理学研究与建构[D]. 南京：南京师范大学，2004.

不同的物质文化特色，江南的苏州园林、苗族的苗寨也都说明了这一点。与此相对应的，文化心理的表层包括如民族情感、民族民风等心理和行为要素。

文化心理的中层对应着制度和行为文化层面。**制度文化**是文化种群用以约束、规定或制约个体和群体行为的规范或规则的总称。与此相对应，中层文化心理指政治、经济、道德、文艺、宗教、哲学等领域的观念要素，是文化心理的理性积淀层面。

文化心理的深层对应于精神文化层面。精神文化是文化的核心层面，它是一种文化区别于其他文化的根本所在。精神文化由文化目标、哲学、种群精神、种群道德和风气等组成，其中种群精神最为重要，是种群价值观的主要部分。李炳全(2004)认为，哲学是文化的最高层次，是精神文化的最概括、最一般的反映。文化心理的深层同样是文化心理中最为核心的部分，它与集体潜意识有着一定的联系，如同基因一般存在着。

对于文化心理的三个层面之间的关系，如同企业文化中的"同心圆"说，它们之间也具有同心圆的层次性(如图14-1所示)。此外，三个层次之间还具有相互影响性。如上文所说，深层文化心理是文化心理的核心部分，决定着该文化心理的独特性，深层文化心理决定着中层文化心理，而中层文化心理则影响着表层文化心理；与此同时，三者也有相反的作用方式，从表层文化心理到中层文化心理，再到深层文化心理，是文化心理从外由内逐步内化的过程。文化心理并不是一成不变的，他会随着自然和历史环境的变迁而改变，而内化就是这一改变的具体形式和过程。

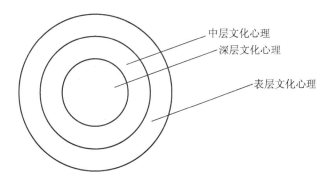

中层文化心理
深层文化心理
表层文化心理

图14-1 文化心理同心圆模式

### (二) 文化模式

**文化模式**(culture pattern)是文化整合后的整体性特征，它赋予群体的文化行为明确的目的和意义，使文化行为成为一个整体和一种心理范式。如果将一个文化群体比做一个人，那么文化模式就如同这个人的性格。

美国人类学家本尼迪克特（R. Benedict）在《文化模式》（1934）一书中曾分析了普韦布洛印第安人、科瓦吉特印第安人和多布人的文化行为，提出了"日神型"、"酒神型"和"偏狂型"三种文化模式。"日神型"文化模式中，人们做事理性，善于合作，服从美德，尊重宗教仪式，厌恶酗酒、权力争斗和狂欢祭祀；"酒神型"文化模式中，人们充满热情和激情，爱好幻想，容易冲动；"偏狂型"文化模式中，人们嫉妒、猜疑、背信弃义。

在本尼迪克特的另一本著作《菊与刀》中，她利用"菊"与"刀"来象征日本人的矛盾性格，即日本文化的双重性（苏伦嘎，2007）。[①] 她指出，日本人好斗而又温和，尚武而又爱美，傲慢而有礼，顽固而又善变，驯服而不任人摆布，忠贞而又易于叛变，勇敢而又怯懦，保守而又欢迎新的生活方式。中国人的文化模式则具有宗族主义的特征：中国社会以父权著称，为人行孝；中国人视家族利益为根本，个人行为要光宗耀祖。而美国人的文化模式则更是一种个人主义的：他们更多地是以自我的发展为目标，更具有独立性和自主性。

## □□□ 第二节 心理与行为的文化视角

### 一、文化心理学

文化心理学主张把文化与心理的关系作为心理学研究的基本内容，认为作为心理学研究对象的人类心理与行为应该是与社会文化历史因素密不可分的。在心理学的研究范畴内，人类心理必然在社会文化历史的框架中去理解才有意义，而社会文化历史因素唯有放在人类心理之中去理解与把握时才有价值。

#### （一）文化心理学的来源

现代意义上的文化心理学作为心理学的一个分支，其最早起源可追溯到威廉·冯特（William Wundt）的民族心理学。冯特根据早期关于心理学结构的设想，用分析和研究语言、艺术、宗教、神话、社会风俗习惯等社会历史产物的方法，探讨民族心理学，具有浓郁的文化心理学色彩。冯特用了 20 年时间完成的专著《民族心理学》，是对文化心理学的一个巨大贡献。

1982 年，卡克（Kakar）最先使用了现代意义上的"文化心理学"一词。他认为：文化心理学即一门研究个体与社会、文化之间的相互作用的学科。1986 年和 1987 年，在芝加哥分别召开了文化与人的发展研讨会和文化情境下的儿童专

---

① 苏伦嘎. 浅谈文化模式理论[J]. 内蒙古师范大学学报(哲学社会科学版), 2007, 36(6): 412 - 414.

题研讨会，斯汀格勒（Stigler）等根据两次研讨会的成果编辑出版了《文化心理学：比较人类发展论文集》一书，至此，"文化心理学"开始作为一门新兴的学科而展示在世人面前。

**（二）文化心理学的基本观点**

文化心理学是在对西方主流心理学的批评和否定中不断发展起来的。针对西方主流心理学的不足，它提出了一些新的思路和发展方向。

1. 在研究对象上回归人性，崇尚人文精神

文化心理学是一种人文性质的心理学取向和学科，它继承了人文主义传统，吸收了文化人类学、语言学、符号学、社会学等人文学科的研究精髓，并采用人文学科中常用的解释学等的研究方法对刺激的文化意义进行研究。文化心理学的出现，重新确立了人性在心理学研究中的地位，复兴了人文主义的心理学取向，使得心理学的研究更加完整。

2. 在研究范式上重视文化研究范式

文化心理学反对主流心理学的"经验—理性"模式，并以文化研究范式取代之。该范式来自于以人的文化为研究核心的人文学科，是这些学科在研究文化时共同采用的一般方式或模式。近些年来，文化研究的范围越来越广，影响也日益增大，它已经渗透到人文、社会科学的各个领域，并正在力图融入被"经验—理性"模式统领的自然科学领域中去，心理学由于其学科特征的交融性，当然更不例外。

3. 坚持相对主义和建构主义的理论观点并强调文化差异

主流心理学主张普遍的真理观，而文化心理学作为与之相对的新的研究取向，主要以相对主义和建构主义为理论基石，在否定和批评主流心理学的同时以自己独特的文化视角研究人的心理，并提出相关理论。[①] 它的基本观点是：人的心理与文化是相互建构、相互界定的，心理与文化是它们自己本身的原因和根据，是自足、自我生成、自我运动、自我发展的；心理学研究不必到人的心理特性和文化性质之外去寻求什么本原，它在很大程度上是人从自己的角度对自身的特性所做的探讨，是对自己的心理活动所做的描述和验证。

从以上观点不难看出，研究文化心理学势必要强调文化差异，这是由于人们生活在不同的社会和文化中，他们描述、解释或说明他们自己和他们生活于其中的世界的方式是不同的，从而导致他们对刺激的文化意义的理解不同，即所产生的文化心理的不同。文化心理学强调社会和文化差异，也给心理学的跨文化研究提供了新的研究空间和研究方向。

---

① 李炳全，叶浩生. 文化心理学的基本内涵辨析[J]. 心理科学，2004，27（1）：62 – 65.

### （三）文化心理学主要研究领域

文化心理学是一个边界并不十分确定的新兴领域。由于文化背景的广泛存在，文化心理学的研究已经渗透到基本心理过程和社会心理研究的各个方面。从目前出版的教科书和手册来看，研究领域大致可以分为以下四个方面：

（1）文化心理学的基本问题。包括个人主义文化和集体主义文化、形形色色的本土心理学、跨文化研究方法的演进等。

（2）文化与基本心理过程。包括行为的生理基础、知觉、认知、意识、智力、语言、道德发展、情绪等。

（3）文化与个体和人格。包括文化与社会性别、自我中心主义、刻板印象和偏见、变态心理学与文化、临床心理学与文化等。

（4）文化与社会行为。包括人际关系、人际知觉、人际吸引、归因、从众、攻击、合作等。

### （四）文化心理学的研究方法

文化心理学主要进行单一文化和跨文化分析。它并不采取跨文化心理学的假定，而是更倾向于质化的和解释的尤其是描述的、叙述的、推论的和人种学的研究方法，认为最适合的分析水平是行为在其中发生的文化体系以及研究者的观察影响被观察的现象。目前主要有以下四种研究方法①：

（1）现象学方法。现象学方法就是对经验如实地、不加任何修饰地描述，在此基础上通过现象还原，发现意识经验的先验结构，达到本质直观。它有着重视研究问题的传统，以问题为中心，讲究整体研究的方法论原则。

（2）释义学方法。释义学重在理解和解释，认为人类是一种"自我解释的存在"。人类通过自己的活动建构了社会文化世界，并使之打上人的心理烙印。同时在这一过程中，又通过社会文化建构了自己独特的心理和行为。

（3）民族志方法。民族志方法是对人以及人的文化进行详细的、动态的、情境化描绘的一种方法，探究的是特定文化中人们的生活方式、价值观念和行为模式。研究者通过访谈资料、观察日记、录音、录像、照片、实物等来收集素材，然后对这些素材进行加工整理等。

（4）主位研究法。文化心理学中的主位研究是一种较新的研究文化和社会现象的方法。定位于文化内部，站在研究对象的视角和方位观察、分析问题，以研究对象的概念和标准处理和解决问题。主位研究能够使研究者与研究对象的思想与行为之间的关系更加契合，为文化心理学的研究创设了良好的氛围，可以有

---

① 钟年，彭凯平. 文化心理学的兴起及其研究领域[J]. 中南民族大学学报（人文社会科学版），2005，25(6)：12－17.

效理解文化背景中个体的日常生活，为进一步的系统研究奠定坚实的基础。

## 二、跨文化心理学

### （一）跨文化心理学的起源

跨文化心理学（cross-cultural psychology）脱胎于文化人类学和心理学这两门母体学科。19 世纪末 20 世纪初，文化人类学家摩尔根（L. H. Morgan）、米德（M. Mead）等人就"文化与人格"的关系问题对原始部落进行了跨文化研究，被公认为是现代跨文化心理学的起源。① 20 世纪 60 年代以后，由于文化人类学的发展，心理学家逐渐意识到人格、行为同文化的联系。既然行为是文化的产物，那么意味着心理学应该研究"世界上各个地方的人的行为，而不是仅仅研究高度工业化国家那些便于找到的那些人的行为"，心理学家逐渐接受了"心理学的任何定义（人类行为的科学研究）都必须把在世界各个角落里发现的多样化的行为纳入到考虑的范围之中的这样一个事实"。正是由于心理学家关注文化因素与行为的关系，跨文化心理学由此而诞生。它的意义并非在于开辟了心理学研究的一个新领域，而是在于为心理学家提供了一个新的方法论，为人类行为的理解提供了一个新的视野。② 1970 年《跨文化心理学杂志》创刊，标志着跨文化心理学作为一门分支学科的正式诞生。

### （二）跨文化心理学的基本观点

跨文化心理学探究人类行为变化的原因，并考察行为在不同文化背景中受到的不同影响方式。它联系文化变量对人类的心理及行为进行系统研究，既关注社会文化因素对人的心理发展的影响，也不忽视生态环境与遗传因素的作用。

对于什么是跨文化心理学的核心主张，心理学家们也是仁者见仁，智者见智。尽管心理学家们的看法都各有差异，但也存在一些共识：

（1）跨文化心理学是一种研究方法或研究策略，即一种比较方法和策略。许多跨文化心理学家认为，"跨文化心理学一直是由其比较方法而不是由其内容来界定"③。

（2）把文化看做自变量或准自变量，把人的心理和行为看做因变量，力图确证二者间的因果关系。

（3）认为存在着跨文化的人的心理和行为的基本规律和基本的心理活动过

---

① 尧国靖，黄希庭. 跨文化心理学的性质［J］. 西华师范大学学报（哲学社会科学版），2006（1）：104.

② 叶浩生. 多元文化论与跨文化心理学的发展［J］. 心理科学进展，2004，12（1）：147.

③ Kim, U. Culture, science, and indigenous psychologies: An integrated analysis, In David Matsumoto. The handbook of culture & psychology. Oxford: Oxford University Press, 2001. 54 – 58.

程。跨文化心理学就是要探究这些基本规律和基本过程，以找出人类心理和行为的一般性或普遍性的东西。

（4）强调应从生态、文化、政治、经济等多方面去理解人的心理和行为，既要研究心理和行为的共同性，也要研究其差异性。

（5）跨文化心理学的研究目标主要有三方面①：首要的和最为明确的目标是检验现有的心理学知识和理论的一般性或普遍性。"为了能更为有效地检验心理学理论的普遍性效度"，"用来自于全世界多种多样的人的资料来做跨文化心理学研究，以检验有关人类行为的假设"。其二是研究其他文化，以发现在自己有限的文化经验中不会出现的心理变异。其三是整合和系统化上述研究所获得的材料，构建更具普适性的心理学体系。该目标之所以必要，是因为研究者在实现第一目标时发现现有的心理学知识的普适性十分有限，在完成第二个目标时发现一些新异的心理现象，这些新异的现象需要用概括性和普遍性更高的理论加以解释。

### （三）跨文化心理学的研究内容

跨文化心理学在基本理论、研究方法和成果等方面都取得了很大的发展，其研究涉及整个心理学领域的大部分内容，研究内容包括文化习俗、原始宗教、语言、不同文化背景中人类心理的差异性，并在某种程度上拓宽了心理学的理论概念和理论框架，简单而言，跨文化心理学的研究内容包括以下几个方面②：

（1）跨文化心理学的理论和方法。跨文化心理学重视理论问题，尤其是方法论方面的探讨。研究策略朝着"多重环境、多重来源、多重工具"的综合模式发展，强调同一理论结构的多种方法和多种文化测量，以增强研究结果的可靠程度，避免环境、研究者、研究工具之间的混淆效应。

（2）跨文化心理学与基本心理过程的研究，基本的心理过程如知觉、记忆、思维以及语言、学习、动机、情绪等。

（3）跨文化心理学与个体发展、人格、社会化的研究，包括有关身体发展、生活方式、社会化、人格的形成、人际交往，心理分化、价值观等。

（4）跨文化心理与心理健康、社会协调与心理适应研究。

在众多的研究领域中，研究**文化适应**已成为跨文化心理学研究中最重要的领域之一，与文化适应有关的心理健康问题及社会的安定与和谐问题引起了研究者的广泛关注。研究发现：文化适应通常与不良的心理健康状态联系在一起，如抑郁、焦虑和不确定性等，尤其是文化适应使个体面临许多挑战，导致异文化压力

---

① 李炳全. 文化心理学与跨文化心理学的比较与整合[J]. 心理科学进展, 2006, 14(2): 315 – 316.

② 万明钢. 文化视野中的人类行为——跨文化心理学导论[M]. 兰州: 甘肃文化出版社, 1996.

的产生及心理适应不良。

　　跨文化心理学中的文化适应研究越来越多，涉及许多方面，但总的来说可以归为两大类：一类是文化适应理论方面的探讨，主要有理论框架的讨论、比较，以及量表的发展和修订。由于文化适应的理论框架还不够清晰，量表也存在不少问题，目前许多文化适应的研究都与理论的发展有关，涉及的主要是文化适应的框架和量表使用问题。另外一类则是探讨文化适应与各种心理过程以及行为的关系，其中研究的最多的是文化适应对身心健康的影响。[①] 绝大部分跨文化研究都在试图探讨文化适应与各心理健康变量之间的关系，这些心理健康变量包括工作压力、吸烟、赌博习惯，以及不良行为等。早期的这类研究大多是针对拉美移民，尤其是墨西哥移民及其后代所进行的，研究结果对其他少数民族群体的推广受到了限制。除了在文化适应与移民心理健康的关系上进行探索之外，还有一些研究探讨了文化适应与其他一些变量之间的关系，例如与学业成就，教养方式、应对方式、民族认同等的关系。

## 三、本土心理学

### （一）本土心理学的来源

　　20 世纪 70 年代在心理学界出现了本土心理学的研究。法国心理学家莫斯考维奇（S. Moscovici）在英国学者希勒斯与洛克（P. Heelas 和 A. Lock）所主编的《本土心理学》一书的序言中，提出了重新审视传统心理学的观点，他明确指出应该研究当地民众内心的自我经验，即与当地文化有密切关系的经验及思想，比如意识、情绪、人格等。越来越多的心理学家研究视角开始聚焦本土的传统心理学，文化心理学、跨文化心理学，等等，都是对传统心理学的重新审视和思考，极大地推动了本土心理学的兴起和发展。

　　中国的本土心理学研究肇始于 20 世纪 70 年代中期，在台湾、香港及大陆三地，华人本土化心理学的推动与研究已有大约 30 年的历史。1980 年 12 月，我国台湾心理学家杨国枢在"社会及行为科学研究的中国化科学研究研讨会"上做了题为"心理学研究的中国化：层次与方向"的报告，特别指出了心理学本土化研究的四个层次和方向[②]：（1）验证国外的研究结论；（2）研究中国文化特有的心理现象，比如"脸和面子问题"、"关系"、"人情"、"孝道"，等等；（3）整合或建构适合中国人的心理学概念理论；（4）改良与设计新的研究方法。

---

①　余伟，郑钢. 跨文化心理学中的文化适应研究［J］. 心理科学进展 2005，13（6）：836 - 846.

②　杨国枢，等. 华人本土心理学（上册）［M］. 台北：远流出版事业股份有限公司，2005.

### （二）本土心理学的基本观点

1. 本土心理学的概念

本土心理学的概念有广义和狭义之分。从狭义上来讲，本土心理学是指，在任何文化背景中，对某些与心理学有关的题目的看法、理论、猜臆、分类、假设和类比；同时，也包括内隐于当地社会制度的一些有关心理学的想法及看法，这种文化背景依赖于本土性的价值、概念、信念系统、方法。从广义上来讲，本土心理学是一门描述、解释、研究某一文化背景中的人类行为和心理过程的学问。具体而言，本土心理学的概念具有如下含义：

（1）本土心理学研究对象既包含可以直接观察的行为，也包含不能直接观察的、但可以从行为或生理观察中推论出来心理过程。

（2）本土心理学研究的对象不采用集体层面上的共有模式和标准模式，而是关注个体的心理机能，研究的单元应是文化性的个体。

（3）本土心理学研究的逻辑起点是从当地人的观点出发来研究有关的行为模式和心理过程，所研究的背景是本土性的。

（4）虽然本土心理学强调文化的本土性和对研究的重要性，研究者可以基于本土化的研究，超越出本土化的界线而产生某些外源性的理论，最终产生一种具有丰富内涵的心理学理论。[①]

2. 本土心理学的基本观点

（1）取向人文性。本土心理学的研究主题聚焦于人的主观世界，而不是外显行为和认知等可观察分析的"客观事实"。本土心理学的研究目的表现出明显的人文关怀，本土心理学不是"为研究而研究"，它把增进人的精神生活的幸福与促进人与社会的和谐作为基本目标之一。

（2）文化契合性。本土心理学的文化契合性在应用方面表现为面向实际生活。

（3）范式多样性。首先是研究主题多样性。本土心理学不将研究对象局限于一般的心理过程和机制，而是发掘出多样性的研究主题，对一般性的心理和行为问题做本土性的解释，使一般性的心理和行为现象在不同的文化语境中就有了不同的含义。

（4）内含普适性。本土心理学不但具有特殊性，而且还具有普遍性，本土心理学并非是一种超本土的努力，而是根源于特定的文化历史，是对本文化圈的生活独有的理解和构筑。但也不可否认，这其中可以蕴含着超越本土界限、具有

---

① 郑荣双. 国外本土心理学研究进展[J]. 心理科学进展，2002，10(4)：472-478.

普遍意义的启示。①

### （三）本土心理学的途径与方法论

1. 本土心理学的研究途径

本土心理学的模式和方法的多样性非常明显。阿代尔（Adair）归纳出四种途径或模式。（1）语言学途径（linguistic approaches）。这种取向关注当地文化中能反映人们思想、价值和行为的语言；（2）经验途径（empirical approaches）。它强调经验的验证和概念的文化特征的论证；（3）应用途径（applied approaches）。研究当地文化背景中的一些问题，通过解决社会问题，促进对当地文化的本质性理解，使之成为一种适用于本土化策略；（4）实用途径（pragmatic approaches）。即只考虑文化相关的因素而不考虑一些普遍的变量，强调对文化的敏感性以及更为精练地把握本土化的研究方式。

2. 本土心理学的方法论

本土心理学认为研究方法及研究程序是因时因地而异的，本土心理学的方法是多样性的，其中既有主流心理学传统的实验法、问卷法、访谈法、测验法，也有非实证的质化方法，依不同情况加以运用，力图有效地解决各种问题。因此，本土心理学是以问题为中心，而不是以方法为中心。主张现象学和质化的研究方法，强调质化方法如解释学、访谈法、传记法、个案法等。质化方法倾向于以理论推断确定研究对象性质或研究对象间关系。尽管本土心理学推崇现象学的方法，但也运用经验的或实证的方法，即量化的研究方法，量化研究倾向于以统计测量或数据分析确定研究对象间的函数关系，并以此来推断研究对象性质。

本土心理学立足传统文化，所以在量化研究时，采用的研究工具应具有具体的文化背景性和情景性，在吸纳国外先进心理学理念的基础上，建构起层层递进、整合的研究模式。层层递进是指先采用外来心理学概念及跨文化方法所做的实证、非实证研究，在此基础上用较为质疑的态度看待外来概念对解释中国人心理与行为的局限性，并能突破原有外来概念的范围，提出一些理解本土文化现象的新概念，然后进行实证研究，应用以描述、分析现象为主的跨文化及单文化研究和外国概念、理论假设或单文化的实证研究，最后建立起一个整合的模式。②

### （四）本土心理学的研究领域

本土心理学是在某一特殊的种族或文化群体中产生、发展起来的，加之由于本土心理学历史较短，尚未形成完整的理论体系、有效的研究方法以及缺乏丰厚的资料积累，所以研究领域很零碎，各有特色，一般而言，主要关注心理学研究

---

① 郑荣双，车文博. 本土心理学特征论析[J]. 心理学探新，2003，23（3）：3 - 10.
② 张秀琴，叶浩生. 本土心理学评析[M]. 心理学探新，2008，28（1）：3 - 6.

中的文化变量，以及对文化相关变量之间的关系以及它们与普遍性理论之间的关系进行深入的研究，本土心理学的研究主题聚焦于人的主观世界，而不是外显行为和认知等可观察分析的"客观事实"。比如，墨西哥本土心理学将墨西哥人的人格发展、对人性的认识以及男性化、女性化作为研究重点；印度本土心理学对印度人的心灵、情感、品德等加以论析；韩国的本土心理学者也主张将不可观察的人的特质，如能动性作用、意向和意义等纳入研究视阈。

## 四、心理与行为研究的中国化

中国文化对于中国人的社会心理与行为的影响不仅是客观存在的，而且是巨大深刻的。因此，理解中国人的社会心理与行为规律，要用中国文化的眼光，要采用中国化的路径。

### （一）研究中国人心理及行为的意义

对中国人社会心理及行为的研究，应是中国心理学者的应为之事，无须列举什么理由，然而考察中国心理学主要指大陆心理学的研究现状，有必要首先明确研究中国人心理及行为的意义所在。研究中国人的社会行为具有以下意义[①]：

1. 外国心理学不能替代中国心理学

人类的心理行为模式虽然有其共性的一面，但是，就相对具体的人群而言，生活在不同社会文化背景之中的人，其心理与行为显然不同。中国人与美国人、苏联人、日本人相比，自有其独特的、典型的心理与性格。外国心理学以外国人为研究对象，其研究内容、方法和工具，研究结果和由此构建的理论，均以适合外国人为出发点和落脚点。外国心理学不能替代中国心理学来描述及解释中国人的心理及行为。当然，强调中国心理学以中国人之心理行为为研究核心，也并不意味着要排斥外国心理学的现有成果。西方学者所提出的问题、构建的理论及发展的方法，如能适用于中国社会及中国人的研究，则不但不可排斥，反而应该大力采用，因为这样就不必从头自行摸索。"创新是无法凭空成功的，只有对别人的研究成果了如指掌才能真正地推陈出新，以缔造超越的贡献"。[②]

2. 对中国人的心理和行为规律的研究是世界心理学的重要组成部分

各国心理学者的研究发现，理论及方法统合在同一学科体系之内，便构成全人类的心理学。中国人心理之研究对人类心理科学大厦的构建，在下述四方面有重要作用：（1）通过对中国人心理之研究，可以验证外国心理学理论，找出人类

---

①　佐斌. 中国人心理及行为研究之浅见[J]. 教育研究与实验，1992(1)：36 - 40.

②　杨国枢，文崇一. 社会及行为科学研究的中国化[M]. 台北："中央研究院"民族学研究所，1982：5 - 6.

心理学的共同基石；（2）通过对中国人心理之研究，可以修正外国心理学理论，揭示外国心理学研究的误区；（3）通过对中国人心理之研究，能够补充、丰富和完善世界心理学理论体系；（4）通过对中国人心理之研究，有可能透过中国十三亿人而寻找到全人类行为的若干新模式，中国的心理学研究从而有可能成为世界心理学的先导之一。

3. 中国人心理研究是中国社会发展的现实要求

我国社会正处在改革开放和现代化建设的大潮之中，人的素质提高对社会发展特别是构建社会主义和谐社会有着巨大的影响。研究中国人的社会心理与行为，研究中华民族的国民性，是中国社会发展的现实要求。

4. 对中国人心理及行为的研究是中国社会心理学发展的必然趋势

20 世纪 80 年代以来，包括台湾、香港在内的中国学者对中国人心理与行为有关面子、关系、孝道、成就动机、家族主义等主题已有系统的本土性实证研究，并有学者试图进行中国人心理及行为的理论构建。以探索"具有中国特色"的社会心理学为使命，大陆学者对中国人的典型社会心理与行为做了大量探索性研究，逐渐形成了大陆心理学不能回避并且应着力研究中国人的社会心理和行为的共识。

**（二）中国人心理与行为研究的领域**

依据社会心理学的领域观，中国人的心理与行为研究也可以从个人成长、人际互动、集群行为、社会发展四个大的方面确定研究主题。

（1）中国人个体的心理与行为。主要包括中国人的社会化、中国人的自我、中国人的需要与动机、中国人的社会认知、中国人的归因、中国人的情感、中国人的社会态度、中国人的价值取向、中国人的性格等。

（2）中国人的人际关系心理。包括婚姻关系、亲子关系、友人关系、师徒关系、官权关系、人情与面子、交换行为、关系与关系网等。

（3）中国人的集体和社会心理行为。包括中国人的集体主义、集体和群体心理、群众运动心理、国民性或民族性、企业精神与组织文化等。

（4）中国社会发展的心理与行为。包括中国人的现代化、社会改革心理、社会和谐心理、社会流动心理、社会政策心理效应、科技发展中的社会心理、社会问题心理如贫穷、腐败心理等。

**（三）中国人的重要与典型社会心理与行为现象**

依据杨国枢的看法，符合以下三个标准之一，便是中国人的重要心理与行为①：（1）虽是心理学中的共同研究课题，但因中国社会文化因素的影响，中国

---

① 杨国枢. 心理学研究的中国化：层次与方向［M］.//张人骏. 台湾心理学. 北京：中国知识出版社，1982.

人在此共同研究项目上的认知与反应显然不同于他国人特别是西方人的认知与反应。例如生育态度、育儿方式、归因过程、应对行为与策略等。(2)与当前中国社会发展有关的心理与行为问题。在台湾、大陆及香港等中国人的社会中，重要问题如人口问题、犯罪问题、贫困问题、失业问题、自杀问题、迷信问题、青年问题、家庭解体问题等。(3)具有显著实用价值的心理与行为问题。就中国现阶段的发展程度而言，如学习与社会化、群际关系、心理辅导、广告与营销、军事心理等。

中国人典型的或比较独特的心理现象，往往是中国社会文化的特有产物，因而也最能反映中国社会文化的特征。例如有关"面子"与"脸"的心理行为、报恩与复仇、缘分和迷信、家庭行为、家族主义、乡土情结、民族主义、中国汉语言文学的心理、气功与书法，等等。在心理及行为研究中国化的进程中，应广泛收集整理中国人的重要和典型现象。

### (四) 中国人心理与行为研究的方法

对中国人心理的研究，同其他社会及行为科学研究一样，在方法中主要采用观察法、访谈法、问卷调查法、文献档案法、作品分析法等。然而，考虑中国人心理及行为表现的特点，在研究方法的确立上，应该是多种研究方法相结合。综合运用心理学、社会学、文化学、历史学、政治学、人类学等社会和行为科学的研究方法。中国人多由社会取向行事，在研究方法上，应考虑以投射法、观察法、深谈法、问卷法为主要手段，以使收集的资料具有最大意义。

1. 深谈法。深层次的访谈谓之深谈。对中国人而言，主动与他们接近，交心谈心，能够获得大量的信度较高的资料。深谈法具有主动性、双向性、近距离和随时性的优点。当然，深谈法需要研究者具备良好的研究素质和谈话的艺术，并且要有明确的深谈目的。

2. 问卷调查法。运用问卷调查研究中国人的心理，也是收集资料的主要方法之一。不过，在中国人身上进行问卷调查，必须注意最好采用间接提问、对敏感问题采用投射题目、少用问答题目、问卷勿长、填答勿超过半小时为宜。

3. 文献档案法。历史文献是研究中国人心理的丰富资料。各种史书、传记、碑志等中包含有大量心理分析的素材。

4. 作品分析法。民间故事、神话、壁画、小说、手工艺品、古迹、建筑造型及土特产品，是中国文化的宝藏，从这些文化的创作过程和特征来研究中国人的心理，大有可为。

心理与行为研究的中国化，在研究方法上的探索和革新，其意义不亚于研究结果本身。因此，有必要在方法上积累经验，大胆突破，这样才有可能寻找和发展一套适合于中国人心理研究的科学方法。

## □□□ 第三节 中国人的文化心理与行为

### 一、家族主义与集体意识

#### （一）中国人的家族主义

1. 中国人的家庭观念

"修身、齐家、治国、平天下"是中国人传统的信条。在中国集体主义和关系取向的文化中，家庭是每个人首先遇到的集体或"关系"，家对于每个中国人都意义重大。中国人强调家庭和睦、家和万事兴，遇到危急困苦首先也是向家里求助。可以说在中国人的意识里，家的概念先于个人概念而存在。在中国人的自我结构中，包括一个主体自我和三个客体自我，即个人取向、家族取向、关系取向、他人取向。而家庭成员又是最重要的"关系"和"他人"。可以看出，家庭实际上是中国人自我结构中的核心部分。在社会交往中，中国人有特定的"自己人"与"局外人"的心理情结。自己人与局外人根据先赋性（血缘关系）与交往性来划分。在所有社会成员中，家庭成员是先赋性最高的，因此中国社会也是家庭本位社会，社会活动以家庭为单位进行。①

中国人的"家"，不仅是父母和子女所组成的核心家庭，甚至不仅由居住在一起的成员所组成，还包括叔伯等同姓的宗族、由婚姻衍生的姻亲关系，以及死去的祖宗。中国人的家庭概念确切地说是一种家族主义。

2. 家族主义

在中国传统的农耕社会里，面临的自然灾害较多，少数人员无法应对，因此，生产与生存都必须以家族为单位。家族的保护、团结和谐及延续是生存的前提条件，从而形成了中国人凡事以家为重的家族主义思想。家族主义的主要功能在于促进家族的安定团结以及繁衍生息。

按照人格和社会心理学的观点，家族主义是个人作为家庭的一员而对自己的家庭成员、家族以及与家族相关的一切事物所持有的一套复杂的态度系统。可以分为三个层次：认知层次、意愿层次以及情感层次。其中家族主义认知层次包含五种内涵：重视家族的延续、家族的和谐、家族的团结、家族的繁荣以及家族的名望和声誉；家族情感层次包含六种内涵：家族一体感、家族归属感、家族关爱感、家族荣辱感、家族责任感和家族安全感；家族的意愿层次则包含七类内涵：家族的繁衍生息、家族成员之间的相互依赖、成员的忍耐和自抑、成员间谦让顺

---

① 李芬. 和谐家庭背景下的婆媳互动解析[J]. 长春理工大学学报，2007，20(3)：21-24.

同、成员为家奋斗、家族内部上下差序、内外有别。其中认知层次和意愿层次的内涵彼此相互对应。

家族主义有利于中国人的生存和繁衍，其存在是必要的，与之相伴相生的必然要有一套维持家族存在的伦理规范，因此便形成了子女必须孝顺父母、必须传宗接代等中国传统孝道文化。

3. 孝道心理与行为

中国传统文化里，强调百善孝为先。孝道文明延续至今，是中国人心理与行为的重要组成部分。"孝道"也是心理学研究的重要内容。现在世界各国都面临老龄化社会的威胁，孝道研究显得更为重要。

杨国枢等人从现代社会心理的角度出发，构建出一套完整的研究家族主义和孝道的理论方法。孝道是子女对父母的一种良好的社会态度和行为。对于孝的内涵看法不一，郑晓江从孝的伦理内蕴方面出发，认为孝包括奉养长辈、顺从长辈和祭祀先辈三个方面。而肖群忠等人却认为爱、敬、忠、顺是孝道的伦理精神实质。① 孝道的心理结构包括认知、情感、行为三个层次的内容。其中孝道的认知层次和情感层次相互影响，两者相互作用共同影响孝道的意愿，而孝道的意愿会直接影响孝道的行为。杨国枢总结了孝道三个成分的关系（见图14－2）：②

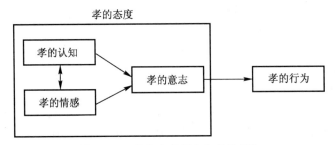

图14－2　孝的态度层次和行为层次

杨国枢等通过编制家族主义和孝道的测量问卷，以大学生做被试，研究发现：孝道各成分之间的认知与意愿的正相关最大，二者与孝的行为之间正相关较小。研究发现，大学生在孝道的各个层次上得分都比成人要高。但迄今为止，对孝道的研究都还处于描述性阶段，个体对孝道的态度对其亲子关系、同伴关系等发展的研究还不多。我国处于社会转型期，传统观念都在发生变迁，而且80后多为独生子女，对孝道的理解和态度等是否与父辈们有所不同，这些都是值得社会心理学探讨的问题。

---

① 张坤，张文新. 孝道的心理学研究现状[J]. 2005，25(1)：19－22.
② 杨国枢. 中国人孝道的概念分析[M]. 台北：桂冠图书公司，1995：46－48.

## （二）集体意识

集体意识（collective consciousness）是法国社会学家艾米尔·迪尔凯姆（Émile Durkheim）在《社会分工论》（1893）一书中提出的，他将社会共识看做是集体意识的一种体现，强调了集体意识对社会整合的重要性。① 雷蒙·阿隆认为，集体意识是一般社会成员共有的信仰和情感的总和。② 迪尔凯姆提出，**集体意识**不同于个人意识，是个人意识的表现和结果，它弥漫于整个社会空间，是社会的精神象征，有着自己的特性、生存环境和发展方式。集体意识是一种具有共性精神气质的社会事实，不依赖于某个个体，但是每一个个体又无法逃逸于这种精神气质，从而构成社会分工存在的精神基础，呈现出社会的面貌。在当代社会心理学关于集体意识的研究中，个人主义与集体主义引人注目。

1. 个人主义与集体主义的界定

集体意识作为社会中一般成员的一种共同意识，是社会成员在不同的文化氛围中通过长期的社会互动而形成的，是自我认同感和集体归属感的重要标志。不同文化下的民族所形成的集体意识是有所不同的。1984年霍夫斯特德（Hofstede）提出了文化差异的四个维度：权力差距、个人主义与集体主义、男性化—女性化和不确定性回避③，并且认为个体主义和集体主义是民族或国家的一种特性，而不是个体的。他发现大多数个体主义民族集中在美国、澳大利亚、英国、加拿大等，而大多数集体主义民族集中在危地马拉、厄瓜多尔、哥伦比亚、巴拿马、委内瑞拉等。之后在大量的跨文化研究中，研究者对个体主义和集体主义进行了如下的界定：

**个体主义**是指以西方文化为代表的价值观，主要表现在个人的自由、独特性等方面；而**集体主义**是指以东方文化为代表的价值观，主要表现为把亲近的人作为自我不可分割的部分，强调作为群体成员必须承担的责任和牺牲，偏爱群体工作，注重群体成员之间的融洽及群体的发展，较少强调竞争，提倡友谊与合作。

2. 个人主义—集体主义测量

霍夫斯特德最早采用个人主义/集体主义（I/C）的概念对社会文化进行了测度，他将二者作为对立的两极，集体主义程度愈强意味着个人主义的程度愈弱。Triandis等人则根据团队中的个体如何看待自己，引入了水平（强调个体间的平等）和垂直（强调个体间的不平等和权力关系中的等级）两个维度，将个人主义和

---

① 王胜利，方旭东. 迪尔凯姆"集体意识"的现代性与和谐社会[J]. 甘肃理论学刊，2009（1）：96-98.

② 雷蒙·阿隆. 社会学主要思潮[M]. 葛智强，译. 北京：华夏出版社，2000：216.

③ 周丽清，孙山. 大学生文化取向内隐效应的实验研究[J]. 心理发展与教育，2009（2）：55-60.

集体主义划分为四种类型①：

（1）水平的个人主义（Horizontal Individualism，简称 HI），强调个人的独特、独立，只是自己做自己的事情，而不与他人进行比较，典型例子是瑞典。

（2）垂直的个人主义（Vertical Individualism，简称 VI），这种文化取向者特别关心与别人的比较，相信竞争是自然界的法则，希望在所有的竞争中获得胜利，典型例子是西方国家，尤其是美国。

（3）水平的集体主义（Horizontal Collectivism，简称 HC），强调集体成员紧密团结（家庭、部落、国家、工作小组），集体的幸福对他们来说很重要，强调共同目标和社会性，但不轻易顺从权威，典型例子是以色列。

（4）垂直的集体主义（Vertical Collectivism，简称 VC），服从于集体的典范，甚至为了集体目标可以牺牲个人目标，支持集体内成员与集体外成员的竞争，典型例子是印度的农村。

Triandis 等人根据这四个维度编制了个人主义/集体主义量表（INDCOL），每个维度下有 8 个条目，从"完全同意"到"完全反对"回答，采用 7 点记分。

但是对中国人进行施测发现，虽然也可以分为这四个因素，但是此量表并不能很好地预测中国人的水平集体主义取向，这可能是因为中国人的行为是人际关系取向，而中国文化对不同的人际关系有不同的社会期望。②

随着社会的发展和文化的开放，西方文化与东方文化不断地交互融合，当今社会成员的集体主义表现出了弱化的现象。整体来看大学生的文化取向表现出更多的水平的个人主义取向，强调更多的个人能力发展和平等，其次是垂直集体主义、水平集体主义，最后是垂直个人主义（周丽清，孙山，2009）。

在当今构建和谐社会的背景下，我们要注意培养青少年的集体意识，因为和谐社会的理念正是社会成员集体意识的表达。

## 二、自我与人格

### （一）中国人自我的特点

自我是文化心理学的一个核心概念。文化心理学家认为，文化与自我有着极为密切的联系，文化通过对自我的形成、结构、功能等的影响，从而进一步影响人们的认知、动机、情绪以及行为。

---

① Triandis, H. C. Scenarios for the measurement of collectivism and individualism[J]. Journal of Cross-cultural Psychology, 1998, (29): 275 - 289.

② 黄任之，姚树桥，邹涛. 个人主义和集体主义量表中文版信度和效度的研究[J]. 中国临床心理学杂志，2006, 14(6): 564 - 565.

马库斯(Markus,H. R.)和北山(Kitayama,S.)认为美国文化与亚洲文化是两种不同的文化意义系统,生活在其中的人们也同时形成了不同质的自我构念。①不同文化下,人们对自我、他人及两者之间的关系有着显著不同的观点。所以他们将自我区分为独立型自我和依赖型自我。美国文化下人们拥有独立型自我,而东亚文化下人们拥有依赖型自我。美国文化下人们通过关注自我并发现和表达自身独特的内在特质而保持自我的独立性,而东亚文化下,人们则注重自我与他人间的内在联系,强调关注他人,与他人保持和谐的互动关系。在他们看来,与依赖型自我相近的概念还有社会中心主义、整体性、集体主义、非自我中心、全体化和关系主义等。

独立型的自我要求保持一种独立性,依赖型自我最显著的特点在于它拥有更多的、公共的成分,与他人的区分度也相对较低,与其他一些重要的他人或内团体成员互相有一定的重合,比如母亲、朋友等。朱滢等人以记忆的自我参照效应实验表明,与西方人不同,中国人与自我有关的记忆并不优于与母亲有关的记忆,而是处于同一水平。脑成像研究发现,对于中国被试,其母亲参照与自我参照同样激活了内侧前额叶脑区。而对于西方人,其母亲参照激活的脑区与自我激活的脑区是不一样的。②

总之,西方自我是独立的、非联系的自我(unconnected self),而东方自我是互倚的、联系的自我(connected self),它们各自的特性贯穿在哲学、心理学和神经科学的不同层面上。③

### (二)　自我增强

自我增强(self-enhancement)是一种提高自我价值感的动机,它促使人们强烈地要求获得对于自己的积极反馈或评价。因为自我增强导致人们对自己的评价与实际情况不一致,心理学者研究自我增强时往往从这种夸大自我的心理与行为偏向即自我增强偏向(self-enhancement bias)入手。因此,自我增强偏向是自我增强的程度指标。长期以来,西方人格与社会心理学者比较一致的观点是,自我增强是个人主义文化中非常普遍的心理现象,在集体主义文化中,如日本,个体则没有表现出这种主动提高积极自我的动机。然而近年来的一些研究发现,东方文化中也存在自我增强。显然,自我增强并不是西方人独有的心理动机,在不同的文化和社会环境中,自我增强会有不同的特点和表现。

---

①　Markus, H. R. , Kitayama, S. Culture and self: Implications for cognition, emotion, and motivation [J]. Psychology Review, 1991(98): 224 - 253.

②　Zhu, Y. Neuroimaging studies of self-reflection [J]. Progress in Natural Science, 2004, 14 (4): 296 - 302.

③　朱滢. 文化与自我[M]. 北京:北京师范大学出版社,2007:3.

中国文化是东方文化的典型代表之一，围绕中国人是否具有自我增强偏向这一问题一直以来也有一些争论。根据以往的研究，我们认为在中国人身上自我增强动机是存在的，而且具有人际性和隐蔽性两大特点①：

中国人自我增强偏向的人际性。自我增强偏向在个体身上并不是时时处处都会表现出来的，研究发现自我增强的表现是有选择性的。中国人在人际维度上的行为和特质具有较强的自我增强动机，因为与个人行为特质相比，这是对中国人而言更为重要的东西。

中国人自我增强偏向的隐蔽性。中国文化中的自我增强动机与中国人的脸面观、注重名声、维护集体荣誉等传统观念有着密切的关联。"中国人害怕丢脸，害怕丢面子，最主要、最直接的一个原因是害怕自己的尊严受到伤害，害怕……过于暴露。"但同时，"在中国这样一个注重人情世故的社会中，人们……还必须时时处处根据不同的情况而去维护他人的脸面，即要顾及他人的面子"②。

### （三）中国人的人格

人格是一个真实的人在他人面前的表现，有其生理方面的基本因素即生物性，有其心理的先天倾向性，更有其社会性。在西方看来，人格是一个人区别于另一个人并保持恒定的具有特征性的思想、情感和行为模式，强调个人的独特性。与此相反，我国传统文化对人的理解，强调的是"天人合一"，强调个人要正确处理与他人、集体、社会、自然界的关系，而不是个人的独特性。

相对于西方的"大五"人格模型，王登峰认为中国人人格结构包含七个维度，分别是外向性、善良、行事风格、才干、情绪性、人际关系和处世态度。③其中外向性包括活跃、和群、乐观；善良包括利他、诚信、重感情；行事风格包括严谨、自制、沉稳；才干包括决断、坚韧、机敏；情绪性包括耐性、直爽；人际关系包括热情、宽和；处世态度包括自信、淡泊。这七个维度和西方的"大五"结构既有共同的方面，也有中国人自己独特的东西。

## 三、思维方式

文化对人的心理与行为有着重要的影响。生活在不同文化背景下，人们的思维方式是受到本文化熏陶的，就像集体无意识一样深深地扎根于每个人的心里。思维方式反映了处在不同文化中的个体和群体在看待和处理问题时的认知特性。

① 佐斌，张阳阳. 自我增强偏向的文化差异[J]. 心理科学. 2006. 29(1)：239 – 242.
② 佐斌. 中国人的脸与面子——本土社会心理探索[M]. 武汉：华中师范大学出版社，1997：213，177.
③ 王登峰，崔红. 解读中国人的人格[M]. 北京：社会科学文献出版社，2005.

中国特有的传统文化和经历使中国人有着不同的思维方式和习惯①。

## （一） 中国人思维方式的特点

中国人的思维方式体现了辩证性和整体性的特征，其中辩证观念包含着三个原理：世界永远处于变化之中，没有永恒的对与错；事物都是由对立面组成的矛盾统一体，没有矛盾就没有事物本身；任何事物都存在着适度的合理性。中国人思维方式的整体性则表现在看待问题时倾向于从整体的角度对问题加以分析，强调事物之间的关联性。辩证性则体现在中庸之道上，认为每个事物都有一个"度"，孔子说的"过犹不及"就是这样一种认知方式。佐斌（1997）提出了圆形思维能够更好地整合和开拓中国人思维方式研究，他认为思维主体在对思维客体进行认识、把握、评价时，采用主体、直觉、整体、辩证的原则和方法，追求结果的完整、协调、令主体感到满意的思维。中国人的圆形思维呈现以下几个特点：人情、喻象、感悟、周全、意会、齐整和模糊。它们相互之间并不是彼此孤立的，而是紧密结合、互相影响。中国人的圆形思维方式，事实上也是中国传统文化孕育出的心理之花，中国传统文化是中国人的"圆形思维"滋生和成长的土壤。②

## （二） 思维方式的心理学研究

莫里斯（Morris）等采用文化启动研究（cultural priming study）的范式来研究中国人和美国人在归因上的不同，探讨中国人与美国人的归因倾向，发现中国人对个体行为的归因以外在归因为主，而美国人则以内在归因为主。尼斯贝特（Nisbett）研究了中国人和美国人的思维方式特性，用一系列的实验证明了中国人的思维方式的整体性特征。侯玉波等（2002）通过实验室方法证明了中国人思维方式的不同维度和具体的认知因素以及其他背景因素一起对中国人的归因倾向产生影响③。

由于心理学家对中国人思维方式的深情关注，在其他学科学者的配合与支持下，近期最有可能取得突破的当是心理学角度的实证研究，而基于中国人人际关系的重要性和特殊性以及社会心理学对人际关系研究的悠久传统，对中国人如何处理"看人"、"做人"，如何建立、维持、发展和改变人际关系，特别是对人际冲突的解决领域，是思维方式研究值得重视的课题。

对中国人思维方式的特征进行深入的研究有助于我们理解东西方人在许多方

---

① 侯玉波. 社会心理学［M］. 北京：北京大学出版社，2007.

② 任华，梁瑞春. 中国人思维方式的特点以及发展方向［J］. 内蒙古民族大学学报，2008，14（6）：65－66.

③ 侯玉波，朱滢. 文化对中国人思维方式的影响［J］. 心理学报，2002，34（1）：106－111.

面存在差异的原因，有助于对科学发展进程中的一些现象的认识。尽管在某种程度上，思维方式反映了一种文化中人们较难改变的倾向，但是随着不同文化的交融与影响，人们的思维方式也在发生着变化。不难发现，从一种文化进入另一种文化必然会伴随着思想、信念与行为方式的改变，而这种改变与思维方式的变化是一致的。也许中国人辩证与整体地看待问题的方式使我们在任何时候都显得正确，但有时候这样做却阻碍了中国人对问题的进一步探索。因此，深入探索中国人的思维方式也有利于培养我们的创新精神，从而提升了整个民族的竞争力。

## 四、关系取向

中国是一个讲究人情的大国，而人情是由各种各样的人与人之间的关系构成的。因此，在中国社会和中国人的日常生活中，"关系"起着极其重要的作用。而关系取向是研究者用来分析中国人的心理和行为的一个重要概念。

### （一）关系取向的要素

**关系取向**是人们以关系作为核心线索和依据对人对己进行界定，并依据这种关系界定来作出行为反应的一种心理倾向和行为风格。① 关系取向既是个体的一种心理定势，又是一种人际行为模式。中国人的关系取向由三个层面的内容构成：

1. 观念的"关系论"

也即关系决定论，认为关系决定人或事的本质与意义。包括关系中心论、关系宿命论、关系身份论、关系目的论和关系资源论。在关系中心论方面，西方更重视物，以个体为中心；而中国人重视人，重视以关系、整体为中心。在关系宿命论里，关系是命中注定的，对关系结果的归因讲缘分，信命、认命、怨命等。在关系身份论中，每个人的身份、行为模式都被关系所规定。在关系目的论中，人生活的目的、认识的意义，在于与他人建立良好的关系。在关系资源论里，有没有关系就是有没有某种资源。

2. 认知的"关系性"

对关系的认知敏感以及有关的关系认知的策略。包括关系敏感化、关系类别化和关系层次化。在关系敏感化中，很留意关系的建立和改变，这是关系的个人心理特质，既敏感又融情。关系类别化方面，在交往时事先对关系进行认知与分类，这是关系的社会文化特质。关系层次化中，关系是有层次的，圈子内外是有别的。这是关系的个人距离特质，也即是关系的好坏深浅，同一类型的关系并不

---

① 佐斌. 中国人的关系取向：概念及其测量[J]. 华中师范大学学报（人文社会科学版），2002，41（1）：74-80.

一定处于同一层次。

3. 行为的"关系性"

在社会行为中以关系作为行为反应原则，表现为关系和谐性、关系平衡性、关系依靠性和关系优势性。在关系和谐性中，对人要以和为贵。关系平衡性方面，对同一层次的他人要一视同仁。关系依靠性方面，在解决问题时对关系资源的提取与利用，有关系就可能有解决问题的办法。在关系优势性方面，尽量凸显自己与某一特定对象的特殊关系，优势关系，有意的在网络中打破关系平衡，从而使自己占先。

### （二）关系取向的测量

佐斌（2002）对中国人的关系取向进行了初步的探索，提出中国人的关系取向为包含三维十二要素的内容结构，主要包括关系观念取向、关系认知取向、关系行为取向三个方面的内容，每个方面下又包含若干要素。张阳阳以佐斌的研究为基础，结合杨国枢提出的关系取向具有的角色化、互依性、和谐性、宿命论、决定论五个特点，从知、情、意三个角度入手，对佐斌的关系取向问卷进行维度的精简修订。[①] 量表分为六个维度：关系中心论、关系资源论、关系缘分论、情绪影响性、关系利用论、关系敏感性，共计 28 个项目。人际互倚理论认为个体对关系的认知不仅来自于特定情境的特征，还受到个体的人际取向（如自控、公共取向）、关系动机（承诺、信任等）和社会规范的影响。赵菊、佐斌等（2008）运用关系取向量表考察了关系取向对关系满意感的影响。关系取向和关系满意感呈现显著的正相关，可以说明个体关系取向越高，就越倾向于对存续关系更满意。[②]

关系取向量表的同质性信度即 Cronbach $\alpha$ 系数值为 0.839 1。关系取向量表具有较好的信度和结构效度，是可以使用并值得进一步完善的心理测量工具。

### （三）关系取向与自我提升

相对于西方社会，东方社会是属于高关系取向的，人际关系在日常工作生活中的地位是十分重要的，东方人的关系取向非常明显。在中国，关系和谐对中国人而言是比对美国人而言更重要的生活满意感预测指标。在这种文化影响下的个体更容易形成相互依赖型的自我，而西方人的自我则是独立型的占多数。相互依赖的特质与关系协调的关联更为紧密，而独立的特质则与个体的自尊感关联更为紧密，这是东方社会高关系取向，西方社会高自我取向的重要原因。

---

① 张阳阳. 大学生关系取向及其对自我提升的影响研究[D]. 武汉：华中师范大学，2006.

② 赵菊，佐斌. 情境事件、关系取向与人际关系满意感的关系[J]. 心理学探新. 2008，(28)3，88 – 92.

## 五、心理健康

### （一）中国传统文化的心理健康观

中国传统文化是一种以儒家文化为主流，汇合道、佛文化的诸子文化形态。它虽没有直接提出"心理健康"这一名词，但其主流文化所推崇的"理想人格"，几乎都体现着心理健康的人的特征。中国传统文化的心理健康观主要包含了以下几个方面①：

（1）具有良好的人际关系。儒家认为，"人者，仁也"，"仁"字由"人"和"二"字组成，即表明建立良好的人际关系为做人的第一条件。② 主张君子之交必须符合三纲五常，与人交往要"真心诚意"、"四海之内皆兄弟"，提倡"己所不欲，勿施于人"的换位思考心理，认为"知恩报恩、以德报怨"是做人之本分，并重视"三人行，必有我师"。

（2）适当约束自己的言行。"礼"和"义"是中国人社会行为内容——"仁"的外部表现方式。"礼"主要表现为人的恭敬态度和行为方式，它可以施于父子君臣，也可以施于民众朋友。传统文化在强调人与人的和睦相处的同时，告诫个人在社会关系之中要适宜地表现自我、适当地约束自己的言行。

（3）保持情绪的平衡与稳定。心理健康的人应是能自然地表达自己的思想、感情的人。中国传统文化中的"君子"、"大丈夫"、"仁人"就是能"不忧、不俱"，维持"坦荡荡"心情的人。中国古代医书药典中也有许多关于人的健康疾病与情绪之关系的论述，例如中医心理学的七情学说，阴阳人格学说和以情胜情的中医心理治疗论③，将情绪情感的协调与平衡、稳定视为健康的根本之一。

（4）能正确认识周围环境。儒家提倡"多闻阙疑"、"多见阙殆"、"多闻择其善者而从之"，即通过学习来认识环境、了解事物。这与现代学者认为心理健康的人，总是乐于学习，乐于工作，能和社会保持良好的接触，能正确认识和了解他人和社会的观点不谋而合。

（5）抱有积极的生活态度。传统文化认为"君子"应当人本入世，乐观自足，闻过则喜，讲求实干，因而是具有积极生活态度的。

（6）完善的自我发展目标。大多数古代圣贤重视人的成长和发展，主张人性本善，认为人有恻隐之心、羞恶之心、恭敬之心、是非之心等四种美德。因

---

① 佐斌. 中国传统文化中的心理健康观[J]. 教育研究与实验，1994，1：33－37.

② 杜雄明. 人性与自我修作[M]. 北京：中国和平出版社，1988.

③ 王米渠. 中医心理学初探[M]//高尚仁，杨中芳. 中国人·中国心——传统篇. 台北：远流出版公司，1991.

此，做人就要将这些美德发扬光大。

### （二）中国人的主要心理健康问题

心理健康问题是个体在社会生活中主观感受和体验到的一种不和谐心态。只要生活在社会中就必然会产生心理健康问题，因为人的成长既是一个社会化的过程，也是一个不断超越现状、解决各种矛盾的过程。社会规范、社会角色是文化的主要载体，不同的社会角色导致个体的社会化方式不同，进而生成不同的人格特点，最终形成不同的心理及心理健康问题标准[1]，指引着人们对"不正常"行为的辨别。

张向葵等（2005）认为中国人的心理健康问题更多地根源于过分注重他人评价、社会影响，缺乏自我意识、自我表现等。而且不同的文化中心理问题的表现形式、症状等都不同。例如中国传统文化习惯于将伦理规范与个人的心理健康融为一体，符合道德的就是心理健康的。导致中国人对于痛苦的表达、应对等等都与西方不同，认为有心理问题是耻辱、丢面子的事情，往往讳疾忌医，压抑自己，在临床表现上多以显著的躯体化特征或者神经衰弱、肾亏等症状为主。[2]

### （三）心理咨询和治疗的中国化

中国文化源远流长，自成一脉。心理咨询是舶来品，文化的差异导致中西价值观之间存在着不可逾越的鸿沟，因而本土化将是心理咨询与治疗在中国发展的最终选择。首先，心理咨询与治疗必须以中国文化为价值依托，吸收传统文化中的心理学思想精髓，借鉴西方的先进理念，寻求与中国人心理和行为相适应的本土化心理咨询理论与技术体系。其次，要加强对本土心理咨询人员的培养，规范心理咨询行业。只有长期接受中国文化熏陶的人才能最了解中国人的心理与行为。再次，加强对咨询对象的研究，做到咨询对象的本土化，并编制本土化测量工具。现在通行的大多数测量问卷多是在西方文化基础上所开发的，并不能很好地评价中国人的心理状况。例如，中西方在对幸福的理解、幸福感的判断、评价标准、自我概念对幸福感的影响等多方面都存在差异。因此，深入研究我国本土文化，结合中国的国情开发更为合适的量表，显得尤为重要和迫切。

## 六、中庸行为

儒家经典著作《中庸》作为"四书"之一，是中国传统文化的重要组成部分，即使是在现代人的生活中中庸思想也扮演着重要的作用。

---

① 张向葵，丛晓波. 社会文化因素对心理健康问题的影响[J]. 心理与行为研究，2005，3(3)：229-233.

② 汪晓萍. 传统文化对心理健康作用机制探讨[J]. 成都教育学院学报，2006，20(9)：117-118，126.

### （一）"中庸"的含义

"中庸"一词对于中国人来说其实并不陌生，很多人会把"中庸"理解为："折中、平均主义"、"庸碌主义"、"妥协主义"、"投降主义"等。这样理解不免会歪曲了"中庸"一词的本义。广义的"中庸"，就像以它为名的那本经书一样，差不多涵盖了儒家的所有价值和德行；狭义的"中庸"，则专指人与人交往时的一种模态，与亚里士多德提出的"中道"（doctrine of the mean）甚为相近。我国一批专门研究"中庸"的学者认为，"中庸"作为一种辩证的思维方式，其基本含义及精神是：执两端而允中；作为一种行动取向，有"不偏不倚"、"合宜合适"、"过犹不及"、"恰到好处"之意①②。

### （二）中庸自我

既然中国传统文化是融合了中庸思想的文化，那么中国人潜意识中的中庸思想是如何表现的呢？这在被试对自评式心理量表的作答中可见一斑，在众多自评心理量表中，往往有被试在五点或七点量表中做出中间选择。实验研究表明，在两极量表两端打钩的人确是两种不同的人；在自评式两极量表中间打钩的人可能是对自我认识不清的人，也可能是在社会情境与自我之间寻求均衡点的中庸自我。中庸不是"妥协主义"，在具体行动决策上，中庸者并不是一味按别人的要求去做，完全"迷失"了自我，他们能够看到对立两极之间的转化关系，在感知与行动方面的差异并不是为了博取社会赞许（选择两极量表的某一极），而是基于"诚"的修养③。

### （三）中庸的行为特征

"中庸"即中和，追求的是不亏不盈、可进可退、不急不缓、不过不及、不骄不馁、得人生大智慧与为人处世中较为完美的平衡点。中国人的中庸行为，具有以下特征：

（1）看人看事有全局和阴阳转换的思维。全局思维是指，客观冷静地理解事理。阴阳转换的思维是指，看问题要看到事物有既对立又统一的两面，能看到事物之间的联系。

（2）追求理想，追求幸福，以及避免焦虑等，维持内心人际的和谐安宁。

（3）有顾全大局的处事原则，以和为贵，不走极端。

---

① 杨中芳. 传统文化与社会科学结合之实例：中庸的社会心理学研究［J］. 中国人民大学学报，2009（3）：53－60.

② 张德胜，金耀基，陈海文，陈健民，杨中芳，赵志裕等. 论中庸理性：工具理性、价值理性和沟通理性之外［J］. 社会学研究，2001（2）：33－48.

③ 林升栋，杨中芳. 自评式两极量尺到底在测什么？——寻找中庸自我的意外发现［J］. 心理科学，2007，30（4）：937－939.

（4）做事前认真审视，保持客观冷静。能把自己放在一个集体的环境中考虑问题，能换位思考，并且能够预见行为的后果。

（5）能够灵活变通地处理问题，如果在处理问题时伤害了他人，则会适时补偿他人，如果自己受到了伤害，则会对负面情绪进行调控和控制。

（6）自我反省。反思处理问题时的不足之处，力求在以后避免。①

## □ 本章小结

1. 文化是特定群体的人在历史的发展过程中积累下来的物质财富与精神财富总和，它包括科学技术、语言文字、价值观、艺术、宗教信仰、道德伦理、风俗习惯、生活方式、法律制度等。

2. 文化可以分为表层（物质文化）、中层（制度与行为文化）和深层（意识文化）。与此相对应，文化心理也可以分为表、中、深三个层次。

3. 文化心理学认为，人的心理与文化是相互建构、相互界定的，心理与文化是它们自己本身的原因和根据，是自足、自我生成、自我运动、自我发展的；心理学研究不必到人的心理特性和文化性质之外去寻求什么本原，它在很大程度上是人从自己的角度对自身的特性所做的探讨，是对自己的心理活动所做的描述和验证。文化心理学的研究方法包括现象学方法、释义学方法、民族志方法、主位研究法等。

4. 跨文化心理学探究人类行为变化的原因，并考察行为在不同文化背景中受到的不同影响方式。它联系文化变量对人类的心理及行为进行系统研究，既关注社会文化因素对人的心理发展的影响，也不忽视生态环境与遗传因素的作用。

5. 本土心理学的概念有广义和狭义之分。狭义的本土心理学指在任何文化背景中，对某些与心理学有关的题目的看法、理论、猜臆、分类、假设和类比。广义的本土心理学是一门描述、解释、研究某一文化背景中的人类行为和心理过程的学问。

6. 中国文化对于中国人的社会心理与行为的影响不仅是客观存在的，而且是巨大深刻的。因此，理解中国人的社会心理与行为规律，要用中国文化的眼光，要采用中国化的路径。

7. 中国人的思维方式体现了辩证性和整体性的特征，中国人的圆形思维追求人情、喻象、感悟、周全、意会、齐整和模糊，这些成分相互之间并不是彼此

---

① 杨中芳. 传统文化与社会科学结合之实例：中庸的社会心理学研究[J]. 中国人民大学学报，2009(3)：53-60.

孤立的，而是紧密结合，互相影响。

8. 关系取向是人们以关系作为核心线索和依据对人对己进行界定，并依据这种关系界定来作出行为反应的一种心理倾向和行为风格。"关系取向"既是个体的一种心理定势，又是一种人际行为模式。它的内容要素包括：(1)观念的"关系论"，(2)认知的"关系性"，(3)行为的"关系性"。

9. 中国人人格结构包含七个维度，分别是外向性、善良、行事风格、才干、情绪性、人际关系和处世态度。

10. 中国传统文化中，一个心理健康的人应该具有的特征：(1)具有良好的人际关系；(2)适当约束自己的言行；(3)保持情绪的平衡与稳定；(4)能正确认识周围环境；(5)抱有积极的生活态度；(6)完善的自我发展目标。

11. 中国人的中庸行为的特征：(1)看人看事有全局和阴阳转换的思维；(2)追求理想，追求幸福，以及避免焦虑等，维持内心人际的和谐安宁；(3)顾全大局，不走极端；(4)做事前认真审视，保持客观冷静；(5)能够灵活变通地处理问题；(6)自我反省。

## □ 复习与思考

1. 试比较本土心理学、跨文化心理学和文化心理学，三者之间的异同。
2. 思考中国本土化心理学的困境和出路。
3. 试分析中国人的人格和西方人的人格的异同。
4. 中国文化下人们的心理和行为特点对中国的社会发展有何利弊？
5. 文化与心理和行为之间有怎样的关系？
6. 文化心理学的出现对心理学的学科发展有何作用？

## □ 推荐阅读资料

1. 史密斯，彭迈克，库查巴莎. 跨文化社会心理学[M]. 严文华，权大勇，等，译. 北京：人民邮电出版社，2009.
2. 李炳全. 文化心理学[M]. 上海：上海教育出版社，2007.
3. 杨国枢，等. 华人本土心理学(上册)[M]. 台北：远流出版事业股份有限公司，2005.
4. 杨国枢. 中国人的心理与行为[M]. 北京：中国人民大学出版社，2004.
5. 万明钢. 文化视野中的人类行为——跨文化心理学导论[M]. 兰州：甘肃文化出版社，1996.

6. 叶浩生. 西方心理学研究新进展[M]. 北京：人民教育出版社，2003.

7. 王宏印. 跨文化心理学导论[M]. 西安：陕西师范大学出版社，1993.

8. 朱滢. 文化与自我[M]. 北京：北京师范大学出版社，2007.

9. 王登峰，崔红. 解读中国人的人格[M]. 北京：社会科学文献出版社，2005.

10. 佐斌. 中国人的脸与面子[M]. 武汉：华中师范大学出版社，1996.

11. 侯玉波. 社会心理学[M]. 北京：北京大学出版社，2007.

# 第十五章 社会心理学的应用

学习本章内容，将有助于你对以下问题的理解与思考：

➢ 什么是应用社会心理学？

➢ 应用社会心理学的发展过程是什么？

➢ 社会心理学在刑事司法方面有什么应用？

➢ 社会心理学在身心健康方面有哪些研究？

➢ 社会心理学关于环境保护方面的研究有哪些成果？

72 岁的美国心理学教授保罗·艾克曼用了 40 年的时间研究欺骗和伪装。在 20 世纪 60 年代，他在两个互相隔离的原始部落研究他们的动作和手势，最终发现了人类共通的特性，并发布了"脸部动作编码系统"（FACS）：他在人的脸上发现 43 种动作单元，每一种都由一块或者好几块肌肉的运动构成，各种动作单元之间可以自由组合。也就是说，人脸上可能有 1 万种表情，其中的 3 000 种具有一个情感意义。通过审视人们的脸庞，艾克曼的发明可以帮助在川流不息的人群中发现嫌疑犯或者恐怖分子。

与任何科学一样，社会心理学研究的最终目的是为了解决实际问题。在全面系统地讲述了社会心理学的基本原理之后，本书将要转向社会心理学的应用方面。研究社会心理学的应用问题，有一个专门的分支学科，即应用社会心理学（applied social psychology）。什么是应用社会心理学？它是把社会心理学的方法、理论、原理和研究成果应用于理解和解决社会问题的学科。在社会心理学中，基础研究的目的是探索研究对象的发展规律，而应用研究的目的是把基础研究揭示的规律运用于实践，寻求解决问题的方法。因此，那些致力于解决实际问题的社会心理学研究便是应用社会心理学。当然，这种区分是相对的，因为应用工作反过来也会对心理学基础理论、原理和方法作出贡献。基础研究与应用研究之间的影响是双向互给性的——从基础心理学到应用工作，又从应用心理学返回到基础知识方面。

本章将要学习应用社会心理学的发展历史，研究应用社会心理学应当遵循的原则，以及社会心理学在几个具体领域应用的研究成果。

## □□□ 第一节　应用社会心理学的发展

应用社会心理学在其最初的发展阶段上，只是作为社会心理学的一个应用研究领域而存在的。随着研究的不断深化和扩展，作为一种相对独立的应用学科形态的应用社会心理学才得以问世。应用社会心理学的发展过程大致可分为以下三个阶段。[1]

### 一、社会心理学应用研究的兴起阶段

社会心理学在刚刚诞生的时候，其发展的主流是实验室研究，对实际应用研究并不感兴趣。这种倾向在 20 世纪的前 20 年里表现得尤为突出。到 20 世纪 20

---

[1]　乐国安. 现代应用社会心理学[M]. 兰州：兰州大学出版社，1995：1 – 5.

年代末，**霍桑实验**（Hawthorne Studies）拉开了社会心理学应用研究的序幕。霍桑实验是在这样的背景下出现的：20世纪初，随着西方工业企业的蓬勃发展，以泰勒（F. W. Taylor）制为代表的科学管理方式代替了早期的经验管理。泰勒所制定的精确严格的工作程序虽然省去了工人在生产过程中的许多多余无效的动作，实行了高度完善的统计和监督制度，但由于忽视了生产中人的社会心理需要，因而日益激起了工人的强烈不满和反抗。针对这一情况，由哈佛大学心理学教授梅约（E. Mayo）领导的一个专家小组从1927年至1932年在美国芝加哥西方电气公司的霍桑工厂进行了一系列调查研究。作为其理论总结的人际关系学说，提出了与传统管理理论截然不同的新观点：人是"社会人"，除了物质条件外，人的社会、心理因素等等都影响着他们的工作积极性；生产效率的高低主要取决于生产活动中人际关系所制约的"士气"；非正式群体如同正式群体一样，有力地左右着人们的行为；管理者在理解人们合乎逻辑的理性行为时，还须善于理解人们不合乎逻辑的情感行为。霍桑实验及其人际关系学说对把管理方式从重视物的因素的阶段推进到重视人的因素的崭新阶段作出了重要贡献。因此，霍桑实验不仅成为社会心理学应用研究兴起的开端，而且也成为应用社会心理学的一个重要分支——工业社会心理学（当代管理心理学的前称）诞生的标志。

在20世纪30年代，由于世界经济的极度萧条和社会局势的动荡不安，社会舆论、民意、恐慌、流言与谣言、种族关系等等成为这一时期社会心理学应用研究关注的重点问题。与此同时，一些有关的社会心理学研究技术不断产生，最突出的有：利克特（R. Likert）于1932年对瑟斯顿（L. L. Thurston）1928年首创的态度量表进行了重新修订，使之成为至今仍在广泛运用的了解人们社会心态的有效工具；1933年莫里诺（J. L. Moreno）创立了社会测量学，提供了考察群体中人际关系状况或心理距离的重要手段；1935年盖洛普（H. Gallup）把社会学的抽样方法运用于民意调查，发展成为透视人们意向的一种独特方法。这些研究技术的出现和完善，都不同程度地推进了社会心理学研究社会现实问题的步伐。

进入20世纪40年代以后，由于受第二次世界大战爆发的刺激，社会心理学应用研究又有所发展。一些社会心理学家围绕信仰、偏见、说服、宣传与态度的形成与转变等问题进行了众多的应用研究。其中值得特别提及的是著名社会心理学家勒温（K. Lewin），他不仅是理论家、实验家，而且也是应用研究的大师，注重研究和解决现实重大问题是他一贯的作风。他所提出的"行动研究"规划，就是倡导社会心理学研究应该面向社会实际问题，并致力于对实际问题的解决。勒温及其追随者对于社会风气、种族歧视、婚姻纠纷、生产中的人事关系、组织中领导人的培养等问题进行了卓有成效的研究。

□□□ **专栏 15 - 1**

### 应用社会心理学之父：勒温

勒温，现代社会心理学最有影响的创立者之一，1890 年生于普鲁士。他先后求学于弗莱堡大学和慕尼黑大学，并于 1914 年在柏林大学获得博士学位。第一次世界大战期间，他在德国军队服役。尔后回到柏林大学任教。在那儿，他成了柏林著名的格式塔心理学派的重要人物，并在后来创立了自己的理论——场论。在度过了一段到国外教学和旅行的生涯后，1932 年为躲避纳粹迫害离开德国去了美国，在落脚于依阿华大学之前主要执教于斯坦福大学和康奈尔大学。1914 年他移至麻省理工学院，在那儿创建了群体动力学研究中心，该中心在勒温于 1947 年去世后移至密西根大学。

勒温成功地把对应用和基础的兴趣与研究结合在一起。他因对心理学场论的贡献而被认为是一位心理学理论家。同时，他又强调心理学对社会问题的应用研究，提出了"活动研究"的概念，在一个研究课题中把基本理论研究和社会活动研究结合起来。他由于研究组织管理中民主型和独裁型领导方式、群体讨论和决策过程，以及群体参与法而闻名于世。他还研究过减少偏见和分析公众对第二次世界大战的态度这类现实问题。他提出的"群体动力过程"的概念成为对人类群体的科学研究的重要概念，也是建立缅因州贝泽尔的国家训练实验室（National Training Laboratory）的理论基础。这个实验室用 T 小组训练法（T - group method）去提高群体效率和改善个人的社会调节效果。

资料来源：Stauart, O. Schultz, P. W. Applied social psychology[M]. 2<sup>nd</sup>ed.

New Jersey：Prntice-Hall, Inc. , 1998：6.

## 二、社会心理学应用研究的演进阶段

在 20 世纪三四十年代，尽管一些社会心理学家的兴趣仍在于实验室研究，但应用研究陆续出现，不过总的发展状况呈现出应用研究与实验室工作并重的局面。

然而，进入 20 世纪五六十年代以后，由于战后的社会局面又处于相对稳定、平静的状态，社会心理学家对现实问题的兴趣也随之有所降低，社会心理学的研究又退回了"象牙之塔"，大多数研究工作主要是在实验室中建构复杂的理论模式，而对实际问题采取轻视态度。但这并不意味着社会心理学的应用研究已经完全停滞或销声匿迹。在实验研究占主导趋势的情况下，应用研究依然在一些局部领域中逐渐拓展，特别是一些应用研究的分支已经日趋成熟，并成为独立的学科问世。如工业社会心理学得到了进一步发展，教育社会心理学作为一门新兴学科在 60 年代诞生了。

### 三、社会心理学应用研究的扩展阶段

20 世纪 70 年代以后，社会心理学应用研究的兴趣又再度高涨，尽管从事实验研究的仍不乏其人，但越来越多的社会心理学者开始活跃地投身于解决现实社会问题的努力中。社会心理学研究方向发生的这一显著转变是与西方社会心理学于 20 世纪 60 年代末 70 年代初出现的一次重大危机密切相关的。在 20 世纪 60 年代晚期，西方社会经历了战后最为严重的社会动荡，黑人运动、妇女运动、青年运动风起云涌，现实局面向社会心理学家提出了众多亟待解决的迫切问题。可是，长期以来习惯于实验室或书斋中作研究的社会心理学家们面对实际情况却束手无策。于是，批评之声骤起，认为社会心理学无力解决社会现实问题表明它面临着危机。以此为契机，西方学者对社会心理学展开了广泛的反思，解决实际社会问题的研究方向被看做摆脱社会心理学危机与困境的重要出路。自 20 世纪 70 年代以来，注重实际问题研究的趋势逐渐增强。时至今日，社会心理学应用研究领域几乎触及了人类社会生活的各个方面，如政治、经济、教育、司法、军事、文艺、宗教、医疗保健、广告宣传、婚姻家庭、环境保护，等等。社会心理学在社会发展中正扮演着越来越重要的角色。

当今社会心理学应用研究的迅速发展态势，不仅反映在它涉及的领域不断扩大，而且表现在有关的出版物逐渐增多，及对各领域研究成果的理论总结日益系统化。自 20 世纪 80 年代起，美国便开始出版了《应用社会心理学杂志》。奥斯坎普(S. Oskamp)的《应用社会心理学》专著于 1984 年出版，这是社会心理学发展史上第一本专门论述应用社会心理学的著作。

## □□□ 第二节　应用社会心理学研究的原则

### 一、坚持"以问题为中心"的取向

应用社会心理学的目的是"理解和解决社会问题"。这便揭示了它的一个关键特点：抓住社会问题开展研究。例如，应用社会心理学家可能从关注社会中的暴力行为入手进行自己的工作。由此出发，他会设计一项了解这种社会现象的研究，或分析已有的有关研究成果并据以提出某种社会干预方案，然后试着在现实中进行减

少暴力行为的应用。他的这些做法，都是瞄准社会暴力行为这样一个问题的。

相反，传统的"基础"科学的取向是选择一个与该领域的某个理论有关的课题进行研究，重点是要发现支持或反对这个受到质疑的理论的证据。一个传统的基础社会心理学家如果选取暴力行为问题作为研究课题，那么他通常是把暴力行为看做某个理论概念的一个特定案例——例如，作为挫折—侵犯理论中的挫折案例——进行研究。基础社会心理学家不大会去制订减少社会暴力的干预方案，即使他这样做了，目的也是在于支持自己采用的理论。

当然，许多的科学家，既是基础研究科学家也是应用研究科学家。同一个人可以在这两类科学之间来来去去。不少很有价值的研究看上去既是基础性的研究又是应用性的研究。这类"双重目的"的研究，既可以对有关人类生存的世界的理论知识的积累作出贡献，又可以用来解决社会实际问题。这也就是人们通常所说的既具有理论意义又具有实践价值。

## 二、明确的价值定位

人们所处的社会是复杂、多元的，它由许多群体构成。每个群体都具有自己的价值体系，而且这些不同的价值体系之间至少会是部分地不相容的。同样，就个体而言，人们也会发现自己常常处于两种价值观冲突的情境之中却又不得不在它们之间作出选择。美国著名的应用社会心理学家奥斯坎普举例说，身带武器的自由和希望减少谋杀，对发展中国家给予更好的医疗保健帮助和把这些钱用于帮助进行生育控制以减少过剩的人口或用于购买食物以阻止蔓延的饥荒——这些都是难以找到一致意见的、有价值冲突的问题。① 想在这些方面进行研究工作的应用社会心理学家必须站在某种价值立场去进行。可能与所谓的纯心理学问题研究不同，应用社会心理学的研究应该是事先就带有明确的价值取向的。在美国，有的社会心理学家提出研究工作的最终价值标准是要改善人的生活质量。② 这种观点意味着要有积极的姿态努力促进人们生活得更好，而不仅仅是对称之为社会问题的生活的消极方面做出反应。同时，它也要求应用社会科学家把明确的价值取向作为自己研究工作的基点。

## 三、强调研究结果对社会有用

勒温在1948提出的**活动研究**(active research)的概念本质上就是强调研究要

---

① Stauart, O, Schultz, P. W. Applied social psychology[M]. 2<sup>nd</sup> ed. New jersey: Prntice-Hall, Inc., 1998: 4.

② Mayo, E., France, L. M. Toward an applied social psychology[M]. // Kidd, R. F., Saks, M. J. Advances in applied social psychology(Vol. 1). Hillsdale, NJ: Erlbaum, 1980.

对解决社会问题有帮助。① 美国著名的法律心理学家萨克斯（Michael Saks）1978年提出"高度影响力的应用社会心理学"（high impact applied social psychology）的概念。② 他认为，应用社会心理学家应当把他们的努力集中于最具有影响力去解决的特定的社会问题方面。例如，研究社会心理学在与犯罪作斗争的领域应用的问题的社会心理学家应当考虑如何去阻止犯罪而不只是考虑如何去改变罪犯或安慰犯罪被害人。这个原则可以指导研究者选择研究什么样的社会问题，确定研究问题的变量，就如何处置问题的后果或如何在第一现场防止它们发生，以及决定如何介入解决问题等进行研究。"对社会有用"的另一种含义是，社会心理学的研究成果，在被社会接受和应用之前必须是别人能够理解的。为了让人们能够认识到社会心理学的研究成果是与自己有关的和可以应用于社会生活的，在描述研究情况和结果时，应用社会心理学研究者应当尽量简化，避免不必要的复杂化，要用朴实的语言而不是难懂的学术语言去表述。同时，学者们还应该试着用非专业性杂志、大众传媒、科普讲座，以及工作坊的形式与普通人沟通。

## 四、多学科的视角

为了使应用社会心理学的研究成果尽可能地有用，在看待社会问题时，应用社会心理学家的视角应当是范围广泛的。这就意味着要尽可能地考虑会对所研究的问题领域产生影响的各种变量，分析的水平既要微观也要宏观。例如，在研究种族偏见的表现问题时，不仅要去了解个体的态度、经验和当时的刺激事件，还要了解人们在生活过程中习得的社会道德和期望，以及他们生活的整个社会制度的特点。③ 这样的考虑需要跨学科的视角取向，除了心理学的视角外，还有社会学的、经济学的和政治学的视角，等等。

## 五、注重结果的社会可应用性

为了使研究结果能够用于解决社会问题，第一，研究结果应具有足够的实践方面的重要性；第二，研究结果必须能够对其他情境具有概括价值，即能够对不同的任务、不同的测量手段、不同的研究被试、不同的组织、不同的亚文化环境具有概括性。第三，受到越来越多的重视的有关实践考虑的问题是"代价—效益比"问题。即使研究结果具有很强的、广泛的概括性，但也可能

---

① Lewin, K. Resolving social conflicts[M]. New York: Harper, 1948.

② Saks, M. J. High-impact applied social psychology[C]. Paper presetented at APA meeting, Toronto, 1978.

③ Lott, B., Maluso, D. The social psychology of interpersonal discrimination[M]. New York: Guilford, 1995: 12 - 49.

因为实践的代价过于昂贵而难以在实际的社会活动中得到应用。例如，在能源短缺的 20 世纪 70 年代，美国曾经制订过每小时 55 英里汽车限速规定，从结果看的确因此而减少了许多致命的车祸，也节约了许多汽油，但是许多汽车司机却强烈反对这种限制，因为他们感到所得到的效益并不能补偿个人因此而付出的代价。因此，国家制订的这种每小时 55 英里限速规定最终在 1996 年终止执行。近几年来，美国在政府管理方案、工业和商业投资方面，越来越注重对代价—效益比的计算。这种趋势要求美国的应用社会心理学家对希望用于解决社会问题的方案的代价和效益进行定量估计。由于对解决社会问题的方案会产生的效益事先常常没有定量的概念，例如关于工作满意度问题和改善健康问题，这些领域的工作者不得不设计和使用新技术以得出大概的费用。在美国有一个有趣的例子是，计算出在高质量的学前教育项目中每花费一美元，能够为后来的用于实施特殊教育、解决中途退学问题、社会福利，以及处理犯罪等问题工作中节约 7 美元的开支。[1] 第四，在一些西方国家，应用社会心理学家在考虑研究结果的社会可应用性问题时，还需要分析政治因素对应用的影响。例如，在 20 世纪 90 年代，有人统计美国每年 20 000 件谋杀案和 50 万起其他犯罪案件中有大约 15 000 人使用手枪。研究结果表明，成人手枪登记和控制法能够明显减少这类犯罪数量。[2] 多年来，大多数的美国人，甚至包括持枪者，都赞成建立更为严格的手枪控制法律。[3] 然而，直到最近，除马萨诸塞州、纽约州和华盛顿特区外，在其他州和城市都基于政治上的原因，仍然不可能通过手枪控制法。具体而言就是，诸如国家枪支联合会这类很有权势的活动组织，阻止了希望通过枪支限制或控制的法案的所有尝试。[4] 其他一些有关社会问题的解决方案也可能因为一些有权势的政治集团或个人会持强烈的反对态度而在某个时间内难以实施。

## 六、采用多元的研究方法

　　心理学中占主导地位研究取向的，至少自 20 世纪 40 年代开始就是实验室实验。对 20 世纪 60 年代和 20 世纪 70 年代的文献调查显示，主要的社会心理学杂

---

　　① Barnett, L. Benefits of compensatory preschool education [J]. Journal of human Resources, 1992 (27): 279 - 312.

　　② Podell, S., Archer, D. Do legal changes matter? The case of gun control laws [M] // Costanzo, M., Oskamp, S. Violence and the law. Thousand Oaks, CA: Sage. 1994: 37 - 60.

　　③ Moore, D.W., Newport F. Public strongly favors stricter gun control laws [J]. Gallup Poll Monthly, 1994(340): 18 - 24.

　　④ Kleck, G. Point blank: Guns and violence in America [M]. Chicago: Aldine, 1991.

志刊登的研究报告有 70% 到 90% 是实验室实验。[1] 应用社会心理学研究中尽管这个比例不是很高，但是也有许多是实验研究。到 20 世纪 90 年代，刊登在《应用社会心理学杂志》上的文章则只有 35% 是实验室实验报告。[2] 虽然实验室实验有对变量精确测量和控制的优点，但是它也存在人为性、影响力弱，以及一次只能考虑少数几个变量的缺点。这些缺点常常导致一些社会心理学家放松对应用领域的研究甚至完全放弃这方面的研究。

　　现实生活中的社会心理问题是复杂多样的，而且来自于不同的层次，例如个人层次、人际交往层次、群体层次和社会文化层次等，所以，只借助于科学主义的实证论难以解释全部的社会心理现象。后现代主义社会心理学思潮尽管对心理学主流研究方法的全盘否定是不可取的，但是它强调研究方法的多元化，引进了话语分析、历史文化研究方法和相对主义的观念，在一定程度上符合了社会心理学、尤其是应用社会心理学研究对象的需要。社会心理学的实证研究方法经过长期演变，已经由实验科学阶段发展为今天以实验为基础的综合阶段，并且不断地吸收其他学科（例如生物学、物理学、社会学和计算机科学）的研究成果和研究方法，现在已经形成了独特的方法特点并且找到了适用的领域，这一点是不应该也是不能否定的。在进行应用社会心理学研究的时候，方法应该是多元的，要把宏观研究和微观研究、实验研究和社会研究、定量研究和定性研究结合起来，而不要有所偏颇。

□□□ 专栏 15 - 2

### 心理科学的发展与社会的进步

　　心理学可能比其他学科更根植于社会，并在各种社会挑战中不断地作出自己的贡献。占人类 1/3、正在接受教育的儿童，会因心理学的渗透而成长得更加顺利；全球大约 4 亿精神性疾病患者正在因心理学新方法的应用而得到缓解；人类也因为心理学的深入研究而更加关注普遍的健康问题，一些心理健康和身体健康的交互作用问题正在得到更多的重视。心理学还在确保"人的因素"在人造系统的信息回路中得到适当的考虑和应用，使得人类在信息化浪潮中保持了自己的尊

①　Fried, S. B., Gumpper, D. C., Allen, J. C. Ten years of social psychology: Is there a growing commitment to field research? [J]. American Psychologist, 1973(28): 155 - 156.

②　Schultz, P. W., Butler, J. C. Twenty-five years of applied social psychology[R]. Unpublished manuscript, 1996.

严和独立性。因此，心理学已处于解决现代社会所面临的很多问题的核心位置。伴随心理学成长的 20 世纪，可能是迄今为止人类历史上进步最快的 100 年，电气化、信息化和全球化在这 100 年中被梦幻般地实现，但 20 世纪可能也是灾难深重的 100 年，仅两次世界大战就夺取了数以亿计的人的生命。因此，探讨人性的本质，探索、研究、预测和引导人们的动机、态度和行为成为心理科学的最基本任务和使命。比如，弗洛伊德曾讨论人类为什么战争的问题，并用其精神分析理论将战争归因于人们内心的破坏冲动向外界的转移，而 N. E. 米勒则进一步对这个理论假设进行了实验验证，提出所谓的"挫折—攻击"理论。再比如，班杜拉系统地研究了儿童如何通过观察别人而学会攻击性的行为，他的观察学习理论成为研究电影、电视等大众传媒对个体心理和行为影响的理论出发点，指导着"电视教育"。费斯汀格的认知失调理论则用严谨的科学实验研究了人们复杂的社会态度以及偏见产生和形成的奥秘，也为在大众主导传媒时代国家如何将人们的态度导向正确的方面提供了启示。

2002 年 Review of General Psychology 杂志通过综合途径评选出了 20 世纪最著名的前 100 位心理学家，在前 10 位中，研究人的认知与学习过程的有 2 人，他们是皮亚杰( Piaget)和桑代克( Thorndike)；研究人性的本质特别是其复杂社会本质的有 4 人，他们是斯金纳( Skinner)、弗洛伊德( Freud)、罗杰斯( Rogers)和马斯洛( Maslow)；而直接用实验心理学的方法研究人的社会心理与行为的有 4 人，分别是班杜拉( Bandura)、费斯汀格( Festinger)、斯坎特( Schachter)和米勒( N. E. Miller)。研究较为纯粹的认知和学习过程的学者人数与研究人的复杂本质的学者人数之比是 2∶8。

以心理学为代表的行为科学研究往往在社会发展的关键时期发挥巨大的作用，有效地促进了社会的稳定和发展。二战后，全世界面临着战后的重建，特别是面对战后人类心灵以及人类信心的重建。在这一时期，心理学发挥了巨大的作用，并在巨大的作用中得到蓬勃的发展。1958 年，苏联第一颗卫星上天后，全美上下一片震惊。在心理学家的推动下，开展了大规模的课程改革，奠定了美国科学领先的基础。另外，美国 20 世纪 70 年代，为了解决种族问题和代沟问题等许多复杂、尖锐的社会矛盾，心理学建立了关于社会态度、行为、道德规范等方面的严谨而富有实效的研究传统，并使这种传统延续至今。

　　历史的经验表明，心理科学是国家和社会在现代化进程中不可或缺的润滑剂、调节剂和稳定剂。

资料来源：张侃. 心理科学与社会发展[J]. 科技与社会，2007(3)：230 - 234.

# □□□ 第三节　社会心理学在刑事司法中的应用

　　这里所说的"刑事司法"，主要是指对刑事案件的侦查和审判。从应用社会心理学研究的角度来看，对刑事司法活动的研究集中在参与该活动的各种不同社会角色上，包括犯罪嫌疑人（被告）、受害人、证人、警察、检察官、律师、陪审团成员等。在审判法庭上，这些人构成了一种"子社会"（sub-society），各角色间存在特定的互动关系。① 一些应用社会心理学家对该领域有过很多研究。本节限于篇幅，只介绍对证人证言和对犯罪嫌疑人面孔识别的一些研究成果。

## 一、对证人证言的研究

　　证人证言对于警方调查、法庭审判来说都是非常重要的。然而，证人证言的形成过程是受很多因素影响的。即使是对于一个自愿提供证言、力求真实反应案发实情的证人来讲，也会受一些因素的影响，而使其证言在一定程度上不符合客观真实情况，可能致使案件的审理受到影响，得不到公正的判决。据有关统计，由于目击者证词的错误造成的错判，比因其他各种原因造成错判的数量的总和还多。因此，从社会心理学角度研究影响证人证言准确性的因素，探讨提高证言准确性的途径是十分必要的。

### （一）记忆对证人证言准确性的影响

　　目击记忆是目击者对于突发事件的发生和进展，事先没有预定的目的，也不使用任何方法的记忆。虽然此时目击者并无自觉努力，但仍有一定的选择性，受事件本身的特点及目击者兴趣、活动任务和知识结构等的影响。②

　　有学者研究了证词的"词语遮蔽效应"，它是指当所需要记忆的事情难以用语言来加以把握时，语言化反而会有损于记忆，导致记忆错觉。这一现象在目击证人对犯罪嫌疑人的外貌及体形进行回忆时经常发生。在对嫌疑人画像的过程中不断地向目击证人提问，非常容易使目击人头脑中的嫌疑人形象变得越来越模

---

　　① Saks, M. J., Hastie, R. Social psychology in court[M]. New York：Van Nostrand Reinhold, 1978.

　　② 尹华站，黄希庭. 目击记忆中的检索效应问题[J]. 西南师范大学学报（人文社会科学），2003，29(5)：27 - 31.

糊，对嫌疑人的辨认变得更加困难，这就是目击证人对记忆对象进行了语言描述的结果。①

证人回忆时的"记忆重构"也是造成证言失真的一个因素。目击证人对事件的再认与回忆常常会受到随后获取信息的干扰而发生错误。其中相关事件和提问方式对回忆和再认的干扰是十分显著的。有关研究表明，回忆不是对所发生事情的准确再现，而是对它的重构。提问中的一些错误假定的前提会使目击者在重构对某件事的记忆时，把未曾出现在事件中的事物包括进去。甚至在提问时仅仅提及某物，即使它不是错误假定前提的一部分，也足以使被试把它补充到记忆中去。而且提问时的语言方式也会对证人的回忆产生影响。引导式的提问往往会歪曲证人的回忆。②

也有学者研究了证人回忆中"特征编码效应"，它是指如果回忆时的场景线索与记忆编码相匹配，则能更好地回忆起目标事件。场景线索包括原来的物理环境、个人情绪状态，乃至说话者的声音，等等。如果场景以物理的或心理的形式恢复，目击证人就能回忆出更多的细节。因为场景线索直接被作为情节记忆痕迹的一部分得到编码，所以这些场景线索的物理或心理恢复有助于回忆有关的目标情节；另外，场景线索还有助于证人控制自己的记忆活动，场景线索的物理或心理复现激发了人们回忆先前事件或目标的动机。因此，在询问目击证人时，为了帮助他们更好地回忆起当时的情景，应该尽可能地设置与当时情景相似的场景线索。

**（二）证人的自信心**

有学者研究了证人自信心和证言准确性之间的关系。研究结果表明，目击者的自信心和其证言准确性之间的相关非常弱。因此研究者逐渐将研究重点集中于寻找在什么条件下自信心与证词正确性间有较高的正相关，也就是要寻找影响这种关系的中介因素。③

研究结果表明，其中的一个重要影响因素是目击者在进行嫌疑犯辨认时得到的信息反馈。威尔斯（G. L. Wells, 1998）等人的研究表明，主持辨认的警官在目击证人对呈现的嫌疑犯照片做出辨认后给予的反馈（如："好的，你辨认出了嫌疑犯。"或者"不，这个人不是嫌疑犯。"）可能极大地影响目击者对自己的辨认结果的信心。这就是辨认后反馈效应（postidentification feedback effect）。和没有接受反馈的证人相比，那些接受了肯定反馈（"好的，你认出了嫌疑犯。"）的证人对他们

---

① 李艳丽，赵德勇. 误证中的记忆错误现象[J]. 河南司法警官职业学院学报 2006, 4(2)：31-33.

② Elizabeth, F. L. Make-believe memories[J]. American Psychologist. 2003, 58(11)：864-873.

③ 李波，韩凯. 目击见证中的记忆与元记忆监控研究[J]. 心理学动态, 1999, 7(4)：20-24.

回忆的自信心增强了；而那些接受了否认反馈（"实际上，嫌疑犯是……号。"）的证人的自信心则降低了。① 此外，辨认后反馈效应还会影响目击证人对他们目击案件发生时自己的注意程度的判断、影响他们在辨认时的决策时间，以及影响他们对嫌疑人的面部细节记忆的回忆。而以上这些方面往往是判断证人证言准确性的标准。因此，一个非常有信心的证人的证言也许真的是十分准确的，但也有可能只是因为得到了来自主持辨认的警官的确定反馈而表现出来的。② 所以，研究者指出，恰当的指导语对于保证证人辨认的准确性是十分重要的。另外，还有研究表明，辨认后反馈对不同专业背景、不同性别的证人的影响也不相同。有一定专业背景的人在得到肯定反馈后比没有专业背景的人更为冷静，更倾向于不盲目提高自信心；但前者在得到否定反馈后会产生很深的自我怀疑。肯定和否定反馈对女性都会产生显著的影响；比较而言，肯定反馈对女性自信心的影响比对男性自信心的影响强，而否定反馈对男性自信心的影响则更为显著。③

除了反馈因素外，还有研究证实，辨认现场的光线、温度、湿度、家具摆放，整体氛围，对辨认环境的熟悉程度，辨认对象与目击对象的差别程度等都会影响证人的辨认自信心。④

威尔斯的研究还发现，如果要求目击者在问讯前就自己的证词作准备，并且注意保持证词的逻辑一致性，则这样的目击者的自信心比没有预先作这种准备的目击者更高，其证词也更易为陪审团接受。但这种预先准备没有增加目击者的回忆正确性，而只是增强了自信心而已。

### （三）　武器聚焦效应（weapon focus effect）

**武器聚焦效应**是指当罪犯手持武器（如刀、枪）出现时，目击证人的注意力就会集中在罪犯的武器上，而对其他重要线索——如罪犯的面孔、服装等——的记忆就会相对变差。⑤ 一些研究结果表明，目击者在出现武器的条件下对罪犯（武器持有者）的辨认成绩明显差于不出现武器的条件下的辨认成绩。这显示了武器聚焦现象确实存在。用"注意狭窄化"来解释武器聚焦效应的研究者认为，当武器出现时，会引发目击者强烈的恐惧情绪，使其注意的范围缩小，而且对细节

---

① Wells, G. L., Bradfield, A. L. "Good, You identified the suspect"：Feedback to eyewitnesses distorts their reports of the witnessing experience[J]. Journal of Applied Psychology, 1998(83)：360 – 376.

② Wells, G. L., Charman, S. D. Distorted retrospective eyewitness reports as functions of feedback and delay[J]. Journal of Experimental Psychology, 2003, 9(1)：42 – 52.

③ 苏彦捷，孙金鑫. 反馈对目击证人辨认信心的影响[J]. 心理与行为研究, 2003, 1(1)：40 – 45.

④ 王刚，孙金鑫. 信心对目击证人辨别的影响机制研究[J]. 中国人民公安大学学报, 2005, 2(2)：115 – 120.

⑤ Loftus, E. F., Loftus, G. R., Messo, J. Some facts about "weapon focus"[J]. Law and Human Behavior, 1987(11)：55 – 62.

信息的编码也会减少和削弱。① 也有研究者认为，武器聚焦效应的出现是因为武器是一种不同寻常的、出人意料的物体，在特定环境中武器的意外出现会使目击者将注意力记住在武器上而忽略了其他细节。②

### （四）专家证人证言

《美国法律辞典》把"专家证人"解释为："在一项法律程序中作证，并对作证的客观事项具有专门知识的人。专家证人是具有普通人一般不具有的一定知识或专长的人。受教育程度可以是作为专家证人的基本条件，但是基于经验的特殊技能或知识可能使一个人成为专家证人。"专家证人的职责在于以其专业知识帮助法院解决有关诉讼程序中的问题。他与普通证人相比，不要求对作证事实有特殊的经历，但除了以科学、技术或其他知识为证词的基础外，还可以以审判前掌握的事实、资料、意见，审判中得到的事实或资料，或者庭外获得的资料作为其推论的基础。③

与非专家证人相比，专家证人能够更加轻而易举地诱导法官和陪审团。因为专家证人往往具有法官、陪审员等不具备的专业知识，他们更有条件对案情提出自己的看法，并且这类看法有的可能建立在不是证据事实的基础上。而法官和陪审员更容易因为对专家身份的信任而认为其证言更加准确可靠。而且，由于专家证言经常通过晦涩难懂的专业术语进行表述，陪审团还可能无法充分理解专家证词，难以准确地判断其可靠性。

由于证人证言的准确性直接关系到审判结果，而证人证言的准确性又受到很多心理因素的影响，因此很多时候法庭会听取心理学专家证人对证人证词准确性的评估和建议。虽然一些研究表明心理学专家证词能够使法官和陪审员对证人证词的不准确性更加敏感，从而部分减少法官过分依靠证人证词的倾向，但专家证词并非总是容易被接受的。有的研究表明，当起诉方没有专家证人时，被告方专家的证言将会加深法官对证人证词的怀疑；而当双方都有专家证人时，这种影响将会被减弱。④ 还有研究发现，除非专家证词在所有证据都被呈现完之后提出，并且法官对专家观点进行了总结，否则专家证词的效果会大大减弱。⑤

---

① 吴杲. 目击辨认研究概览[J]. 心理科学进展，2005，13（2）：239－247.

② Pickel，K，L. The influence of context on the "weapon focus" effect[J]. Law Human Behavior. 1999（23）：299－311.

③ 刘伟，张时春. 美国专家证人制度的评价及启示[J]. 四川警官高等专科学校学报. 2003，15（4）：62－66.

④ Brian，L. The eyewitness，the expert psychologist，and the jury[J]. Law and Human Behavior，1989（13）：311－328.

⑤ Michael，R.，Leippe，et al.. Timing of eyewitness expert testimony，jurors'need for cognition，and case strength as determinants of trial verdicts[J]. Journal of Applied Psychology，2004（89）：524－527.

## 二、对犯罪嫌疑人面孔的识别

我国《公安机关办理刑事案件程序规定》第 264 条规定："为了查明案情，在必要的时候，侦查人员可以让被害人、证人对犯罪嫌疑人进行辨认。"《人民检察院刑事诉讼规则》也有类似的规定。这种辨认主要依赖于对面孔的认知。

### （一）关于面孔记忆的改变的研究

研究表明，插入信息与诱导提问都能干扰对面孔的记忆。有研究者通过研究指出，将面孔与某一角色或名称联系起来，就能使对面孔的记忆发生变化。① 他们设计了这样的实验：让被试观察一个男性的照片 30 秒钟，然后要他们重构该男性面孔的形状。在重构面孔之前，对其中一半的被试说，刚才的那张照片是一个救生船的船长，对另一半被试说刚才的男性照片是一个杀人犯。结果两组被试所构建的面孔就出现了轻微的差异，后一组被试（与杀人犯联系）描述的面孔，倾向于是缺乏智慧的、凶残的、令人不快的。更加有意义的是，故意提供面孔的细节特征居然也干扰对面孔的记忆。有一则研究是这样的：让被试观看一段录像，录像中有一个男主人公，录像结束后，要求被试听解说者的解说，而解说者故意将男主人公描述成是有胡子的（其实没有胡子），过了几分钟后，让被试从 12 张照片中挑选出男主人公，这些照片中有 6 张有胡子，另 6 张没有胡子，结果 69% 的被试挑选出的男主人公是有胡子的（受到解说的误导），只有 13% 的被试挑选出没有胡子的主人公（没有受到误导）。显然，这些误导与暗示对面孔的识别产生了很大影响，所以《公安机关办理刑事案件程序规定》与《人民检察院刑事诉讼规则》都规定不得给辨认人任何暗示。

### （二）司法辨认方法及其应遵循的规则

司法辨认主要依赖面孔认知的信息，当侦查人员发现某人是犯罪嫌疑人时，通常要求被害人或其他目击证人进行辨认。基于面孔认知的研究，在司法实践中主要采用单一辨认、列队辨认、照片辨认等方法。

一般而言，在使用辨认时，应当注重陪衬者的选择。有研究者认为，侦查人员使用的辨认方式应当遵循一些规则，这样有利于提高辨认效率，减少辨认错误率。② 他们建议侦查人员应当遵循以下规则：

（1）选择不知道列队或照片成员中的哪一个是犯罪嫌疑人的侦查人员主持

① Gavies, G. M., Ellis, H. D., Shepherd, J. W. Perceiving and Remembering Faces [M]. London: Academic press, 1981.

② Loftus, E. F. Psychologist in the eyewitness world [J]. American Psychologist. 1993(48): 550 - 552.

列队辨认或照片辨认。

（2）应当明确告知证人，犯罪嫌疑人有可能不在列队里或照片之中，从而使证人觉得自己不一定必须要辨认出某一个。同时也应该让证人知晓，主持辨认的侦查人员并不知晓哪个人是这个案件的犯罪嫌疑人。

（3）在列队中或照片中不应该突出犯罪嫌疑人。如果证人曾经对犯罪嫌疑人的某些特征进行特殊的关注，或对犯罪嫌疑人的特征进行过言语描述，那么辨认中的犯罪嫌疑人最好避免出现这些特征，否则容易干扰证人的辨认。已有研究指出，证人的言语描述对于面孔的记忆会有干扰作用。

（4）在辨认时，对证人辨认出的人是不是真正的犯罪嫌疑人作出反馈之前，应当让证人做一个明确的陈述。

### （三）产生错误辨认的原因

司法辨认中主要存在以下几种影响正确辨认的原因：

（1）侦查人员暗示犯罪嫌疑人肯定在列队之中。

（2）迫使证人作出辨认的结果，或由于侦查人员的需要与期待造成证人有过度"强迫"感。

（3）向证人询问列队中的某个人的详细情况，而对其他人员却较少关注。有心理学家专门将这种现象称为"确认偏向"。

（4）鼓励证人或促使证人降低再认阈限，减少证人不能辨认的情形。尽管例如催眠等手段在一定程度上能够降低辨认阈限，但由于极易受暗示性影响，许多国家的法律已经禁止使用了。但是，侦查人员为了获得更多结果或验证自己的预期常常仍使用各种手段来降低证人的再认阈限。

（5）侦查人员在辨认中流露出自己的偏好与预感。虽然这不同于有意暗示，只是无意的流露，但容易使证人感觉到那一个人是犯罪嫌疑人。

（6）在证人作出选择后，如果侦查人员告诉证人，他的辨认是正确的，这会强化证人的成就感，增强证人辨认的自信度。本节上面介绍过，已有研究指出证人的信心度与辨认的正确性相关较低，可是实践中，侦查人员常常会依据证人的信心强弱来判断其辨认的正确程度。

研究表明，列队辨认在很大程度上是一种"相对的判断过程"，也就是说，证人选择的那个最相似的人，就存在于证人的记忆中，就是犯罪的实施者。如果真正的犯罪嫌疑人出现在列队中，那么，这种辨认程序是有效的。但是，如果列队里边只有陪衬者，那么与犯罪人相似的某个无辜者可能被挑出来。有人曾做过一个模拟实验，他们模拟了一个犯罪过程，然后让证人从列队中挑选出犯罪实施者，当真正的犯罪实施者不在列队之中，同时也没有向证人就这一事实提出警告的情况下，78%的人会选择其中一个无辜者作为犯罪的实施者。而在向证人警告了犯罪实施者可能不在列队里时，只有33%的人在无辜者之中选择了一个人。这表明，即使对证人提出了犯罪实施者可能不在列队或照片中的警告之后，大约仍有三分之一的人或更多的人在没有犯罪实施者的列队里选择一个无辜者作为犯罪实施人。这一错误现象是危险的。刑事侦查不仅仅是惩罚犯罪更应当注重人权保障，所以减少这些错误辨认的努力是非常重要的。①

## □□□ 第四节　社会心理学在身心健康保护中的应用

应用社会心理学在身心健康保障中的哪些方面起作用呢？表面看来，身心健康好像与临床或医学心理学的关系密切，而与社会心理学的关系不那么密切。然而，20世纪以来在世界上导致疾病与死亡的原因发生了变化。在19世纪，造成死亡的主要原因是传染性疾病，比如肺炎、流行性感冒、肺结核甚至癌症。这些慢性疾病不像传染疾病那样是从一个人传播到另外一个人，而主要是由于个人生活习惯或行为方式导致的。应用社会心理学可以帮助人们改变他们的生活习惯或行为方式，所以它在健康保障中可以发挥重要作用。事实上，许多应用社会心理学家对于诸如吸烟、酗酒、超量饮食这类不良行为以及对于癌症、高血压和冠心病、疼痛、艾滋病等病症中的社会心理学问题都有了专门的研究。本节将在论述社会心理因素对身体健康的影响之后，专门介绍相关的学者对吸烟这一有害身体健康行为的研究成果。

### 一、社会心理因素对身体健康的影响

研究表明，社会心理因素同遗传、生化、免疫等因素一样，在疾病的发生、发展、治疗以及预防中起重要作用。日常生活中，有许多社会心理因素会使人产生心理紧张状态（intensity state），从而引起疾病。

生活中的挫折可能会使人致病。丧偶、离婚、失去亲人、家庭冲突、索居独处、远离家乡和生活变化对健康都有较大的影响。许多研究表明，心肌梗塞或冠心病的病人在发病前6个月有明显的生活变化。人们普遍相信与双亲分离会使儿童感到不安，而双亲间的冲突则更会使儿童感到不安。双亲离婚的儿童比由于双亲中一位去世而使家庭生活受到干扰的儿童表现出更多的紧张状态。当然，离婚也影响成人，近几十年来的一系列研究发现，离婚是精神病院住院患者的病因之一。应用社会心理学家已经广泛研究了多种生活事件与心理紧张和身体疾病的关系。研究发现紧张与个人健康之间有着紧密的联系。有人估计在所有躯体疾病中

---

① Loftus, E. F. Psychologist in the eyewitness world[J]. American Psychologist. 1993(48): 550 – 552.

有 50% 到 70% 是紧张造成的。① 在一项对紧张影响的验证性研究中，研究者随机地让自愿参与者接触感冒病菌。他们发现除了那些接触了感冒病菌的人更容易出现感冒症状之外，那些被测出有高紧张分数的人无论是否真的接触了感冒病菌都更容易出现感冒症状。②

紧张的工作容易使人致病。首先，现代科学技术把人带进了信息密集的时代，信息量的急剧增长使人应接不暇，这种情况导致有关工作人员的情绪紧张程度大大提高。其次，在现代化生产中，自动化程度不断提高，这虽然是根本改善劳动条件的必由之路，但是，它却使工作变得单调、枯燥和紧张，需要精神高度集中。大量的研究表明，在这种条件下工作的职工，绝大部分都感到工作没趣味，没有成就感，感到焦虑、紧张、容易激动。例如电报员要以熟练的技能从事单调刻板的工作，特别容易患神经症，容易患哮喘、手指震颤或痉挛、消化性溃疡症。还有人发现，从事不到一分钟就重复一次动作的工作的工人比隔 3 ~ 30 分钟重复一次动作的人，多患失眠、肠胃病和抑郁病。

现代化城市生活也会使人心理紧张而致病。人口的高度集中，高层建筑的不断发展，以及紧张忙碌的生活节奏，不仅改变了人们传统的生活方式，也造成了邻里间人际关系的淡薄。这种现代城市生活，给城市居民造成很大的心理压力，使之比农村人易患神经—心理失常和身心障碍诸病症。另一方面，随着工业化和都市化的发展，许多人迁居城市，从宽广安静的生活环境进入喧闹的拥挤环境，这使他们需要以更大的努力去适应新环境，从而易产生紧张状态。有人对从农村迁入城市的居民进行了研究，发现移民的血压增高与其和移居地区的不同种族的人共同生活和工作引起的紧张程度成正比。

## 二、一个特例——对吸烟行为的研究

### （一）对吸烟阶段的研究

美国应用社会心理学家列文沙尔（H. Leventhal）和克里利（P. D. Cleary）1980 年通过对吸烟行为的研究将吸烟的发展历程划分为四个阶段：准备、开始、成为吸烟者和吸烟维持阶段。③

1. 准备阶段。准备阶段发生在一个人从未尝试吸烟之前。它包括对吸烟的

① Frese, M. Stress at work and psychosomatic complaints: A causal interpretation[J]. Journal of Applied Psychology. 1985(70): 314 – 328.

② Cohen, S., Tyrrell, D. A., Smith, A. P. Negative life events, perceived stress, negative affect, and susceptibility to the common cold[J]. Journal of personality and Social psychology. 1993(64): 131 – 140.

③ Leventhal, H., Cleary, P. D. The smoking problem: A review of the research and theory in behavioral risk modification[J]. Psychological Bulletin. 1980(88): 370 – 405.

态度和意向以及对吸烟是什么样子的想象，这些一方面来自于对父母和熟人的观察，另一方面来自于无法避免的社会媒体影响。列文沙尔和克里利称年轻人吸烟的态度倾向有三种。第一种是强硬式，认为吸烟很酷，这种想法吸引了那些想被人认为是独立、成熟、强硬和反叛的青年。第二种态度是不适当的、焦虑的、寻觅认同的模式，这种态度的青年吸烟是为了获取同辈群体的认同并且成为群体的一部分。第三种是认为吸烟可以帮助人们在压力下保持平静，从而在工作或者学习中表现良好。

2. 开始阶段。开始吸烟是关键的一步。很多青年人是由于同辈人的怂恿开始吸烟，但是如果有家庭成员吸烟那么走出这一步的障碍会小很多，而且使初吸者更容易得到香烟来尝试。美国政府 1991 年的一项调查数据显示，那些每天吸 10 支烟的年轻人有 80% 多的可能性成为常规吸烟者。幸运的是很多初吸者并没有吸到 10 支就停止了。1990 年 62% 的高中生至少尝试过 1 次吸烟，但是只有 30% 的人后来真的成为吸烟者。香烟的负面感受，比如热、呛和刺激的味道毫无疑问是使一些人不愿意继续尝试的原因之一，但是一些人学会忽略身体上的有害感觉，这使得他们适应了吸烟。

3. 成为一个吸烟者。成为一个吸烟者是第三个阶段。许多的研究指出一般从开始尝试阶段变为常规的稳定的吸烟者需要 2 年的时间。然而对于是否有些人会很快完成这个转变，而很多人要经历几年的时间，又或者是否这一过程对大多数吸烟者来说都是相似的这两个问题并不是很清楚。这个阶段包含的过程类似于概念形成——学会什么时候及怎样吸烟，要将吸烟者的角色融入自我概念中。很明显在这个阶段要发展一种对吸烟不利影响的耐受性。年轻人通常意识不到成年人是如何依赖香烟的，而且许多人相信吸烟对他人有害，尤其是对老年人和身体不健康的人有害，但是从不考虑是否对自己也有害。[①] 这种忽视自身危险的类似现象在很多有关安全性的研究中被发现，例如，驾车和乘车时不愿使用安全带，忽略那些可能是心脏病或者癌症的警告标志等。

4. 吸烟维持阶段。吸烟维持阶段是最后的一个阶段，此时心理因素和生理学机制结合从而使所学习的行为模式持续下去。在维持吸烟习惯的生理学机制上，有两个因素应引起人们的特别关注：尼古丁的强化作用和保持血液中一定水平尼古丁的习惯。

**（二）对吸烟动机的研究**

人们为什么吸烟？对吸烟动机的研究发现有许多的因素会导致吸烟。吸烟被

① Leventhal, H., Everhart, D. Emotion, pain, and physical illness[M] // Izard, C.E. Emotion and psychopathology. New York: plenum, 1979.

认定为一系列心理、社会、生理乃至基因因素导致的行为。

1. 心理因素。一般来说可以将吸烟的心理动机分为几大类。第一类动机是因为习惯而吸烟，没有其他正面或者负面的动机。第二类动机是用吸烟来产生积极情绪反应，包括刺激、激励、愉快、放松、享受味道以及把玩吸烟材料。第三类动机是用吸烟来减少消极情绪反应，减少紧张、焦虑，或者与他人交往的社会性焦虑。第四类与之前的几类有部分重叠，在此类中吸烟是社会原因，比如群体归属，被其他吸烟者所认同，或者塑造个人形象。很多人吸烟是因为综合原因。第五类吸烟原因为上瘾或者成癖，这个动机可以归类于下面所说的生物机制。

2. 生物机制。很多证据显示香烟中的尼古丁作为一种化学物质，能够导致对吸烟行为的生理依赖。但是导致成瘾的具体机制目前尚在研究中。这种观点认为尼古丁对神经系统具有某种固定的强化效果，例如，它可以改变血液中神经胺的水平，加速心跳，放松骨骼肌肉。但是这些都是短时效果，这种强化效果也并不能解释为何吸烟行为如此顽固，或者为何戒烟如此困难。

3. 遗传因素。目前还出现了一种使用遗传学解释人类吸烟原因的新途径。经过对 4 775 对同卵和异卵双胞胎的研究，英国学者卡梅里（D. Carmelli, 1992）等人发现，在吸烟模式上，无论是偶尔吸烟、戒烟或连续不断吸烟，同卵双胞胎与异卵双胞胎相比都表现出更多的相似。[1] 这一发现正好可以支持遗传因素影响吸烟行为的观点。

### （三）对戒烟治疗的研究

通过对吸烟动机的研究，研究者相应地研究了如何戒烟问题，提出了戒烟治疗的行为疗法。行为疗法把吸烟看成一种习得性的行为，并试图通过操作条件反射和经典条件反射的学习原则来改正这种行为。戒除吸烟行为的行为治疗技术划分为非厌恶技术和厌恶技术两种。

1. 非厌恶治疗法

这种方法是试图通过向戒烟者提供戒烟所需的强化和刺激—控制程序，从而协助他们停止吸烟。通常使用的非厌恶治疗包括放松训练、相倚契约、社会支持和尼古丁补充。

**放松训练**是训练吸烟者在导致吸烟的渴望情境下学会心理放松，这与一般的放松疗法一样。但是，实践表明，尽管这项技术在治疗很多心理问题方面颇为成功，但在抗吸烟项目中并没有大幅提高长期的戒烟率。因此，放松训练通常和其他的治疗方式一起使用。

---

① Carmelli, D., Swan, G. E., Robinette, D., Fabisitz, R. Genetic influence on smoking——A study of male twins[J]. New England Journal of Medicine. 1992(327)：829-833.

**相倚契约**是一种能够产生鼓励结果的行为技术。使用这种技术的时候，吸烟者需要向治疗师交纳一定的抵押金，如果吸烟者能够实现某种特定的治疗目标，例如在特定的一段时间内不吸烟，治疗师就会向他返还抵押金中的一部分。在一项研究中，温讷特(R. A. Winett)1973年就发现50%的参与相倚契约的吸烟者能在接下来的六个月内戒烟，而接受非相倚支付的戒烟者中则只有24%能做到这一点。[①] 最近还发展出了新形式的相倚契约，即在单位或社区进行竞赛，比试哪个吸烟者能在最长的时间段内不吸烟。尽管采用相倚管理项目的呼声很高，但有一项研究表明，短期内其效率较高，而长期效果并不令人满意。[②]

**社会支持**是通过朋友、家庭成员或同事的支持达到戒烟的目的。但是这种支持很大程度上是不成功的。目前一些研究正在试图确定其失败的原因，并尝试将社会支持操作与全面治疗相结合。

**尼古丁替代**是试图用其他物品替代吸烟者对香烟的依赖，尼古丁口香糖是其中的一种。其基本原理在于，这样吸烟者即使不吸烟也能够相对容易地应对因体内尼古丁的减少而带来的不适。另外的替代品是外用皮肤戒烟药膏，它也能向血流中稳定的输送尼古丁。研究认为，将这种外用皮肤戒烟药膏与其他治疗方式相结合的话，能够有效地帮助吸烟者改变其吸烟习惯。在1994年进行的一项对外用皮肤戒烟药膏的实验中，研究者在随机的将参与戒烟活动的人分配到两组，一组接受外用皮肤戒烟药膏的治疗，另一组则接受相同的药膏但不含尼古丁(安慰剂)。[③] 每个参与者每周会接受两个小时的小组治疗，整个实验是双盲的，所以无论是研究者还是参与者都不清楚他们所处的环境。结果显示接受外用皮肤戒烟药膏的参与者在戒烟方面比另一组的参与者在三个月后(48%对21%)和六个月后(33%对14%)都更为成功。

2. 厌恶治疗法

**厌恶疗法**是试图通过将厌恶刺激物与吸烟的行为或想法连接起来的办法减少吸烟。经常使用的厌恶刺激物多为香烟的烟雾、电击以及令人作呕或不开心场景的形象思维(这一过程也被称为认知敏感化)。[④] 例如，在一项厌恶疗法研究中，

---

① Winnett, R. A. Parameters of deposit contracts in the modification of smoking[J]. Psychological Record. 1973(23): 49 – 60.

② Lando, H. Formal quit smoking treatments[M]//Orleans, C. T., Slade, J. Nicotine addiction: Principles and management. New York: Oxford University Press, 1993: 221 – 244.

③ Richmond, R. L., Harris, K., Almeida, N. The transdermal nicotine patch: Results of a randomized placebo-controled study[J]. Medical journal of Australia, 1994(161): 130 – 135.

④ Lando, H. Formal quit smoking treatments[M]//Orleans, C. T., Slade, J. Nicotine addiction: Principles and management. New York: Oxford University Press, 1993: 221 – 244.

治疗参与者在小卧室吸烟的时候，仪器会频繁将难闻的烟味吹到他们的脸上，直到他们无法忍受为止。这样的治疗程序会重复实施，直到参与者戒烟最少 24 小时，并自信会坚持下去时停止。研究结果显示，在治疗结束时，其成功率为100%，在六个月后为 57%。① 还有一种更为简单的方法：让接受治疗者快速吸烟——每六秒钟吸一次，直到他们觉得不舒服，不能再忍受下去为止。研究结果显示这种方法取得了很好的效果。美国政府有关部门专门调查分析了 49 项快速吸烟研究，发现一年之后的戒烟率为 25%。② 兰多( H. Lando) 则认为厌恶技术可能对短时期内的戒烟更有效(也就是短于六个月)，而长期的改变更多则是由厌恶技术和非厌恶技术相结合而达到的。

从戒烟这一领域的社会心理学应用可以看出，心理健康除了积极的科学影响和社会影响之外，还需要自我维护。刘华山认为心理健康的自我维护应从以下几个方面着手：(1)争取成功，改善自我概念；(2)提高人际交往水平，增加社会支持；(3)改善认识，培养正确的压力观；(4)承认情绪，建设性地发泄情绪；(5)重新反思，澄清收获与代价；(6)参与训练与实践，培养应对技能；(7)自我暗示，建立积极的内在对话；(8)立即采取行动，分步化解压力；(9)抓住"今天"，着眼于当前现实；(10)立足根本，树立正确的人生态度。③

## □□□ 第五节 社会心理学在环境保护方面的应用

传统的关于环境的心理学研究，强调物理环境是如何影响人的心理和行为。但是，最近的环境研究却更加注重于另一方面，即人们的行为如何影响环境。因此，研究的范围从有关拥挤、噪音以及办公室或者家庭设计问题转向对环境污染的影响。本节将介绍有关对公众环境保护态度的一项调查研究和有关如何促进人们环保行为的一些研究成果。

### 一、对环境的关注程度的调查研究

人类行为会对环境产生负面影响，这一认识已经引起了全球环保运动。许多国家的民意测验显示公众对环境问题的关注程度非常高。以美国为例，1990 年的一项全国范围的调查反映出人们对环境问题的高度关注。调查结果发现，71%

① Schmahl, D. P. , Lichtenstein, E. , Harris, D. E. Successful treatment of habitual smoking with warm, smoky air anf rapid smoking[J]. Journal of Consulting and Clinincal Psychology. 1972(38)：105 - 111.

② Schwartz, J. L. Review and evaluation of smoking cessation methods: The United States and Canada [M]. Washington DC: U. S. Department of Health and Human Service, Public Health Service, 1987.

③ 刘华山. 心理健康的自我维护[J]. 中小学生心理健康教育，2002(2)：8 - 12.

的反馈者认为美国政府在改善和保护环境方面投入太少，只有4%的反馈者认为投入过多。① 美国哥伦比亚广播公司和纽约时报的一个系列民意测验也显示了相似的结果，这个民意测验在1981至1990年间重复了相同的环境问题："你同意或者不同意下面的陈述吗？必须坚持持续地环境改善，无论花费多少都应当。"从十年中的七次调查中得到的数据显示同意上述观点的人数在稳定地增长，特别在1989年 Exxon Valdex 油轮搁浅事件(此事件使得石油在阿拉斯加海面及海岸数百里内扩散开来)后人数有了一个飞跃。② 同时数据显示不同意上述观点的人数在逐步减少，在其他一些独立的公众民意测验中也得到了相似的结果。

对于环境问题的关注不仅仅是在美国或者西方出现的现象，全世界很多国家的公众都高度支持环境保护。盖洛普机构对22个来自不同地域、具有不同经济发展状况和不同政治结构的国家进行了调查，在每个国家大约调查了1 000人。除2个国家以外，其他所有国家的反馈都将环境保护问题列在了社会关注的第一位。此外，其中16个国家的人民表示他们愿意花费多一些去购买对环境破坏性小一些的产品。

□□□ **专栏 15 –3**

### 你对环境知觉的层次有多深？

一级——肤浅的生态学：关心污染和自然资源的消失。急剧而显见的环境恶化的事件是引起人们着重关注和采取行动的原因。不同的环境问题被看成是互不相关的，并且认为应因不同事件而采取不同的解决方式。不应该浪费自然资源，而应该有效地消耗。自然是因为人类和人类的使用而存在的，但是明智地管理自然是根据我们的私利来进行的。

二级——中等深度的生态学：太空船地球类比。自然是为人类的使用而存在的，但是人类正在严重地污染和掠夺它。我们必须更加充分理解人类是高度依赖于自然的，充分理解自然对污染的吸收能力和创造资源的能力是有限的，充分理解各个生命形式之间的相关性，还要充分理解地球生态系统的复杂性。通过先进的科学知识和管理手段，适当的法律法规以及其他现存的社会制度，我们可以聪明地管理这个

---

① Dunlap, R. E. Trends in public opinion toward environmental issues：1965—1990［J］. Society and Natural Resources. 1991(4)：285 – 312.

② 同①

星球，这样在可预见的未来，人类将会继续物质上的繁荣。

三级——深层生态学：生物平等。从道德上讲，人类并不比那些非人类形式的生命重要，并且并不是根本上与它们不同，或者说与之相分离。所有形态的生命都有权利存在。人类和人类的科学技术永远不可能去完全理解和管理全球的生态系统；人类可能不会这样认为，但这仅仅是因为人类的无知。自然不会根据人类而改变，人类从本质上追求物质舒适是不值得的；自觉简单的生活方式是值得提倡的。我们必须把我们的西方世界观改变为东方的世界观和淳朴的信仰，并且与地球上的所有生物发展一种精神上的或者宗教上的结合，包括来自不同文化和国家的人类同伴。

资料来源：Gardner, G. T., Stern, P. C. Environmental problems and human behavior[M].

Boston：Allyn & Bacon, 1996：54.

## 二、鼓励环保行为的研究

这类研究通常有两种类型：一种是研究影响人的环境保护行为的主体因素，即研究什么样的人倾向于表现出这种行为；另一种是研究如何使人们实际去表现环境保护行为。后一种研究存在两种不同取向：一种是依据斯金纳的行为学理论和行为矫正技术，研究如何减少人们乱扔废物的行为和鼓励垃圾分类回收的行为。另一种是依据动机理论，研究如何通过社会互动和劝导使人们表现出保护环境的行为。

学者们以垃圾分类回收行为作为研究对象，分析了影响美国人环境保护行为的四方面主体因素。[①]

1. 人口统计学特点。早先的研究结果表明，年轻人、白种人、受教育水平较高的人以及经济收入较好的人会更多地表现出垃圾分类回收行为。但是，近几年的研究都表明这种行为与上述人口统计学的特点的相关度在降低。其原因可能是：在美国，垃圾分类回收已经是一种比较方便和普通的行为了。

2. 对垃圾回收的了解程度。研究发现，如果人们对于为什么要对垃圾进行分类回收、什么地方可以收集回收物等知识掌握得越多，就越会表现出垃圾分类回收行为。不过，具备这方面的知识尽管是必要条件，但不是充分条件。为了能把知识转变成实际行为，还需要一些其他内在的和外在的促动条件。

---

① Schultz, P. W., Oskamp, S., Mainieri, T. Who recycles and when? A review of personal and situational factors[J]. Journal of Environmental Psychology, 1995(15)：105 – 121.

3. 对环境问题的关心程度。这是一种表现环境保护行为的潜在内部条件。研究表明，关心环境问题的人在实际生活中不一定会表现出垃圾分类回收行为。一种行为能否表现出来，受制约于个体的态度、个体对该行为的社会作用的认识，以及个体对自己能否完成这一行为的能力的判定。因此个体对垃圾分类回收这一行为的具体态度和认识如何，比他对一般环境问题的关心程度更为重要。

4. 人格特点。有的研究者试图找出"垃圾分类回收人格特点"（recycling personality），但都没有成功。通过研究得到的启发性线索只是：比起不愿意表现垃圾分类回收行为的人来，能够表现这种行为的人对环境保护更有责任感。不过，也有人提出，仅有责任感是不够的，还要看个体对垃圾分类回收的了解程度、社会对该行为的支持程度等条件。

许多旨在干预环境保护行为的研究，都是以行为学理论为基础的。其提出的干预方式主要包括信息战、信号提示、示范、金钱鼓励和反馈信息等。

所谓信息战（information campaigns），就是政府和有关机构开展大规模的宣传，以便让人们表现某种保护环境的行为。研究表明，信息战如果不与其他方式同时结合使用（例如，宣传节约能源，应同时让人们能够买到节能装置），则效果不明显。

**信号提示**（prompts），指用简短文字信号提示人们应表现出某环境保护行为，如"垃圾请分类回收"、"请把易拉罐放在这个桶内"等。研究表明，提示的内容越具体则效果越好；提示尽量少带命令性则效果较好；提示的内容能让人比较容易去做则效果较好；提示标志越靠近操作点则效果越好。

**示范**（modeling），指通过电视、电影或真人现场演示环境保护行为。调查表明，这种方法颇为有效。瑞诺（R. Reno, 1993）等人报告了他们的一项现场实验结果：当人们从一家当地图书馆出来走向自己的汽车时，一位实验者从他们身边走过并且在他们面前把事先放在地上的一个快餐食品袋捡起来放进垃圾箱。结果发现，当人们走到自己的汽车跟前，看到玻璃上有一张传单纸（是实验者事先放上的），只有7%的人把它拿开并随手扔掉；而在实验的对照组，则有37%的人这样乱扔废纸。①

**金钱鼓励**（monetary incentives），对于诸如节约能源、垃圾分类回收、乘坐公交车等环境保护行为有着明显的促进作用。不过，研究者指出，使用这种方式有实践上的问题，即应考虑行为改变的程度、花费金钱的数量和长期效果。假如行为改变程度不大，坚持时间不长，而为此付出的代价又颇高，则难以在实践中应用。此外，还存在如果金钱这种强化手段停止使用，则环境保护行为会同时停止

---

① Reno, R. R., Cialdini, R. B., Kallgren, C. A. The trans-situational influence of social norms [J]. Journal of Personality and Social Psychology. 1993(64)：104 – 112.

的情况。假如人们只是为了得到奖赏而这样去做，那么在没有奖赏时自然不再表现这种行为了。

**反馈信息**(feedback of information)，指向人们提供他们表现的、与环境保护行为有关的信息，如家里使用了多少度电，多少立方米天然气和水等。调查发现，反馈信息这种行为干预手段可以使家庭能源节约 10%～15%，且效果持续时间较长。研究还表明，信息反馈最好是每天进行，而不是每周或每月一次。

## □ 本章小结

1. 应用社会心理学是把社会心理学的方法、理论、原理和研究成果应用于理解和解决社会问题的学科。

2. 应用社会心理学的发展过程大致可分为兴起阶段、演进阶段和扩展阶段。时至今日，社会心理学应用研究领域几乎触及了人类社会生活的各个方面，如政治、经济、教育、司法、军事、文艺、宗教、医疗保健、广告宣传、婚姻家庭、环境保护，等等。

3. 著名社会心理学家勒温，不仅是理论家、实验家，而且也是应用研究的大师，注重研究和解决现实重大问题是他一贯的作风。他所提出的"行动研究"规划，就是倡导社会心理学研究应该面向社会实际问题，并致力于对实际问题的解决。

4. 研究和应用社会心理学应当遵循的原则是：坚持"以问题为中心"的取向、明确的价值定位、强调研究结果对社会有用、多学科的视角、注重结果的社会可应用性以及采用多元的研究方法。

5. 应用社会心理学对刑事司法活动的研究集中在参与该活动的各种不同社会角色上，包括犯罪嫌疑人(被告)、受害人、证人、警察、检察官、律师、陪审团成员等。在审判法庭上，这些人构成了一种"子社会"，各角色间存在特定的互动关系。

6. 在刑事司法活动中，证人证言准确性受证人的记忆、证人的自信心以及"武器聚焦效应"的影响。专家证人对于法庭审判中判定证人证言的准确性具有重要作用。

7. 司法辨认主要依赖对面孔认知的信息，当侦查人员发现某人是犯罪嫌疑人时，通常要求被害人或其他目击证人进行辨认。基于面孔认知的研究，司法实践中主要采用单一辨认、列队辨认、照片辨认等方法。

8. 司法辨认中影响正确辨认的原因包括：侦查人员暗示犯罪嫌疑人肯定在列队之中；迫使证人作出辨认的结果，或由于侦查人员的需要与期待造成证人有过度"强迫"感；向证人询问列队中的某个人的详细情况，而对其他人员却较少关注；鼓励证人或促使证人降低再认阈限，减少证人不能辨认的情形；侦查人员在辨认中流露出自己的偏好与预感；在证人作出选择后，侦查人员强化证人的成就感，增强证人辨认的信心度。

9. 社会心理因素同遗传、生化、免疫等因素一样，在疾病的发生、发展、治疗和预防中起重要作用。日常生活中，有许多社会心理因素会使人产生心理紧张状态，从而引起疾病。

10. 美国应用社会心理学家列文沙尔和克里利将吸烟行为的发展历程分为四个阶段：准备、开始、成为吸烟者和吸烟维持阶段。

11. 对吸烟动机的研究发现有许多的因素会导致吸烟。吸烟被认定为一系列心理、社会、生理乃至基因因素导致的行为。

12. 戒除吸烟行为的行为治疗技术划分为非厌恶技术和厌恶技术两种。通常使用的非厌恶治疗包括放松训练、相倚契约、社会支持和尼古丁补充。厌恶疗法是试图通过将厌恶刺激物与吸烟的行为或想法连接起来的办法减少吸烟。经常使用的厌恶刺激物多为香烟的烟雾、电击以及令人作呕或不开心场景的形象思维。

13. 影响人们在垃圾处理方面的环境保护行为的四方面主体因素是：人口统计学特点、对垃圾回收的了解程度、对环境问题的关心程度、人格特点。

14. 许多旨在干预环境保护行为的研究，都是以行为学理论为基础的。其提出的干预方式主要包括信息战、信号提示、示范、金钱鼓励和反馈信息等。

## □ 复习与思考

1. 应用社会心理学的发展经历了哪三个阶段？
2. 研究应用社会心理学应当遵循哪些原则？
3. 影响证人证言准确性的因素有哪些？
4. 在刑事司法中，进行面孔识别应当遵循哪些原则？
5. 司法辨认中，产生错误辨认的原因是什么？
6. 哪些心理因素对身体健康有消极影响？
7. 吸烟行为发展一般经历哪几个阶段？
8. 哪些社会、心理、生理因素可能导致吸烟成瘾？
9. 使用行为疗法戒烟的具体做法有哪些？
10. 影响人们在垃圾处理方面的环境保护行为的主体因素有哪些？

## □ 推荐阅读资料

1. 乐国安. 应用社会心理学[M]. 天津：南开大学出版社，2003.

2. Oskamp, S. , Schultz, P. W. Applied social psychology[M]. 2$^{nd}$ed. New jersey: Prntice-Hall, Inc. , 1998.

3. Taylor, S. Health psychology[M]. 3rd ed. New York: Mcgraw-Hill, 1995.

4. Saks, M. J. , Hastie, R. Social psychology in court[M]. New York: Van Nostrand Reinhold, 1978.

5. Gardner, G. T. , Stern, P. C. Environmental problems and human behavior [M]. Boston: Allyn & Bacon, 1996.

# 参考文献

中文文献：

[1] Aronson, E., Wilson, T. D., Akert, R. M. 社会心理学. 第五版. [M]. 侯玉波，等，译. 北京：中国轻工业出版社，2005.

[2] Coon, D. 心理学导论——思想与行为的认识之路[M]. 郑钢，等，译. 北京：中国轻工业出版社，2004.

[3] Grisp, R., Turner, R. 社会心理学精要[M]. 赵德雷，高明华，译. 北京：北京大学出版社，2008.

[4] G. 戈布尔. 第三思潮：马斯洛心理学[M]. 吕明，等，译. 上海：上海译文出版社，1987.

[5] Myers, D. G. 社会心理学[M]. 侯玉波，乐国安，张智勇，等，译. 北京：人民邮电出版社. 2006.

[6] M. 罗森堡，R. H. 特纳. 社会学观点的社会心理学手册[M]. 孙非，译. 天津：南开大学出版，1992.

[7] R. A. 巴伦，D. 伯恩. 社会心理学[M]. 杨中芳，等，译. 上海：华东师范大学出版社，2004.

[8] Taylor, S. E., Peplau, L. A., Scars, D. O. 社会心理学[M]. 谢晓非，谢冬梅，张怡玲，等，译. 北京：北京大学出版社，2004.

[9] W. 巴克. 社会心理学[M]. 南开大学社会学系，译. 天津：南开大学出版社，1984.

[10] 曹立安，孙奎贞，等. 现代人际心理学[M]. 北京：中国广播电视出版社，1990.

[11] 车文博. 弗洛伊德主义论评[M]. 长春：吉林教育出版社，1992.

[12] 陈朝阳. 网络对人际交往心理的影响[J]. 心理科学，2006，29(4)：1019-1021.

[13] 陈成文，张晶玉. 社会公平感对公民纳税行为影响的实证研究[J]. 管理世界，2006，(4)：57-65.

[14] 陈曙红. 中国中间阶层教育与成就动机[M]. 北京：中国大百科全书出版社，2007.

[15] 陈志霞. 城市老年人的生活满意度及其影响因素研究——对武汉市568位老年人的

调查分析[J]. 华中科技大学学报(社会科学版), 2001, 15(4): 63-66.

[16] 戴健林, 吴江霖, 冯文侣, 等. 社会心理学[M]. 广州: 广东高等教育出版社, 2007.

[17] 黛安·帕普利, 萨莉·奥尔兹. 儿童世界(下册)[M]. 华东师范大学外国教育研究所, 译. 北京: 人民教育出版社, 1986.

[18] 邓遂. 论和谐社会的社会心理基础[J]. 齐鲁学刊, 2008(6): 83-86.

[19] 杜秀芳. 国外刻板印象研究新进展[J]. 河北师范大学学报, (教育科学版), 2004, 6(6): 105-108.

[20] 樊富珉. 社会现代化与人的心理适应[J]. 清华大学学报, (哲学社会科学版), 1996(4): 43-48.

[21] 费孝通. 中华民族多元一体格局[M]. 北京: 中央民族学院出版社, 1989.

[22] 弗里德曼, 西尔斯, 卡尔史密斯. 社会心理学[M]. 高地, 译. 哈尔滨: 黑龙江人民出版社, 1984.

[23] 傅根跃, 陈昌凯, 胡优君. 小学儿童集体主义意识研究[J]. 心理科学, 2002, 25(5): 612-613.

[24] 古斯塔夫·黎朋. 群众[M]//周晓虹. 现代社会心理学名著菁华. 北京: 社会科学文献出版社, 1960.

[25] 郭本禹. 当代心理学的新进展[M]. 济南: 山东教育出版社, 2003.

[26] 郭永玉. 人格心理学——人性及其差异的研究[M]. 北京: 中国社会科学出版社, 2005.

[27] 郭永玉, 王伟. 心理学导引[M]. 武汉: 华中师范大学出版社, 2007.

[28] 赫根汉. 人格心理学导论[M]. 海口: 海南人民出版社, 1986.

[29] 侯玉波. 社会心理学[M]. 第2版. 北京: 北京大学出版社, 2007.

[30] 胡先晋. 中国人的脸面观[M].//杨宜音. 中国社会心理学评论. 2006.

[31] 胡志海, 梁宁建, 徐维东. 职业刻板印象及其影响因素研究[J]. 心理科学, 2004, 27(3): 628-631.

[32] 黄国萍, 姚本先. 地域歧视与和谐社会的构建[J]. 社会心理科学, 2006(4): 50-52.

[33] 黄家亮. 论社会歧视的社会心理根源及其消除方式——社会心理学视野下的社会歧视[J]. 思想战线, 2005(5): 89-93.

[34] 黄鸣奋. 需要理论及其应用[M]. 北京: 中华书局, 2004.

[35] 黄文山. 文化学的方法[A].//庄锡昌、顾晓明、顾云深. 多维视野中的文化理论. 杭州: 浙江人民出版社, 1987.

[36] 黄希庭, 夏凌翔. 人格中的自我问题[J]. 陕西师范大学学报(哲学社会科学版), 2004(2): 108-111.

[37] 黄希庭. 中国高校哲学社会科学发展报告(心理学)[M]. 桂林: 广西师范大学出版社, 2008.

[38] 黄志坚. 走向新世纪的中国青年[M]. 北京: 中国和平出版社, 1996.

[39] 基辛. 文化·社会·个人[M]. 甘华鸣, 陈芳, 甘黎明, 译. 沈阳: 辽宁人民出版

社，1988.

[40] 蒋丽丽，刘萃．学校教育情境下的师生人际冲突及其解决[J]．教育理论研究，2007 (6)：4-6.

[41] 金盛华．社会心理学[M]．北京：高等教育出版社，2005.

[42] 金盛华，辛志勇．中国人价值观研究的现状及发展趋势[J]．北京师范大学学报(社会 科学版)，2003，3(177)：56-64.

[43] 金盛华，徐文艳，金永宏．当今中国人人际关系与身心健康的关系[J]．心理学探 新，1999.

[44] 金盛华，张杰．当代社会心理学导论[M]．北京：北京师范大学出版社，1995.

[45] 乐国安，陈浩，张彦彦．进化心理学择偶心理机制假设的跨文化验证——以天津、Bos- ton两地征婚启事的内容分析为例[J]．心理学报，2005，37(4)：561-568.

[46] 乐国安．当代中国人际关系研究[M]．天津：南开大学出版社，2002.

[47] 乐国安．现代应用社会心理学[M]．兰州：兰州大学出版社，1995.

[48] 李炳全．文化心理学[M]．上海：上海教育出版社，2007.

[49] 李波，韩凯．目击见证中的记忆与元记忆监控研究[J]．心理学动态，1999，7(4)： 20-24.

[50] 李伯黍，岑国桢，叶慧珍等．小学儿童集体观念发展研究[J]．心理科学，1985(1)： 25-27.

[51] 李晨．我国民众心理和谐状况总体可接受[R]．科学时报，2007-11-09.

[52] 李宏利，雷雳．计算机为中介的人际沟通研究进展[J]．首都师范大学学报，2003(4)： 108-110.

[53] 李辉．网络虚拟交往中的自我认同危机[J]．社会科学，2004(6)：87.

[54] 李静．民族心理学教程[M]．北京：民族出版社，2006.

[55] 李美枝．台湾地区族群关系与国族认同的显性与隐性意识[J]．本土心理学研究，2003 (20)：20.

[56] 李鹏飞．印象整饰与中国人的脸面观[J]．中国地质大学学报(社会科学版)，2001，1 (1)：8-10.

[57] 李萍，钟明华．人的现代化——开放地区人的现代化系列研究报告[M]．北京：人民出 版社，2007.

[58] 李谦．现代沟通学[M]．北京：经济科学出版社，2002.

[59] 李拓．和谐的音符：中国新兴社会阶层调查与分析[M]．北京：中国方正出版 社，2008.

[60] 李维．社会心理学新发展[M]．上海：上海教育出版社，2006.

[61] 李亦园．文化的图像(下)[M]．台北：台北允晨文化实业股份有限公司，1992.

[62] 李亦园．我的人类学观：说文化[M]．//周星，王铭铭．社会文化人类学讲演集(上)． 天津：天津人民出版社，1996.

[63] 李永鑫，骆鹏程，谭亚梅．农村留守儿童心理弹性研究[J]．河南大学学报(社会科学

版),2008,48(1):20-23.

[64] 理查德·格里格,菲利普·津巴多. 心理学与生活[M]. 王垒,王甦,等,译. 北京:人民邮电出版社,2003.

[65] 林崇德."心理和谐"是心理学研究中国化的催化剂[J]. 心理发展与教育,2007(1):1.

[66] 林崇德,杨治良,黄希庭. 心理学大辞典[M]. 上海:(上海教育出版社),2004.

[67] 刘华山. 心理健康的自我维护[J]. 中小学生心理健康教育,2002(2):8-12.

[68] 刘华山. 心理健康概念与标准的再认识[J]. 心理科学,2001,24(4):480-481.

[69] 刘建军. 传统文化中的信仰概念[J]. 北京:中国人民大学学报,1998(5):56.

[70] 刘娟娟. 印象管理及其相关研究述评[J]. 心理科学进展,2006,14(2):309-314.

[71] 刘文. 创造型人格与儿童气质[M],北京:中国大地出版社,2007.

[72] 刘欣. 转型期中国大陆城市居民的阶层意识[J]. 社会学研究,2001(03):8-17.

[73] 刘晅,佐斌. 性别刻板印象维护的心理机制[J]. 心理科学进展,2006,14(3):456-461.

[74] 刘永佶. 中国现代化导论[M]. 保定:河北大学出版社,1995.

[75] 刘玉新,张建卫. 内隐社会认知探析[J]. 北京师范大学学报(人文社会科学版),2000(2):88-93.

[76] 卢家楣,等. 心理学[M]. 上海:上海人民出版社,2001.

[77] 陆学艺. 当代中国社会阶层研究报告[M]. 北京:社会科学文献出版社,2002.

[78] 路海东. 社会心理学[M]. 长春:东北师范大学出版社,2002.

[79] 马克思恩格斯选集[M]. 北京:人民出版社,1972.

[80] 马林诺夫斯基. 两性社会学[M]. 中国民间文艺出版社,1986.

[81] 迈克·彭. 中国人的心理[M]. 北京:新华出版社,1990.

[82] 毛泽东. 毛泽东文集(第八卷)[M]. 北京:人民出版社,1999.

[83] 米德. 三个原始部落的性别与气质[M]. 宋践,等,译. 杭州:浙江人民出版社,1987.

[84] 米德. 文化与承诺[M]. 石家庄:河北人民出版社,1988.

[85] 彭聃龄. 普通心理学(修订版)[M]. 北京:北京师范大学出版社,2004.

[86] 彭凯平,Nisbett,R. E. 文化、辩证与推理[M]. //中国社会心理学评论(第四辑). 社会科学文献出版社,2008.

[87] 彭凯平,等. 中国人的思维之道及其行为学意义[M]. //王登峰,侯玉波. 人格与社会心理学论丛(一). 北京:北京大学出版社,2004.

[88] 乔纳森·特纳,简·斯戴兹. 情感社会学[M]. 孙俊才,文军,译. 上海:上海人民出版社,2007.

[89] 秦启文,余华. 性别角色刻板印象的调查[J]. 心理科学,2001(5):593-594.

[90] 秦向荣,佐斌. 民族认同的心理学实证研究——11~20岁青少年民族认同的结构和状况[J]. 湖北民族学院学报(哲学社会科学版),2007,25(6):36-39.

［91］全国 13 所高等院校《社会心理学》编写组. 社会心理学［M］. 天津：南开大学出版社，2004.

［92］桑标. 社区青少年心理研究［M］. 上海：华东理工大学出版社，2006.

［93］沙莲香. 社会心理学［M］. 北京：中国人民大学出版社，2006.

［94］申荷永，佐斌，孙庆民. 社会心理学：原理与应用［M］. 广州：暨南大学出版社，1999.

［95］石秀印，刘卫平. 中国社会心理学十年回顾与展望［J］. 社会学研究，1989（4）：39－54.

［96］时蓉华. 现代社会心理学［M］. 上海：华东师范大学出版社，2002.

［97］史蒂芬·沃切尔. 社会心理学［M］. 金盛华，等，译. 南京：江苏教育出版社，2008.

［98］史慧颖，张庆林，范丰慧. 西南地区少数民族大学生民族认同心理研究［J］. 民族教育研究，2007（1）：2.

［99］斯诺. 集体行为研究的一些现代探索法［M］. ∥社会科学百科全书. 上海：上海译文出版社，1989：113－115.

［100］宋林飞. 西方社会学理论［M］. 南京：南京大学出版社，1999.

［101］宋林飞. 现代社会学［M］. 上海：上海人民出版社，1987.

［102］宋兴川，金盛华，李波. 大学生精神信仰与心理健康的关系［J］. 中国心理卫生杂志，2004，18（8）：556.

［103］苏彦捷，孙金鑫. 反馈对目击证人辨认信心的影响［J］. 心理与行为研究，2003，1（1）：40－45.

［104］孙本文. 社会心理学［M］. 北京：中国商务出版社，1946：207.

［105］孙时进. 社会心理学［M］. 上海：复旦大学出版社，2003：214.

［106］孙永芬. 中国社会各基层政治心态研究［M］. 北京：中央编译出版社，2007.

［107］唐美君. 文化［M］. ∥芮逸夫. 云五社会科学大辞典·人类学. 台北：台湾商务印书馆，1971.

［108］田汝康，庄锡昌，顾晓明，等. 多维视野中的文化理论［M］. 杭州：浙江人民出版社，1987.

［109］屠文淑. 社会心理学理论与应用［M］. 北京：人民出版社，2002.

［110］王登峰，黄希庭. 自我和谐与社会和谐——构建和谐社会的心理学解读［J］. 西南大学学报（人文社会科学版），2007，33（1）：2.

［111］王刚，孙金鑫. 信心对目击证人辨别的影响机制研究［J］. 中国人民公安大学学报，2005，2（2）：115－120.

［112］王俊秀，杨宜音，陈午晴. 中国社会心态调查报告［J］. 民主与科学，2007（2）：40－44.

［113］王沛. 刻板印象的理论与研究［M］. 兰州：甘肃教育出版社，2001.

［114］王沛，林崇德. 社会认知研究的基本趋向［J］. 心理科学，2003，26（3）：536－537.

［115］王沛. 实验社会心理学［M］. 兰州：甘肃教育出版社，2002.

[116] 王沛，赵国军，喇维新. 回族大学生的民族认同与心理健康的关系[J]. 西北师范大学学报，社会科学版，2006，43(5)：38－41.

[117] 王小章. 中国社会心理学[M]. 杭州：浙江大学出版社，2008.

[118] 王晓霞. "虚拟社会"的人际交往及其调适[J]. 南开大学学报(哲学社会科学版)，2002，(4)：88－94.

[119] 王亚鹏，万明钢. 藏族大学生的民族认同及其影响因素研究[J]. 民族教育研究，2003，14(4)：23－27.

[120] 王一多. 论公平概念的可操作性定义[J]. 西南民族大学学报(人文社科版)，2005(10)：192－196.

[121] 王轶楠，杨中芳. 中西方面子研究综述[J]. 心理科学，2005，28(2)：398－401.

[122] 王勇慧. 女大学生职业角色刻板印象研究[J]. 青年研究，1999(9)：28－34.

[123] 威廉·S. 萨哈金. 社会心理学的历史与体系[M]. 周晓虹，等，译. 贵阳：贵州人民出版社，1991.

[124] 威廉·斯通. 政治心理学[M]. 哈尔滨：黑龙江人民出版社，1997：85.

[125] 吴昊. 目击辨认研究概览[J]. 心理科学进展，2005，13(2)：239－247.

[126] 吴寒光，社会发展与社会指标[M]. 北京：中国社会出版社，1991.

[127] 吴铁钧. "面子"的定义及其功能的研究综述[J]. 心理科学，2004，27(4)：927－930.

[128] 吴晓义，缴润凯. 转型时期的信仰缺失及其对个体心理健康的影响[J]. 东北师范大学学报，2006(1)：133－138.

[129] 肖虹，郑全全. 社会图式的范畴化[J]. 心理科学进展，2002，10(1)：91－96.

[130] 谢玉进. 论网络趣缘关系[J]. 重庆社会科学，2007，(3)：115.

[131] 徐大真. 性别刻板印象之性别效应研究[J]. 心理科学，2003(4)：741－742.

[132] 薛洁. 关注公民公平感——我国部分公民公平感调查报告[J]. 吉林大学学报，(社会科学版)，2007(5)：87－95.

[133] 杨春华. 教育期望中的社会阶层差异：父母的社会地位和子女教育期望的关系[J]. 清华大学教育研究，2006(4)：71－76.

[134] 杨国枢，文崇一. 社会及行为科学研究的中国化[M]. 台北："中央研究院"民族学研究所，1982.

[135] 杨国枢. 中国人的社会取向：社会互动的观点[M]. // 杨宜音. 中国社会心理学评论(第一辑). 2005.

[136] 杨国枢. 中国人的心理[M]. 台北：桂冠图书公司出版，1989.

[137] 杨宜音. 社会心理领域的价值观研究述要[J]. 中国社会科学，1998(2)：82－93.

[138] 杨治良. 实验心理学[M]. 杭州：浙江教育出版社，1998.

[139] 杨中芳，高尚仁. 中国人·中国心[M]. 台北：远流出版公司，1991.

[140] 易法建. 组织改革心理学[M]. 开封：河南大学出版社，1997.

[141] 尹华站，黄希庭. 目击记忆中的检索效应问题[J]. 西南师范大学学报(人文社会科

学），2003，29（5）：27－31．

[142] 余安邦、杨国枢. 成就动机本土化的省思[M]. //杨中芳，高尚仁. 中国人、中国心——人格与社会篇. 台北：远流出版公司，1991.

[143] 余悦. 茶路历程[M]. 北京：光明日报出版社，1999.

[144] 俞海运，梁宁建，等. 刻板解释偏差测量[J]. 心理科学，2005，28（1）：42－44.

[145] 袁振国，朱永新. 试谈个体政治社会化的意义及过程[J]. 社会学研究，1988（1）：120－126.

[146] 翟群. 澳门老年人生活满意度及其影响因素研究[J]. 中国临床心理学杂志，2005，13（3）：285－287.

[147] 翟学伟. 中国人际心理初探——"脸"与"面子"的研究[J]. 江海学刊，1991（2）：57－64.

[148] 张建新，周明洁. 中国人人格结构探索——人格特质六因素假说[J]. 心理科学进展，2006，14（4）：574－585.

[149] 张坤，张文新. 青少年对传统孝道的态度研究[J]. 心理科学，2004（6）：1317－1321.

[150] 张力，周天罡，张剑，等. 寻找中国人的自我：一项 fMRI 研究[J]. 中国科学（C 辑），生命科学，2005，5：472－478.

[151] 张妙清，梁觉，张建新. 中国人的人格与社会变迁[M]. //中国评论. 香港：香港中文大学出版社，1996.

[152] 张卫东. 社区老年人的生活质量与心理健康：SEM 研究[J]. 心理科学，2002，25（3）：307－309.

[153] 张翔，樊富珉. 大学生人际冲突来源及其处理策略[J]. 青年研究，2003（9）：46.

[154] 章志光，金盛华. 社会心理学[M]. 北京：人民教育出版社，2002.

[155] 赵志毅，蔡卫东. 论信仰的结构、本质及其对德育的意义[J]. 南京师范大学学报，2000（1）：9－15.

[156] 郑全全，俞国良. 人际关系心理学[M]. 北京：人民教育出版社，1999.

[157] 郑全全，俞国良. 人际关系心理学[M]. 北京：人民教育出版社，2005.

[158] 郑雪，社会心理学[M]. 广州：暨南大学出版社，2004.

[159] 郑永廷，等. 人的现代化理论与实践[M]. 北京：人民出版社，2006.

[160] 钟年. 文化、文化结构与文化心理——从实证立场出发对文化学的思考[A]. 人文论丛（2003 年卷）. 武汉：武汉大学出版社，2003.

[161] 钟年. 文化之道——人类学启示录[M]. 武汉：湖北人民出版社，1999.

[162] 钟毅平. 社会行为研究：现代社会认知理论及实践[M]. 长沙：湖南教育出版社，1999.

[163] 周明洁，张建新. 中国社会现代化进程和城市现代化水平与中国人群体人格变化模式[J]. 心理科学进展，2007，15（2）：203－210.

[164] 周晓虹. 现代社会心理学[M]. 上海：上海人民出版社，1997.

[165] 朱迪·C. 皮尔逊. 如何交际[M]. 陈金武，译. 长沙：湖南人民出版社，1987.

[166] 朱新秤. 社会认知心理学研究的新进展[J]. 心理学动态，2000(2)：74－79.

[167] 朱滢，张力. 自我记忆效应的实验研究[J]. 中国科学(C辑)，2001(6)：537－543.

[168] 佐斌，陈晶，周少慧. 城市儿童对中国人印象及其信息来源[J]. 中国临床心理学杂志，2003，11(3)：188－191.

[169] 佐斌，高倩. 熟悉性和相似性对人际吸引的影响[J]. 中国临床心理学杂志，2008(6)：634－636.

[170] 佐斌，何静. 论社区性格[J]. 华中师范大学学报(人文社会科学版)，1998，5(37)：60－67.

[171] 佐斌. 教师人际关系和谐[M]. 北京：中国轻工业出版社，2008.

[172] 佐斌，刘晅. 基于IAT和SEB的内隐性别刻板印象研究[J]. 心理科学，2006(4)：57－63.

[173] 佐斌. 迁移者的心灵——三峡库区移民的社会心理研究[M]. 武汉：华中师范大学出版社，2002.

[174] 佐斌，魏谨. 因为喜欢所以爱[J]. 心理研究，2009，2(3)：49－53.

[175] 佐斌，温芳芳，朱晓芳. 大学生对年轻人和老年人的年龄刻板印象[J]. 应用心理学，2007，13(3)：231－236.

[176] 佐斌. 西方社区心理学的发展及述评[J]. 心理学动态，2001(1)：71－76.

[177] 佐斌，肖玉兰. 城市小学生心目中的农民形象研究[J]. 心理发展与教育，2002(3)：1－5.

[178] 佐斌，张阳阳，赵菊. 刻板印象内容模型：理论假设及研究[J]. 心理科学进展，2006，14(1)：138－145.

[179] 佐斌，张阳阳. 自我增强偏向的文化差异[J]. 心理科学，2006(1)：239－242.

[180] 佐斌. 中国人的脸与面子——本土社会心理学探索[M]. 武汉：华中师范大学出版社，1997.

[181] 佐斌. 中国人心理及行为研究之浅见[J]. 教育研究与实验，1992，1：36－40.

英文文献：

[1] Andrea, H., Steven, R. A. Children's responses to peer conflicts involving a rights infraction [J]. Merrill-Palmer Quarterl, 1997, 43(2)：235－254.

[2] Berge, C. R. Beyond initial interaction：Uncertainty, understanding, and the development of interpersonal relationships[M]. // Giles, H., Clair, R. St. (eds.). Language and social psychology. Oxford：Blackwell, 1979：122－144.

[3] Barkih, H. J. Conceptualizing the construct of interpersonal conflict[J]. The International Journal Of Conflict Management, 2004(15)：216－244.

[4] Brinton, C. The anatomy of revolution[M]. New York：Vintage, 1957.

[5] Barnett, L. Benefits of compensatory preschool education[J]. Journal of Human Resources, 1992(27)：279－312.

[6] Brian, L. Cutler, et al. The eyewitness, the expert psychologist, and the jury[J]. Law and

Human Behavior, 1989(13): 311 – 328.

[7] Berger, C. R. , Calabrese, R. J. Some explorations in initial interaction and beyond: Toward a developmental theory of interpersonal communication[J]. Human Communication Research, 1975(1): 99 – 112.

[8] Camson, W. Power and discontent[M]. Homewood, Ill: Dorsey Press, 1968.

[9] Cohen, S. , Tyrrell, D. A. , Smith, A. P. Negative life events, perceived stress, negative affect, and susceptibility to the common cold[J]. Journal of Personality and Social Psychology, 1993(64): 131 – 140.

[10] Carmelli, D. , Swan, G. E. , Robinette, D. , Fabisitz, R. Genetic influence on smoking——A study of male twins [J]. New England Journal of Medicine, 1992 (327): 829 – 833.

[11] Davis, H. , Spurr, P. , Cox, A, et al. A description and evaluation of a community child mental health service[J]. Clinical Child Psychology & Psychiatry, 1997, 2(2): 628 – 635.

[12] Davis, K. E. , Todd, M. Friendship and relationships[J]. Advances in Descriptive Psychology, 1982(2): 79 – 122.

[13] Matsumoto, D. Culture and psychology: People around the world[M]. Belmont: Wadsworth/Thomson Learning, 2000.

[14] Matsumoto, D. The handbook of culture and psychology [M]. Oxford: Oxford University Press, 2000.

[15] Dunlap, R. E. Trends in public opinion toward environmental issues: 1965—1990[J]. Society and Natural Resources, 1991(4): 285 – 312.

[16] Erikson, E. H. Childhood and society[M]. New York: Norton, 1963.

[17] Elizabeth, F. Loftus. Make-believe memories[J]. American Psychologist, 2003, 58(11): 864 – 873.

[18] Elizabet, Mc. G. , Shevlin, M. Effect of humor on interpersonal attraction and mate selection [J]. The Journal of Psychology, 2009, 143(1): 67 – 77.

[19] Fried, S. B. , Gumpper, D. C. , Allen, J. C. Ten years of social psychology: Is there a growing commitment to field research? [J]. American Psychologist, 1973(28): 155 – 156.

[20] Frese, M. Stress at work and psychosomatic complaints: A causal interpretation[J]. Journal of Applied Psychology, 1985(70): 314 – 328.

[21] Guirdham, M. Interpersonal skills at work[M]. New York: Prentice Hall, 1995.

[22] Greenwald, A. G. , McGhee, D. E. , Schwartz, J. L. K. Measuring individual differences in implicit cognition: The implicit association test[J]. Journal of Personality and Social Psychology, 1998, 74(6): 1464 – 1480.

[23] Gergen, K. J. , Gulerce, A. , Lock, A. , Misra, G. Psychological science in a cultural context[J]. American Psychologist, 1996(51): 496 – 503.

[24] Gavies, G. M. , Ellis, H. D. , shepherd, J. W. Perceiving and remembering faces [M].

London: Academic press, 1981.

[25] Hatfield, E., Sprecher, S. Measuring passionate love in intimate relationships[J]. Journal of Adolescence, 1986, 9(4): 383 – 410.

[26] Hendrick, C., Hendrick, S. S. Research on love: Does it measure up? [J]. Journal of Personality and Social Psychology, 1989, 56(5): 784 – 794.

[27] Hendrick, C., Hendrick, S. S. Romantic love: Measuring cupid's arrow. Positive psychological assessment: A handbook of models and measures, 2003(2): 235 – 249.

[28] Ho, D. Y. F. Filial piety, authoritarian moralism, and cognitive conservatism in Chinese societies[J]. Genetic, social and general psychology monographs, 1994(120): 347 – 365.

[29] Ho, D. Y. F. Filial piety and its psychological consequences[M]. // Bond M H. (Ed.) The handbook of Chinese psychology. Oxford: Oxford University Press, 1996.

[30] Ho, D. Y. F., Lee, L. Y. Authoritarianism and attitudes toward filial piety in Chinese teachers[J]. Journal of Social Psychology, 1974(92): 305 – 306.

[31] Berry, J. W., Poortinga, H., Segall, M. H., Dasen, P. R. Cross-Cultural psychology: research and application[M]. Cambridge: Cambridge University Press, 2002.

[32] Jianxin Zhang, Michael Harris Bondm. Personality and filialpiety among college students in two Chinese societies the added value of indigenous constructs. Journal of Cross-Cultural psychology, 1998, 29(3): 402 – 417.

[33] Kohlberg, L. Stage and Sequence. The cognitive-developmental approach to socialization [M]. // Goslin D. (ed.). Handbook of socialization theory and research. Chicago: Rand McNally, 1969.

[34] Kenrick, D. T., Trost, M. R. A biosocial model of heterosexual relationships[M]. // K. Kelly (Ed.), Males, females, and sexuality: Theory and research. Albany: SUNY Press, 1987.

[35] Kochska, G. Toward a synthesis of parental socialization and child temperament in early development of conscience[J]. Child Development, 1993, 2(649): 325 – 347.

[36] Kaiping Peng. Readings in cultural psychology[Z]. Wiley, Custom Services, 2000.

[37] Kleck, G. Point blank: Guns and violence in America[M]. Chicago: Aldine, 1991.

[38] Lewin, K. Resolving social conflicts[M]. New York: Harper, 1948.

[39] Lott, B., Maluso, D. (Eds.). The social psychology of interpersonal discrimination[M]. New York: Guilford, 1995.

[40] Loftus, E. F., Loftus, G. R., Messo, J. Some facts about "weapon focus" [J]. Law and Human Behavior, 1987(11): 55 – 62.

[41] Loftus, E. F. Psychologist in the eyewitness world[J]. American Psychologist. 1993 (48): 550 – 552.

[42] Leventhal, H., Cleary, P. D. The smoking problem: A review of the research and theory in behavioral risk modification[J]. Psychological Bulletin. 1980(88): 370 – 405.

[43] Leventhal, H., Everhart, D. Emotion, pain, and physical illness [M]. // Izard C E

(Ed.), Emotion and psychopatology. New York: plenum, 1979.

[44] Lando, H. Formal quit smoking treatments[M]. // Orleans C T, Slade J. (Eds.), Nocitine addaction: Principles and management. New York: Oxford University Press, 1993.

[45] Mayo, E., France, t. M. Toward an applied social psychology[M]. // Kidd, R. F., Saks, M. J. (Eds.), Advances in applied social psychology (Vol. 1). Hillsdale, NJ: Erlbaum, 1980.

[46] Moore, D. W, Newport, F. Public strongly favors stricter gun control laws[J]. Gallup Poll Monthly, 1994(340): 18 – 24.

[47] Michael, R. Leippe, et al. Timing of eyewitness expert testimony, jurors' need for cognition, and case strength as determinants of trial verdicts[J]. Journal of Applied Psychology, 2004(89): 524 – 527.

[48] Oberschall, A. Social conflict and social movement[M]. Englewood Cliffs, N. J.: Prentice-Hall. 1973.

[49] Parker, J., Rubin, K. H, et al. Peer relationships, child development, and adjustment: A developmental psychopathology perspective [J]. Developmental Psychopathology, 1995 (2): 96 – 161.

[50] Podell, S., Archer, D. Do legal changes matter? The case of gun control laws[M]. // Costanzo M Oskamp S. (Eds.). Violence and the law. Thousand Oaks, CA: Sage. 1994 (20): 37 – 60.

[51] Pickel, K. L. The influence of context on the "weapon focus" effect[J]. Law Human Behavior. 1999(23): 299 – 311.

[52] Plant, E. A., Devine, P. G. Internal and external motivation to respond without prejudice [J]. Journal of Personality and Social Psychology, 1998, 75(3): 811 – 832.

[53] Rubin, Z. Measurement of romantic love[J]. Journal of Personality and Social Psychology, 1970, 16(2): 265 – 273.

[54] Shweder, R. A. Cultural psychology—What is it? [A] // Stigler W, Shweder R A, Herdt G. (Eds). Cultural Psychology. Cambridge: Cambridge University Press, 1990.

[55] Richmond, R. L., Harris, K., de Almeida N. The transdermal nicotine patch: Results of a randomized placebo-controled study [J]. Medical journal of Australia, 1994 (161): 130 – 135.

[56] Reno, R. R., Cialdini, R. B., kallgren, C. A. The transsituational influence of social norms[J]. Journal of Personality and Social Psychology. 1993(64): 104 – 112.

[57] Sternberg, R. J. Construct validation of a triangular love scale[J]. European Journal of Social Psychology, 1997, 27(3): 313 – 335.

[58] Sprecher, S., Metts, S. Development of the "romantic beliefs scale" and examination of the effects of gender and gender-role orientation[J]. Journal of Social and Personal Relationships, 1989, 6(4): 387 – 411.

[59] Stauart, O. Schultz, P. Applied social psychology [M]. New jersey: Prntice-Hall, Inc, 1998.

[60] Saks, M. J. High-impact applied social psychology[C]. Paper presetented at APA meeting, Toronto, 1978.

[61] Schultz, P. W., Butler, J. C. Twenty-five years of applied social psychology[R]. Unpublished manuscript, 1996.

[62] Saks, M. J., Hastie, R. Social psychology in court [M]. New York: Van Nostrand Reinhold, 1978.

[63] Schmahl, D. P., Lichtenstein, E., Harris, D. E. Successful treatment of habitual smoking with warm, smoky air and rapid smoking[J]. Journal of Consulting and Clinincal Psychology, 1972(38): 105 – 111.

[64] Schwartz, J. L. Review and evaluation of smoking cessation methods: The United States and Canada[M]. Washington DC: U. S. Department of Health and Human Services, Public Health Service, 1987.

[65] Schultz, P. W., Oskamp, S., Mainieri, T. Who recycles and when? A review of personal and situational factors[J]. Journal of Environmental Psychology. 1995(15): 105 – 121.

[66] Touhey, J. C. Comparison of two dimensions of attitude similarity on heterosexual attraction [J]. Journal of Personality and Social Psychology, 1972(23): 8 – 10.

[67] Tocquevile, A. de. The old regime and the french revolution[M]. New York: Harper and Row. 1945.

[68] Tu, W. M. Selfhood and otherness in confucian thought[M]. //Marsella, A. J., De Vos, G., Hsu F. L. K. (Eds.). Culture and self: Asian and western perspectives. New York: Tavistock, 1985.

[69] Wells, G. L., Bradfield, A. L. "Good, You identified the suspect": Feedback to eyewitnesses distorts their reports of the witnessing experience[J]. Journal of Applied Psychology, 1998(83): 360 – 376.

[70] Wells, G. L., Charman, S. D. Distorted retrospective eyewitness reports as functions of feedback and delay[J]. Journal of Experimental Psychology, 2003, 9(1): 42 – 52.

[71] Winnett, R. A. Parameters of deposit contracts in the modification of smoking[J]. Psychological Record. 1973(23), 49 – 60.

[72] Yela, C. The Evaluation of Love: Simplified version of the scales for Yela's Tetrangular Model Based on Sternberg's Model[J]. European Journal of Psychological Assessment, 2006, 22 (1): 21 – 27.

# 郑 重 声 明

策划编辑　单　玲
责任编辑　魏延娜
封面设计　于　涛
版式设计　范晓红
责任校对　金　辉
责任印制　耿　轩